高等学校教材

概率论与数理统计
Gailülun yu Shuli Tongji
(第2版)

温永仙 编

高等教育出版社·北京

内容提要

本书根据教育部高等学校大学数学课程教学指导委员会制定的《大学数学课程教学基本要求（2014年版）》编写而成。全书分为概率论基础和数理统计两部分。

有别于其他教材，本书力图通过实际问题引入基本概念和建立基本定理，增强学生对概率论与数理统计基本思想、基本方法的理解。同时，在语言叙述上，尽量用通俗的说法去阐述深奥的概念与定理。本书在例题和习题的选择上尽可能扩大范围，有针对性地选编了一些概率统计在农林、经济管理等方面的应用案例，帮助学生了解如何用概率统计知识建立数学模型，解决实际问题。

本次修订采取了纸质教材与数字课程相结合的模式，数字课程包括微视频讲解、典型例题、重要术语及主题、习题参考答案等数字化资源，便于辅助学生自主学习，满足学生个性化发展的需求。

本书可作为普通高等农林院校本科生学习概率论与数理统计的大学数学基础课教材。

图书在版编目（CIP）数据

概率论与数理统计／温永仙编. --2版. --北京：高等教育出版社，2019.8（2025.2重印）

ISBN 978-7-04-052334-8

Ⅰ.①概… Ⅱ.①温… Ⅲ.①概率论-高等学校-教材②数理统计-高等学校-教材 Ⅳ.①O21

中国版本图书馆CIP数据核字（2019）第156197号

| 策划编辑 | 杨 帆 | 责任编辑 | 杨 帆 | 封面设计 | 张 志 | 版式设计 | 杜微言 |
| 插图绘制 | 于 博 | 责任校对 | 张 薇 | 责任印制 | 刁 毅 | | |

出版发行	高等教育出版社	网　　址	http://www.hep.edu.cn
社　　址	北京市西城区德外大街4号		http://www.hep.com.cn
邮政编码	100120	网上订购	http://www.hepmall.com.cn
印　　刷	涿州市京南印刷厂		http://www.hepmall.com
开　　本	787mm×1092mm　1/16		http://www.hepmall.cn
印　　张	21.25	版　　次	2010年8月第1版
字　　数	480千字		2019年8月第2版
购书热线	010-58581118	印　　次	2025年2月第7次印刷
咨询电话	400-810-0598	定　　价	39.20元

本书如有缺页、倒页、脱页等质量问题，请到所购图书销售部门联系调换
版权所有　侵权必究
物料号　52334-00

概率论与数理统计
（第 2 版）

温永仙

1. 计算机访问 http://abook.hep.com.cn/1240527，或手机扫描二维码、下载并安装 Abook 应用。
2. 注册并登录，进入"我的课程"。
3. 输入封底数字课程账号（20 位密码，刮开涂层可见），或通过 Abook 应用扫描封底数字课程账号二维码，完成课程绑定。
4. 单击"进入课程"按钮，开始本数字课程的学习。

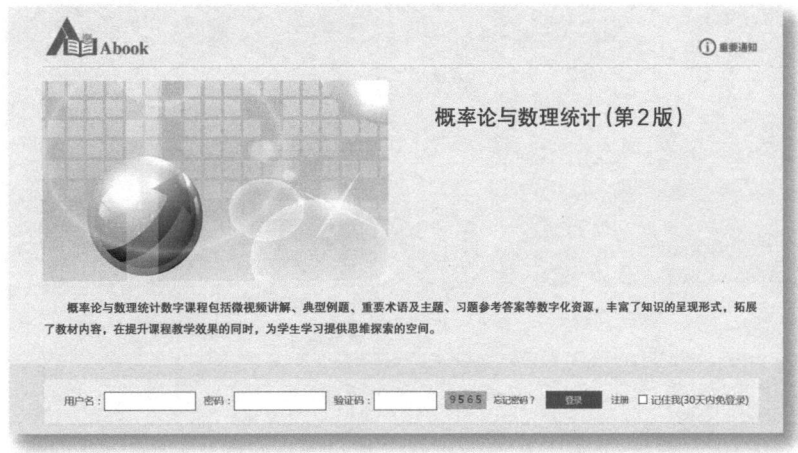

课程绑定后一年为数字课程使用有效期。受硬件限制，部分内容无法在手机端显示，请按提示通过计算机访问学习。

如有使用问题，请发邮件至 abook@hep.com.cn。

扫描二维码
下载 Abook 应用

http://abook.hep.com.cn/1240527

第二版前言

本书自 2010 年 8 月出版至今,已发行八年多了,历经多年教学实践的检验,受到师生的一致好评。本次修订广泛地汲取了众多教师多年教学实践经验,并征求了学生在学习过程中的建议和意见。

本次修订通过融合创新来探索数字教育资源服务供给模式,提升数字教育资源服务水平。为了做到传统教学方法和现代教育信息化相融合,本书采取了纸质教材与数字课程相结合的模式,既可以适应学校的传统教学,又充分利用现代教育信息化的手段,对"教学相长"起到辅助作用。

相对于第一版,本次修订主要有:

一、删去第十章数学实验,删去了每章最后一节综合例题;

二、在第七章§7.2中加入了均方误差的介绍;将第1版第八章§8.2与§8.3中的内容整合在一节;在第八章§8.3对比检验中加入了样本量不同的检验情况;在第八章§8.3中增添了两个变量的独立性检验的内容;

三、数字课程包括微视频讲解、典型例题、重要术语及主题、习题参考答案等数字化资源,扩展了教材内容,满足了学生自主学习的需求。

由于选用本教材的专业不一,本次修订后,教材内容会比教学大纲多一些,比教师在课堂上讲授的多一些,以满足不同专业的需求,满足不同程度学生的学习需要,教师在教学过程中可根据要求选取。

本书修订得到福建农林大学教材出版基金的资助,得到福建农林大学教务处领导和工作人员的大力支持,得到福建农林大学计算机与信息学院公共数学教研室的大力支持,陈聪、沈群、林丽烽、田立、袁菲、纪志荣老师录制了微视频讲解,在此表示衷心的感谢!

高等教育出版社李晓鹏同志对新形态教材建设给予了指导,杨帆同志为本版教材做了认真、细致的工作,对此,我们表示诚挚的谢意!

编 者

2019 年 3 月

第一版前言

本教材是根据教育部高等学校数学基础课程教学指导分委员会制定的数学基础课程教学基本要求,在参考了国内外许多同类优秀教材的基础上,结合编者多年讲授概率论与数理统计课程所积累的经验而编写的,可作为普通高等农林院校非数学类专业本科生学习概率论与数理统计的大学数学基础课教材。

由于"概率论与数理统计"课程是学生在大学里首次接触到以随机现象为研究对象的数学课程,其研究对象、研究方法、思维方式等都有别于其他数学课程。因此,本书力图从实际问题出发引入基本概念和建立基本定理,以激发学生的学习兴趣,增强学生对概率论与数理统计基本思想、基本方法的理解,从而达到突出概率统计思想方法、加强学生应用能力培养的目的。在语言叙述上,尽量用通俗的说法来阐述深奥的概念与定理。

全书分为三大部分:第一部分为概率论基础,包括随机事件及其概率、一维随机变量与概率分布、多维随机变量与概率分布、随机变量的数字特征、大数定律与中心极限定理等五章内容;第二部分为数理统计,着重介绍了统计的基本概念、估计和检验的基本思想与方法、单因素方差分析和一元线性回归分析的内容,共四章;第三部分为数学实验,鉴于当前计算机的应用已达到了相当普及的程度,为了培养学生利用计算机进行数据处理、解决数学问题的能力,本书主要介绍了 MATLAB 软件在概率统计中的基本使用方法,以及应用 MATLAB 来处理概率分布、数字特征参数估计、置信区间、假设检验、方差分析及回归分析等问题,共一章的内容。

本书在例题和习题的选择上尽可能扩大范围,涉及农林业、保险业、医学、经济,等等,并在习题中选取了一些历届全国硕士研究生入学统一考试的试题。在前九章的每章最后一节选编了一些有适当难度的综合例题,这些都是全面运用该章理论与方法解决问题的范例,其目的是让学生加深对概率统计理论与方法的理解。各章末附有习题,习题分为两部分,第一部分侧重于基本概念和基本定理的应用,第二部分侧重于概率与统计综合应用和部分数学考研试题。书末附有习题参考答案,便于读者自学。

本书基本内容(前九章)可在 60 学时内全部授完,最后一章数学实验只需用 6

学时即可。本书基本上只用到微积分的知识,凡具备高等数学知识的读者都可以使用本书作为学习概率论与数理统计课程的教材。

由于编者的水平所限,虽经多次修改,书中一定还存在错误和不足,恳请读者批评指正。

编 者

2010 年 2 月

目 录

第一章 随机事件及其概率 …………………… 1

§1.1 随机事件及运算 ………………………………… 2

一、随机试验(2)　二、样本空间及随机事件(2)

三、事件的关系与运算(3)

§1.2 事件的频率与概率 ……………………………… 6

一、概率的统计定义(6)　二、概率的公理化定义(8)

三、概率的基本性质(8)

§1.3 古典概型与几何概型 …………………………… 10

一、古典概型(10)　二、几何概型(16)

§1.4 条件概率 ………………………………………… 17

一、条件概率(17)　二、乘法公式(19)　三、全概率公式(20)

四、贝叶斯(Bayes)公式(22)　五、贝叶斯公式的简介(24)

§1.5 事件的独立性 …………………………………… 24

习题一 ………………………………………………… 27

第二章 一维随机变量与概率分布 …………… 31

§2.1 随机变量的概念 ………………………………… 31

§2.2 离散型随机变量 ………………………………… 33

一、离散型随机变量的概率分布(33)　二、几种常用的离散型

随机变量及其概率分布律(34)　三、随机变量的分布函数(41)

§2.3 连续型随机变量 ………………………………… 44

一、连续型随机变量的定义(44)　二、连续型随机变量的特定

性质(46)　三、几种常用的连续型随机变量的分布(48)

§2.4 随机变量函数的分布 …………………………… 56

一、离散型随机变量函数的分布(57)

二、连续型随机变量函数的分布(58)

习题二 ………………………………………………… 61

第三章 多维随机变量与概率分布 …………… 67

§3.1 二维随机变量及其分布函数 ……………………… 67

§3.2 二维离散型随机变量 …………………………… 69

§3.3 二维连续型随机变量 …………………………… 71

§3.4 边缘分布 ……………………………………… 75

一、二维离散型随机变量的边缘分布律(75)

二、二维连续型随机变量的边缘概率密度函数(78)

§3.5 随机变量的独立性 ……………………………… 80

§3.6 二维随机变量函数的分布 ………………………… 86

一、二维离散型随机变量函数的分布(87)

二、二维连续型随机变量函数的分布(89)

§3.7 条件分布 ……………………………………… 96

习题三 …………………………………………… 101

第四章 随机变量的数字特征 ……………… 108

§4.1 数学期望 ……………………………………… 108

一、离散型随机变量的数学期望(108) 二、连续型随机变量的数学期望(110) 三、随机变量的函数的数学期望(112) 四、数学期望的性质(116)

§4.2 方差 ………………………………………… 119

一、方差的概念(119) 二、方差的性质(122)

三、切比雪夫(Chebyshev)不等式(124)

四、若干重要分布的数学期望与方差(126)

§4.3 协方差、相关系数和矩 …………………………… 128

一、协方差(129) 二、相关系数(130) 三、矩(138)

四、随机向量的数学期望和协方差矩阵(138)

习题四 …………………………………………… 139

第五章 大数定律与中心极限定理 …………… 146

§5.1 大数定律 ……………………………………… 146

一、切比雪夫大数定律及其推论(147) 二、伯努利(Bernoulli)大数定律(148) 三、辛钦(Khinchin)大数定律(149)

§5.2 中心极限定理 ………………………………… 150

一、莱维-林德伯格(Lévy-Lindeberg)定理(151)

二、棣莫弗-拉普拉斯(De Moivre-Laplace)定理(153)

　　三、一般的中心极限定理(156)

习题五 …………………………………………… 156

第六章　数理统计的基本概念 …………… 158

§6.1　总体与样本 ……………………………… 159

§6.2　经验分布函数及直方图 ………………… 161

　　一、经验分布函数(161)　二、直方图(162)

§6.3　统计量及三种常用统计分布 …………… 164

　　一、统计量(164)　二、样本均值和样本方差的计算(166)

　　三、三种常用统计分布(168)　四、分位点(170)

§6.4　正态总体常用统计量的抽样分布 ……… 174

　　一、单个正态总体下常用统计量的分布(174)

　　二、两个正态总体下常用统计量的分布(176)

习题六 …………………………………………… 179

第七章　参数估计 …………………………… 183

§7.1　参数的点估计 …………………………… 183

　　一、矩估计法(183)　二、最大似然估计法(186)

§7.2　估计量的评价标准 ……………………… 193

　　一、一致性(相合性)(193)　二、无偏性(194)

　　三、有效性(196)　四、均方误差(198)

§7.3　正态总体参数的区间估计 ……………… 199

　　一、单个正态总体参数的区间估计(201)　二、两个正态总体参数的区间估计(206)　三、单侧置信区间(208)

　　四、非正态总体中未知参数的置信区间(211)

习题七 …………………………………………… 213

第八章　假设检验 …………………………… 219

§8.1　假设检验的基本概念 …………………… 219

　　一、假设检验的基本思想和方法(219)　二、两类错误(222)

　　三、双侧检验和单侧检验(224)　四、假设检验的一般步骤(225)　五、假设检验与区间估计的联系(228)

§8.2　参数的假设检验 ………………………… 228

　　一、单个正态总体参数的假设检验(229)

二、两个正态总体参数的假设检验(234)

　§8.3　非参数的假设检验 …………………………………………… 242

　　一、分布函数的拟合检验(242)　二、独立性的检验(249)

　习题八 …………………………………………………………………… 251

第九章　方差分析与一元线性回归 …………… 257

　§9.1　单因素试验的方差分析 ……………………………………… 257

　　一、问题的提出(257)　二、基本原理(260)　三、假设检验
　　的拒绝域(262)　四、未知参数的估计(265)

　§9.2　一元线性回归分析 …………………………………………… 267

　　一、基本概念(270)　二、参数 a,b 的最小二乘法估计(271)
　　三、线性假设的显著性检验(273)　四、估计、预测与
　　控制(283)

　§9.3　一元曲线回归分析 …………………………………………… 287

　习题九 …………………………………………………………………… 292

附录1　几种常用的概率分布 ………………………… 296

附录2　泊松分布表 …………………………………………… 300

附录3　标准正态分布表 ………………………………… 302

附录4　χ^2 分布表 …………………………………………… 305

附录5　t 分布表 ……………………………………………… 308

附录6　F 分布表 ……………………………………………… 311

附录7　相关系数检验表 ………………………………… 322

参考文献 ……………………………………………………………… 324

第一章 随机事件及其概率

在自然界及人类的社会生活中,事物都是相互联系和不断发展的.在彼此联系和发展过程中,根据它们是否存在必然的因果联系,可以分为两类不同的现象:**确定性现象**和**不确定性现象**.确定性现象是指在一定条件下,必定会导致某种确定的结果,也可定义为在相同的条件下,每次试验得到的结果是完全相同的现象.比如,在标准大气压下,水加热到100 ℃必会沸腾;同种电荷互相排斥,异种电荷互相吸引;在十进制下,有 $1+1=2$ 成立.这些联系是必然的.通常我们所学的高等数学、线性代数等数学课程都专门研究这种确定性现象.不确定性现象是在一定条件下,它的结果是不确定的.不确定性现象又大致可分为:随机现象、模糊现象、灰色现象、粗糙现象等.其中**随机现象**是指在一定的条件下,就一次试验而言,某种结果可能发生,也可能不发生.随机现象在现实生活中是大量存在的.例如:在相同条件下抛掷同一枚均匀硬币,其结果可能是数字一面朝上,也可能是另一面朝上,在每次抛掷之前无法肯定抛掷的结果是什么;用同一支手枪射击同一目标,各次射击的弹着点不尽相同,在射击之前无法预测弹着点的确切位置;检验产品质量,任意抽取的某一产品有可能是正品,也可能是次品;桥牌选手在拿到牌之前并不知道他将拿到一手怎样的牌等都是随机现象.随机现象的不确定性主要体现在相同的条件下,多次进行同一试验,所得结果不完全一样,而且无法准确地预测下一次所得结果.从表面上看,随机现象似乎是杂乱无章、没有什么规律的.但是,如果同类的试验大量重复多次,其随机现象的出现就呈现出一定的规律性.随机现象所呈现的这种规律性,随着我们观察次数的增多而愈加明显.比如抛掷一枚均匀硬币,每一次抛掷很难判断是哪一面朝上,但是如果重复多次地抛掷这枚硬币,就会越来越清楚地发现它两面朝上的次数大体相同.这种在大量重复试验中所呈现的随机现象的固有规律性,叫做**随机现象的统计规律性**.概率论是研究和揭示随机现象统计规律的一门数学学科.数理统计则以概率论为基础,研究如何依据大量次数的随机试验中所得到的数据,推断事物本质特征的各种方法.概率统计的理论与方法在应用上十分广泛,它几乎遍及所有科学技术领域、国民经济和工农业生产的各个部门之中.

§1.1 随机事件及运算

一、随机试验

研究随机现象,首先要对研究对象进行大量的观察、试验.这里的试验是一个广义的术语,它包括各种各样的试验,甚至对某一事物的某一特征的观察也认为是一种试验.如果一个试验满足以下三个特点,则称之为**随机试验**:

1. 可重复性:可以在相同条件下重复进行;
2. 多样性和明确性:每次试验的可能结果不止一个,并且可以预知试验的所有可能结果;
3. 不确定性:进行一次试验前不能确定将会出现何种结果.

以后简称随机试验为**试验**,采用字母 E 来表示.下面举几个随机试验的例子.

例1 试验 E_1:抛掷一枚硬币,观察落在桌面上究竟是正面朝上还是反面朝上的情况(不妨约定数字面为正面).

例2 试验 E_2:记录某电话传呼台在单位时间内收到的呼叫数.

例3 试验 E_3:在一批灯泡中任意抽取一只,测试它的使用寿命.

例4 试验 E_4:抛掷两枚不同的硬币,记录它们正反面朝上的情况.

例5 试验 E_5:将 1 m 长的绳子任意截成三段,记录各段的长度.

二、样本空间及随机事件

随机试验的一个特点是试验结果不止一个,且可以预知所有可能结果.我们把随机试验中每一种可能出现的、最简单的、不能再分的结果称为随机试验的**样本点**,用 ω 表示.而由全体样本点构成的集合称为**样本空间**,记为 Ω.

用集合表示法,例1的样本空间可写成 $\Omega_1=\{H,T\}$,"H"代表的是正面朝上,"T"代表的是反面朝上,则 $\omega=H$ 代表的是硬币正面朝上,$\omega=T$ 代表的是硬币反面朝上;在例2中 $\Omega_2=\{0,1,2,\cdots\}$,这里 $0,1,2,\cdots$ 分别代表电话传呼台在单位时间内收到的呼叫数是 0 次,1 次,2 次,等等;在例3中设这批灯泡最长的使用寿命为 T,则 $\Omega_3=\{x\mid 0\leqslant x\leqslant T\}$,这里的 x 指灯泡使用寿命;在例4中 $\Omega_4=\{(H,H),(H,T),(T,H),(T,T)\}$,$\omega=(H,T)$ 代表的是第一枚硬币正面朝上且第二枚硬币反面朝上的样本点,其余类似;在例5中 $\Omega_5=\{(x_1,x_2,x_3)\mid x_1>0,x_2>0,x_3>0$ 且 $x_1+x_2+x_3=1\}$,如 $\omega=(0.1,0.7,0.2)$ 代表的是三段长度分别为 0.1 m,0.7 m,0.2 m 的样本点.

样本空间根据样本点的个数不同,可以分为有限集和无限集,如 Ω_1 是有限集而 Ω_2 是无限集;也可以分为某个区域和离散点集,如 Ω_3 是某个区域而 Ω_4 是离散点集;还可以分为一维点集和多维点集,如 Ω_3 是一维点集而 Ω_5 是多维点集.样本空间的这样划分,对后面学习随机变量知识是有利的.

在实际问题中,我们关心的常常不是某一个试验结果,而是满足某些条件的样本点所组成的样本空间子集.比如玩抛掷骰子游戏,规定大点是 4,5,6 点,小点是 1,2,

3点,那么对于玩家来讲更关心的是什么时候出现大点或小点,而不是某个具体的点数. 我们把这些满足某些条件的样本点所构成的集合称为**随机事件**,简称**事件**,用英文大写字母 $A,B,C,\cdots$ 来表示. 如果在一次试验当中,出现的结果 $\omega\in A$,则称随机事件 A **发生**,否则称它**不发生**.

通过引入集合概念,我们把随机事件当作是样本空间的子集. 凡是样本空间的子集都称为随机事件. 样本空间 Ω 也是它本身的子集,称为**必然事件**,记号为 Ω. 在一次试验当中,不管出现什么结果,它必属于样本空间 Ω,所以必然事件必定会发生. 空集是任何集合的子集,它不包含样本空间的任何样本点,它必然不会发生,称为**不可能事件**,记为 $\varnothing$. 必然事件和不可能事件事实上都是确定性的,但在这里我们把它们当作是随机事件的特殊情况. 另外,称只有一个样本点所组成的集合为**基本事件**,记为 $\{\omega\}$,相应地,由若干个基本事件组合而成的事件称为**复合事件**.

例6 抛掷一枚骰子,观察其点数的情况. 设 A 表示出现偶数点的事件,即 $A=\{$出现的点数是 $2,4,6\}$ 为一个随机事件;设 $B=\{$出现的点数是 $6\}$,它为一个基本事件;设 $C=\{$出现的点数不超过 $6\}$,任何一次试验其结果都不超过 6,所以 C 为一个必然事件,即 $C=\Omega$;设 $D=\{$出现的点数是 $8\}$,显然它是不会发生的,它为一个不可能事件,即 $D=\varnothing$.

三、事件的关系与运算

在集合论中,集合之间有一定的关系和运算. 随机事件是一个集合,所以讨论事件之间的关系及其运算是有必要的.

(一)事件的包含和相等关系

定义1 设试验 E 中有两个事件 A 与 B,若事件 A 中每个样本点都属于事件 B,则称事件 A **包含于**事件 B 或事件 B **包含**事件 A,记为 $A\subset B$(或 $B\supset A$). 其含义是若事件 A 发生必然导致事件 B 发生. 若 $A\subset B$ 且 $B\subset A$,则称事件 A 与事件 B **相等**,记号为 $A=B$.

事件的包含关系可用文氏图表示,见图 1-1(b).

例7 考虑抛掷一枚骰子的试验,设 $A=\{$出现的点数是 $5\}$,$B=\{$出现的点数是奇数$\}$,$C=\{$出现的点数是 $1,3,5\}$,则事件 A 发生必然导致事件 B 发生,$A\subset B$,另外 $B=C$.

性质 (1) 若 $A\subset B$,则可以等价地说事件 B 不发生必然导致事件 A 不发生;

(2) 对于任一个事件 A,有 $\varnothing\subset A\subset\Omega$;

(3) 传递性:若 $A\subset B$,$B\subset C$,则 $A\subset C$.

(二)和事件

定义2 设试验 E 中有两个事件 A 与 B,称由 A 与 B 中一切样本点共同组成的集合为 A 与 B 的**和事件**. 其含义是事件 A 与 B 至少有一个发生,记为 $A\cup B$.

将定义2加以推广,n 个事件 $A_1,A_2,\cdots,A_n$ 的和事件记为 $\bigcup_{i=1}^{n}A_i$,它表示 n 个事件 $A_1,A_2,\cdots,A_n$ 中至少有一个发生;可列个事件 $A_1,A_2,\cdots$ 的和事件记为 $\bigcup_{i=1}^{+\infty}A_i$,它表示的是可列个事件 $A_1,A_2,\cdots$ 中至少有一个事件发生. 用文氏图表示和事件,见图 1-1(c).

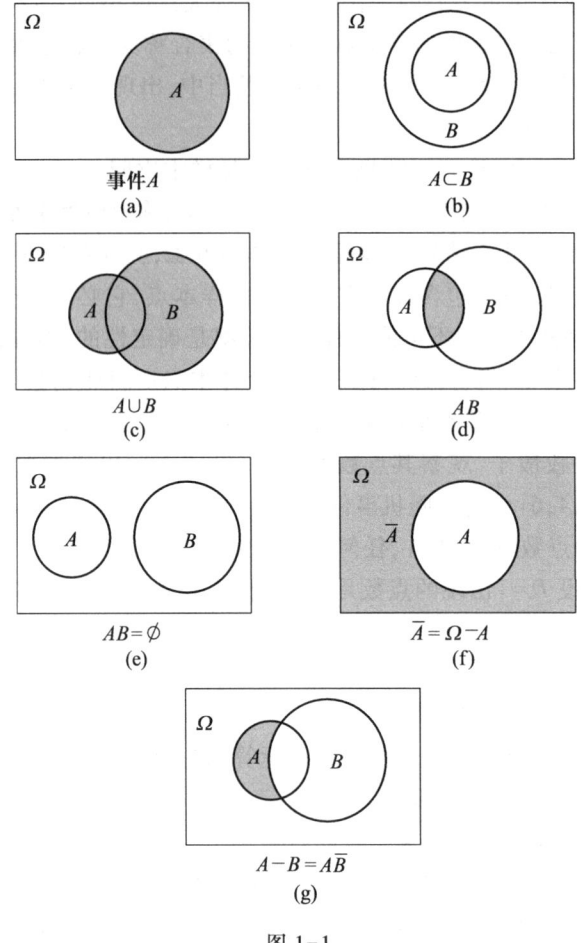

图 1-1

例 8 在测试灯泡寿命的试验中,令 $A=\{t\mid 0\leqslant t\leqslant 500\}$(灯泡寿命不超过 500 h), $B=\{t\mid 0\leqslant t\leqslant 1\ 000\}$(灯泡寿命不超过 1 000 h),则 $A\cup B=B=\{t\mid 0\leqslant t\leqslant 1\ 000\}$(灯泡寿命不超过 1 000 h).

(三)积事件

定义 3 设试验 E 中有两个事件 A 与 B,称既属于 A 又属于 B 的样本点所构成的集合为 A 与 B 的**积事件**. 其含义是事件 A 与事件 B 同时发生,记为 $A\cap B$ 或 AB.

将定义 3 加以推广,n 个事件 $A_1,A_2,\cdots,A_n$ 的积事件记为 $\bigcap\limits_{i=1}^{n}A_i$ 或 $\prod\limits_{i=1}^{n}A_i$,它表示 n 个事件 $A_1,A_2,\cdots,A_n$ 同时发生;可列个事件 $A_1,A_2,\cdots$ 的积事件记为 $\bigcap\limits_{i=1}^{+\infty}A_i$ 或 $\prod\limits_{i=1}^{+\infty}A_i$,它表示的是可列个事件 $A_1,A_2,\cdots$ 同时发生. 用文氏图表示积事件,见图 1-1(d).

例 9 在抛掷骰子的试验中,记事件 $A=\{$出现的点数是 2,4,6$\}$,事件 $B=\{$出现的点数是 3,4,5$\}$,则 $AB=\{$出现的点数是 4$\}$,即只有抛掷骰子出现 4 点,A 与 B 才同时发生.

(四)互斥事件(互不相容事件)

定义 4 设试验 E 中有两个事件 A 与 B,若 A 与 B 没有公共的样本点,则称 A 与 B 为**互斥事件**或**互不相容事件**. 其含义是事件 A 与事件 B 不能同时发生,即 $AB=\varnothing$.

将定义 4 加以推广,若 $\bigcap_{i=1}^{n} A_i = \varnothing$,则称事件 $A_1, A_2, \cdots, A_n$ **总起来是互不相容的**;若 $A_i A_j = \varnothing$ ($i \neq j; i, j = 1, 2, \cdots, n$),则称事件 $A_1, A_2, \cdots, A_n$ **两两互不相容**. 两两互不相容则一定总起来是互不相容的,反之不真. 用文氏图表示互斥事件,见图 1-1(e). 特别地,当 A 与 B 互斥时,即 $AB = \varnothing$,$A \cup B$ 可记为 $A+B$. 若事件 $A_1, A_2, \cdots, A_n$ 两两互不相容,则 $\bigcup_{i=1}^{n} A_i$ 可记为 $\sum_{i=1}^{n} A_i$.

例 10 设试验 E 的样本空间为 Ω,基本事件 $\{\omega_i\}$ 与基本事件 $\{\omega_j\}$ ($i \neq j$) 是互不相容事件.

(五) 互逆事件(对立事件)

定义 5 设试验 E 中有两个事件 A 与 B,若 $AB = \varnothing$ 且 $A \cup B = \Omega$,则称 A 与 B 为**互逆事件**,或称为**对立事件**. 其含义是事件 A 与事件 B 不能同时发生且事件 A 与事件 B 至少有一个发生. 这时,我们称 B 为 A 的**逆事件**,记号为 $\bar{A}$,同样 A 也为 B 的逆事件,记号为 $\bar{B}$.

用文氏图表示互逆事件,见图 1-1(f).

若 A 是任意事件,则有以下式子成立:
$$A\bar{A} = \varnothing, \quad A \cup \bar{A} = \Omega, \quad \bar{\bar{A}} = A.$$

例 11 抛掷一颗骰子,令 $A = \{\text{出现奇数点}\}$,$B = \{\text{出现偶数点}\}$,则 $AB = \varnothing$,且 $A \cup B = \Omega$,所以 $B = \bar{A}$,即 B 与 A 是互逆事件.

(六) 差事件

定义 6 设试验 E 中有两个事件 A 与 B,称属于 A 但不属于 B 的样本点组成的集合为 A 与 B 之**差**. 其含义是事件 A 发生但事件 B 不发生,记号为 $A-B$.

不难发现 $A-B = A-AB = A\bar{B}$,$\bar{A} = \Omega - A$. 用文氏图表示差事件,见图 1-1(g).

例 12 设 A 表示"张三是亚洲人",B 表示"张三是日本人",则 $A-B$ 表示"张三是亚洲人但不是日本人".

由于事件之间的各种关系与集合之间的相互关系是一致的,因此为了更加直观地表示事件之间的关系,可用文氏图来表示它们的关系,见图 1-1.

和集合运算一致,事件之间的运算有以下几个性质:

1. 幂等律 $A \cup A = A, A \cap A = A$;
2. 交换律 $A \cup B = B \cup A, A \cap B = B \cap A$;
3. 结合律 $A \cup (B \cup C) = (A \cup B) \cup C, A \cap (B \cap C) = (A \cap B) \cap C$;
4. 分配律 $A \cup (B \cap C) = (A \cup B) \cap (A \cup C)$,
   $A \cap (B \cup C) = (A \cap B) \cup (A \cap C)$;
5. 德摩根(De Morgan)定律 $\overline{A \cap B} = \bar{A} \cup \bar{B}, \overline{A \cup B} = \bar{A} \cap \bar{B}$,

加以推广有 $\overline{\bigcup_i A_i} = \bigcap_i \bar{A}_i, \overline{\bigcap_i A_i} = \bigcup_i \bar{A}_i$.

例 13 设 A, B, C 是样本空间 Ω 中的三个随机事件,试用 A, B, C 的运算表达式表示下列随机事件.

(1) A 与 B 发生但 C 不发生；
(2) A,B,C 中至少有一个发生；
(3) A,B,C 中至少有两个发生；
(4) A,B,C 中恰好有两个发生；
(5) A,B,C 中至多有一个事件发生.

解 (1) $AB\bar{C}$；(2) $A\cup B\cup C$；(3) $AB\cup BC\cup AC$；
(4) $AB\bar{C}\cup A\bar{B}C\cup \bar{A}BC$；
(5) $\bar{A}\bar{B}\bar{C}\cup A\bar{B}\bar{C}\cup \bar{A}B\bar{C}\cup \bar{A}\bar{B}C$ 或 $\overline{AB}\cup \overline{BC}\cup \overline{AC}$.

例 14 一个工人生产了 n 个零件，设 $A_i=\{$第 i 个零件是正品$\}$ $(i=1,2,\cdots,n)$. 试用文字叙述下列事件：

(1) $\bigcap_{i=1}^{n}A_i$；(2) $\overline{\bigcap_{i=1}^{n}A_i}=\bigcup_{i=1}^{n}\bar{A_i}$；(3) $\bigcup_{i=1}^{n}[\bar{A_i}\cap(\bigcap_{\substack{k=1\\k\neq i}}^{n}A_k)]$.

解 (1) $\bigcap_{i=1}^{n}A_i$ 表示 n 个零件全是正品；

(2) $\overline{\bigcap_{i=1}^{n}A_i}=\bigcup_{i=1}^{n}\bar{A_i}$ 表示至少有一个零件不是正品；

(3) $\bigcup_{i=1}^{n}[\bar{A_i}\cap(\bigcap_{\substack{k=1\\k\neq i}}^{n}A_k)]$ 表示仅有一个零件不是正品.

§1.2 事件的频率与概率

随机试验中有若干个随机事件，在一次试验中它们有可能发生，也有可能不发生，在试验前是无法预知的，但是它们发生的可能性大小却是存在的，而且是客观的量. 例如，抛掷一枚质地不均匀的硬币，显然必有一面朝上的可能性超过另外一面；多次重复抛掷一枚均匀骰子，出现奇数点的可能性与出现偶数点的可能性相当；购买体育彩票获得一等奖的可能性远远低于没有中奖的可能性. 那么如何定量描述这种可能性大小呢？

我们先用概率这个名词来表示随机事件发生的可能性大小，即这种标志着随机事件发生可能性大小的数量指标就称为随机事件发生的**几率**或**概率**. 随机事件 A 的概率记为 $P(A)$. 那么如何定义概率以及如何计算概率呢？在概率论的发展过程中，主要有两种定义方式. 一种是概率的统计定义，另外一种是概率的公理化定义.

一、概率的统计定义

设 E 为一随机试验，A 是一随机事件，在相同条件下重复进行 n 次试验，若事件 A 发生了 k 次，则称 k 为事件 A 发生的**频数**，称 $\dfrac{k}{n}$ 为事件 A 发生的**频率**，记为 $f_n(A)=\dfrac{k}{n}$. 可以证明，频率具有以下三个性质：

1. 非负性　$0 \leq f_n(A) \leq 1$；
2. 规范性　$f_n(\Omega) = 1$；
3. 频率的有限可加性　若 $A_1, A_2, \cdots, A_m$ 是 m 个两两互不相容的随机事件，则
$$f_n\left(\sum_{i=1}^m A_i\right) = \sum_{i=1}^m f_n(A_i).$$

频率的大小反映了一个随机事件发生的频繁程度. 频率越大，直观感觉事件发生的可能性越大. 譬如一个人买体育彩票获得一等奖的频率远远低于没有中奖的频率，所以有理由相信获得一等奖的可能性远远低于没有中奖的可能性. 但是，反映不是表示，直觉不能当作数据来用. 重复抛掷一枚均匀硬币 10 次，出现正面 9 次，出现正面的频率为 0.9；在相同条件下另外进行 10 次试验有可能出现正面 1 次，出现正面的频率为 0.1. 频率出现了波动，显然用 0.9 或 0.1 来表示出现正面的可能性大小是行不通的.

在第一章的引言中，我们已经提过随机现象从表面上看似乎是杂乱无章、没有什么规律的. 但是，如果相同的随机现象大量重复出现，它的总体就会呈现出一定的规律性. 大量相同随机现象所呈现的这种规律性，随着我们观察的次数的增多而愈加明显. 历史上不少科学实验验证了这种规律性的存在. 例如，历史上几位著名学者进行了抛掷一枚均匀硬币的试验，结果见表 1-1.

表 1-1　抛掷硬币试验

试验者	抛掷次数 n	出现正面次数 k	频率 $\dfrac{k}{n}$
德摩根（De Morgan）	2 048	1 061	0.518 1
德摩根（De Morgan）	2 048	1 048	0.511 7
德摩根（De Morgan）	2 048	1 017	0.496 6
德摩根（De Morgan）	2 048	1 039	0.507 3
蒲丰（Buffon）	4 040	2 048	0.506 9
皮尔逊（Pearson）	12 000	6 019	0.501 6
皮尔逊（Pearson）	24 000	12 012	0.500 5
维纳（Winnie）	30 000	14 994	0.499 8

从表 1-1 中不难看出，随着试验次数的增加，频率越来越稳定，越来越靠近 0.5，且在这个常数附近摆动. 类似于这种随着试验次数的增加，频率会逐渐稳定在一个常数的附近，呈现出稳定性的现象，我们称为**随机事件的统计规律性**. 事件频率的稳定性是客观存在的，它已经得到人们证实.

定义 1　在相同条件下大量重复试验 n 次，随机事件 A 发生了 k 次，随机事件 A 发生的频率 $f_n(A) = \dfrac{k}{n}$ 稳定在某个常数 p 的附近，我们称这个稳定值 p 为随机事件 A 的**概率**，记为 $P(A) = p$.

上述我们用频率的稳定值来定义事件的概率，称之为概率的统计定义.

二、概率的公理化定义

数学是一门严谨的科学,它不允许有模糊不清的概念存在.概率的统计定义是从经验中给出的,不能作为概率的数学定义,它主要存在以下两个方面的问题:首先,在统计定义中要求进行大量重复试验,这个"大量重复试验"没有明确的界定,是十分含糊的;其次,没有给出精确确定频率稳定值的方法,它是主观给出的,这就存在一定问题,譬如在抛掷一枚均匀硬币试验中,数值0.5还是0.51或其他值为频率稳定值呢? 故给出严格的概率定义,就显得很有必要了.1933年苏联数学家科尔莫戈罗夫(Колмогоров)基于测度论知识给出了概率的公理化定义.

定义 2 设 E 是随机试验,Ω 是试验 E 的样本空间.对 E 的每一个事件 A 赋予一个实数 $P(A)$,如果满足下列三个公理化条件,则称 $P(A)$ 为事件 A 发生的**概率**:

1. **非负性** 任意事件 $A \subset \Omega, P(A) \geq 0$;
2. **规范性** $P(\Omega) = 1$;
3. **可列可加性** 设 $A_1, A_2, \cdots, A_n, \cdots$ 是两两互不相容的可列个事件,则有

$$P\left(\bigcup_{i=1}^{+\infty} A_i\right) = \sum_{i=1}^{+\infty} P(A_i).$$

由概率的公理化定义可知,每一个随机事件 A 都有一个实数 $P(A)$ 与之对应,因此事件 A 发生的概率是一个客观的确定值,这个值对随机事件发生可能性的大小作定量化的度量.

三、概率的基本性质

由概率的三条公理化条件,可以推出概率的一些基本性质.

性质 1 $P(\varnothing) = 0$.

证明 令 $\phi_i = \varnothing$ $(i=1,2,\cdots)$,$\phi_i \cap \phi_j = \varnothing$ $(i \neq j; i,j=1,2,\cdots)$ 且 $\bigcup_{i=1}^{+\infty} \phi_i = \varnothing$,由可列可加性可得

$$P(\varnothing) = P\left(\bigcup_{i=1}^{+\infty} \phi_i\right) = \sum_{i=1}^{+\infty} P(\phi_i) = \sum_{i=1}^{+\infty} P(\varnothing),$$

而 $P(\varnothing) \geq 0$,故必有 $P(\varnothing) = 0$.

由概率的定义和性质知,必然事件发生的概率为1,不可能事件发生的概率为0.现提出一个问题,概率为1的随机事件一定是必然事件吗? 概率为0的随机事件一定是不可能事件吗? 请读者思考,该问题会在§2.3给予回答.

性质 2(有限可加性) 设 $A_1, A_2, \cdots, A_n$ 是两两互不相容的事件,则有

$$P\left(\bigcup_{i=1}^{n} A_i\right) = \sum_{i=1}^{n} P(A_i).$$

证明 令 $A_{n+1} = A_{n+2} = \cdots = \varnothing$,结合性质1可得

$$P\left(\bigcup_{i=1}^{n} A_i\right) = P\left(\bigcup_{i=1}^{+\infty} A_i\right) = \sum_{i=1}^{n} P(A_i) + \sum_{i=n+1}^{+\infty} P(A_i) = \sum_{i=1}^{n} P(A_i).$$

性质 3 $P(\bar{A}) = 1 - P(A)$.

证明 $A\cup\bar{A}=\Omega$, $A\bar{A}=\varnothing$,结合规范性和性质2可得 $1=P(\Omega)=P(A\cup\bar{A})=P(A)+P(\bar{A})$,结论得证.

性质4 (1) **正常差** 若 $A\supset B$,则 $P(A-B)=P(A)-P(B)$;

(2) **减法公式** $P(A\bar{B})=P(A)-P(AB)$.

证明 (1) 因为 $A=B\cup(A-B)$,且 $B\cap(A-B)=\varnothing$,由有限可加性可得 $P(A)=P(B)+P(A-B)$,故有 $P(A-B)=P(A)-P(B)$;

(2) 因为 $A=AB\cup A\bar{B}$,且 $AB\cap A\bar{B}=\varnothing$,与(1)同理可得结论 $P(A\bar{B})=P(A)-P(AB)$ 成立.

性质5(单调性) 若 $A\supset B$,则 $P(A)\geqslant P(B)$.

证明 由正常差可得 $P(A-B)=P(A)-P(B)$,因为概率具有非负性,所以 $P(A)\geqslant P(B)$ 成立.

性质6(有界性) $0\leqslant P(A)\leqslant 1$.

证明 $\varnothing\subset A\subset\Omega$,根据单调性可得 $0\leqslant P(A)\leqslant 1$ 成立.

性质7(加法公式) $P(A\cup B)=P(A)+P(B)-P(AB)$.

证明 $A\cup B=A\cup(B-AB)$,且 $A\cap(B-AB)=\varnothing$,结合 $AB\subset B$,由有限可加性和正常差的性质可得

$$P(A\cup B)=P(A)+P(B-AB)=P(A)+P(B)-P(AB).$$

概率的加法公式可以推广到多个事件,例如,读者可以很容易地证明

$$P(A_1\cup A_2\cup A_3)=P(A_1)+P(A_2)+P(A_3)-P(A_1A_2)-P(A_1A_3)-P(A_2A_3)+P(A_1A_2A_3).$$

一般地,对于任意 n 个事件 $A_1,A_2,\cdots,A_n$,可用数学归纳法证得

$$P(A_1\cup A_2\cup\cdots\cup A_n)=\sum_{i=1}^n P(A_i)-\sum_{1\leqslant i<j\leqslant n}P(A_iA_j)+\sum_{1\leqslant i<j<k\leqslant n}P(A_iA_jA_k)+\cdots+(-1)^{n-1}P(A_1A_2\cdots A_n).$$

性质8 (半可加性) 设 $A_1,A_2,\cdots,A_n$ 是 n 个事件的事件组,则有 $P\left(\bigcup_{i=1}^n A_i\right)\leqslant\sum_{i=1}^n P(A_i)$.

证明 利用数学归纳法证明.

当 $n=2$ 时,由加法公式可得 $P(A_1\cup A_2)=P(A_1)+P(A_2)-P(A_1A_2)\leqslant P(A_1)+P(A_2)$,结论成立.

假设当 $n=k$ 时,有 $P\left(\bigcup_{i=1}^k A_i\right)\leqslant\sum_{i=1}^k P(A_i)$ 成立.

那么 $n=k+1$ 时,$P\left(\bigcup_{i=1}^{k+1} A_i\right)=P\left(\bigcup_{i=1}^k A_i\right)+P(A_{k+1})-P\left(\left(\bigcup_{i=1}^k A_i\right)\cap A_{k+1}\right)$,由归纳假设有 $P\left(\bigcup_{i=1}^{k+1} A_i\right)\leqslant\sum_{i=1}^{k+1} P(A_i)$ 成立,所以结论成立.

例1 设 A,B,C 是三个事件,且 $P(A)=P(B)=P(C)=\dfrac{1}{4}$, $P(AB)=P(BC)=0$, $P(AC)=\dfrac{1}{8}$,求 A,B,C 至少有一个发生的概率.

解 由 $ABC\subset AB$,且已知 $P(AB)=0$,得 $0\leqslant P(ABC)\leqslant P(AB)=0$,故 $P(ABC)=0$. 因此由加法公式得 A,B,C 至少有一个发生的概率为

$$P(A\cup B\cup C)=P(A)+P(B)+P(C)-P(AB)-P(BC)-P(AC)+P(ABC)$$
$$=\dfrac{5}{8}.$$

例2 设 A,B 是两个事件,且 $P(A)=0.6,P(B)=0.7$. 问:

(1) 在什么条件下 $P(AB)$ 取到最大值,最大值是多少?

(2) 在什么条件下 $P(AB)$ 取到最小值,最小值是多少?

解 由加法公式,得

$$P(AB)=P(A)+P(B)-P(A\cup B)=1.3-P(A\cup B).$$

(1) 因 $(A\cup B)\supset B$,故若 $P(A\cup B)=P(B)=0.7$,则 $P(AB)$ 取到最大值,最大值为 0.6.

(2) 因 $(A\cup B)\subset\Omega$,故若 $P(A\cup B)=P(\Omega)=1$,则 $P(AB)$ 取到最小值,最小值为 0.3.

§1.3 古典概型与几何概型

一、古典概型

从这一节开始,我们将研究各种类型的随机现象. 首先讨论一类最简单也是早期所研究的随机现象,这类随机现象具有下列两个特征:

1. 试验的样本空间 Ω 中只含有有限多个基本事件,称之为**有限性**;
2. 在每次试验中,每个基本事件出现的可能性相同,称之为**等可能性**.

这类随机现象在概率论发展初期即被注意,一般称这类随机现象的数学模型为**古典概型**.

定理1 若随机试验为古典概型,且已知样本空间 Ω 中含有 n 个基本事件,随机事件 A 中含有 m 个基本事件,则随机事件 A 的概率

$$P(A)=\dfrac{A\text{ 中所包含的基本事件数}}{\Omega\text{ 中所包含的基本事件总数}}=\dfrac{m}{n}. \tag{1-3-1}$$

证明 设 E 为一古典概型,其基本事件共有 n 个,分别是 $\omega_1,\omega_2,\cdots,\omega_n$,即样本空间为 $\Omega=\{\omega_1,\omega_2,\cdots,\omega_n\}$,根据等可能性假设可知 $P(\omega_1)=P(\omega_2)=\cdots=P(\omega_n)$. 由于各 $\omega_i(i=1,2,\cdots,n)$ 两两互不相容,于是有

$$1=P(\Omega)=P\left(\bigcup_{i=1}^{n}\omega_i\right)=\sum_{i=1}^{n}P(\omega_i)=nP(\omega_i),$$

即得

$$P(\omega_i) = \frac{1}{n}, \quad i = 1, 2, \cdots, n.$$

若 A 是 E 的事件，不妨记 $A = \{\omega_{i_1}, \omega_{i_2}, \cdots, \omega_{i_m}\}$，则

$$P(A) = \sum_{k=1}^{m} P(\omega_{i_k}) = \frac{m}{n}.$$

易知，由式(1-3-1)所确定的事件概率满足概率的三条公理化条件，即非负性、规范性和可列可加性，故 §1.2 中的概率基本性质对于式(1-3-1)所确定的事件概率也都满足。

例1 抛掷一枚均匀骰子一次，设 A 表示"出现点数小于 4"，求 $P(A)$。

解 设抛掷一枚均匀骰子的试验 E 的所有基本事件 ω_i 为"出现点数为 i"($i = 1, 2, 3, 4, 5, 6$)，则样本空间 $\Omega = \{\omega_1, \omega_2, \cdots, \omega_6\}$ 中所包含的基本事件总数为 $n = 6$，且每个基本事件发生的可能性相同，因此该试验为古典概型。

又因为事件 $A = \{\omega_1, \omega_2, \omega_3\}$ 所包含的基本事件个数为 $m = 3$，按公式(1-3-1)便得 $P(A) = \frac{3}{6} = \frac{1}{2}$。

例2（德·梅尔(de Méré)问题） 一枚骰子抛掷 4 次至少得到一个六点与两枚骰子抛掷 24 次至少得到一个双六点，这两个事件中哪一个发生的可能性更大？

解 设 $A = \{$一枚骰子抛掷 4 次至少得到一个六点$\}$。为了求事件 A 发生的概率，可以先转为求 A 的逆事件 $\bar{A}$ 发生的概率，其事件的含义是抛掷一枚骰子 4 次没有出现六点。不难得出 $P(\bar{A}) = \frac{5^4}{6^4}$，所以 $P(A) = 1 - \frac{5^4}{6^4} \approx 0.5177$。

设 $B = \{$两枚骰子抛掷 24 次至少得到一个双六点$\}$，用同样的方法可以求出 $P(B) = 1 - \left(\frac{35}{36}\right)^{24} \approx 0.4914$。因而前者发生的概率大于后者发生的概率。

这个问题虽然简单，但在概率论的发展史上颇有名气，它是法国数学家德·梅尔向帕斯卡(Pascal)提出的问题之一。正是这些问题导致了帕斯卡的研究和他与费马(Fermat)的著名通信。1654 年，帕斯卡与费马就机会博弈中的一些问题做了通信讨论，后来惠更斯(Huygens)也加入了研究。在这些研究中建立了概率论的一些基本概念，如事件、概率、数学期望等，一般把这一年认为是概率论的诞生年。

古典概型有许多方面的应用，譬如产品抽样检查、水稻地块的调查、某种疾病的抽查等都能用这个模型，这些问题大多数能形象化地用摸球模型来描述，以后我们直接研究摸球模型。

从形式上看，古典概型的事件概率计算公式较简单。但实际问题中，古典概型中许多概率的计算是相当困难而富有技巧的，计算的主要问题是如何计算样本空间和事件所包含样本点的个数，这些计算经常要用到一些排列与组合的数学工具。

例3（箱中抽球） 一个箱中装有 6 只球，其中 4 只白球，2 只黑球。现从箱中抽球两次，每次随机地取一只，考虑两种抽球方式：(1) 第一次抽一只球，观察其颜色后放回箱中，搅匀后再抽一球，这种抽球方式叫做放回抽样；(2) 第一次抽一球不放回

箱中,第二次从剩余的球中再抽一球,这种抽球方式叫做**不放回抽样**.试分别就上面两种情况求:

(1) 抽到的两只球都是白球的概率;
(2) 抽到的两只球颜色相同的概率;
(3) 抽到的两只球中至少有一只是白球的概率.

解 以 A,B,C 分别表示事件"抽到的两球都是白球""抽到的两球都是黑球""抽到的两只球中至少有一只是白球".易知"抽到的两只球颜色相同"这一事件即为 $A \cup B$,而 $C = \bar{B}$.

(a) 放回抽样的情况

第一次从袋中抽球有 6 只球可供抽取,第二次从袋中抽球也有 6 只球可供抽取,由组合法的乘法原理,共有 6×6 种抽法,即样本空间中元素总数为 6×6.对于事件 A 而言,由于第一次有 4 只白球可供抽取,第二次也有 4 只白球可供抽取,由乘法原理共有 4×4 种抽法,即 A 中包含 4×4 个元素.同理,B 中包含 2×2 个元素,于是

$$P(A) = \frac{4 \times 4}{6 \times 6} = \frac{4}{9}, \quad P(B) = \frac{2 \times 2}{6 \times 6} = \frac{1}{9}.$$

由于 $AB = \emptyset$,得

$$P(A \cup B) = P(A) + P(B) = \frac{5}{9}, P(C) = P(\bar{B}) = 1 - P(B) = \frac{8}{9}.$$

(b) 不放回抽样的情况

第一次从袋中抽球有 6 只球可供抽取,第二次从袋中抽球只有 5 只球可供抽取,由组合法的乘法原理,共有 6×5 种抽法,即样本空间中元素总数为 6×5.对于事件 A 而言,由于第一次有 4 只白球可供抽取,第二次只有 3 只白球可供抽取,由乘法原理共有 4×3 种抽法,即 A 中包含 4×3 个元素.同理,B 中包含 2×1 个元素,于是

$$P(A) = \frac{4 \times 3}{6 \times 5} = \frac{2}{5}, \quad P(B) = \frac{2 \times 1}{6 \times 5} = \frac{1}{15}.$$

故

$$P(A \cup B) = P(A) + P(B) = \frac{7}{15}, \quad P(C) = P(\bar{B}) = 1 - P(B) = \frac{14}{15}.$$

有许多问题和本例具有相同的数学模型.譬如,**电话号码问题**:在 7 位数的电话号码中,求数字 0 出现 3 次的概率;**骰子问题**:抛掷 3 枚均匀的骰子,求点数之和为 4 的概率.读者不妨试一试.

例 4(分球入箱) 将 m 个球随意地放入 n 个箱子中($n \geqslant m$),假设每个球都等可能地放入任意一个箱子,求下列各事件的概率:

(1) 指定的 m 个箱子各放一个球;
(2) 每个箱子最多放入一个球;
(3) 某指定的箱子里恰好放入 k ($k \leqslant m$) 个球.

解 将 m 个球随意地放入 n 个箱子中,共有 n^m 种放法.

(1) 记事件 $A = \{$指定的 m 个箱子各放一个球$\}$,将 m 个球放入指定的 m 个箱子,每个箱子各有一球,其放法有 $m!$ 种,故有

$$P(A) = \frac{m!}{n^m}.$$

(2) 记事件 $B = \{$每个箱子最多放入一个球$\}$，每个箱子最多放入一个球等价于先从 n 个箱子中任选出 m 个，然后每个箱子中放入一球，其放法有 $C_n^m m!$ 种，故

$$P(B) = \frac{C_n^m m!}{n^m}.$$

(3) 记事件 $C = \{$某指定的箱子里恰好放入 k $(k \leq m)$ 个球$\}$，先任取 k 个球（有 C_m^k 种取法）放入指定的箱子中，然后将其余的 $m-k$ 个球随意地放入其余 $n-1$ 个箱子，共有 $(n-1)^{m-k}$ 种放法，故有

$$P(C) = \frac{C_m^k (n-1)^{m-k}}{n^m}.$$

有许多问题与例 4 具有相同的数学模型，譬如**生日问题**，即求 m $(m \leq 365)$ 个人中至少有两个人生日相同的概率.

分析 设该事件为 A，一年有 365 天，每天都可以看成一个"箱子"，m 个人好比 m 个球. 考虑至少有两个人生日相同的对立面就是 m 个人生日全不相同，m 个人生日全不相同又相当于 m 个球装入 365 个箱子中且每个箱子中最多装入一个球. 由例 4(2) 可得 $P(\bar{A}) = \frac{C_{365}^m m!}{365^m}$，所以 $P(A) = 1 - \frac{C_{365}^m m!}{365^m}$. 不难计算，当 $m = 50$ 时，$P(A) \approx 0.97$；当 $m = 60$ 时，$P(A) \approx 0.997$. 这个结果是很有意思的，一个有 60 个学生的班级至少有两个同学生日相同的概率几乎达到百分百.

典型例题 1-1

例 5（超几何分布和二项分布） 设一个箱子中有 N 个球，其中有 M 个红球，其余为白球. 今从中任取 n 个球，分不放回抽样和放回抽样两种情况考虑，问其中恰有 k $(k \leq M)$ 个红球的概率是多少？

解 (1) 不放回抽样，设所求问题事件为 A.

从 N 个球中抽取出 n 个球，抽法共有 C_N^n 种，将每一种抽法看作一个基本事件，样本空间共有 C_N^n 个样本点. 又在 M 个红球中抽取 k 个球，抽法有 C_M^k 种，在 $N-M$ 个白球中抽取 $n-k$ 个白球，抽法有 C_{N-M}^{n-k} 种. 由乘法原理可知，从 N 个球中抽出 n 个球，其中含有 k 个红球的抽法有 $C_M^k \times C_{N-M}^{n-k}$ 种，故可认为随机事件 A 共有 $C_M^k \times C_{N-M}^{n-k}$ 个样本点. 根据古典概型的定义，所求的概率是

$$P(A) = \frac{C_M^k C_{N-M}^{n-k}}{C_N^n}, \quad k = 0, 1, 2, \cdots, \min(M, n), \quad M \leq N, \quad n \leq N.$$

此式称为**超几何分布的概率公式**.

(2) 放回抽样，设所求问题事件为 B.

从 N 个球中放回地抽取 n 个球，可能的抽法有 N^n 种，将每一种抽法看作是一个基本事件，共有 N^n 个样本点. 而在 N 个球中任取出 n 个球中含有 k 个红球的抽法共有 $C_n^k M^k (N-M)^{n-k}$ 种，随机事件 B 含有 $C_n^k M^k (N-M)^{n-k}$ 个样本点. 故所求的概率是

$$P(B) = \frac{C_n^k M^k (N-M)^{n-k}}{N^n} = C_n^k \left(\frac{M}{N}\right)^k \left(1 - \frac{M}{N}\right)^{n-k}, \quad k = 0, 1, 2, \cdots, n.$$

此式称为**二项分布的概率公式**.

值得注意的是当箱子中球的个数充分多时,不放回抽样和放回抽样没有本质的差异.在实际问题当中,对于较大的 N 和 M,如果抽样的个数 n 不会很大,可以采用近似公式

$$\frac{C_M^k C_{N-M}^{n-k}}{C_N^n} \approx C_n^k p_N^k (1-p_N)^{n-k}, \quad \text{其中 } p_N = \frac{M}{N},$$

往往会更方便.

例 6(分组分配) 将 15 名新生随机地平均分配到三个班级中去,这 15 名新生有 3 名是优秀生,求:

(1) 每一个班级各分配到一名优秀生的概率是多少?

(2) 3 名优秀生分配在同一班级的概率是多少?

解 15 名新生平均分配到三个班级中的分法总数为 $C_{15}^5 C_{10}^5 C_5^5 = \dfrac{15!}{5!5!5!}$.

(1) 将 3 名优秀生分配到三个班级使每一个班级各有一名优秀生的分法共有 $3!$ 种.对于这种分法,其余 12 名新生平均分配到三个班级中的分法总数为 $C_{12}^4 C_8^4 C_4^4 = \dfrac{12!}{4!4!4!}$ 种,因此,每一班级各分配到一名优秀生的分法共有 $\dfrac{3!12!}{4!4!4!}$ 种.于是所求的概率为

$$p_1 = \frac{3!12!}{4!4!4!} \bigg/ \frac{15!}{5!5!5!} = \frac{25}{91}.$$

(2) 将 3 名优秀生分配在同一个班级的分法共有 3 种.对于这每一种分法,其余 12 名新生的分法(一个班级 2 名,另两个班级各 5 名)有 $C_{12}^2 C_{10}^5 C_5^5 = \dfrac{12!}{2!5!5!}$ 种,因此 3 名优秀生分配在同一班级的分法共有 $\dfrac{3 \times 12!}{2!5!5!}$ 种.于是所求的概率为

$$p_2 = \frac{3 \times 12!}{2!5!5!} \bigg/ \frac{15!}{5!5!5!} = \frac{6}{91}.$$

例 7 在 $1 \sim 2\,000$ 的整数中随机地取一个数,问取到的整数既不能被 6 整除又不能被 8 整除的概率是多少?

解 设 A 为事件"取到的数能被 6 整除",B 为事件"取到的数能被 8 整除",则所求概率为

$$P(\bar{A}\bar{B}) = P(\overline{A \cup B}) = 1 - P(A \cup B) = 1 - [P(A) + P(B) - P(AB)].$$

由于

$$333 < \frac{2\,000}{6} < 334,$$

故得

$$P(A) = \frac{333}{2\,000}.$$

由于

$$\frac{2\,000}{8} = 250,$$

故得

$$P(B) = \frac{250}{2\,000}.$$

又由于一个数同时能被 6 与 8 整除,就相当于能被 24 整除,因此,由

$$83 < \frac{2\,000}{24} < 84,$$

得

$$P(AB) = \frac{83}{2\,000}.$$

于是所求概率为

$$p = 1 - \left(\frac{333}{2\,000} + \frac{250}{2\,000} - \frac{83}{2\,000}\right) = \frac{3}{4}.$$

例 8 (实际推断原理) 某接待站在某一周曾接待过 12 次来访,已知所有这 12 次接待都是在周二和周四进行的,问是否可以推断接待时间是有规定的?

解 不妨假设接待时间是没有规定的,一周内的每一天都是有可能的,而且是等可能的. 根据古典概率,不难计算出 12 次接待来访者都在周二、周四的概率是 $2^{12}/7^{12} = 0.000\,000\,296$. 这个值很小,也就是说发生 12 次接待来访者都在周二、周四的可能性很小.

人们在长期的实践中总结得到"**概率很小的事件在一次试验中基本上是不会发生的**",称之为**小概率事件的实际推断原理**. 按照这个原理,在假设成立条件下,12 次接待来访者都在周二、周四一般是不会发生的,但是这个事实却发生了,从而有理由相信不是每天都接待来访者,假设不成立,即接待时间是有规定的.

例 9 (匹配问题) 某人一次写了 n 封信,又写了 n 个信封,如果他任意地将 n 封信装入 n 个信封中,问至少有一封信和信封一致的概率?

解 设 A_i 表示"第 i 封信恰好装入第 i 个信封", $i = 1,2,\cdots,n$. 由题意知,所求事件的概率是 $P\left(\bigcup_{i=1}^{n} A_i\right)$, 应用一般加法公式,

$$P(A_i) = \frac{1}{n} \quad (i = 1,2,\cdots,n), \quad \text{且} \sum_{i=1}^{n} P(A_i) = 1,$$

$$P(A_i A_j) = \frac{1}{n(n-1)} \quad (i \neq j, i,j = 1,2,\cdots,n),$$

$$\sum_{1 \leq i < j \leq n} P(A_i A_j) = C_n^2 \frac{1}{n(n-1)} = \frac{1}{2!}.$$

同理可得,

$$\sum_{1 \leq i < j < k \leq n} P(A_i A_j A_k) = C_n^3 \frac{1}{n(n-1)(n-2)} = \frac{1}{3!},$$

$$\cdots\cdots$$

$$P(A_1 A_2 \cdots A_n) = C_n^n \frac{1}{n!} = \frac{1}{n!},$$

故

$$P\Big(\bigcup_{i=1}^n A_i\Big) = 1 - \frac{1}{2!} + \frac{1}{3!} - \cdots + (-1)^{n-1} \frac{1}{n!}.$$

典型例题 1-2

前面我们介绍了古典概型,古典概型虽然比较简单,但它有多方面的应用.常见的模型有"箱中摸球""分球入箱""随机取数""分组分配"等.在实际中有许多问题表面上提法不同,实际是属于以上几种模型,读者可以通过习题进一步领会.

二、几何概型

古典概型需以有限性和等可能性为前提,它不适合具有无限多个基本事件的随机试验,所以历史上曾试图将古典概型推广到试验具有无限多个可能结果、又有某种等可能性的场合.研究结果表明,此类问题通常可借助几何方法来解决.

例 10 在 400 mL 的水中有一随机游动的大肠杆菌,今从中任取 2 mL 水,试求在这 2 mL 水中发现该大肠杆菌的概率.

解 我们将随机试验设想为对该大肠杆菌进行观察,研究它游至这 400 mL 水中的哪一个位置(三维空间的哪一个点).设事件 A 为"在所取的 2 mL 水中发现大肠杆菌",则当大肠杆菌落入该特定的 2 mL 水中时,称事件 A 发生.显然,试验的可能结果,即基本事件有无穷多,并且每一基本事件出现具有等可能性,即该大肠杆菌处在这 400 mL 水中的任何一点上是等可能性的,并且它落入某特定的一部分水中的可能性大小与这一部分水的体积成正比,而与这一部分水在 400 mL 水中所处的位置无关.于是,很自然地有

$$P(A) = \frac{2}{400} = \frac{1}{200}.$$

与例 10 具有类似数学模型的问题在实际中十分常见.

例 11 用计算机在 $[0,1]$ 区间上随机产生一个随机数 x,求 x 小于 $\frac{1}{3}$ 的概率.

例 12 某人午觉醒来,发现表停了.他打开收音机,想听电台整点报时,求他等待的时间不超过 10 min 的概率.

例 13 在线段 AD 上任意取两个点 B,C,在 B,C 处折断此线段而得三条新线段,求此三条线段能构成三角形的概率.

以上例子的共同特点是:人们可以把随机试验 E 设想为向一个可度量(长度、面积或体积)的区域 Ω 任掷一质点,若它满足条件:

1. 质点只能落在 Ω 中的任意一点上,并且 Ω 是一无限点集;
2. 质点落入 Ω 中任意子域的可能性大小与该子域的度量成正比,与该子域的形状、位置无关,或说质点落在 Ω 中任意一点上的可能性相同,

则称此随机试验 E 为**几何概率模型试验**(或**几何概型**).

定理 2 设几何概率模型试验 E 的样本空间为一可度量的区域 Ω,定义试验 E 的随机事件 A 为"任掷的一点落入 Ω 中的某子域 A"(这里 A 既表示子域也表示事件),则事件 A 的概率为

$$P(A) = \frac{A \text{ 的度量}}{\Omega \text{ 的度量}} = \frac{m(A)}{m(\Omega)}. \qquad (1-3-2)$$

在欧氏空间中,一维度量是指线段的长度,二维度量是指平面区域的面积,三维度量是指空间区域的体积.

例 14（会面问题） 甲、乙两人约定在上午 7 点到 8 点之间在某地会面,先到者等候另一人 20 min,过时即离去.设两人在这段时间内的各时刻到达是等可能的,且两人互不影响,求两人能会面的概率.

分析 因为两人都是在 7 点至 8 点之间会面,若两人到达的时刻分别用 x,y（单位:min）来表示,则不妨设 $0 \leqslant x \leqslant 60, 0 \leqslant y \leqslant 60$,即样本空间 Ω 是一边长为 60 的正方形.又两人若能会面则到达的时刻相差不能超过 20 min,即能会面的充要条件是 $|x-y| \leqslant 20$,当样本点 (x,y) 落在直线 $y=x+20, y=x-20$ 与正方形 Ω 所围成的区域之间时,两人才能会面,见图 1-2 的阴影部分.

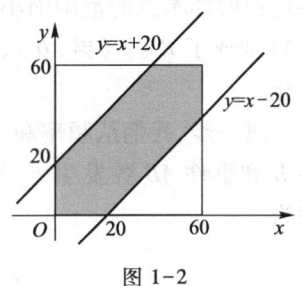

图 1-2

解 设 $A = \{$两人能会面$\}$,则由以上分析知,所求概率为

$$P(A) = \frac{m(A)}{m(\Omega)} = \frac{60^2 - 40^2}{60^2} = \frac{5}{9}.$$

古典概型与几何概型是两类最基本的概率模型,其不同点在于基本事件是有限个还是无限个,相同点则是基本事件的发生都具有等可能性,我们称具有这种性质的概率模型为**等可能概型**,两者概率求法公式类似,可大致地记为部分量除以总量.这两种概型中都有等可能性这一条件,其要求是相当严格的,在实际情况中往往由于试验条件受主、客观因素限制而难以达到(譬如抛掷骰子时,骰子不能做到绝对均匀).不过,概率论所说的试验都假设所有可能的结果(即基本事件)发生的可能性相同.

§1.4 条 件 概 率

一、条件概率

在等可能概型中,我们一般直接考虑随机事件 A 发生的概率 $P(A)$.但在实际问题中,经常考虑的是在已知事件 B 已发生这一条件下,事件 A 发生的概率.一般说来,两者发生的概率不一定会相同.我们把后者的概率称为**条件概率**,记为 $P(A|B)$,相应地称前者的概率为**无条件概率**.为了更好理解条件概率与无条件概率的区别,我们将举两个例子来说明,并从中给出条件概率的严格数学定义和它的计算方法.

微视频讲解 1-1:
条件概率

例 1 抛掷一枚均匀骰子,事件 A 表示"掷出 2 点",事件 B 表示"掷出偶数点",则 $P(A) = \frac{1}{6}$. B 中共有 3 个基本事件,即"掷出点数分别是 2,4,6",它们的出现是等可能的,故有 $P(B) = \frac{3}{6}, P(AB) = P(A) = \frac{1}{6}$.已知事件 B 发生,而事件 B 中只有"掷出点数是 2"是事件 A,则 $P(A|B) = \frac{1}{3}$,容易得到 $P(A|B) = \frac{1}{3} = \frac{1/6}{3/6} = \frac{P(AB)}{P(B)}$.

例 2 假定男女出生率是相等的,现随机挑出一个有两个孩子的家庭,两个孩子按年龄大小顺序排列有以下四种情况(男,男)、(男,女)、(女,男)、(女,女),每一种发生的可能性是相等的.设 A 表示"这个家庭中有一个男孩一个女孩的事件",可得 $P(A)=\dfrac{1}{2}$.如果预先知道事件 B 表示"该家庭至少有一个女孩",则此时 $P(B)=\dfrac{3}{4}$,$P(AB)=\dfrac{2}{4}$,故 $P(A\mid B)=\dfrac{2}{3}=\dfrac{2/4}{3/4}=\dfrac{P(AB)}{P(B)}$,有无条件的概率是不一样的.理解这个比较容易,在计算后一种情况时,需要多考虑一个条件(这个家庭至少有一个女孩),可供选择的样本点的范围缩小了,样本空间由 $\Omega=\{$(男,男),(男,女),(女,男),(女,女)$\}$ 变成了 $B=\{$(男,女),(女,男),(女,女)$\}$,这时再发生事件 A 的可能性就起了变化.

进一步,我们从频率和古典概率出发导出条件概率的定义.设在 n 次试验中,事件 B 和事件 AB 各发生 n_1 和 n_2 次,显然在事件 B 发生的条件下,事件 A 发生的频率为

$$f_n(A\mid B)=\dfrac{n_2}{n_1}=\dfrac{n_2/n}{n_1/n}=\dfrac{f_n(AB)}{f_n(B)},$$

当试验次数 $n\to +\infty$ 时,频率会出现稳定值,接近于概率,故可得

$$P(A\mid B)=\dfrac{P(AB)}{P(B)}. \qquad (1\text{-}4\text{-}1)$$

定义 1 设 A,B 是某试验 E 中的两个事件,且 $P(B)>0$,则称 $\dfrac{P(AB)}{P(B)}$ 为事件 B 发生的条件下事件 A 发生的**条件概率**,记为 $P(A\mid B)$.

若事件 B 已发生,则为使事件 A 也发生,试验结果必须是既在 B 中又在 A 中的样本点,即此点必属于 AB.由于我们知道事件 B 已发生,故 B 变成了新的样本空间,称之为**减缩了的样本空间**,记为 Ω_B,于是有式(1-4-1),见图 1-3.

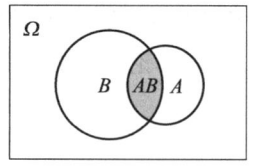

图 1-3

易知,条件概率符合概率的公理化定义的三条公理化条件.设 A,B 是某试验 E 中的两个事件,且 $P(B)>0$,则有以下几个式子成立:

1. **非负性** $P(A\mid B)\geqslant 0$;
2. **规范性** $P(\Omega\mid B)=1$;
3. **可列可加性** 设 $A_1,A_2,\cdots$ 是可列个两两互不相容的事件,则 $P\left(\bigcup\limits_{i=1}^{\infty}A_i\mid B\right)=\sum\limits_{i=1}^{\infty}P(A_i\mid B)$.

既然条件概率符合以上三条公理化条件,那么 §1.2 中已证明对概率成立的一些性质也都适用于条件概率.例如对任意事件 A_1,A_2,有

$$P(A_1\cup A_2\mid B)=P(A_1\mid B)+P(A_2\mid B)-P(A_1 A_2\mid B).$$

可以看出,计算条件概率有两种方法:

(1) 设 E 是一个试验,其样本空间为 Ω,A,B 为 E 的事件,可先计算 $P(B)$,

$P(AB)$,再按式(1-4-1)求得 $P(A|B)$.

(2) 若在原来试验 E 的基础上,再加上事件 B 发生的条件,便可在缩减了的样本空间 Ω_B 中计算事件 A 发生的概率,从而得到 $P(A|B)$.

例 3 设一只盒子中混有新旧两种乒乓球,在新球中有白色的 40 个、橙色的 30 个,在旧球中有白色的 20 个、橙色的 10 个.现从盒中任取 1 球,发现是新的,问这个球是白色的概率是多少?

解 设事件 A 为"任取一球是白球",事件 B 为"任取一球是新球".依题意要求 $P(A|B)$,下面用两种方法求解:

(1) 因为 $P(B) = \dfrac{70}{100} = \dfrac{7}{10}, P(AB) = \dfrac{40}{100} = \dfrac{4}{10}$,则 $P(A|B) = \dfrac{P(AB)}{P(B)} = \dfrac{4}{7}$.

(2) 在缩减了的样本空间 Ω_B 中考虑,有 $P(A|B) = \dfrac{40}{70} = \dfrac{4}{7}$.

例 4 已知 $P(\bar{A}) = 0.3, P(B) = 0.4, P(A\bar{B}) = 0.5$,求条件概率 $P(B|A \cup \bar{B})$.

解 由于

$$P(B|A \cup \bar{B}) = \dfrac{P(B(A \cup \bar{B}))}{P(A \cup \bar{B})} = \dfrac{P(AB)}{P(A) + P(\bar{B}) - P(A\bar{B})},$$

$P(A) = 1 - P(\bar{A}) = 0.7, P(\bar{B}) = 1 - P(B) = 0.6, P(AB) = P(A) - P(A\bar{B}) = 0.2$,所以,

$$P(B|A \cup \bar{B}) = \dfrac{0.2}{0.7 + 0.6 - 0.5} = \dfrac{1}{4}.$$

二、乘法公式

由条件概率的定义可得:设有两个事件 A, B,若 $P(A) > 0$,则 $P(AB) = P(A)P(B|A)$,或者当 $P(B) > 0$ 时,有 $P(AB) = P(B)P(A|B)$ 成立,称它们为**乘法公式**.

加以推广,设有 n 个事件 $A_1, A_2, \cdots, A_n$,且 $P(A_1 A_2 \cdots A_{n-1}) > 0$,则

$$P(A_1 A_2 \cdots A_n) = P(A_1)P(A_2|A_1)P(A_3|A_1 A_2) \cdots P(A_n|A_1 A_2 \cdots A_{n-1}),$$

也称该公式为**乘法公式**,读者可以自行证明一下这个推广的式子是成立的.

注意,在 n 个事件 $A_1, A_2, \cdots, A_n$ 的乘法公式中,不要求假设 $P(A_1) > 0, P(A_1 A_2) > 0, \cdots, P(A_1 A_2 \cdots A_{n-2}) > 0$,只要 $P(A_1 A_2 \cdots A_{n-1}) > 0$ 成立即可,这是因为 $A_1 \supset A_1 A_2 \supset \cdots \supset A_1 A_2 \cdots A_{n-2} \supset A_1 A_2 \cdots A_{n-1}$,所以由概率的单调性可知 $P(A_1) > 0, P(A_1 A_2) > 0, \cdots, P(A_1 A_2 \cdots A_{n-2}) > 0$ 必定成立.

例 5 设袋中有 5 个红球、3 个黑球、2 个白球.(1) 不放回抽取三次,每次一球;(2) 放回抽取三次,每次一球.求第三次才抽到白球的概率.

解 第三次才抽到白球,说明了第一、二次抽到的是红球或黑球.设 $A = \{$第一次没有抽到白球$\}, B = \{$第二次没有抽到白球$\}, C = \{$第三次抽到白球$\}$,则 $ABC = \{$第三次才抽到白球$\}$.

(1) 不放回抽取时,$P(A) = \dfrac{8}{10}, P(B|A) = \dfrac{7}{9}, P(C|AB) = \dfrac{2}{8}$,因而

$$P(ABC) = P(A) \cdot P(B|A) \cdot P(C|AB) = \frac{8}{10} \times \frac{7}{9} \times \frac{2}{8} = \frac{7}{45}.$$

（2）放回抽取时，$P(A) = \frac{8}{10}, P(B|A) = \frac{8}{10}, P(C|AB) = \frac{2}{10}$，因而

$$P(ABC) = P(A) \cdot P(B|A) \cdot P(C|AB) = \frac{8}{10} \times \frac{8}{10} \times \frac{2}{10} = \frac{16}{125}.$$

例 6（抽签公平问题） 签筒中放有 10 支签，其中只有一支是"好"签．10 人依次随机地从中取走一签，求第 i（$i=1,2,\cdots,10$）人抽得"好"签的概率．

解 设 A_i（$i=1,2,\cdots,10$）表示"第 i 人抽得'好'签"．

$$P(A_1) = \frac{1}{10}, A_2 \subset \overline{A}_1;$$

$$P(A_2) = P(\overline{A}_1 A_2) = P(\overline{A}_1)P(A_2|\overline{A}_1) = \frac{9}{10} \times \frac{1}{9} = \frac{1}{10}, A_3 \subset \overline{A}_1 \overline{A}_2;$$

$$P(A_3) = P(\overline{A}_1 \overline{A}_2 A_3) = P(\overline{A}_1)P(\overline{A}_2|\overline{A}_1)P(A_3|\overline{A}_1 \overline{A}_2)$$

$$= \frac{9}{10} \times \frac{8}{9} \times \frac{1}{8} = \frac{1}{10}, A_4 \subset \overline{A}_1 \overline{A}_2 \overline{A}_3;$$

…………

$$P(A_{10}) = P(\overline{A}_1)P(\overline{A}_2|\overline{A}_1)\cdots P(A_{10}|\overline{A}_1 \overline{A}_2 \cdots \overline{A}_9) = \frac{9}{10} \times \frac{8}{9} \times \cdots \times \frac{1}{2} = \frac{1}{10}.$$

所以 $P(A_1) = P(A_2) = \cdots = P(A_{10}) = \frac{1}{10}.$

典型例题 1-3

这道题说明了抽签问题是与抽签的顺序无关的，是公平的．因此，从概率角度看，在抽签过程中，10 个人不必争先恐后地抽签．

三、全概率公式

从简单事件的概率来推断复杂事件的概率，这是处理概率问题的常用方法．其中一种常见的处理思路是，将复杂事件分解为若干两两互不相容的事件之和，然后再用概率的加法公式和乘法公式进行计算．为此，先要引入完备事件组的概念．

定义 2 设试验 E 中有一事件组 $A_1, A_2, \cdots, A_n$，它们两两互不相容且 $\sum_{i=1}^{n} A_i = \Omega$，则 $A_1, A_2, \cdots, A_n$ 称为 E 的一个**完备事件组**，或称 $A_1, A_2, \cdots, A_n$ 为样本空间 Ω 的一个**有限划分**．

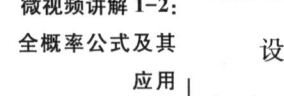

微视频讲解 1-2：全概率公式及其应用

设试验 E 中有一事件组 $A_1, A_2, \cdots, A_n, \cdots$，它们两两互不相容且 $\sum_{i=1}^{\infty} A_i = \Omega$，则 $A_1, A_2, \cdots, A_n, \cdots$ 也称为 E 的一个**完备事件组**，或称 $A_1, A_2, \cdots, A_n, \cdots$ 为样本空间 Ω 的一个**可列无穷划分**，见图 1-4．

完备事件组把样本空间划分成有限子集或无穷子集，且两两互不相容．对一个随机试验 E，它的样本空间可以由有限或可列无穷任意划分成若干类，任一随机事件

都可以由这些类复合而成. 譬如,抛掷一枚骰子,样本空间 $\Omega=\{\omega_1,\omega_2,\cdots,\omega_6\}$,$\omega_i$ 表示出现的点数为 $i(i=1,2,\cdots,6)$,把这个样本空间划分成两部分"出现的点数为奇数""出现的点数为偶数". 设 B 表示一个点数大于 3 的随机事件,那么这个事件可以看成是由事件"出现的点数为奇数且大于 3"与事件"出现的点数为偶数且大于 3"取和而成的. 再举一个例子:设有 n 个袋子,各袋中装有白球和红球,任取一个袋子,并任取一球,对于这样的随机试验,按照不同袋子将样本空间划分成 n 个部分,则"取出一球是红球"这一事件是由"从第一个袋子抽出一球是红球""从第二个袋子抽出一球是红球"……"从第 n 个袋子抽出一球是红球"这 n 个部分复合而成的.

为什么样本空间要做这样的划分呢?不妨先对上述问题作一下直观解释:对一个试验,某一结果的发生可能有多种原因,每一原因对这结果的发生都做出了一定的"贡献",这结果发生的可能性与各种原因的"贡献"大小有关. 我们把随机事件 B 看作是某一试验过程的结果,对样本空间进行有限划分(可列无穷同样讨论),A_1, $A_2,\cdots,A_n$ 为其完备事件组. 可以把这个完备事件组看作是该试验过程的若干个原因,每个原因都以一定概率发生,且每一原因都对试验结果产生一定的影响,其直观意义可见图 1-5.

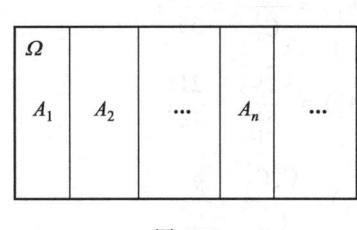

图 1-4

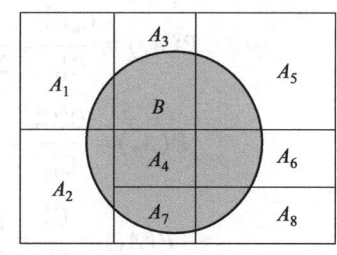

图 1-5

对于这类问题,要表达它们发生的可能性可用全概率公式.

定理 1 设随机试验 E 的样本空间为 Ω,对它进行有限划分,$A_1,A_2,\cdots,A_n$ 为其完备事件组,且 $P(A_i)>0$ $(i=1,2,\cdots,n)$,则对任一随机事件 B,有

$$P(B) = \sum_{i=1}^{n} P(A_i)P(B\mid A_i), \qquad (1\text{-}4\text{-}2)$$

式(1-4-2)称为**全概率公式**.

证明 $B = B\cap\Omega = B\left(\bigcup_{i=1}^{n} A_i\right) = \bigcup_{i=1}^{n} BA_i$,又由于 $A_iA_j=\varnothing$ $(i\neq j, i,j=1,2,\cdots,n)$,所以 $BA_i\cap BA_j=\varnothing$ $(i\neq j,i,j=1,2,\cdots,n)$,由有限可加性和乘法公式可知

$$P(B) = P\left(\bigcup_{i=1}^{n} BA_i\right) = \sum_{i=1}^{n} P(BA_i) = \sum_{i=1}^{n} P(A_i)P(B\mid A_i).$$

例 7 设当一台机器正常时,生产合格品的概率为 95%,当机器有故障时,生产合格品的概率为 50%,而机器无故障的概率为 95%. 问某天上班时,工人生产的第一件产品是合格品的可能性是多少?

解 设 $A=\{$机器正常工作$\}$,则 $\bar{A}=\{$机器出现故障$\}$,A 与 $\bar{A}$ 构成了样本空间的一个划分. 再设 B 表示"生产出来的产品为合格品",根据题意有

$$P(A) = 0.95, \quad P(\overline{A}) = 0.05, \quad P(B\mid A) = 0.95, \quad P(B\mid \overline{A}) = 0.5.$$

于是由全概率公式可得

$$P(B) = P(A)P(B\mid A) + P(\overline{A})P(B\mid \overline{A})$$
$$= 0.95 \times 0.95 + 0.05 \times 0.5 = 0.9275.$$

例 7 中使用了事件 A 和逆事件 $\overline{A}$ 作为 Ω 的一个划分,即为 Ω 的完备事件组,这是比较常用的做法.

还有一个比较常见的划分是:如果一个过程分成两步,则完成第一步时的一切可能情况构成样本空间的一个划分,以下以例子说明.

例 8 12 个乒乓球中有 9 个新的、3 个旧的,第一次比赛取出了 3 个,用完后放回去,第二次比赛又取出 3 个,求第二次取到的 3 个球中有 2 个新球的概率.

解 设 $A_i = \{$在第一次比赛中取出 i 个新球$\}$ $(i = 0,1,2,3)$,A_0, A_1, A_2, A_3 构成样本空间 Ω 的完备事件组.设 B 表示"第二次取到的 3 个球中有 2 个新球",则有

$$P(A_0) = \frac{C_3^3}{C_{12}^3} = \frac{1}{220}, \quad P(B\mid A_0) = \frac{C_9^2 C_3^1}{C_{12}^3} = \frac{27}{55};$$

$$P(A_1) = \frac{C_9^1 C_3^2}{C_{12}^3} = \frac{27}{220}, \quad P(B\mid A_1) = \frac{C_8^2 C_4^1}{C_{12}^3} = \frac{28}{55};$$

$$P(A_2) = \frac{C_9^2 C_3^1}{C_{12}^3} = \frac{27}{55}, \quad P(B\mid A_2) = \frac{C_7^2 C_5^1}{C_{12}^3} = \frac{21}{44};$$

$$P(A_3) = \frac{C_9^3}{C_{12}^3} = \frac{21}{55}, \quad P(B\mid A_3) = \frac{C_6^2 C_6^1}{C_{12}^3} = \frac{9}{22}.$$

根据全概率公式有

$$P(B) = \sum_{i=0}^{3} P(A_i) P(B\mid A_i) = \frac{1}{220} \cdot \frac{27}{55} + \frac{27}{220} \cdot \frac{28}{55} + \frac{27}{55} \cdot \frac{21}{44} + \frac{21}{55} \cdot \frac{9}{22}$$
$$\approx 0.455.$$

四、贝叶斯(Bayes)公式

微视频讲解 1-3:
贝叶斯公式

全概率公式给出了计算由多种原因造成的某种事件发生的可能性大小的方法.如果要确定事件 B 发生的概率,只要根据历史资料,知道各种原因发生的可能性大小 $P(A_i)$ $(i = 1,2,\cdots,n)$ 以及每一种原因对结果所产生的影响程度 $P(B\mid A_i)$ $(i = 1,2,\cdots,n)$,然后运用全概率公式就可以算出 $P(B)$.

现实当中存在某种问题,它是上述问题的逆问题,简述如下:

根据历史资料,各种原因发生的可能性大小 $P(A_i)$ $(i = 1,2,\cdots,n)$ 是已知的,设在进行随机试验中事件 B 已发生,问在此条件下,各原因发生的概率是多少?譬如,在例 7 中,把问题改为某天上班时,工人生产的第一件产品是合格品,问能以多大把握判断该机器是正常的.类似这样的问题,在理论和实际中经常碰到,解决这类问题的公式就是**贝叶斯公式**.

定理 2 设随机试验 E 的样本空间为 Ω,对它进行有限划分,$A_1, A_2, \cdots, A_n$ 为其

§1.4 条件概率

完备事件组,$P(A_i) > 0$ ($i = 1, 2, \cdots, n$),则对一随机事件 B 且 $P(B) > 0$,有

$$P(A_i \mid B) = \frac{P(A_i) P(B \mid A_i)}{\sum_i P(A_i) P(B \mid A_i)}, \quad i = 1, 2, \cdots, n. \quad (1\text{-}4\text{-}3)$$

式(1-4-3)称为**贝叶斯公式**.

证明 由条件概率的定义以及全概率公式即得

$$P(A_i \mid B) = \frac{P(A_i B)}{P(B)} = \frac{P(A_i) P(B \mid A_i)}{\sum_i P(A_i) P(B \mid A_i)}, \quad i = 1, 2, \cdots, n.$$

例 9(续例 7) 某天上班时,工人生产的第一件产品是合格品,问能以多大把握判断该机器是正常的?

解 与例 7 有相同的假设,由贝叶斯公式可得

$$P(A \mid B) = \frac{P(A) P(B \mid A)}{P(A) P(B \mid A) + P(\overline{A}) P(B \mid \overline{A})}$$

$$= \frac{0.95 \times 0.95}{0.95 \times 0.95 + 0.05 \times 0.5} \approx 0.973.$$

贝叶斯公式在实际中有很多应用,它可以帮助人们确定某结果(事件 B)发生的最有可能的原因.

例 10 某一地区患有癌症的人占 0.005,患者对一种试验反应是阳性的概率为 0.95,正常人对这种试验反应是阳性的概率为 0.04. 现抽查了一个人,试验反应是阳性,问此人是癌症患者的概率有多大?

解 设 $C = \{$抽查的人患有癌症$\}$,$A = \{$试验结果是阳性$\}$,则 $\overline{C} = \{$抽查的人未患癌症$\}$. 已知

$$P(C) = 0.005, \quad P(\overline{C}) = 0.995, \quad P(A \mid C) = 0.95, \quad P(A \mid \overline{C}) = 0.04.$$

由贝叶斯公式,可得

$$P(C \mid A) = \frac{P(C) P(A \mid C)}{P(C) P(A \mid C) + P(\overline{C}) P(A \mid \overline{C})}$$

$$= \frac{0.005 \times 0.95}{0.005 \times 0.95 + 0.995 \times 0.04} \approx 0.106\,6.$$

现在来分析一下这种试验对于诊断一个人是否患有癌症有无意义?

1. 如果不做试验,抽查一人,他是患者的概率为 $P(C) = 0.005$. 患者阳性反应的概率是 0.95,若试验后呈阳性反应,则根据试验得出的信息,此人是患者的概率为 $P(C \mid A) = 0.106\,6$. 从 0.005 到 0.106\,6 增加了 20.32 倍.

2. 即使检出阳性,尚可不必过早下结论患有癌症. 因为试验结果为阳性,此人确患癌症的概率仅为 $P(C \mid A) = 0.106\,6$,即此人确患癌症的可能性只有 10.66%,此时医生常要通过再试验来确认. 譬如对试验结果为阳性的人再进行复查,若还是阳性,则此时 $P(C) = 0.106\,6$,$P(\overline{C}) = 0.893\,4$,利用贝叶斯公式有

$$P(C \mid A) = \frac{P(C) P(A \mid C)}{P(C) P(A \mid C) + P(\overline{C}) P(A \mid \overline{C})}$$

典型例题 1-4

$$= \frac{0.106\,6 \times 0.95}{0.106\,6 \times 0.95 + 0.893\,4 \times 0.04} \approx 0.739\,2,$$

这时被确诊患癌症的概率大大提高了.

五、贝叶斯公式的简介

1763 年,英国人贝叶斯发表《论机会学说问题的求解》,其中的"贝叶斯定理"给出了在已知结果 E 后,对所有原因 C 计算其条件概率 $P(C\mid E)$ 的公式.这可以看作是最早的一种统计推断定理.它在概率论和数理统计中有着多方面的应用,其主要思想形成了贝叶斯统计学派的理论基础.

贝叶斯公式在统计推断中相当有用.当我们发现某个事件 B 已发生时,通常想知道 B 发生的原因,但引起 B 发生的原因往往有很多个且它们两两互不相容,例如有 $A_1, A_2, \cdots, A_n$. 自然而然地,我们会想去知道其中某一个原因引起的条件概率 $P(A_i \mid B)$. 一般来讲,$P(A_i)$ 在试验之前就已经知道了,我们称之为**先验概率**,而称 $P(A_i \mid B)$ 为**后验概率**,它反映了各种原因引起事件 B 发生的可能性大小.贝叶斯公式则告诉我们后验概率可以通过先验概率求得.例如,在医疗诊断中,$A_1, A_2, \cdots, A_n$ 表示患者可能患的几种不同疾病,在诊断前,医生总是先检查与这些疾病有关的指标,以帮助诊断.若某项指标不正常,我们把它表示为事件 B 发生,现在要问患者可能患哪一种疾病.从可能性来讲,$P(A_i \mid B)$ 越大,患者患 A_i 疾病的可能性越大,所以需要计算 $P(A_i \mid B)$. 利用贝叶斯公式就可以计算出 $P(A_i \mid B)$,其中用到的先验概率 $P(A_i)$(医学上称 $P(A_i)$ 为 A_i 疾病的发病率)是根据以往的资料或经验得到的.而 $P(B \mid A_i)$ 主要依赖于医生的医学知识和经验,所以人们比较习惯找有经验的医生治病,因为丰富的经验和渊博的知识能帮助医生作出比较准确的诊断.

§1.5 事件的独立性

在 §1.4 中,我们讨论过无条件概率 $P(A)$ 与条件概率 $P(A \mid B)$ 是有区别的,它们的值一般不会相等.发生这种情况的主要原因是,有了条件 B 后样本空间缩减成了 Ω_B,条件 B 会对事件 A 产生影响.但在理论与实际中经常碰到这样的情况,那就是即使有了条件 B,样本空间也没有缩减,条件 B 没有对事件 A 产生影响,事件 A, B 之间保持着某种独立性,这样就造成无条件概率与条件概率的值是相等的.对于具有这种性质的事件,我们可描述为:

设 A, B 是两个随机事件,且 $P(A) > 0$,若 $P(A \mid B) = P(A)$,则称事件 A **独立于事件 B**.

显然地,若事件 A 独立于事件 B,且 $P(A) > 0, P(B) > 0$,则事件 B 也独立于事件 A.事实上,由条件概率和乘法公式可得 $P(A)P(B \mid A) = P(B)P(A \mid B)$,因为事件 A 独立于事件 B,即有 $P(A \mid B) = P(A)$,所以得 $P(B \mid A) = P(B)$. 由此可知,若事件满足 $P(A) > 0, P(B) > 0$,则事件 A 与事件 B 之间的独立性具有相互对称的性质,称它们**相互独立**.

再者,设 A, B 是两个随机事件且 $P(A) > 0, P(B) > 0$,则事件 A 与事件 B 相互独

立等价于 $P(AB)=P(A)P(B)$. 一方面,有 $P(A\mid B)=\dfrac{P(AB)}{P(B)}=\dfrac{P(A)P(B)}{P(B)}=P(A)$,即 $P(A\mid B)=P(A)$,故事件 A 与事件 B 相互独立. 另一方面,由事件 A 与事件 B 相互独立得 $\dfrac{P(AB)}{P(B)}=P(A\mid B)=P(A)$,所以 $P(AB)=P(A)P(B)$.

在前面描述事件的相互独立时,我们限定了 $P(A)>0,P(B)>0$. 事实上,如果 $P(B)=0$,因为 $0\leqslant P(AB)\leqslant P(B)=0$,故 $P(AB)=0$,可知 $P(AB)=P(A)P(B)$ 仍保持成立. 显然,用 $P(AB)=P(A)P(B)$ 刻画事件的相互独立比用 $P(A\mid B)=P(A)$ 或 $P(B\mid A)=P(B)$ 刻画事件的相互独立更好,它不受 $P(A)>0,P(B)>0$ 的限制,故我们把相互独立定义为:

定义 设随机试验 E 的样本空间为 Ω,A,B 是两个随机事件,若满足 $P(AB)=P(A)P(B)$,则称事件 A 与事件 B **相互独立**.

性质 若四对事件 A 与 B,A 与 $\bar{B}$,$\bar{A}$ 与 B,$\bar{A}$ 与 $\bar{B}$ 中有一对是相互独立的,则其余各对也是相互独立的.

分析 我们只需证明若事件 A 与 B 相互独立,则有 A 与 $\bar{B}$,$\bar{A}$ 与 B,$\bar{A}$ 与 $\bar{B}$ 相互独立. 要证 A 与 $\bar{B}$ 相互独立,只要证式子 $P(A\bar{B})=P(A)P(\bar{B})$ 成立.

证明 由题设可知

$$P(A\bar{B})=P(A)-P(AB)=P(A)-P(A)P(B)=P(A)(1-P(B))$$
$$=P(A)P(\bar{B}),$$

所以 A 与 $\bar{B}$ 相互独立. 同理可证 $\bar{A}$ 与 B,$\bar{A}$ 与 $\bar{B}$ 也相互独立.

例 1 甲、乙两人单独解答同一道习题,甲能答对的概率是 0.8,乙能答对的概率是 0.9. 试求:

(1) 两人都答对的概率;

(2) 至少有一人答对的概率.

解 (1) 设 $A=\{$甲答对$\}$,$B=\{$乙答对$\}$,则 $P(A)=0.8,P(B)=0.9$. A 与 B 相互独立,两人都答对为事件 AB,则有

$$P(AB)=P(A)P(B)=0.8\times 0.9=0.72.$$

(2) 至少有一人答对的事件为 $A\cup B$,可用多种方法求解 $P(A\cup B)$.

解法一 $P(A\cup B)=P(A)+P(B)-P(AB)=0.8+0.9-0.8\times 0.9=0.98$;

解法二 $P(A\cup B)=1-P(\overline{A\cup B})=1-P(\bar{A}\bar{B})=1-P(\bar{A})P(\bar{B})=1-0.2\times 0.1=0.98$;

解法三 $P(A\cup B)=P(AB)+P(A\bar{B})+P(\bar{A}B)=0.72+0.8\times 0.1+0.2\times 0.9=0.98$.

加以推广,设 $A_1,A_2,\cdots,A_n$ $(n\geqslant 2)$ 是 n 个事件,若 A_i,A_j $(i\neq j,i,j=1,2,\cdots,n)$ 是其中任意两个事件,有 $P(A_iA_j)=P(A_i)P(A_j)$,则称这 n 个事件是两两相互独立的事件,简述为 $A_1,A_2,\cdots,A_n$ 任意两个事件是相互独立的.

而设 $A_1,A_2,\cdots,A_n$ $(n\geqslant 2)$ 是 n 个事件,若对其中任意 k $(2\leqslant k\leqslant n)$ 个事件 $A_{i_1},A_{i_2},\cdots,A_{i_k}$,有

$$P(A_{i_1}A_{i_2}\cdots A_{i_k}) = P(A_{i_1})P(A_{i_2})\cdots P(A_{i_k}), \qquad (1\text{-}5\text{-}1)$$

则称这 n 个事件 $A_1, A_2, \cdots, A_n (n \geq 2)$ 是相互独立的,简述为 $A_1, A_2, \cdots, A_n$ 相互独立,它是指其中任意有限个事件都相互独立.

可以看出,若 $A_1, A_2, \cdots, A_n$ 相互独立,一定有 $A_1, A_2, \cdots, A_n$ 两两相互独立.但是两两相互独立能不能推出相互独立呢? 答案是不一定,伯恩斯坦(Bernstein)反例就可以说明这个问题.

例 2(伯恩斯坦反例) 在一个均匀的正四面体的四个面上分别涂上红色,蓝色,黄色和红、蓝、黄色,抛掷该四面体,设事件 A 为"有红色一面着地",事件 B 为"有蓝色一面着地",事件 C 为"有黄色一面着地",则

$$P(A) = P(B) = P(C) = \frac{1}{2}, \quad P(AB) = P(AC) = P(BC) = \frac{1}{4},$$

$$P(ABC) = \frac{1}{4},$$

且

$$P(AB) = P(A)P(B) = \frac{1}{4}, \quad P(AC) = P(A)P(C) = \frac{1}{4},$$

$$P(BC) = P(B)P(C) = \frac{1}{4},$$

但是

$$P(ABC) = \frac{1}{4} \neq P(A)P(B)P(C) = \frac{1}{8}.$$

本例说明事件 A, B, C 是两两相互独立的但不是相互独立的.

n 个事件相互独立也具有两个事件独立的性质的结论,即将相互独立事件中的任一部分换为其对立事件,所得的诸事件仍为相互独立的.

相互独立随机事件的最大特点是它们的积的概率等于它们各自概率的乘积.因此当事件之间有独立性时,应尽量将和、差等形式转化为积的形式,从而使概率计算大为简化.

例 3(可靠性问题) 假定系统中各元件能否正常工作是相互独立的.设一个系统由 n 个元件构成,A_i 表示"第 i 个元件正常",A 表示"系统正常",记 $P(A_i) = p_i (i = 1, 2, \cdots, n)$. 现设每个元件的可靠度为 0.85,问至少应并联多少个元件才能使系统的可靠度不小于 0.999 5?

解 在解本题之前先解释什么是可靠性问题.在航空航天及其他科学领域常常会遇到可靠性问题.即一个系统由许多元件组成,只要少量元件有故障,就可能使整个系统出现故障,因此,就产生了可靠性理论研究.一个系统的可靠性用可靠度来刻画,而可靠度是指系统能正常工作的概率.这里我们介绍两种最简单的系统,即串联系统和并联系统.对于串联系统,要使得整个系统能够正常工作,则必须使得每个元件都能够正常工作,此时 $A = \bigcap_{i=1}^{n} A_i$,故系统正常工作的概率为 $P(A) = \prod_{i=1}^{n} p_i$. 对于并

联系统,至少有一个元件能够正常工作,整个系统就能正常工作,此时 $A = \bigcup_{i=1}^{n} A_i$,则

$$P(A) = 1 - P\left(\overline{\bigcup_{i=1}^{n} A_i}\right) = 1 - P\left(\bigcap_{i=1}^{n} \overline{A_i}\right)$$

$$= 1 - \prod_{i=1}^{n} P(\overline{A_i}) = 1 - \prod_{i=1}^{n} (1 - p_i).$$

根据这个背景知识,在本例中假设并联 n 个元件,要使系统的可靠度不小于 0.999 5,则必须有

$$P(A) = 1 - \prod_{i=1}^{n} (1 - p_i) = 1 - (1 - 0.85)^n \geqslant 0.999\ 5,$$

解得 $n = 5$.

典型例题 1-5

典型例题 1-6

典型例题 1-7

习题一

(一)

1. 试写出下列试验的样本空间:
   (1) 记录一个班(30 人)一次概率考试的平均分数(以百分制记分);
   (2) 同时抛掷 3 枚骰子一次,记录骰子点数之和;
   (3) 生产某产品直到有 10 件正品为止,记录生产产品的总件数;
   (4) 在单位圆内任意取一点,记录它的坐标;
   (5) 将一长度为 1 的直尺折成 3 段,观察各段的长度.

2. 设 A,B,C 为三个事件,试将下列事件用 A,B,C 的运算关系表示出来:
   (1) 三个事件都发生;
   (2) 三个事件都不发生;
   (3) 三个事件至少有一个发生;
   (4) A 发生,B,C 不发生;
   (5) A,B 都发生,C 不发生;
   (6) 三个事件中至少有两个发生;
   (7) 不多于一个事件发生;
   (8) 不多于两个事件发生.

3. 设 $\Omega = \{x \mid 0 \leqslant x \leqslant 2\}$,$A = \left\{x \mid \dfrac{1}{2} < x \leqslant 1\right\}$,$B = \left\{x \mid \dfrac{1}{4} \leqslant x < \dfrac{3}{2}\right\}$,具体写出下列各事件:
   (1) $\overline{A}B$; (2) $\overline{A} \cup B$; (3) $\overline{\overline{A}\ \overline{B}}$; (4) AB.

4. 设 A,B 为随机事件,$P(A) = 0.7$,$P(A-B) = 0.3$,求 $P(\overline{A \cup B})$.

5. 设 $P(A) = p$,$P(B) = q$,$P(AB) = r$,求 $P(\overline{A} \cup B)$,$P(\overline{AB})$,$P(\overline{A} \cup \overline{B})$,$P(\overline{A}\ \overline{B})$.

6. 某市有 50% 的住户订日报,有 65% 的住户订晚报,有 85% 的住户至少订这两种报纸中的一种.试问同时订这两种报纸的住户百分比是多少?

7. 从 $0,1,2,\cdots,9$ 这 10 个数中任取 4 个,能排成 4 位偶数的概率是多少?

8. 10 层楼的一部电梯上同载 7 个乘客,且电梯可停在 10 层楼的任何一层,试求不发生两位及两位以上乘客在同一层离开电梯的概率.

9. 袋中装有编号 $1,2,\cdots,n$ 的 n 个球,每次从中任意摸一球. 若按下面的方式,试求当第 k 次摸球时,首次摸到 1 号球的概率:

(1) 放回抽样;

(2) 不放回抽样.

10. 袋内放有两张伍拾圆的、三张贰拾圆的、五张拾圆的纸币,任取其中五张,求总钱数超过壹佰圆的概率.

11. 有 5 双不同型号的鞋子,从中任取 4 只,求下列各事件的概率:

(1) 取出的 4 只鞋恰好是两双;

(2) 取出的 4 只鞋都是不同型号的;

(3) 取出的 4 只鞋恰好有两只配成一双.

12. 若一年按 365 天计算,试问 500 人中,至少有一个人的生日在 7 月 1 日的概率?

13. 某种产品的商标为 "MAXAM",其中有 2 个字母脱落,有人捡起随意放回,求放回后仍为 "MAXAM" 的概率.

14. 在 1 400 件产品中有 400 件次品,1 000 件正品. 现任取 200 件,试求:

(1) 恰有 100 件次品的概率;

(2) 至少有两件次品的概率.

15. 已知 40 件产品中有 3 件次品,现从中随意依次取出两件产品,取后不放回,求:

(1) 第一次取到次品的概率,第二次取到次品的概率,第二次才取到次品的概率;

(2) 取出两件产品至少有一件是次品的概率;

(3) 已知取出两件产品中至少有一件是次品,那么另一件也是次品的概率;

(4) 已知取出两件产品中第一件是次品,那么第二件也是次品的概率.

16. 从 $(0,1)$ 中随机取两个数,求下列事件的概率:

(1) 两数之和小于 $\dfrac{6}{5}$;

(2) 两数之积小于 $\dfrac{1}{4}$.

17. 随机地向半圆 $0<y<\sqrt{2ax-x^2}$ (a 为正常数) 内投一点,点落在半圆内任何区域的概率与区域的面积成正比,试求原点和该点的连线与 x 轴的夹角小于 $\dfrac{\pi}{4}$ 的概率.

18. 若在区间 $(0,1)$ 上,随机地取出两个数 u,v,则关于 x 的一元二次方程 $x^2-2vx+u=0$ 有实根的概率是多少?

19. 抛掷两枚骰子,已知两枚骰子点数之和为 7,求其中有一枚为 1 点的概率.

20. 设 A,B 是两随机事件,已知 $P(B)=\dfrac{1}{3}$,$P(\overline{A}\mid\overline{B})=\dfrac{1}{4}$,$P(\overline{A}\mid B)=\dfrac{1}{5}$,试求

$P(A)$.

21. 按以往概率考试结果分析,努力学习的学生有90%可能考试及格,不努力学习的学生有90%可能考试不及格.据调查,学生中有90%的人是努力学习的,试问:

(1) 考试及格的学生有多大可能是不努力学习的?

(2) 考试不及格的学生中有多大可能是努力学习的?

22. 在空战中,甲机先向乙机开火,击落乙机的概率是0.2.若乙机未被击落,则进行还击,击落甲机的概率是0.3.若甲机未被击落,则再攻击乙机,击落乙机的概率是0.4.试求在这几个回合中:

(1) 甲机被击落的概率;

(2) 乙机被击落的概率.

23. 设有分别来自三个地区的10名,15名和25名考生的报名表,其中女生的报名表分别为3份,7份和5份,随机地取一个地区的报名表,从中先后抽出两份.

(1) 求先抽取的一份是女生表的概率;

(2) 已知后抽到的一份是男生表,求先抽到的一份是女生表的概率.

24. 常言道"不怕一万,就怕万一",试用事件的独立性知识证明:若不断重复进行某一试验,某一小概率事件A迟早会发生的概率为1.

25. 设A,B,C三个事件互相独立,试证明$A\cup B$,AB,$A-B$皆与C相互独立.

26. 三人独立地破译一个密码,他们能单独译出的概率分别是$\frac{1}{5},\frac{1}{3},\frac{1}{4}$,试求此密码被译出的概率.

27. 一工人看管3台机床,在一个小时内甲、乙、丙3台机床不需工人照看的概率分别是0.9,0.8和0.85,试求在一小时中:

(1) 3台机床都需要工人照看的概率;

(2) 至少有1台机床需要工人照看的概率;

(3) 至多只有1台机床不需要工人照看的概率.

28. 设事件A与B相互独立,且已知$P(A)=0.4$,$P(A\cup B)=0.7$,试求概率$P(\overline{B}|A)$.

(二)

1. 证明下列事件等式成立:

(1) $A\cup B=A\overline{B}\cup B$;   (2) $(A-AB)\cup B=A\cup B=\overline{\overline{A}\,\overline{B}}$.

2. 已知$A\supset BC$,证明:$P(A)\geqslant P(B)+P(C)-1$.

3. 对任意随机事件A,B,C,试证:$P(AB)+P(AC)-P(BC)\leqslant P(A)$.

4. 设某城有N部卡车,车牌号从1到N.有一外地人到该城去,把遇到的n部卡车的牌号抄下(可能重复抄到某些车牌号),试求抄到的最大号码正好是k的概率($1\leqslant k\leqslant N$).

5. 设在某专业研究生复试时,共有3张考签.3个考生应试,一个人抽一张看后立即放回,再让另一个人抽,如此3人各抽一次.试求抽签结束后,至少有一张考签没有被抽到的概率.

6. 将 3 个球随机地放入 4 个杯子中去,求杯子中球的最大个数分别为 1,2,3 的概率.

7. 在一张印有方格的纸上投一枚直径为 1 的硬币,试问方格边长 a 要多大才能使硬币与边线不相交的概率小于 1%?

8. 证明"确实原则": 若 $P(A|C) \geqslant P(B|C), P(A|\bar{C}) \geqslant P(B|\bar{C})$, 则 $P(A) \geqslant P(B)$.

9. 有 100 张票,其中有 30 张戏票,甲、乙两人先后在其中抽一张,试证明:抽得戏票的概率与抽票先后次序无关.

10. 设某种产品 50 件为一批,如果每批产品中没有次品的概率为 0.35,有 1,2,3,4 件次品的概率为 0.25,0.2,0.18,0.02.今从某批产品中抽取 10 件,检查出 1 件次品,试求该批产品中次品不超过 2 件的概率.

11. 袋中有 a 个红球与 $2a$ 个白球,每次随机地摸出一个球,若是红球,则将该球放回去,并且再加进 a 个红球,然后再从袋中任取一球,如果仍是红球,则再将该球放回并加进 a 个红球,如此继续直至摸到白球为止,求第 n 次才摸到白球的概率.

12. 设事件 A,B,C 两两独立,且 $ABC = \emptyset, P(A) = P(B) = P(C) < \frac{1}{2}$, $P(A \cup B \cup C) = \frac{9}{16}$, 试求概率 $P(A)$.

第一章重要术语及主题

13. 设有两个相互独立的事件,A 和 B 都不发生的概率为 $\frac{1}{9}$, A 发生 B 不发生的概率与 B 发生 A 不发生的概率相等,试求事件 A 发生的概率.

14. 设 A,B 是任意二事件,其中 A 发生的概率不等于 0 和 1,证明:
$$P(B|A) = P(B|\bar{A})$$
是事件 A 与 B 相互独立的充分必要条件.

习题一参考答案

15. 将一枚硬币独立地抛掷两次,引进事件 $A_1 = \{$抛掷第一次出现正面$\}, A_2 = \{$抛掷第二次出现正面$\}, A_3 = \{$正、反面各出现一次$\}$.证明:事件 A_1, A_2, A_3 两两独立.

16. 设 A,B 为随机事件,且 $P(B) > 0, P(A|B) = 1$, 证明:$P(A \cup B) = P(A)$.

第二章 一维随机变量与概率分布

在第一章中,我们介绍了随机事件及其概率.为了更加全面地研究随机试验的结果,揭示随机现象的统计规律性,本章我们将随机试验的结果数量化,以便能进行定量的数学处理,这就是引进随机变量的原因.随机变量的引进使得对随机现象的处理更加简单与直接,也更统一而有力.本章我们主要介绍离散型随机变量和连续型随机变量及其概率分布.

§2.1 随机变量的概念

在随机现象中,许多随机试验所有可能发生的结果可直接用数值表示.而有另一些随机试验,虽然试验中可能发生的结果不是直接用数值表示的,但如果我们对每个试验结果都采用适当的数量来标识(这种方法称为**随机事件的数量化**),就可以使所有可能发生的结果都能用数值表示,我们先看以下例子.

例 1 袋中有 3 个黑球、2 个白球,从中任意取出 3 个球,观察取出的 3 个球中的黑球个数.我们将 3 个黑球分别记作 1,2,3 号,2 个白球分别记作 4,5 号,该试验的可能结果,即样本点记为 (i,j,k) = "取出的第一个球为 i 号,第二个球为 j 号,第三个球为 k 号" (i,j,k 各不相同,$i,j,k=1,2,3,4,5$),该试验的样本空间为

$$\Omega = \{(1,2,3),(1,2,4)(1,2,5),(1,3,4),(1,3,5),(1,4,5),\\(2,3,4),(2,3,5),(2,4,5),(3,4,5)\}.$$

现记取出的黑球数为 X,则 X 的可能取值为 1,2,3.显然,X 是一个变量,但是这个变量与微积分学中所讲的变量有所不同,X 取什么值依赖于试验结果,所以 X 的取值带有随机性,称这样的变量 X 为**随机变量**.X 的取值情况可如下表示:

样本点	(1,2,3)	(1,2,4)	(1,2,5)	(1,3,4)	(1,3,5)	(1,4,5)	(2,3,4)	(2,3,5)	(2,4,5)	(3,4,5)
X	3	2	2	2	2	1	2	2	1	1

从表中不难说明,随机试验的每一个结果都对应着变量 X 的一个确定取值,所以可以把变量 X 看作是样本空间 Ω 上的函数

$$X = X(\omega) \quad (\omega \in \Omega).$$

定义了随机变量,我们就可以用它的取值情况来描述随机事件.譬如,$\{X=1\}$表示取出的 3 个球中仅含有一个黑球的事件,它包含了三个样本点$(1,4,5),(2,4,5),(3,4,5)$;$\{X\geq 2\}$则表示取出的 3 个球中至少含有 2 个黑球的事件.

定义 设 E 为一随机试验,Ω 为其样本空间,如果对每一个样本点 ω 都有一个实数 $X=X(\omega)$ 与之对应,这就得到一个定义在 Ω 上的单值实值函数 $X=X(\omega)$,称此函数为**随机变量**.

于是,对于任意的实数 x_1,x_2 $(x_1<x_2)$,$\{X=x_1\}$,$\{X\leq x_1\}$,$\{X<x_2\}$,$\{x_1<X\leq x_2\}$ 等均可以用来表示随机事件.

随机变量的英文缩写为 r.v.,通常用大写英文字母 X,Y,Z 等表示,也可用希腊字母 ξ,η,ζ 等表示.而表示随机变量所取的确定值时,一般采用小写字母 x,y,z 等.

随机变量 X 是一个随机函数,与微积分学中学过的函数有所不同.主要表现在两点:第一,X 的定义域是样本空间,自变量为样本点,而普通函数的定义域为实数域.第二,X 的取值具有随机性,它随试验结果的不同而取不同的值,因而在试验之前只知道它可能的取值范围,而不能预先确定它将要取哪些值.

随机变量的概念是概率论中最基本的概念之一,它为人们用数量化方法描述各种随机现象、研究它们的性质和规律带来了极大的方便.

例 2 抛掷一枚骰子,令 X 表示出现的点数,则 X 是一个随机变量,它可能取的值为 1,2,3,4,5,6.$\{X\leq 3\}$ 表示掷出的点数不超过 3 的随机事件,相应概率可表示为 $P(X\leq 3)$,$\{2<X\leq 5\}$ 表示掷出的点数大于 2 但不超过 5 的随机事件,相应概率可表示为 $P(2<X\leq 5)$.

例 3 一批产品有 50 件,其中有 8 件次品,42 件正品.现从中取出 6 件,设 X 代表取出 6 件产品中的次品数.则 X 是一个随机变量,它的取值为 $0,1,2,\cdots,6$.$P(X=6)$ 表示取出 6 件产品全是次品的概率,$P(X\geq 1)$ 表示取出 6 件产品中至少含有 1 件次品的概率.

例 4 上午 8:00~9:00 在某路口观察,设 X 表示该时间间隔内通过的汽车数,则 X 是一个随机变量.它的取值为 $0,1,\cdots$.与前几个例子有所不同的是,这个随机变量所有可能的取值有可列无穷个.

例 5 为了检验灯泡的合格率,随机取出一个灯泡进行试验,设 X 表示该灯泡的寿命(单位:h),则 X 是一个随机变量,它的取值为 $X\geq 0$.这个随机变量所有可能的取值有不可列无穷个.

例 6 抛掷一枚骰子,样本点 $\omega_i=\{$出现的点数为 $i\}$ $(i=1,2,\cdots,6)$,则样本空间 $\Omega=\{\omega_1,\omega_2,\omega_3,\omega_4,\omega_5,\omega_6\}$.如例 2 所述我们可定义 X 表示出现的点数,它是一个随机变量.在同一个样本空间里可以定义不同的随机变量,譬如我们可以定义随机变量 Y,Z 分别为

$$Y=\begin{cases}1, & 点数为 2,4,6,\\ -1, & 点数为 1,3,5,\end{cases} \quad Z=\begin{cases}1, & 点数为 2,\\ 0, & 点数不为 2.\end{cases}$$

从例 1、例 2、例 3 及例 4 可知,有的随机变量取有限个值,有的取可列无穷个值,把这一类随机变量称为**离散型随机变量**.另一类随机变量如例 5,取值为某一区间中的任何一个数,有不可列无穷个值,称这一类随机变量为**连续型随机变量**.

正如研究随机事件一样,对随机变量不仅要知道它取哪一个值或哪一批值,更重要的是知道它相应的取值概率.对随机变量取值及其取值规律之间的对应关系描述称为**随机变量的概率分布**.下面几节我们将把随机变量分成离散型随机变量和连续型随机变量两类加以讨论.值得一提的是,读者不要误认为随机变量只有这两类,事实上有些随机变量可介于两者之间,本书只讨论这两类重要的情况.

§2.2 离散型随机变量

一、离散型随机变量的概率分布

定义 1 如果随机变量 X 只取有限个值 $x_1, x_2, \cdots, x_n$ 或可列多个值 $x_1, x_2, \cdots$,则称随机变量 X 是**离散型随机变量**.

譬如抛掷一枚骰子,用 X 表示"骰子出现的点数",则 X 只可能取六个值:$1, 2, \cdots, 6$,它是一个离散型随机变量.某办公室一天收到的电话数 X,它的可能取值是非负整数,即 $0, 1, 2, \cdots$,它也是一个离散型随机变量.检验灯泡的寿命 X,它的可能取值是非负实数,是无法按一定秩序——列举出来的,无法与自然数建立一一对应,它就不是一个离散型随机变量.

为了方便叙述,本节讨论离散型随机变量 X 取可列个值的情形,对于取有限个值的情形可作类似讨论.

定义 2 设随机变量 X 的所有可能取值为 $x_1, x_2, \cdots$,且 $P(X = x_k) = p_k$ $(k=1,2,\cdots)$,则称

$$P(X = x_k) = p_k \quad (k = 1, 2, \cdots) \tag{2-2-1}$$

为**离散型随机变量** X 的**概率分布律**或**概率分布**,简称**分布律**.

分布律常常用表格形式表示:

X	x_1	x_2	$\cdots$	x_k	$\cdots$
P	p_1	p_2	$\cdots$	p_k	$\cdots$

显然地,由概率的定义,分布律(2-2-1)满足如下两个**性质**:

1. $p_k \geq 0, k = 1, 2, \cdots$;
2. $\sum_{k=1}^{+\infty} p_k = 1$.

反之,这两个性质构成了判断一个数列是否为某离散型随机变量分布律的充要条件.

例 1 从 1~10 这 10 个数字中随机取出 5 个数字,令随机变量 X 为取出的 5 个数字中的最大值,试求 X 的分布律.

解 X 的所有可能取值为 $5, 6, 7, 8, 9, 10$, 取每个值的概率为

$$P(X = k) = \frac{C_{k-1}^4}{C_{10}^5}, \quad k = 5, 6, \cdots, 10.$$

可把这个式子当作是离散型随机变量 X 的分布律,也可列表如下:

X	5	6	7	8	9	10
P	$\dfrac{1}{252}$	$\dfrac{5}{252}$	$\dfrac{15}{252}$	$\dfrac{35}{252}$	$\dfrac{70}{252}$	$\dfrac{126}{252}$

例 2 已知 X 的分布律为 $P(X=x_k)=A\times 3^k$ $(k=1,2,\cdots,20)$，求常数 A.

解 利用分布律性质 2，有 $\sum_{k=1}^{20} p_k = 1$，可得 $\sum_{k=1}^{20} A\times 3^k = 1$，解得 $A = \dfrac{-2}{3(1-3^{20})}$.

例 3 某射手连续向一目标射击，直到命中目标为止，已知每发子弹命中的概率为 p，求所需射击的子弹发数 X 的分布律.

解 显然，X 的可能取值为 $1,2,\cdots$. 为计算 $P(X=k)$，$k=1,2,\cdots$，设

$$A_k=\{第\ k\ 发子弹命中\}, \quad k=1,2,\cdots,$$

于是

$$P(X=1)=P(A_1)=p,$$
$$P(X=2)=P(\overline{A}_1 A_2)=(1-p)p,$$
$$P(X=3)=P(\overline{A}_1 \overline{A}_2 A_3)=(1-p)^2 p,\cdots$$

可见

$$P(X=k)=(1-p)^{k-1}p, \quad k=1,2,\cdots,$$

这就是所需射击的子弹发数 X 的分布律，列表成

X	1	2	$\cdots$	k	$\cdots$
P	p	$(1-p)p$	$\cdots$	$(1-p)^{k-1}p$	$\cdots$

二、几种常用的离散型随机变量及其概率分布律

（一）两点分布

定义 3 设随机变量只可能取 0 与 1 两个值，它的分布律是

$$P(X=1)=p, \quad P(X=0)=q, \quad p+q=1, \quad p,q>0,$$

则称随机变量 X 服从参数为 p 的**两点分布**，有时也称 **0-1 分布**.

随机变量 X 服从参数为 p 的两点分布也可写成

$$P(X=k)=p^k q^{1-k}, \quad k=0,1,$$

或列表成

X	0	1
P	$1-p$	p

凡是只有两个试验结果的随机试验，即它的样本空间可描述为 $\Omega=\{\omega_1,\omega_2\}$，我们总能定义一个服从两点分布的随机变量

$$X = X(\omega) = \begin{cases} 0, & \text{当 } \omega = \omega_1, \\ 1, & \text{当 } \omega = \omega_2, \end{cases}$$

用这个随机变量描述随机试验的结果.

两点分布是现实中经常遇到的一种分布,譬如,抛硬币试验就是一个典型的两点分布;一辆汽车经过一盏信号灯,它要么以概率 p 被允许通过,要么以概率 $1-p$ 被禁止通行;对新生婴儿的性别进行登记;等等.

(二) 二项分布 $B(n,p)$

在 §1.2 中,我们提过在相同条件下进行大量重复的随机试验,随机现象的总体就会呈现出一定的规律性,我们称这种性质为随机现象的统计规律性.如果这种大量重复的随机试验满足以下两个条件,我们称之为 n 重独立试验:

1. 每次试验条件相同,且每次试验的可能结果为有限个;
2. 各次试验相互独立,即如果第 i 次试验出现的事件记为 $A_i (i=1,2,\cdots,n)$,则这 n 个事件 $A_1, A_2, \cdots, A_n$ 是相互独立的,亦即对于任意 $k (2 \leq k \leq n)$ 个事件 $A_{i_1}, A_{i_2}, \cdots, A_{i_k}$,有

$$P(A_{i_1} A_{i_2} \cdots A_{i_k}) = P(A_{i_1}) P(A_{i_2}) \cdots P(A_{i_k}).$$

在独立重复试验类中,最简单又最为重要的是所谓的 n 重伯努利(Bernoulli)试验.假设试验 E 只有两个可能结果:事件 A 出现(称为试验成功)或 $\bar{A}$ 出现(称为试验失败),且 $P(A) = p, P(\bar{A}) = 1-p = q$,则称 E 为**伯努利试验**.若将 E 独立地重复进行 n 次,则称这一串重复的独立试验为 n **重伯努利试验**.

定理 1 对于 n 重伯努利试验,已知 $P(A) = p$,则事件 A 在 n 次试验中出现 k ($k = 0, 1, \cdots, n$) 次的概率为

$$P(X = k) = C_n^k p^k (1-p)^{n-k}, \quad \text{且} \sum_{k=0}^{n} P(X = k) = 1.$$

这里 X 代表事件 A 在 n 次试验中出现的次数.

证明 事件 A 在 n 重伯努利试验中共出现了 k 次,它在 n 次试验里可以有各种排列顺序,由排列组合原理可知,这种排列共有 C_n^k 种.如果把每一种当作一个事件,则共有 C_n^k 个事件,不难知道这些事件是两两互不相容的.那么,现在需要知道每一种发生的概率是多少.不妨取出其中一种,这种情况是前 k 次 A 出现而后 $n-k$ 次 A 不出现,由 n 重伯努利试验的特点可知该事件发生的概率是 $p^k(1-p)^{n-k}$.不难看出每一种的概率都等于 $p^k(1-p)^{n-k}$,所以

$$P(X = k) = C_n^k p^k (1-p)^{n-k}.$$

最后,$\sum_{k=0}^{n} P(X = k) = \sum_{k=0}^{n} C_n^k p^k (1-p)^{n-k} = (p + 1 - p)^n = 1.$

定义 4 设随机变量 X 有如下的分布律:

$$P(X = k) = C_n^k p^k q^{n-k}, \quad k = 0, 1, 2, \cdots, n,$$

其中 $p, q > 0, p + q = 1$,则称 X 服从参数为 n 和 p 的**二项分布**,记做 $X \sim B(n, p)$.

若随机变量 $X \sim B(n, p)$,则其概率分布律也可列表成

X	0	1	$\cdots$	k	$\cdots$	n
P	$C_n^0 p^0 q^n$	$C_n^1 p^1 q^{n-1}$	$\cdots$	$C_n^k p^k q^{n-k}$	$\cdots$	$C_n^n p^n q^0$

值得注意的是,称它为二项分布的原因是 $C_n^k p^k q^{n-k}$ 可看作二项展开式 $(p+q)^n = \sum_{k=0}^{n} C_n^k p^k q^{n-k}$ 的第 $k+1$ 项,这种称法有利于记忆.

上述定理 1 和定义 4 表明了在 n 重伯努利试验中,某随机事件 A 出现的次数 X 服从参数为 n 和 p 的二项分布.特别地,当 $n=1$ 时,即在一次试验中事件 A 要么发生要么不发生,它服从二项分布 $B(1,p)$,实质上它是两点分布.两点分布是二项分布的特殊情形,故通常记两点分布为 $X \sim B(1,p)$.

例 4 每枚导弹击中飞机的概率是 0.8,要以 99% 的把握保证至少击中飞机两次,问需要几枚导弹.

解 设需要的导弹数为 n,每枚导弹是否能击中飞机是相互独立的,且导弹要么击中飞机要么不击中飞机,只有两种结果,所以可以把这种试验看作是 n 重伯努利试验.设随机变量 X 表示击中飞机的次数,显然 $X \sim B(n, 0.8)$. $\{X \geqslant 2\}$ 表示至少击中飞机两次的事件,要保证其概率不小于 0.99,需要的导弹数 n 应满足

$$P(X \geqslant 2) = 1 - P(X=0) - P(X=1)$$
$$= 1 - C_n^0 p^0 (1-p)^n - C_n^1 p^1 (1-p)^{n-1}$$
$$= 1 - 0.2^n - 0.8n(0.2)^{n-1} \geqslant 0.99,$$

可计算出 $n \geqslant 5$.

例 5 设一辆汽车在一次开往目的地的道路上需要经过四盏信号灯,每盏信号灯以 $\frac{2}{3}$ 的概率允许该汽车通过,以 $\frac{1}{3}$ 的概率禁止该汽车通过.以 X 表示该汽车被禁止通过的信号灯的盏数,设各信号灯的工作是相互独立的,求:

(1) X 的分布律;

(2) 该汽车至少三次被禁止通过的概率.

解 因为信号灯的工作是相互独立的,且每一次该汽车要么被允许通过要么被禁止通过,只有两种结果,这种试验属于 n 重伯努利试验,所以 $X \sim B\left(4, \dfrac{1}{3}\right)$.

(1) X 的分布律为 $P(X=k) = C_4^k \left(\dfrac{1}{3}\right)^k \left(\dfrac{2}{3}\right)^{4-k}$, $k = 0,1,2,3,4$;

(2) 该汽车至少三次被禁止通过的概率

$$P(X \geqslant 3) = C_4^3 \left(\frac{1}{3}\right)^3 \left(\frac{2}{3}\right)^1 + C_4^4 \left(\frac{1}{3}\right)^4 \left(\frac{2}{3}\right)^0 = \frac{1}{9}.$$

仔细观察会发现,服从二项分布的随机变量 X 取各种值的概率并不相同.概率经历了一个从小到大,又从大到小的变化过程.为了更加直观地了解这一事实,我们可以用图形来加以说明.不妨求一系列 $B(n, 0.6)$,$n = 3, 8, 15, 20$,其折线图形如图 2-1.

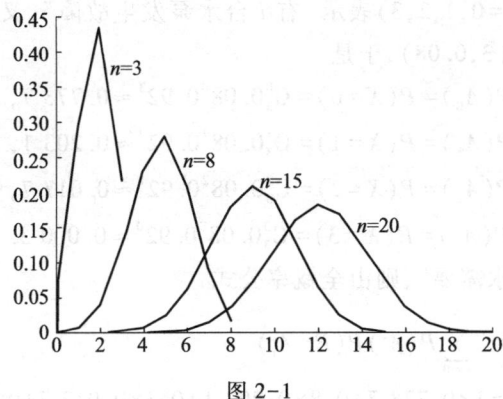

图 2-1

从图形上可以看出,每个二项分布都有一个最有可能发生的次数以及它所对应的最大概率值.可以证明,若 $X \sim B(n,p)$,则当 $(n+1)p$ 是整数时,X 有两个最可能发生的次数 $(n+1)p$ 及 $(n+1)p-1$;当 $(n+1)p$ 不是整数时,最有可能发生的次数为 $[(n+1)p]$.

例 6 一签筒中装有 50 支签,其中 10 支"好"签.5 人陆续从中抽得一签,看完后放回.求:

(1) 至少一人抽得"好"签的概率;

(2) 为保证 5 人至少一人抽得"好"签的概率不低于 85%,应在筒中至少再加入多少支"好"签?这时最可能有几人抽得"好"签?

解 (1) 设 X 表示抽得"好"签的人数,每次抽得"好"签的概率均为 $\frac{10}{50}=0.2$,X 服从二项分布 $B(5,0.2)$.所以

$$P(X \geqslant 1) = 1 - P(X=0) = 1 - C_5^0 0.2^0 0.8^5 \approx 0.6723.$$

(2) 为了满足题目需要,设在筒中再加入 k 支"好"签,则此时共有 $50+k$ 支签,其中 $10+k$ 支"好"签,所以此时 X 服从的二项分布应为 $B\left(5,\dfrac{10+k}{50+k}\right)$,从而得

$$P(X \geqslant 1) = 1 - P(X=0) = 1 - C_5^0 \left(\frac{10+k}{50+k}\right)^0 \left(1 - \frac{10+k}{50+k}\right)^5$$

$$= 1 - \left(1 - \frac{10+k}{50+k}\right)^5,$$

要使得 $P(X \geqslant 1) \geqslant 0.85$,即 $\left(\dfrac{40}{50+k}\right)^5 \leqslant 0.15$,可得 $k \geqslant 8.46$.说明需要在筒中至少加入 9 支"好"签,这时取得"好"签的概率变为 $p = \dfrac{10+9}{50+9} \approx 0.322$,最可能次数为 $[(n+1)p] = [6 \times 0.322] = 1$,即最可能只有一人抽得"好"签.

例 7 农耕时节,由甲、乙、丙三台水泵独立地向农田灌水,当一台水泵有故障时,另两台水泵能满足灌水需要的概率为 80%,而当两台水泵有故障时,由剩下的一台水泵满足灌水需要的概率为 30%.已知每台水泵发生故障的概率为 8%.求:(1) 能满足灌水需要的概率;(2) 已知水泵有故障,能满足灌水需要的概率.

解 （1）设 $A_i(i=0,1,2,3)$ 表示"有 i 台水泵发生故障"，又设 X 表示发生故障的水泵台数，则 $X \sim B(3,0.08)$，于是

$$P(A_0) = P(X=0) = C_3^0 0.08^0 0.92^3 \approx 0.7787,$$
$$P(A_1) = P(X=1) = C_3^1 0.08^1 0.92^2 \approx 0.2031,$$
$$P(A_2) = P(X=2) = C_3^2 0.08^2 0.92^1 \approx 0.0177,$$
$$P(A_3) = P(X=3) = C_3^3 0.08^3 0.92^0 \approx 0.0005.$$

设 B 表示"能满足灌水需要"，则由全概率公式

$$P(B) = \sum_{i=0}^{3} P(A_i)P(B|A_i)$$
$$= 1 \times 0.7787 + 0.8 \times 0.2031 + 0.3 \times 0.0177 + 0 \times 0.0005 = 0.9465.$$

（2）依题意可知 A_1, A_2, A_3 是两两互不相容的，且有

$$P(B|A_1 \cup A_2 \cup A_3) = \frac{P(A_1B \cup A_2B \cup A_3B)}{P(A_1 \cup A_2 \cup A_3)} = \frac{P(A_1B) + P(A_2B) + P(A_3B)}{P(A_1) + P(A_2) + P(A_3)}.$$

$$= \frac{P(A_1)P(B|A_1) + P(A_2)P(B|A_2) + P(A_3)P(B|A_3)}{P(A_1) + P(A_2) + P(A_3)}$$

$$= \frac{0.2031 \times 0.8 + 0.0177 \times 0.3}{0.2031 + 0.0177 + 0.0005} \approx 0.7582.$$

（三）泊松分布 $P(\lambda)$

我们先看一个例子．

例 8 某批产品的次品率为 2%，从中随机地抽取 100 件样品，求其中恰有 7 件次品的概率．

解 令 X 表示抽取 100 件样品所含的次品的数目，显然 $X \sim B(100, 0.02)$，即 X 的分布律为

$$P(X=k) = C_{100}^k 0.02^k 0.98^{100-k}, \quad k = 0, 1, \cdots, 100,$$

因此所求概率为

$$P(X=7) = C_{100}^7 0.02^7 0.98^{93}.$$

如果不借助于计算机，直接计算这个式子相当困难，必须有更好的计算方法．1837 年由法国数学家泊松（Poisson）引入了一种近似算法，即有名的二项分布的泊松逼近公式．

定理 2（泊松定理） 设 $X_n \sim B(n, p_n)$，$np_n = \lambda > 0$（λ 为常数），$0 < p_n < 1$，$n = 1, 2, \cdots$，则对任意一个固定的非负整数 k，有

$$\lim_{n \to +\infty} P(X_n = k) = \lim_{n \to +\infty} C_n^k p_n^k (1-p_n)^{n-k} = \frac{\lambda^k}{k!} e^{-\lambda}.$$

证明 由 $p_n = \dfrac{\lambda}{n}$，有

$$C_n^k p_n^k (1-p_n)^{n-k}$$
$$= \frac{n(n-1)\cdots(n-k+1)}{k!} \left(\frac{\lambda}{n}\right)^k \left(1-\frac{\lambda}{n}\right)^{n-k}$$

$$= \frac{\lambda^k}{k!} \left[1 \cdot \left(1 - \frac{1}{n}\right)\left(1 - \frac{2}{n}\right) \cdots \left(1 - \frac{k-1}{n}\right) \right] \cdot \left(1 - \frac{\lambda}{n}\right)^n \cdot \left(1 - \frac{\lambda}{n}\right)^{-k}.$$

对于任意固定的 k，当 $n \to +\infty$ 时，

$$\left[1 \cdot \left(1 - \frac{1}{n}\right)\left(1 - \frac{2}{n}\right) \cdots \left(1 - \frac{k-1}{n}\right) \right] \to 1,$$

且

$$\left(1 - \frac{\lambda}{n}\right)^n \to e^{-\lambda}, \quad \left(1 - \frac{\lambda}{n}\right)^{-k} \to 1,$$

所以

$$\lim_{n \to +\infty} C_n^k p_n^k (1 - p_n)^{n-k} = \frac{\lambda^k}{k!} e^{-\lambda}.$$

在定理的条件中规定 $np_n = \lambda$（常数）意味着当 n 很大时 p_n 必定很小. 因此，当 n 很大、p_n 很小时有以下近似公式

$$C_n^k p_n^k (1 - p_n)^{n-k} \approx \frac{\lambda^k}{k!} e^{-\lambda}, \tag{2-2-2}$$

其中 $np_n = \lambda$. 在实际计算中，当 $n \geq 10, p \leq 0.1, np$ 适中 $(0 < np < 10)$ 时，就可利用式 (2-2-2) 对服从二项分布 $B(n,p)$ 的随机变量 X 的相关概率进行近似计算，计算时取 $\lambda = np$，且 $\frac{\lambda^k}{k!} e^{-\lambda}$ 的值可查表得到（见附录2）.

例9（续例8） 用泊松定理近似计算.

解 $n = 100$ 较大，$p = 0.02$ 很小，$np = 2 < 10$，所以可用泊松逼近公式近似计算.

$$P(X = 7) = C_{100}^7 0.02^7 0.98^{93} \approx \frac{2^7}{7!} e^{-2} \approx 0.003\,4.$$

上述定理 2 的极限值满足

$$\sum_{k=0}^{+\infty} \frac{\lambda^k}{k!} e^{-\lambda} = e^{-\lambda} \sum_{k=0}^{+\infty} \frac{\lambda^k}{k!} = e^{-\lambda} \cdot e^{\lambda} = 1,$$

联系离散型随机变量分布律的性质，我们可以把 $P(X = k) = \frac{\lambda^k}{k!} e^{-\lambda}, k = 0, 1, 2, \cdots$ 当作某种离散型随机变量的分布律.

定义 5 如果随机变量 X 有如下的分布律：

$$P(X = k) = \frac{\lambda^k}{k!} e^{-\lambda}, \quad k = 0, 1, 2, \cdots,$$

其中 $\lambda > 0$ 为常数，则称 X 服从参数为 λ 的**泊松分布**，简记为 $X \sim P(\lambda)$.

随机变量 X 服从参数为 λ 的泊松分布的分布律也可列表成

X	0	1	2	$\cdots$	k	$\cdots$
P	$e^{-\lambda}$	$\lambda e^{-\lambda}$	$\dfrac{\lambda^2}{2!} e^{-\lambda}$	$\cdots$	$\dfrac{\lambda^k}{k!} e^{-\lambda}$	$\cdots$

由从二项分布的泊松定理中引出泊松分布知,在实际问题中,若每次试验中某一事件发生的可能性很小,而该试验重复进行大量次,则该事件发生 k 次的概率服从泊松分布,故泊松分布可以作为大量的稀有事件发生次数的概率分布模型.在实际中泊松分布是经常碰到的.譬如,某大学一天中上课迟到的总人数,一本书一页中的印刷错误数,某段高速公路上一年内的交通事故数,某市场一天中的顾客数,等等.泊松分布是概率论中的一个重要分布.

结合泊松定理,当 n 很大,p 很小时,我们可以用泊松分布描述二项分布,特别是当 n 无法确定时,就应当使用泊松分布.

例 10 多年的统计表明,某交通路口处的交通事故发生率为万分之三.设某天有两万辆汽车通过该路段,求至少发生两次交通事故的概率.

解 设 X 表示该天出交通事故的次数,则 $X \sim B(20\,000, 0.000\,3)$,由于 $n = 20\,000$ 很大,$p = 0.000\,3$ 很小,$\lambda = np = 6$,因此近似地认为 $X \sim P(6)$,故所求概率为

$$P(X \geq 2) = 1 - P(X = 0) - P(X = 1) = 1 - e^{-6} - 6e^{-6} \approx 0.982\,6.$$

这就是说,有两万辆汽车通过该路段时,几乎必然要发生两次或两次以上的交通事故.

(四) 超几何分布 $H(n, M, N)$

定义 6 若随机变量 X 的分布律为

$$P(X = k) = \frac{C_M^k C_{N-M}^{n-k}}{C_N^n}, \quad k = 0, 1, 2, \cdots, \min(M, n), \quad M \leq N, \quad n \leq N,$$

则称 X 服从参数为 n, M, N 的**超几何分布**,记为 $X \sim H(n, M, N)$.

超几何分布一般可以作为有限总体的无放回抽样的概率数学模型.我们在 §1.3 古典概型中已经举出了超几何分布的例子.

(五) 几何分布 $G(p)$

定义 7 若随机变量 X 有如下的分布律:

$$P(X = k) = (1-p)^{k-1} p, \quad k = 1, 2 \cdots, \quad 0 < p < 1,$$

则称 X 服从参数为 p 的**几何分布**,记号为 $X \sim G(p)$.

X 服从参数为 p 的几何分布的分布律也可列表成

X	1	2	3	$\cdots$	k	$\cdots$
P	p	$(1-p)p$	$(1-p)^2 p$	$\cdots$	$(1-p)^{k-1} p$	$\cdots$

几何分布的具体随机模型是在独立重复的伯努利试验中,某事件 A 首次出现时所做过的试验总次数 X 服从的分布.譬如,本节例 3 的某射手对一目标独立连续射击,直至命中目标为止,则他首次命中目标时已射击的总次数就服从几何分布.

(六) 负二项分布 $Nb(r, p)$

作为几何分布的一种延伸,我们注意下面的负二项分布,亦即帕斯卡分布.

在伯努利试验序列中,记每次试验中事件 A 发生的概率为 p,如果 X 为事件 A 第 r 次发生时的试验次数,则 X 的可能取值为 $r, r+1, \cdots, r+m, \cdots$,称 X 服从负二项分布或帕斯卡分布,其分布律为

$$P(X=k) = C_{k-1}^{r-1} p^r (1-p)^{k-r}, \quad k=r, r+1, \cdots, \quad (2\text{-}2\text{-}3)$$

记为 $X \sim Nb(r,p)$. 当 $r=1$ 时,即为几何分布.

这是因为在 k 次伯努利试验中,最后一次一定是 A 发生,而前面 $k-1$ 次试验中 A 应发生 $r-1$ 次,由二项分布知其概率为 $C_{k-1}^{r-1} p^{r-1}(1-p)^{k-r}$,再乘最后一次发生 A 的概率 p,即得式(2-2-3).

例 11(巴拿赫火柴问题) 某个抽烟的数学家一直随身带着两盒火柴,一盒放在左边口袋,另一盒放在右边口袋.每次当他需要火柴时,都是随机地从两个口袋中取一盒,并取出其中一根.假设开始时两盒中都有 N 根火柴,问在他第一次发现其中有一个盒子已经空了的时候,另一盒中恰好有 k 根火柴的概率有多大?其中 $k=0,1,2,\cdots,N$.

解 令 E 表示事件"数学家第一次发现右边口袋里的火柴盒是空的,而此时左边口袋里的火柴盒里还有 k 根火柴",这个事件发生当且仅当第 $(N+1+N-k)$ 次抽取火柴时候正好取中的是右边口袋里的火柴盒,而且是第 $(N+1)$ 次取中右边口袋里的火柴盒,因此,利用公式(2-2-3),有

$$P(E) = C_{2N-k}^{N} \left(\frac{1}{2}\right)^{2N-k+1}.$$

另外,还有同样概率的事件是"第一次发现左边口袋里的火柴盒是空的,而此时右边口袋里的火柴盒里恰好还有 k 根火柴",而这两个事件又是互不相容的,因此所求概率为

$$2P(E) = C_{2N-k}^{N} \left(\frac{1}{2}\right)^{2N-k}.$$

三、随机变量的分布函数

对于一个离散型随机变量 X,分布律是已知的,那么它取哪一个值其相应的概率值也就知道了.但在实际问题中,我们常常关心的是一个随机变量 X 落入某个区间 $(a,b]$ 内的概率,而不是取单个点所对应的概率.例如,某医院在一天内的急诊病人数,我们可能更加关心的是病人数至少达到某个数,而不是病人数刚好达到某个数.为了解决这类问题,我们引入分布函数的概念.

定义 8 设 X 是一个随机变量,则对任意实数 x,称 $F(x) = P(X \leq x)$ 为随机变量 X 的**分布函数**,有时也记为 $F_X(x)$,该函数的定义域为 $(-\infty, +\infty)$.

如果将 X 看作数轴上随机点的坐标,那么分布函数 $F(x)$ 的值就表示 X 落在区间 $(-\infty, x]$ 内的概率,见图 2-2.必须注意的是,在分布函数的定义中,X 是随机变量,x 是参变量.$F(x)$ 是某随机变量 X 取值不大于 x 的概率.

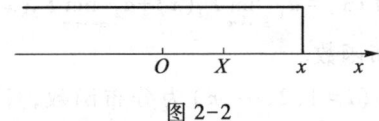

图 2-2

根据分布函数 $F(x)$ 的定义,可得到分布函数具有以下几个性质:

1. $0 \leq F(x) \leq 1$;
2. 当 $x_1 < x_2$ 时,$F(x_1) \leq F(x_2)$,即分布函数 $F(x)$ 是单调不减函数;
3. $F(-\infty) = \lim\limits_{x \to -\infty} F(x) = 0, F(+\infty) = \lim\limits_{x \to +\infty} F(x) = 1$;

4. $F(x)$是右连续函数,即对于任意的x,有$F(x+0)=F(x)$;

5. 对于任意实数a,b ($a<b$),有

$$P(a<X\leqslant b)=P(X\leqslant b)-P(X\leqslant a)=F(b)-F(a).$$

所以,若随机变量X的分布函数已知,我们就可以知道X落入任一个区间$(a,b]$的概率.

对于性质1,2,5,根据概率的性质是显然成立的.而对于性质3,我们从几何上加以说明.在图2-2中,将区间端点x沿数轴无限地向左移,即$x\to-\infty$,则"随机点X落在x的左边"这一事件趋于不可能事件,其概率趋于0,从而$F(-\infty)=\lim\limits_{x\to-\infty}F(x)=0$. 若将区间端点$x$沿数轴无限地向右移,即$x\to+\infty$,则"随机点$X$落在$x$的右边"这一事件趋于必然事件,其概率趋于1,从而$F(+\infty)=\lim\limits_{x\to+\infty}F(x)=1$.

性质1,2,3,4是判别一个函数是否是某随机变量的分布函数的充分必要条件,如果某函数具有性质1,2,3,4,则一定是某随机变量的分布函数.

分布函数是一个普通函数,通过它我们可以借助微积分的方法来研究随机变量.分布函数可以完整地描述随机变量的统计规律性.

例12 设函数$F(x)=\begin{cases}\sin x, & 0\leqslant x\leqslant\pi\\ 0, & \text{其他}\end{cases}$,试说明$F(x)$能否是某个随机变量的分布函数.

解 注意到函数$F(x)$在$\left[\dfrac{\pi}{2},\pi\right]$上严格递减,不满足性质2.或者$F(+\infty)=\lim\limits_{x\to+\infty}F(x)=0$,不满足性质3,可见$F(x)$不是随机变量的分布函数.

例13 设$F_1(x)$和$F_2(x)$为两个分布函数,试问:(1)$F_1(x)+F_2(x)$是否为分布函数? (2)若$a_1>0,a_2>0$均为常数,且$a_1+a_2=1$,则$a_1F_1(x)+a_2F_2(x)$是否为分布函数?

解 (1) 设$F(x)=F_1(x)+F_2(x)$,则

$$F(+\infty)=\lim_{x\to+\infty}F(x)=\lim_{x\to+\infty}F_1(x)+\lim_{x\to+\infty}F_2(x)=2,$$

所以$F(x)$不是分布函数.

(2) 设$F(x)=a_1F_1(x)+a_2F_2(x)$,因为$F_1(x),F_2(x)$为分布函数,所以它们单调不减、右连续,且$F_i(+\infty)=1,F_i(-\infty)=0,i=1,2$,从而可知$F(x)$亦单调不减、右连续,且

$$F(-\infty)=\lim_{x\to-\infty}F(x)=a_1\lim_{x\to-\infty}F_1(x)+a_2\lim_{x\to-\infty}F_2(x)=0,$$
$$F(+\infty)=\lim_{x\to+\infty}F(x)=a_1\lim_{x\to+\infty}F_1(x)+a_2\lim_{x\to+\infty}F_2(x)=a_1+a_2=1,$$

故$a_1F_1(x)+a_2F_2(x)$为分布函数.

加以推广,有若$F_i(x)(i=1,2,\cdots,n)$为分布函数,且$a_i>0(i=1,2,\cdots,n)$,$\sum\limits_{i=1}^n a_i=1$,则$\sum\limits_{i=1}^n a_iF_i(x)$仍为分布函数.

例14 有一批产品共40件,其中有3件次品.从中随机抽取5件,以X表示取到次品的件数,求X的分布律和分布函数,并求$P(X<2)$和$P(1\leqslant X\leqslant 3)$.

解 依题意可知$X\sim H(5,3,40)$,即X的分布律为

$$P(X=k) = \frac{C_3^k C_{37}^{5-k}}{C_{40}^5}, \quad k=0,1,2,3.$$

或写成表格形式

X	0	1	2	3
P	0.662 4	0.301 1	0.035 4	0.001 1

当 $x<0$ 时,$F(x) = P(X \leq x) = 0$;

当 $0 \leq x < 1$ 时,$F(x) = \sum\limits_{k \leq x} P(X=k) = P(X=0) = 0.662\,4$;

当 $1 \leq x < 2$ 时,$F(x) = \sum\limits_{k \leq x} P(X=k) = P(X=0) + P(X=1) = 0.963\,5$.

类似地可求得

当 $2 \leq x < 3$ 时,$F(x) = P(X=0) + P(X=1) + P(X=2) = 0.998\,9$;

当 $x \geq 3$ 时,$F(x) = 1$.

故 X 的分布函数为

$$F(x) = \begin{cases} 0, & x < 0, \\ 0.662\,4, & 0 \leq x < 1, \\ 0.963\,5, & 1 \leq x < 2, \\ 0.998\,9, & 2 \leq x < 3, \\ 1, & x \geq 3. \end{cases}$$

其图形见图 2-3. 因此,

$$P(X < 2) = 0.963\,5,$$

$$P(1 \leq X \leq 3) = P(X=1) + P(1 < X \leq 3) = 0.301\,1 + F(3) - F(1)$$
$$= 0.301\,1 + 1 - 0.963\,5 = 0.337\,6,$$

或

$$P(1 \leq X \leq 3) = 1 - P(X=0) = 1 - 0.662\,4 = 0.337\,6.$$

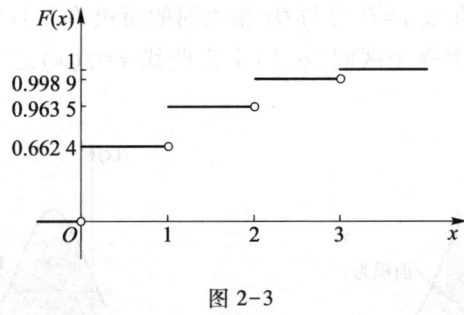

图 2-3

一般地,若 X 是离散型随机变量,它的分布律是 $P(X=x_k) = p_k, k=1,2,\cdots$,则分布函数可写成

$$F(x) = \sum_{x_k \leq x} p_k.$$

这里和式是对所有满足 $x_k \leq x$ 的 k 求和的,分布函数 $F(x)$ 在 $x=x_k$ ($k=1,2,\cdots$) 处有跳跃,其跳跃值为 $p_k = P(X = x_k)$.

§2.3 连续型随机变量

一、连续型随机变量的定义

定义 1 如果对于随机变量 X 的分布函数 $F(x)$,存在一个非负可积函数 $f(x)$,使得对于任意实数 x,有

$$F(x) = P(X \leq x) = \int_{-\infty}^{x} f(t) dt, \qquad (2\text{-}3\text{-}1)$$

则称 X 为**连续型随机变量**,称 $f(x)$ 是 X 的**概率密度函数**,简称**概率密度**、**密度函数**或**密度**.

由定义 1 知,改变概率密度函数 $f(x)$ 在个别点的函数值不影响分布函数 $F(x)$ 的取值,因此,概率密度函数 $f(x)$ 改变个别值不影响随机变量的分布.

显然地,概率密度函数 $f(x)$ 具有以下几条性质:

1. **非负性** $f(x) \geq 0$ ($-\infty < x < +\infty$);
2. **规范性** $\int_{-\infty}^{+\infty} f(x) dx = 1$;
3. 对于任意实数 $x_1, x_2 (x_1 < x_2)$,有

$$P(x_1 < X \leq x_2) = F(x_2) - F(x_1) = \int_{x_1}^{x_2} f(x) dx; \qquad (2\text{-}3\text{-}2)$$

4. 对于 $f(x)$ 的连续点 x,有 $f(x) = F'(x)$.

其中性质 1,2 是两条基本性质,也是判别某函数是否为概率密度函数的充要条件.即,如果有一个定义在整个数轴上的函数 $f(x)$,它除了有限个点外处处都连续,且满足上述概率密度函数的性质 1,2,均可作为某连续型随机变量的概率密度函数.此时引入 $G(x) = \int_{-\infty}^{x} f(t) dt$,它就是随机变量的分布函数.

由性质 2 知,介于曲线 $y = f(x)$ 与 Ox 轴之间的面积等于 1(图 2-4).由性质 3 知,X 落在区间 $(a,b]$ 的概率等于区间 $(a,b]$ 上方曲线 $y = f(x)$ 之下的曲边梯形的面积(图 2-5).

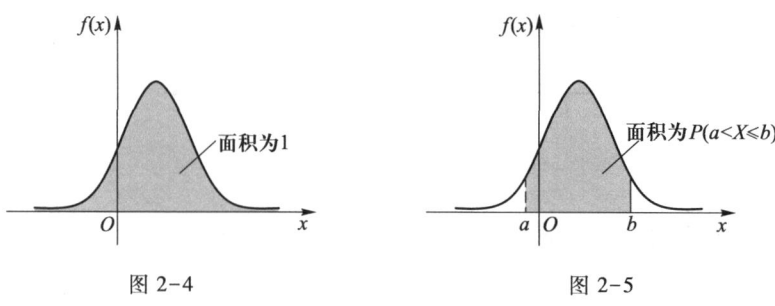

图 2-4   图 2-5

例 1 说明函数

$$f(x) = \begin{cases} kxe^{-\frac{kx^2}{2}}, & x \geq 0, \\ 0, & x < 0, \end{cases}$$

其中常数 $k>0$ 为某连续型随机变量的概率密度函数,并计算概率 $P(X>2)$.

解 显然,$f(x) \geq 0$.要说明函数为某连续型随机变量的概率密度函数,只需证明

$$\int_{-\infty}^{+\infty} f(x)\,dx = 1.$$

因为 $\int_{-\infty}^{+\infty} f(x)\,dx = \int_{0}^{+\infty} kxe^{-\frac{kx^2}{2}}\,dx = \int_{0}^{+\infty} -e^{-\frac{kx^2}{2}}\,d\left(-\frac{kx^2}{2}\right) = 1$,所以函数 $f(x)$ 为某连续型随机变量的概率密度函数.并且

$$P(X > 2) = 1 - P(-\infty < X \leq 2) = \int_{-\infty}^{+\infty} f(x)\,dx - \int_{-\infty}^{2} f(x)\,dx$$

$$= \int_{2}^{+\infty} f(x)\,dx = \int_{2}^{+\infty} kxe^{-\frac{kx^2}{2}}\,dx = e^{-2k}.$$

一般地,性质 3 可推广得如下结论:

定理 1 若 X 是连续型随机变量,其概率密度函数为 $f(x)$,对于任意实数域上的子集 G,只要 $f(x)$ 在 G 上可积,则 X 落入区域 G 的概率为 $P(X \in G) = \int_{G} f(x)\,dx$.

例 2 设某连续型随机变量 X 的概率密度函数为

$$f(x) = \begin{cases} \dfrac{A}{\sqrt{1-x^2}}, & |x| < 1, \\ 0, & \text{其他}. \end{cases}$$

(1) 求常数 A;

(2) 求 X 落在区间 $(-0.5, 0.5]$ 内的概率.

解 (1) 要使得 $f(x)$ 为某连续型随机变量 X 的概率密度函数,必须有 $\int_{-\infty}^{+\infty} f(x)\,dx = 1$,即有 $\int_{-1}^{1} \dfrac{A}{\sqrt{1-x^2}}\,dx = A\int_{-1}^{1} \dfrac{1}{\sqrt{1-x^2}}\,dx = A \times \pi = 1$,所以 $A = \dfrac{1}{\pi}$. 因而

$$f(x) = \begin{cases} \dfrac{1}{\pi\sqrt{1-x^2}}, & |x| < 1, \\ 0, & \text{其他}. \end{cases}$$

(2) $$P(-0.5 < X \leq 0.5)$$

$$= \int_{-0.5}^{0.5} f(x)\,dx = \int_{-0.5}^{0.5} \dfrac{1}{\pi\sqrt{1-x^2}}\,dx$$

$$= \dfrac{1}{\pi} \arcsin x \Big|_{-0.5}^{0.5} = \dfrac{1}{3}.$$

从微积分学角度来讲,性质 4 显然成立,即对于 $f(x)$ 的连续点 x,它具有重要性质:$f(x) = F'(x)$.又由于改变 $f(x)$ 的有限个点的值不影响其积分值,因此当 $f(x)$ 至多有有限个间断点时,可以认为在 $(-\infty, +\infty)$ 上均有 $f(x) = F'(x)$,此时不必严格用导数定义讨论 $F(x)$ 的可导性.它们的关系的几何解释见图 2-6.

二、连续型随机变量的特定性质

连续型随机变量与离散型随机变量相比有一些特定的性质,以下我们将进行讨论.

(一) 概率密度函数的意义

由 $f(x)=F'(x)$ 知,在 $f(x)$ 的连续点 x 处,有

$$f(x)=\lim_{\Delta x\to 0}\frac{F(x+\Delta x)-F(x)}{\Delta x}=\lim_{\Delta x\to 0}\frac{P(x<X\leqslant x+\Delta x)}{\Delta x}. \quad (2\text{-}3\text{-}3)$$

故由式(2-3-3)知,若不计高阶无穷小 Δx,有 $P(x<X\leqslant x+\Delta x)\approx f(x)\Delta x$.

这说明 X 落在小区间 $(x,x+\Delta x]$ 上的概率近似地等于 $f(x)\Delta x$,$f(x)\Delta x$ 在连续型随机变量理论中所起的作用与 $p_k=P(X=x_k)$ 在离散型随机变量中所起的作用类似. 从这里,我们可以看出概率密度函数的定义与物理学中密度的定义类似,这就是 $f(x)$ 被称为概率密度函数的缘故.

要注意的是,概率密度函数 $f(x)$ 在某点 a 处的值,并不反映 X 取值为 a 的概率. 但是,这个值越大,则 X 取 a 附近的值的概率就越大.也可以说,在某点密度曲线的高度反映了概率集中在该点附近的程度(图 2-7).

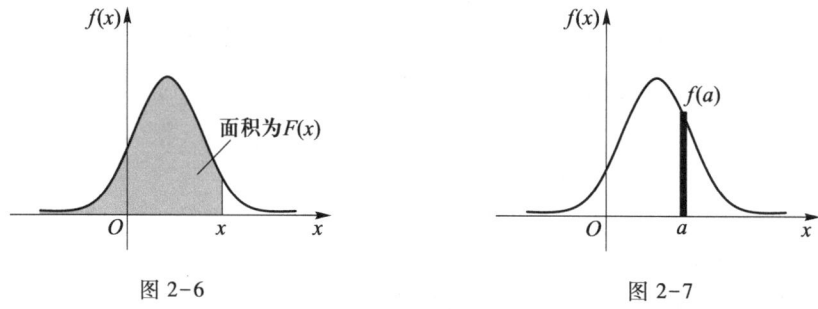

图 2-6   图 2-7

(二) 连续型随机变量分布函数的连续性

$F(x)$ 是连续型随机变量 X 的分布函数,则 $F(x)$ 是处处连续的.

事实上,由分布函数的性质知 $F(x)$ 处处右连续.其次,任给 $h<0$,都有

$$F(x+h)-F(x)=\int_{-\infty}^{x+h}f(t)\mathrm{d}t-\int_{-\infty}^{x}f(t)\mathrm{d}t=\int_{x}^{x+h}f(t)\mathrm{d}t,$$

由于 $f(x)$ 可积,从而

$$\lim_{h\to 0^{-}}[F(x+h)-F(x)]=\lim_{h\to 0^{-}}\int_{x}^{x+h}f(t)\mathrm{d}t=\int_{x}^{x}f(t)\mathrm{d}t=0,$$

这说明 $F(x)$ 处处左连续.故连续型随机变量 X 的分布函数 $F(x)$ 在 $(-\infty,+\infty)$ 内处处连续,这是连续型随机变量与离散型随机变量的差异之一.

(三) 连续型随机变量在一个点的概率

连续型随机变量 X 取任一指定实数值 a 的概率均为 0,即 $P(X=a)=0$.这是因为

$$0\leqslant P(X=a)\leqslant P(a-\Delta x<X\leqslant a)=F(a)-F(a-\Delta x).$$

当 $\Delta x\to 0^{+}$ 时,得到 $P(X=a)=0$.

这是连续型随机变量与离散型随机变量的一个不同之处.也说明了对于某一随

机事件 A，**不能**由 $P(A)=0$ 得出 A 为不可能事件、$P(A)=1$ 得出 A 为必然事件的结论，这就回答了在 §1.2 所提出的问题. 根据这个性质，可以把式(2-3-2)加以推广：

$$P(a<X\leq b)=P(a<X<b)=P(a\leq X<b)$$
$$=P(a\leq X\leq b)=\int_a^b f(x)\mathrm{d}x.$$

例 3 一个靶子是半径为 2 m 的圆盘，设击中靶上任一同心圆盘上的点的概率与该圆盘的面积成正比，并设射击都能中靶，以 X 表示弹着点与圆心的距离. 试求：

(1) 随机变量 X 的分布函数；
(2) 随机变量 X 的概率密度函数；
(3) 概率 $P(1\leq X\leq 2)$.

解 (1) 因为距离不可能是负数，所以若 $x<0$，则 $\{X\leq x\}$ 是不可能事件，于是 $F(x)=P(X\leq x)=0$. 当 $0\leq x\leq 2$ 时，由题意得 $P(0\leq X\leq x)=kx^2$，k 是某一常数. 取 $x=2$ 时，有 $P(0\leq X\leq 2)=4k$，又因为射击都能中靶，所以 $P(0\leq X\leq 2)=4k=1$，即得 $k=\dfrac{1}{4}$，故 $P(0\leq X\leq x)=\dfrac{1}{4}x^2$. 当 $x>2$ 时，$\{X\leq x\}$ 为必然事件，于是 $F(x)=P(X\leq x)=1$.

综合上述，可得 X 的分布函数为

$$F(x)=\begin{cases}0, & x<0,\\ \dfrac{x^2}{4}, & 0\leq x<2,\\ 1, & x\geq 2.\end{cases}$$

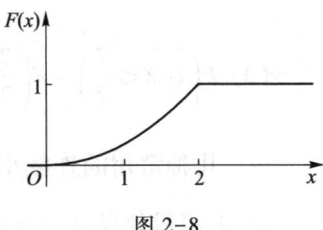

图 2-8

$F(x)$ 为连续函数，其图形见图 2-8.

(2) X 的概率密度函数为

$$f(x)=F'(x)=\begin{cases}\dfrac{x}{2}, & 0\leq x<2,\\ 0, & \text{其他}.\end{cases}$$

(3) $P(1\leq X\leq 2)=\int_1^2 f(x)\mathrm{d}x=\int_1^2\dfrac{x}{2}\mathrm{d}x=\dfrac{3}{4}$.

例 4 设随机变量 X 具有概率密度函数

$$f(x)=\begin{cases}kx, & 0\leq x<3,\\ 2-\dfrac{x}{2}, & 3\leq x\leq 4,\\ 0, & \text{其他}.\end{cases}$$

(1) 确定常数 k；(2) 求 X 的分布函数 $F(x)$；(3) 求 $P\left(1<X\leq\dfrac{7}{2}\right)$.

解 (1) 由 $\int_{-\infty}^{+\infty}f(x)\mathrm{d}x=1$，即 $\int_0^3 kx\mathrm{d}x+\int_3^4\left(2-\dfrac{x}{2}\right)\mathrm{d}x=1$，得 $k=\dfrac{1}{6}$.

(2) $F(x)=P(X\leq x)=\int_{-\infty}^x f(t)\mathrm{d}t,\quad -\infty<x<+\infty.$

当 $x<0$ 时，$F(x) = \int_{-\infty}^{x} f(t)\mathrm{d}t = \int_{-\infty}^{x} 0\mathrm{d}t = 0$；

当 $0 \leqslant x < 3$ 时，$F(x) = \int_{-\infty}^{x} f(t)\mathrm{d}t = \int_{-\infty}^{0} 0\mathrm{d}t + \int_{0}^{x} \frac{1}{6}t\mathrm{d}t = \frac{x^2}{12}$；

当 $3 \leqslant x \leqslant 4$ 时，$F(x) = \int_{-\infty}^{x} f(t)\mathrm{d}t = \int_{-\infty}^{0} 0\mathrm{d}t + \int_{0}^{3} \frac{1}{6}t\mathrm{d}t + \int_{3}^{x}\left(2 - \frac{t}{2}\right)\mathrm{d}t$

$$= -3 + 2x - \frac{x^2}{4};$$

当 $x > 4$ 时，$F(x) = \int_{-\infty}^{x} f(t)\mathrm{d}t = \int_{-\infty}^{0} 0\mathrm{d}t + \int_{0}^{3} \frac{1}{6}t\mathrm{d}t + \int_{3}^{4}\left(2 - \frac{t}{2}\right)\mathrm{d}t + \int_{4}^{x} 0\mathrm{d}t = 1.$

故

$$F(x) = \begin{cases} 0, & x < 0, \\ \dfrac{x^2}{12}, & 0 \leqslant x < 3, \\ -3 + 2x - \dfrac{x^2}{4}, & 3 \leqslant x < 4, \\ 1, & x \geqslant 4. \end{cases}$$

(3) $P\left(1 < X \leqslant \dfrac{7}{2}\right) = F\left(\dfrac{7}{2}\right) - F(1) = \dfrac{41}{48}.$

三、几种常用的连续型随机变量的分布

(一) 均匀分布 $U[a,b]$

定义 2 设随机变量 X 的概率密度函数为

$$f(x) = \begin{cases} \dfrac{1}{b-a}, & x \in [a,b], \\ 0, & \text{其他}, \end{cases} \tag{2-3-4}$$

则称 X 在 $[a,b]$ 上服从**均匀分布**，记作 $X \sim U[a,b]$.

明显地，式(2-3-4)中的区间$[a,b]$也可以写成$(a,b),(a,b],[a,b)$.

均匀分布的概率密度函数具有以下性质：

1. $P(X > b) = \int_{b}^{+\infty} 0\mathrm{d}x = 0$，同理 $P(X < a) = 0.$

2. 若子区间$[c,c+l] \subset [a,b]$，则 $P(c \leqslant X \leqslant c+l) = \int_{c}^{c+l} \dfrac{1}{b-a}\mathrm{d}x = \dfrac{l}{b-a}.$

因此，具有均匀分布的随机变量 X 的概率含义是：X 取值大于 b 或小于 a 的概率为 0；X 以概率 1 在区间$[a,b]$中取值，并且 X 的值落入$[a,b]$中任一子区间$[c,c+l]$的概率仅与该子区间的长度成正比，而与其位置无关.

均匀分布的分布函数是

$$F(x) = \begin{cases} 0, & x < a, \\ \int_a^x \dfrac{dx}{b-a} = \dfrac{x-a}{b-a}, & a \leq x < b, \\ 1, & x \geq b. \end{cases}$$

其概率密度函数和分布函数图形如图 2-9,图 2-10.

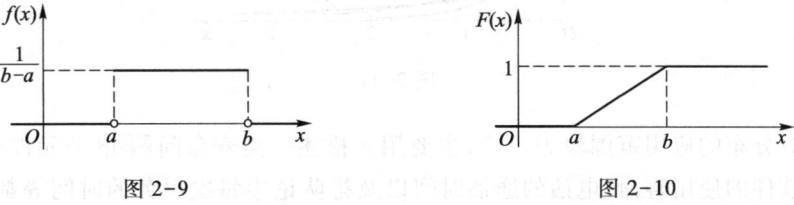

图 2-9　　　　　　　　图 2-10

均匀分布在现实生活中经常碰到.定点计算中的舍入误差可以作为常见的服从均匀分布的随机变量的例子.假如在运算中,数据都只保留到小数点后第五位,而小数点第五位以后的数字按四舍五入处理.若以 x 表示真值,以 $\hat{x}$ 表示舍入后的值,则误差 $\varepsilon = x - \hat{x}$ 一般假定为在 $[-0.5 \times 10^{-5}, 0.5 \times 10^{-5}]$ 上服从均匀分布的随机变量.有了这个假定,就能对经过大量运算后的数据进行误差分析,这种误差分析在用计算机解题时是很有必要的,因为计算机字长总是有限的.还譬如说,每隔一定时间有一辆公共汽车通过汽车停车站,乘客候车的时间就服从均匀分布,下面我们具体举这样的例子说明.

例 5 某公共汽车站每隔 5 min 有一辆车通过,可以将在车站上候车的乘客全部运走.设乘客在两趟车之间的任何时刻到站都是等可能的,求乘客候车时间不超过 3 min 的概率.

解 设乘客到达汽车站的时刻为 X,在他到站前最后离去的公共汽车到站时刻为 t_0,将要来到的下一辆车的到站时刻为 $t_0 + 5$.据题意,X 服从 $[t_0, t_0+5]$ 上的均匀分布,其概率密度函数为

$$f(x) = \begin{cases} \dfrac{1}{5}, & t_0 \leq x \leq t_0 + 5, \\ 0, & 其他. \end{cases}$$

乘客候车时间不超过 3 min 的概率,即 X 落在区间 $[t_0+2, t_0+5]$ 内的概率为

$$P(t_0 + 2 \leq X \leq t_0 + 5) = \dfrac{3}{5} = 0.6.$$

(二) 指数分布 $E(\lambda)$

定义 3 设连续型随机变量 X 的概率密度函数为 $f(x) = \begin{cases} \lambda e^{-\lambda x}, & x \geq 0, \\ 0, & x < 0, \end{cases}$ 其中常数 $\lambda > 0$,则称 X 服从参数为 λ 的**指数分布**,记为 $X \sim E(\lambda)$,其概率密度函数的图形见图 2-11.

指数分布的分布函数为

$$F(x) = \begin{cases} 1 - e^{-\lambda x}, & x > 0, \\ 0, & x \leq 0. \end{cases}$$

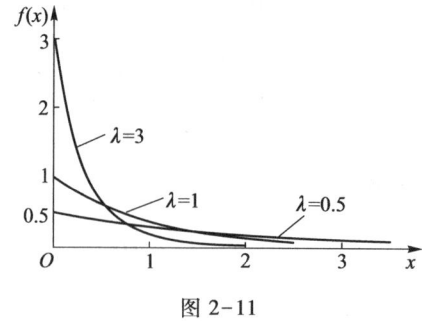

图 2-11

指数分布的应用范围较为广泛,主要用来描述一类寿命问题.电子元件的寿命、计算机软件的使用寿命、电话的通话时间以及排队论中每次服务的时间等都可以认为服从指数分布.

例 6 假设某种热水器首次发生故障的时间 X(单位:h)服从指数分布 $E(0.002)$,求该热水器在 100 h 内需要维修的概率是多少?

解 X 的概率密度函数为

$$f(x) = \begin{cases} 0.002\mathrm{e}^{-0.002x}, & x \geqslant 0, \\ 0, & x < 0, \end{cases}$$

则 100 h 内需要维修的概率

$$P(X \leqslant 100) = \int_{-\infty}^{100} f(x)\,\mathrm{d}x = \int_0^{100} 0.002\mathrm{e}^{-0.002x}\,\mathrm{d}x = 1 - \mathrm{e}^{-0.2} = 0.181\,3.$$

例 7 设一类电子元件的寿命(单位:h)$X \sim E(1/600)$.

(1) 求任一电子元件寿命超过 200 h 的概率;

(2) 某仪器装有三只独立工作的同型号此类电子元件,求在仪器使用的最初 200 h 内,至少有一只电子元件损坏的概率.

解 由于 $X \sim E(1/600)$,故 X 的概率密度函数为

$$f(x) = \begin{cases} \dfrac{1}{600}\mathrm{e}^{-\frac{x}{600}}, & x \geqslant 0, \\ 0, & x < 0. \end{cases}$$

(1) $$P(X > 200) = \int_{200}^{+\infty} f(x)\,\mathrm{d}x = \int_{200}^{+\infty} \frac{1}{600}\mathrm{e}^{-\frac{x}{600}}\,\mathrm{d}x = \mathrm{e}^{-\frac{1}{3}}$$

即为所求的概率.

(2) 设 Y 表示"三只电子元件中事件 $\{X<200\}$ 发生的个数",则 $Y \sim B(3, 1-\mathrm{e}^{-\frac{1}{3}})$,

$$P(Y \geqslant 1) = 1 - P(Y=0) = 1 - C_3^0 (1-\mathrm{e}^{-\frac{1}{3}})^0 (\mathrm{e}^{-\frac{1}{3}})^3 = 1 - \mathrm{e}^{-1}.$$

例 8 假设一电路装有 3 个同种电子元件,其工作状态相互独立,且无故障工作时间服从参数为 $\lambda>0$ 的指数分布.当 3 个元件都无故障时,电路正常工作,否则整个电路不能正常工作.试求电路正常工作时间 T 的概率分布.

解 设 $X_i(i=1,2,3)$ 表示第 i 个元件无故障的时间,则 X_1, X_2, X_3 相互独立且服从同一分布,其分布函数为

$$F(x) = \begin{cases} 1-e^{-\lambda x}, & x>0, \\ 0, & x\leq 0. \end{cases}$$

设 $G(t)$ 是 T 的分布函数,当 $t\leq 0$ 时,$G(t)=0$;当 $t>0$ 时,
$$G(t) = P(T\leq t) = 1-P(T>t) = 1-P(X_1>t)P(X_2>t)P(X_3>t)$$
$$= 1-(1-F(t))^3 = 1-e^{-3\lambda t},$$

所以
$$G(t) = \begin{cases} 1-e^{-3\lambda t}, & t>0, \\ 0, & t\leq 0. \end{cases}$$

即 T 服从参数为 3λ 的指数分布.

例 7 和例 8 体现了离散型与连续型分布的综合应用.

(三) 正态分布 $N(\mu,\sigma^2)$

定义 4 设连续型随机变量 X 的概率密度函数为
$$f(x) = \frac{1}{\sqrt{2\pi}\sigma} e^{-\frac{(x-\mu)^2}{2\sigma^2}} \quad (-\infty < x < +\infty),$$

其中常数 $-\infty<\mu<+\infty$,$\sigma>0$,则称 X 服从参数为 μ 和 σ 的**正态分布**,记为 $X\sim N(\mu,\sigma^2)$,并称 X 为**正态变量**.

正态分布最早由高斯(Gauss)在研究测量误差时所使用,所以正态分布有时也称为高斯分布.正态分布是最重要、应用最广泛的一种分布,在概率论和数理统计中有特殊的重要地位.事实表明,产品的许多质量指标、生物的许多生理指标等都服从或近似服从正态分布.此外,在第五章中会提到大量相互独立且有相同分布的随机变量的累和也近似服从正态分布.

正态分布概率密度函数的图形如图 2-12 所示.不难看出,正态分布的密度函数的曲线呈倒钟的形状,所以有人也把它称为钟形分布,它主要具有下列几个性质:

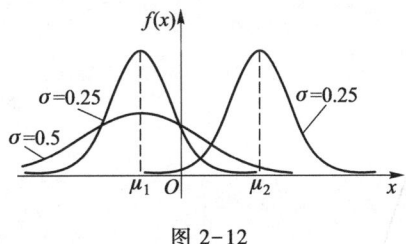

图 2-12

1. $f(x)$ 关于 $x=\mu$ 对称,这表明 $P(X<\mu) = P(X\geq\mu) = 0.5$ 和对于任意的 $l>0$,有 $P(\mu-l\leq X<\mu) = P(\mu\leq X<\mu+l)$ 成立;

2. $f(x)$ 有最大值 $f(\mu) = \dfrac{1}{\sqrt{2\pi}\sigma}$;

3. $f(x)$ 在 $x=\mu\pm\sigma$ 处有拐点;

4. 以 x 轴为水平渐近线.

此外,若 μ 值发生变动,σ 值不变,则函数 $f(x)$ 的图形沿着 x 轴平移,但形状不发生改变,故正态分布的概率密度函数 $y=f(x)$ 的图形位置是由参数 μ 所确定的,μ 因此被称为**位置参数**(图 2-13);若 μ 值不变,则 σ 值越大,曲线越平坦,σ 值越小,曲

线越陡峭,σ 决定了图形中峰的陡峭程度(图 2-14).

若 $X \sim N(\mu, \sigma^2)$,则 X 的分布函数是一个变上限积分函数

$$F(x) = \frac{1}{\sqrt{2\pi}\sigma} \int_{-\infty}^{x} e^{-\frac{(t-\mu)^2}{2\sigma^2}} dt, \quad -\infty < x < +\infty.$$

特别地,当 $X \sim N(0,1)$ 时,称 X 服从**标准正态分布**,X 为**标准正态变量**.标准正态分布的概率密度函数具有特殊的地位,所以用一个特定的符号 $\varphi(x)$ 表示:

$$\varphi(x) = \frac{1}{\sqrt{2\pi}} e^{-\frac{x^2}{2}} \quad (-\infty < x < +\infty).$$

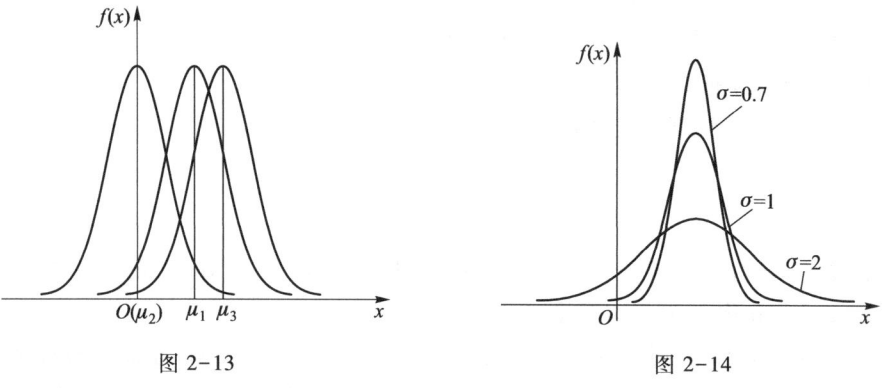

图 2-13　　　　　　　　　　　图 2-14

标准正态分布的分布函数也用一个特定的符号 $\Phi(x)$ 表示

$$\Phi(x) = \frac{1}{\sqrt{2\pi}} \int_{-\infty}^{x} e^{-\frac{t^2}{2}} dt, \quad -\infty < x < +\infty.$$

显然 $\varphi(x)$ 的图形关于 y 轴对称(见图 2-15),分布函数 $\Phi(x)$ 的图形见图 2-16,函数 $\Phi(x)$ 具有如下性质:

1. $\Phi(0) = 0.5$;
2. $\Phi(-x) = 1 - \Phi(x)$.

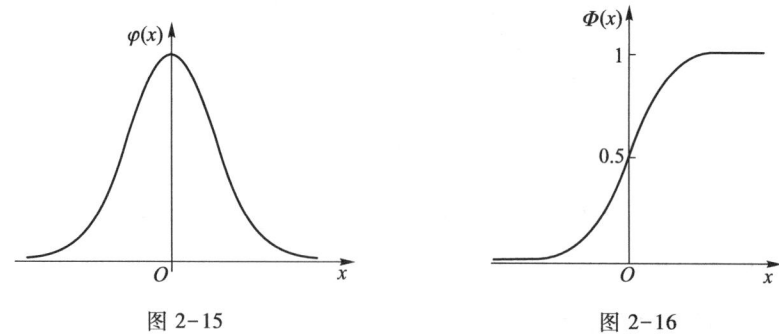

图 2-15　　　　　　　　　　　图 2-16

当 $x \geq 0$ 时,标准正态分布的分布函数 $\Phi(x)$ 的值可以查表(附录 3)得到,结合性质 2 便可得当 $x < 0$ 时 $\Phi(x)$ 的数值,从而容易算出标准正态变量在某一范围内取值的概率.必须要说明的是,从附录 3 可知,当 $x \geq 3.90$ 时,有 $\Phi(x) \approx 1.000$.

一般地,若随机变量 $X \sim N(0,1)$,对于任意 $a, b \in \mathbf{R}, a < b$,则有 $P(a < X < b) = \Phi(b) - \Phi(a)$.

例 9 设随机变量 $X \sim N(0,1)$,求 $P(X \leq 2), P(X \leq -2), P(X > 2), P(-1 < X \leq 2)$ 及 $P(|X| \leq 2)$.

解 利用查表计算,得

$$P(X \leq 2) = \Phi(2) = 0.977\,2,$$

$$P(X \leq -2) = \Phi(-2) = 1 - \Phi(2) = 0.022\,8,$$

$$P(X > 2) = 1 - P(X \leq 2) = 1 - \Phi(2) = 0.022\,8,$$

$$P(-1 < X \leq 2) = \Phi(2) - \Phi(-1) = \Phi(2) - [1 - \Phi(1)]$$
$$= \Phi(2) + \Phi(1) - 1 = 0.977\,2 + 0.841\,3 - 1 = 0.818\,5,$$

$$P(|X| \leq 2) = P(-2 \leq X \leq 2) = \Phi(2) - \Phi(-2)$$
$$= 2\Phi(2) - 1 = 2 \times 0.977\,2 - 1 = 0.954\,4.$$

为了计算服从一般正态分布的随机变量 X 落入某一区间的概率,下面给出一个定理证明一般的正态分布 $X \sim N(\mu, \sigma^2)$ 与标准正态分布 $N(0,1)$ 的一种关系.

定理 2 设随机变量 $X \sim N(\mu, \sigma^2)$, X 的分布函数为 $F(x)$,则对每个实数 x 有

$$F(x) = \Phi\left(\frac{x-\mu}{\sigma}\right).$$

证明 由分布函数的定义可得

$$F(x) = P(X \leq x) = \int_{-\infty}^{x} \frac{1}{\sqrt{2\pi}\sigma} e^{-\frac{(t-\mu)^2}{2\sigma^2}} dt,$$

令 $y = \frac{t-\mu}{\sigma}$,则

$$F(x) = \int_{-\infty}^{\frac{x-\mu}{\sigma}} \frac{1}{\sqrt{2\pi}} e^{-\frac{y^2}{2}} dy = \Phi\left(\frac{x-\mu}{\sigma}\right).$$

定理得证.

推论 若随机变量 $X \sim N(\mu, \sigma^2)$,对任意 $a, b \in \mathbf{R}, a < b$,有

$$P(a < X \leq b) = F(b) - F(a) = \Phi\left(\frac{b-\mu}{\sigma}\right) - \Phi\left(\frac{a-\mu}{\sigma}\right).$$

例 10 某地区 18 岁的女青年的血压(收缩压,单位:mm-Hg)服从 $N(110, 12^2)$ 分布.在该地区任选一 18 岁的女青年,测量她的血压 X.求:

(1) $P(X \leq 105), P(100 < X \leq 120)$;

(2) 确定最小的 x,使 $P(X > x) \leq 0.05$.

解 (1) 因为 $X \sim N(110, 12^2)$,所以有

$$P(X \leq 105) = F(105) = \Phi\left(\frac{105-110}{12}\right) = \Phi\left(\frac{-5}{12}\right)$$
$$= 1 - \Phi\left(\frac{5}{12}\right) \approx 1 - 0.662\,8 = 0.337\,2,$$

$$P(100 < X \leq 120) = \Phi\left(\frac{120-110}{12}\right) - \Phi\left(\frac{100-110}{12}\right)$$

$$= 2\Phi\left(\frac{10}{12}\right) - 1 \approx 2 \times 0.7967 - 1 = 0.5934.$$

(2) 要使得 $P(X>x) \leq 0.05$，即要求 $1-P(X \leq x) = 1-\Phi\left(\frac{x-110}{12}\right) \leq 0.05$，故需要 $\Phi\left(\frac{x-110}{12}\right) \geq 0.95$，因为 $\Phi(1.64) \approx 0.95$ 以及分布函数是单调不减函数，可得

$$\frac{x-110}{12} \geq 1.64, \quad x \geq 129.68,$$

所以 x 的最小值为 129.68.

例 11 当今社会，考试作为一种选拔人才的有效途径正在被广泛采用.每次考试过后，考生最关心的问题是：自己能否达到最低录取分数线？自己的考试名次如何？能否被录取？某公司准备通过考试招工 300 名，其中 280 名正式工，20 名临时工，实际报考人数为 1657 名，试卷满分为 400 分.考试后不久，通过当地新闻媒体得到如下消息：考试平均成绩是 166 分，360 分以上的高分考生有 31 名.某考生 A 的成绩为 276 分，问他能否被录取？若被录取，能否被录取为正式工？

解 先估计最低录取分数线，记最低录取分数为 x_0.设考生成绩为 X，根据实际经验，X 应服从正态分布，即 $X \sim N(166, \sigma^2)$，则 $Y = \frac{X-166}{\sigma} \sim N(0,1)$.由题设知

$$P(X>360) = P\left(Y > \frac{360-166}{\sigma}\right) \approx \frac{31}{1657},$$

于是

$$\Phi\left(\frac{360-166}{\sigma}\right) = P\left(Y \leq \frac{360-166}{\sigma}\right) \approx 1 - \frac{31}{1657} = 0.981,$$

查表可得

$$\frac{360-166}{\sigma} \approx 2.07, \text{ 即得 } \sigma^2 \approx 93.7^2,$$

因为应使成绩高于最低录取分数线 x_0 的考生的概率等于 $\frac{300}{1657}$，即

$$P(X>x_0) = P\left(Y > \frac{x_0-166}{93.7}\right) \approx \frac{300}{1657},$$

所以

$$\Phi\left(\frac{x_0-166}{93.7}\right) = P\left(Y \leq \frac{x_0-166}{93.7}\right) = 1 - \frac{300}{1657} = 0.819,$$

可计算出 $x_0 \approx 251$，即最低录取分数线大约是 251 分.

考生 A 的成绩 276 分，可以估计出他的排名：

$$P(X \leq 276) = \Phi\left(\frac{276-166}{93.7}\right) \approx 0.8790, \text{ 即 } P(X>276) \approx 0.121.$$

这表示成绩高于考生 A 的人数约占总人数的 12.1%，不难算出考生 A 大约排在 200 名，所以他可以被录用，且被录取为正式工.

例 12 若随机变量 $X \sim N(\mu, \sigma^2)$，求 $P(|X-\mu| \leq k\sigma)$，k 为正整数.

解 $P(|X-\mu| \leq k\sigma) = P(\mu - k\sigma \leq X \leq \mu + k\sigma)$

$$= \Phi\left(\frac{\mu + k\sigma - \mu}{\sigma}\right) - \Phi\left(\frac{\mu - k\sigma - \mu}{\sigma}\right)$$

$$= \Phi(k) - \Phi(-k) = 2\Phi(k) - 1,$$

可见,$P(|X-\mu| \leq k\sigma)$ 只与 k 有关而与 μ,σ 无关. 特别地,当 $k=3$ 时,查表可得 $P(|X-\mu| \leq 3\sigma) = 2\Phi(3) - 1 = 2 \times 0.9987 - 1 = 0.9974$. 这就是说,$X$ 落入以 μ 为中心,以 3σ 为半径的区间内的可能性已达 99.74%,也即随机事件 $\{|X-\mu| \leq 3\sigma\}$ 几乎是必然事件,这种现象称为**正态分布的 3σ 原理**,其图形见图 2-17.

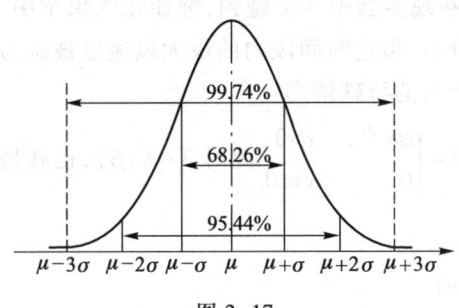

图 2-17

例 13 设某型工件长度的测量误差(单位:mm) $X \sim N(0, 0.25)$.

(1) 对此工件测量一次,求误差绝对值不大于 0.98 mm 的概率;

(2) 对此工件独立测量 50 次,求至少有 2 次测量误差绝对值大于 0.98 mm 的概率(写出算式不求结果);

(3) 利用泊松分布对(2)作近似计算.

解 (1) $P(|X| \leq 0.98) = P(-0.98 \leq X \leq 0.98)$

$$= \Phi\left(\frac{0.98}{0.5}\right) - \Phi\left(-\frac{0.98}{0.5}\right) = 2\Phi(1.96) - 1$$

$$= 2 \times 0.975 - 1 = 0.95.$$

(2) 设 Y 表示"50 次测量中误差绝对值大于 0.98 mm 的次数",又由(1)知道 $P(|X| > 0.98) = 0.05$,因此 $Y \sim B(50, 0.05)$,即得所求概率

$$P(Y \geq 2) = \sum_{k=2}^{50} C_{50}^{k} 0.05^{k} 0.95^{50-k}.$$

(3) 由 $\lambda = np = 50 \times 0.05 = 2.5$,用泊松定理知 Y 近似地服从 $P(2.5)$,从而

$$P(Y \geq 2) = 1 - P(Y=0) - P(Y=1) \approx 1 - e^{-2.5} - 2.5 e^{-2.5} = 1 - 3.5 e^{-2.5}.$$

(四) $\Gamma(\alpha,\beta)$ 分布

设 α 是正常数,定义一个含有参数 α 的反常积分如下:

$$\Gamma(\alpha) = \int_{0}^{+\infty} x^{\alpha-1} e^{-x} dx,$$

称之为 Γ 函数. Γ 函数具有如下性质:

1. 对任意的 $\alpha > 0$,$\Gamma(\alpha+1) = \alpha \Gamma(\alpha)$;

2. $\Gamma(1) = 1$,$\Gamma\left(\dfrac{1}{2}\right) = \sqrt{\pi}$;

3. 若 n 为正整数,则 $\Gamma(n)=(n-1)!$.

定义 5 设 $\alpha>0,\beta>0$ 是常数,若随机变量 X 的概率密度函数为

$$f(x)=\begin{cases}\dfrac{\beta}{\Gamma(\alpha)}(\beta x)^{\alpha-1}\mathrm{e}^{-\beta x}, & x>0,\\ 0, & x\leqslant 0,\end{cases}$$

则称 X 服从参数为 α,β 的 Γ 分布,记作 $X\sim\Gamma(\alpha,\beta)$.

Γ 分布也是一个重要分布,它既在推导数理统计中有重要地位的 χ^2 分布、t 分布和 F 分布时很有用,又在现实当中经常碰到,譬如在气象学中干旱地区的年、季或月降水量被认为服从 Γ 分布,指定时间段内的最大风速也被认为服从 Γ 分布,等等.

下面我们介绍 Γ 分布的特殊情形:

1. 当 $\alpha=1$ 时,$f(x)=\begin{cases}\beta\mathrm{e}^{-\beta x}, & x>0,\\ 0, & x\leqslant 0.\end{cases}$ 此时 $X\sim E(\beta)$,也就是说指数分布是 Γ 分布的一种特例.

2. 当 $\alpha=\dfrac{n}{2},\beta=\dfrac{1}{2}$ 时,

$$f(x)=\begin{cases}\dfrac{1}{2^{\frac{n}{2}}\Gamma\left(\dfrac{n}{2}\right)}x^{\frac{n}{2}-1}\mathrm{e}^{-\frac{x}{2}}, & x>0,\\ 0, & x\leqslant 0.\end{cases}$$

我们称此分布为**自由度为 n 的 χ^2 分布**,记作 $\chi^2(n)$,它是数理统计学中重要的分布之一.

例 14 某厂生产的电子元件,其寿命(单位:10^4 h) $X\sim\Gamma(2,1)$,随机地取出一个元件,求该元件寿命大于 20 000 h 的概率.

解 由 $X\sim\Gamma(2,1)$ 知 X 的概率密度函数为

$$f(x)=\begin{cases}\dfrac{1}{\Gamma(2)}x\mathrm{e}^{-x}, & x>0,\\ 0, & x\leqslant 0.\end{cases}$$

其中 $\Gamma(2)=1$,从而 $P(X>2)=\int_2^{+\infty}f(x)\mathrm{d}x=\int_2^{+\infty}x\mathrm{e}^{-x}\mathrm{d}x=3\mathrm{e}^{-2}$.

§2.4 随机变量函数的分布

在测量中由于误差的存在,某轴承半径 X 是一个随机变量,可以得到它的分布,但是我们关心的是轴承横截面积 $Y=\pi X^2$.由于半径 X 是随机变量,所以横截面积 Y 也是一个随机变量,具有一定的分布,可以由 Y 与 X 的函数关系和 X 的分布唯一确定,则 Y 的分布即为随机变量 X 函数的分布.

定义 若 X 是一个随机变量,$g(x)$ 为连续实函数,则 $Y=g(X)$ 称为一维随机变量函数.

一、离散型随机变量函数的分布

下面我们先通过一个例子来说明求离散型随机变量函数的分布常用的方法.

例1 设随机变量 X 有如下分布律

X	-2	-1	0	1	3
P	0.1	0.2	0.3	0.2	0.2

求 $Y=X^2$ 的分布.

解 X 可取 $-2,-1,0,1,3$ 五个值,相应 Y 可取 $0,1,4,9$ 四个值,而且

$P(Y=0) = P(X=0) = 0.3$,

$P(Y=1) = P(X^2=1) = P(X=-1) + P(X=1) = 0.2+0.2 = 0.4$,

$P(Y=4) = P(X=-2) = 0.1$,

$P(Y=9) = P(X=3) = 0.2$.

于是 Y 有分布律

Y	0	1	4	9
P	0.3	0.4	0.1	0.2

从这个例子可以看出,若 X 为离散型随机变量,则 $Y=g(X)$ 也是离散型随机变量,求 $Y=g(X)$ 分布的一般方法如下:

设离散型随机变量 X 的分布律为 $P(X=x_i)=p_i$ $(i=1,2,\cdots)$. 首先将 X 的取值代入函数关系式,求出随机变量 Y 相应的取值 $y_i=g(x_i)$ $(i=1,2,\cdots)$,如果 $y_i(i=1,2,\cdots)$ 的值各不相等,则 Y 的分布律为

Y	y_1	y_2	$\cdots$	y_i	$\cdots$
P	p_1	p_2	$\cdots$	p_i	$\cdots$

如果 $y_i=g(x_i)$ $(i=1,2,\cdots)$ 中出现相同的函数值,如 $y_i=g(x_i)=g(x_j)(i\neq j)$,则在 Y 的概率分布律中,Y 取 y_i 的概率为 $P(Y=y_i)=P(X=x_i)+P(X=x_j)=p_i+p_j$.

例2 设随机变量 X 的分布律为

X	1	2	3	4
P	0.4	0.1	0.2	0.3

求 $Y=\sin\dfrac{\pi X}{2}$ 的分布律.

解 由 X 的分布律和 $Y=\sin\dfrac{\pi X}{2}$ 可得

Y	1	0	-1	0
P	0.4	0.1	0.2	0.3

于是,Y 的分布律为

Y	-1	0	1
P	0.2	0.4	0.4

二、连续型随机变量函数的分布

下面讨论当 X 是连续型随机变量时,其函数 $Y=g(X)$ 的分布情况.

例 3 设随机变量 $X \sim N(0,1)$,求 $Y=X^2$ 的概率密度函数.

解 设 Y 的分布函数为 $F_Y(y)$,其概率密度函数为 $f_Y(y)$,又设 $F_X(x)$ 是 X 的分布函数,其概率密度函数为 $f_X(x)$.

由于 $X \sim N(0,1)$,故有

$$f_X(x) = \frac{1}{\sqrt{2\pi}} e^{-\frac{x^2}{2}}, \quad -\infty < x < +\infty.$$

当 $y \leq 0$ 时,由于 $Y=X^2 \geq 0$,故 $F_Y(y) = P(Y \leq y) = P(X^2 \leq y) = P(\varnothing) = 0$,即 $f_Y(y) = F'_Y(y) = 0$.

当 $y > 0$ 时,

$$F_Y(y) = P(Y \leq y) = P(X^2 \leq y) = P(-\sqrt{y} \leq X \leq \sqrt{y})$$
$$= \int_{-\sqrt{y}}^{\sqrt{y}} \frac{1}{\sqrt{2\pi}} e^{-\frac{x^2}{2}} dx = 2 \int_0^{\sqrt{y}} \frac{1}{\sqrt{2\pi}} e^{-\frac{x^2}{2}} dx,$$

$F_Y(y)$ 是连续函数,它关于 y 连续可导,对 y 求导数得到概率密度函数

$$f_Y(y) = F'_Y(y) = \frac{1}{\sqrt{2\pi y}} e^{-\frac{y}{2}}, \quad y > 0.$$

即得 $Y=X^2$ 的概率密度函数为

$$f_Y(y) = \begin{cases} \dfrac{1}{\sqrt{2\pi y}} e^{-\frac{y}{2}}, & y > 0, \\ 0, & y \leq 0. \end{cases} \tag{2-4-1}$$

以上方法是在 Y 的值域内先求出 Y 的分布函数 $F_Y(y)$,再经求导得 Y 的概率密度函数 $f_Y(y)$.其解题要点在于把随机事件 $\{Y \leq y\}$ 转化为等价的与已知随机变量 X 相关的随机事件 $\{-\sqrt{y} \leq X \leq \sqrt{y}\}$,从而可以利用 X 的概率密度函数 $f_X(x)$.至于不属于 Y 的值域的区域,可令 $f_Y(y) = 0$.

对于连续型随机变量 X 的函数 $Y=g(X)$,设 $Y=g(X)$ 的分布函数为 $F_Y(y)$,我们总结出求 $Y=g(X)$ 的概率密度函数 $f_Y(y)$ 的一般方法,称为**分布函数法**.

1. 先确定 Y 的值域 $R(Y)$;

2. 对任意 $y \in R(Y)$,求出 Y 的分布函数

$$F_Y(y) = P(Y \leq y) = P(g(X) \leq y) = P(X \in G(y)) = \int_{G(y)} f_X(x) \mathrm{d}x,$$

此处的 $G(y)$ 是由不等式 $g(X) \leq y$ 解出的;

3. 对 $F_Y(y)$ 求导,可得 $f_Y(y), y \in R(Y)$;

4. 当 $y \notin R(Y)$ 时,取 $f_Y(y) = 0$,最后对 $f_Y(y)$ 加以总结.

对于例 3 的结论,我们还必须指出,由于 $\sqrt{\pi} = \Gamma\left(\dfrac{1}{2}\right)$,式(2-4-1)可用 Γ 函数表为

$$f_Y(y) = \begin{cases} \dfrac{1}{2^{\frac{1}{2}} \Gamma\left(\dfrac{1}{2}\right)} y^{\frac{1}{2}-1} e^{-\frac{y}{2}}, & y > 0, \\ 0, & y \leq 0. \end{cases} \quad (2\text{-}4\text{-}2)$$

可见当 $X \sim N(0,1)$ 时,$Y = X^2$ 是服从 $\alpha = \dfrac{1}{2}, \beta = \dfrac{1}{2}$ 的 Γ 分布,即 $Y = X^2$ 服从自由度为 1 的 χ^2 分布. 所以例 3 实质上证明了关于标准正态变量平方变换的一个性质:

若随机变量 $X \sim N(0,1)$,则 $Y = X^2$ 服从自由度为 1 的 χ^2 分布,记为 $Y \sim \chi^2(1)$,式(2-4-2)是自由度为 1 的 χ^2 分布的概率密度函数.

例 4 设随机变量 X 的概率密度函数是 $f_X(x)$,$Y = |X|$,试求随机变量 Y 的概率密度函数 $f_Y(y)$.

解 设随机变量 X 的分布函数为 $F_X(x)$,随机变量 Y 的分布函数为 $F_Y(y)$,其概率密度函数为 $f_Y(y)$. $Y = |X|$ 的值域是 $[0, +\infty)$.

当 $y < 0$ 时,显然有 $f_Y(y) = 0$.

当 $y \geq 0$ 时,$F_Y(y) = P(Y \leq y) = P(|X| \leq y) = P(-y \leq X \leq y) = F_X(y) - F_X(-y)$. 对其求导可得

$$f_Y(y) = F_Y'(y) = f_X(y) + f_X(-y).$$

由上式可得,随机变量 $Y = |X|$ 的概率密度函数为

$$f_Y(y) = \begin{cases} f_X(y) + f_X(-y), & y \geq 0, \\ 0, & y < 0. \end{cases}$$

例 5 设随机变量 X 服从参数为 2 的指数分布,证明:$Y = 1 - e^{-2X}$ 在区间 $[0,1]$ 上服从均匀分布.

解 由已知,有 X 的分布函数

$$F(x) = \begin{cases} 1 - e^{-2x}, & x > 0, \\ 0, & x \leq 0. \end{cases}$$

设 $G(y) = P(Y \leq y)$ 为 Y 的分布函数,由于 $X > 0$,有 $0 < Y = 1 - e^{-2X} < 1$,易得

(1) 当 $y < 0$ 时,$G(y) = 0$;

(2) 当 $y > 1$ 时,$G(y) = 1$;

(3) 当 $0 \leq y \leq 1$ 时,

$$G(y) = P(Y \leq y) = P(1 - e^{-2X} \leq y) = P(e^{-2X} \geq 1 - y)$$

$$= P\left(X \leqslant -\frac{1}{2}\ln(1-y)\right) = F\left(-\frac{1}{2}\ln(1-y)\right) = y.$$

综上所述有

$$G(y) = \begin{cases} 0, & y < 0, \\ y, & 0 \leqslant y \leqslant 1, \\ 1, & y > 1. \end{cases}$$

所以 Y 在区间 $[0,1]$ 上服从均匀分布.

以上给出了求连续型随机变量函数分布的一般方法,如果随机变量函数是严格单调的,那么有如下定理.

定理 设随机变量 X 有概率密度函数 $f_X(x)$,$y = g(x)$ 是严格单调函数,它的反函数 $x = g^{-1}(y)$ 是连续可导的,则 $Y = g(X)$ 也是连续型随机变量,其概率密度函数为

$$f_Y(y) = \begin{cases} f_X(g^{-1}(y)) \mid (g^{-1}(y))' \mid, & a < y < b, \\ 0, & \text{其他}. \end{cases}$$

这里 $a = \min(g(-\infty), g(+\infty))$, $b = \max(g(-\infty), g(+\infty))$.

证明从略.

例 6 设随机变量 $X \sim N(\mu, \sigma^2)$,求 $Y = \dfrac{X - \mu}{\sigma}$ 的概率密度函数.

解 显然 $y = \dfrac{x - \mu}{\sigma}$ 是严格单调函数,值域为 $\mathbf{R}$,其反函数为 $x = g^{-1}(y) = y\sigma + \mu$. 利用上述定理,得

$$f_Y(y) = f_X(g^{-1}(y)) \mid (g^{-1}(y))' \mid = \frac{1}{\sqrt{2\pi}\sigma} e^{-\frac{(y\sigma + \mu - \mu)^2}{2\sigma^2}} \mid (y\sigma + \mu)' \mid$$

$$= \frac{1}{\sqrt{2\pi}} e^{-\frac{y^2}{2}} = \varphi(y).$$

结论说明了 $Y \sim N(0,1)$.

若随机变量 $X \sim N(\mu, \sigma^2)$,我们称 $Y = \dfrac{X - \mu}{\sigma}$ 为正态分布的标准化变换,称之为**标准正态变量**.

应用定理我们可以把例 6 推广到更一般函数的情形:若随机变量 $X \sim N(\mu, \sigma^2)$,则可得 X 的线性函数 $Y = kX + b$ ($k \neq 0$) 也服从正态分布,且 $Y = kX + b \sim N(k\mu + b, (k\sigma)^2)$.

进一步地,对于 X 的一些特殊的函数,我们可以推出一些应用型的公式,以方便计算.这里着重讨论线性函数和平方函数两种.

(1) 若 $Y = kX + b$,则有

$$f_Y(y) = \frac{1}{|k|} f_X\left(\frac{y - b}{k}\right), \quad y \in \mathbf{R}; \tag{2-4-3}$$

(2) 若 $Y = X^2$,则有

$$f_Y(y) = \begin{cases} \dfrac{1}{2\sqrt{y}}(f_X(\sqrt{y}) + f_X(-\sqrt{y})), & y > 0, \\ 0, & y \leq 0. \end{cases} \quad (2\text{-}4\text{-}4)$$

此处,k,b 为常数且 $k \neq 0$,读者可以自行推导.

应用式(2-4-3)和(2-4-4),需要注意 Y 的取值范围,如果值域有所变动,式子应该做相应调整,否则易于出错.我们举个例子来说明上面两个式子的应用.

例7 设随机变量 $X \sim U[-1,3]$,若(1) $Y = 5X + 2$,(2) $Y = X^2$,求 Y 的概率密度函数.

解 (1) 当 $-1 \leq X \leq 3$ 时,由 $Y = 5X + 2$ 知 $-3 \leq Y \leq 17$,对每个 $y \in [-3, 17]$,由式(2-4-3)可得

$$f_Y(y) = \frac{1}{5}f_X\left(\frac{y-2}{5}\right) = \frac{1}{20},$$

从而

$$f_Y(y) = \begin{cases} \dfrac{1}{20}, & -3 \leq y \leq 17, \\ 0, & \text{其他}. \end{cases}$$

(2) 当 $-1 \leq X \leq 3$ 时,由 $Y = X^2$ 知 $0 \leq Y \leq 9$,但需要注意的是,当 $0 < y \leq 1$ 时,$f_X(-\sqrt{y}) = f_X(\sqrt{y}) = \dfrac{1}{4}$,于是 $f_Y(y) = \dfrac{1}{2\sqrt{y}}\left(\dfrac{1}{4} + \dfrac{1}{4}\right) = \dfrac{1}{4\sqrt{y}}$;当 $1 < y \leq 9$ 时,$f_X(-\sqrt{y}) = 0$,$f_X(\sqrt{y}) = \dfrac{1}{4}$,从而有 $f_Y(y) = \dfrac{1}{2\sqrt{y}}\left(0 + \dfrac{1}{4}\right) = \dfrac{1}{8\sqrt{y}}$.

综上所述可得

$$f_Y(y) = \begin{cases} \dfrac{1}{4\sqrt{y}}, & 0 < y \leq 1, \\ \dfrac{1}{8\sqrt{y}}, & 1 < y \leq 9, \\ 0, & \text{其他}. \end{cases}$$

习题二

(一)

1. 根据下列随机试验的样本空间,建立一个合适的随机变量,并且指出该随机变量的取值范围.

(1) 射击 5 次,观察 5 次射击击中的次数;

(2) 向一个目标不断射击,直到击中一次为止,观察总射击次数;

(3) 从一批含有合格和不合格品的产品中,任意抽取出 5 件产品,观察其中的合格品数;

(4) 从一批含有一、二、三、四等品的产品中,任意抽取出一件,观察产品的等级;

(5) 同时抛掷两枚骰子,记录两枚骰子点数之和.

2. 设随机变量 X 的分布律为 $P(X=k)=C\dfrac{k}{n}, k=1,2,\cdots,n$,试求常数 C.

3. 袋中有 4 个红球,2 个白球,今从中逐个取球,共取 5 次,在下列两种情况下求抽得的红球数 X 的分布律:

(1) 每次抽出的球,观察颜色后又放回袋中;

(2) 每次抽出的球不放回袋中.

4. 设一盒子中有 5 枚纪念章,编号为 1,2,3,4,5,在其中等可能地任意抽取 3 枚,以 X 表示抽取出的 3 枚纪念章上的最大号码.

(1) 求 X 的分布律;

(2) 求 $P(X<5)$.

5. 一汽车沿一街道行驶,需要通过三个均设有信号灯的路口,每个信号灯只能为红灯或绿灯,且不同路口之间信号灯为红灯或绿灯相互独立,红绿两种信号灯显示的时间相等,以 X 表示该汽车首次遇到红灯前已通过的路口的个数,求 X 的分布律.

6. 设有某种型号的电阻 1 000 只,其中有次品 20 只.现从这些电阻中任意抽取 6 只,试求:

(1) 6 只电阻中次品数的分布律与分布函数;

(2) 6 只电阻中至少有 2 只次品的概率.

7. 设离散型随机变量 X 只取 $-1,2,\pi$ 三个可能值,取各相应的概率分别是 a^2,$-a$ 与 a^2,求 X 的分布函数.

8. 设离散型随机变量 X 的分布函数为

$$F(x)=\begin{cases} 0, & x<-1, \\ 0.4, & -1 \leqslant x<1, \\ 0.8, & 1 \leqslant x<3, \\ 1, & x \geqslant 3. \end{cases}$$

求随机变量 X 的分布律.

9. 一幢楼装有 5 个同类型的供水设备,调查表明,在任一时刻,每个设备被使用的概率为 0.1,试问在同一时刻:

(1) 恰有 2 个设备被使用的概率是多少?

(2) 至少有 3 个设备被使用的概率是多少?

(3) 至多有 3 个设备被使用的概率是多少?

(4) 至多有 1 个设备被使用的概率是多少?

10. 尽管在几何教材中已经讲过用圆规和直尺三等分一个任意角是不可能的,但每年总有一些"发现者"撰写关于用圆规和直尺将角三等分的文章.设某地每年撰写此类文章的篇数 X 服从泊松分布 $P(6)$,试求明年没有此类文章及至多有 2 篇此类文章的概率.

11. 某教材出版了 2 000 册,因装订等原因造成错误的册数的概率为 0.001,试求在这 2 000 册书中恰有 5 册错误的概率(用泊松分布近似计算).

12. 一家商店采用科学管理,由该商店过去的销售记录知道,某种商品每月的销

售数可以用参数 $\lambda=5$ 的泊松分布来描述,为了以 95% 以上的把握保证不脱销,问商店在月底至少应进该商品多少件?

13. 为了保证设备正常工作,需配备适量的维修工人,现有同类型设备 250 台,各台工作是相互独立的,发生故障的概率都是 0.01.设在通常情况下一台设备的故障可由一个人来处理,问至少需配备多少工人,才能保证当设备发生故障但不能及时维修的概率小于 0.01(用泊松分布近似计算).

14. 在下列函数中,指出它们是否可以作为连续型随机变量的概率密度函数.

(1) $f_1(x) = \begin{cases} \sin x, & \pi \le x \le \dfrac{3}{2}\pi, \\ 0, & \text{其他}; \end{cases}$

(2) $f_2(x) = \begin{cases} -\sin x, & \pi \le x \le \dfrac{3}{2}\pi, \\ 0, & \text{其他}; \end{cases}$

(3) $f_3(x) = \begin{cases} \cos x, & \pi \le x \le \dfrac{3}{2}\pi, \\ 0, & \text{其他}; \end{cases}$

(4) $f_4(x) = \begin{cases} 1-\cos x, & \pi \le x \le \dfrac{3}{2}\pi, \\ 0, & \text{其他}. \end{cases}$

15. 设连续型随机变量 X 的分布函数为

$$F(x) = \begin{cases} 0, & x<1, \\ \ln x, & 1 \le x < e, \\ 1, & x \ge e. \end{cases}$$

试求:(1) $P(X<2), P(0<X\le 3), P(2<X<2.5)$;

(2) 概率密度函数 $f(x)$.

16. 设连续型随机变量 X 的概率密度函数分别为

(1) $f(x) = ae^{-\lambda|x|}, \lambda>0$; (2) $f(x) = \begin{cases} bx, & 0<x<1, \\ 1/x^2, & 1 \le x<2, \\ 0, & \text{其他}. \end{cases}$

试确定常数 a, b,并试求其分布函数 $F(x)$.

17. 设连续型随机变量 X 的分布函数为

$$F(x) = A + B\arctan x, \quad -\infty < x < +\infty.$$

试求:(1) 系数 A 与 B;

(2) X 落在区间 $(-1,1)$ 内的概率;

(3) X 的概率密度函数(此时称 X 服从柯西(Cauchy)分布).

18. 在区间 $[0,a]$ $(a>0)$ 上任意投掷一个质点,以 X 表示这个质点的坐标,设这个质点落在 $[0,a]$ 中任意小区间内的概率与这个小区间的长度成正比例,试求 X 的分布函数.

19. 设随机变量 $X \sim U[0,5]$,试求方程 $4x^2+4Xx+X+2=0$ 有实根的概率.

20. 某公共汽车站从上午 7 时起,每 15 min 来一班车,即 7:00,7:15,7:30,7:45 等时刻有汽车到达此站,如果乘客到达此站时间 X 是 7:00 到 7:30 之间的均匀随机变量,试求他候车时间少于 5 min 的概率.

21. 设计算机在进行加法运算时,每个加数按四舍五入取整数,试计算它们 5 个中至少有 3 个加数的取整误差绝对值不超过 0.3 的概率.

22. 研究某国家在 1875 年至 1951 年间,矿难导致 10 人或 10 人以上死亡的事故的频繁程度,得知相继两次事故之间的时间 X(单位:d)服从指数分布,其概率密度函数为

$$f(x) = \begin{cases} \dfrac{1}{241}e^{-\frac{x}{241}}, & x > 0, \\ 0, & x \leq 0. \end{cases}$$

求其分布函数,并试求概率 $P(50 < X < 100)$.

23. 已知随机变量 $X \sim N(1, 0.9^2)$,试求:

(1) $P(2.539 < X < 3.259), P(X < -0.9^2), P(X > 2.8)$;

(2) $P(1 - 0.9k < X < 1 + 0.9k)$ $(k = 1, 2, 3)$.

24. 设我国某城市男子的身高(单位:cm)服从正态分布 $N(168, 36)$,试求:

(1) 该市男子身高在 170 cm 以上的概率;

(2) 为了使 99% 以上的男子上公共汽车不至在车门上沿碰头,当地的公共汽车门框高度应设计成多少?

25. 设测量误差 $X \sim N(0, 10^2)$,试求 100 次独立重复测量中至少有 3 次测量误差的绝对值大于 19.6 的概率(用泊松分布近似计算).

26. 一工人生产的电子管的寿命(单位:h)服从正态分布 $N(160, \sigma^2)$,若要求 $P(120 < X \leq 200) \geq 0.8$,允许 σ 最大为多少?

27. 设随机变量 X 的分布律为

X	-1	0	1	2
P	$\dfrac{2}{10}$	$\dfrac{3}{10}$	$\dfrac{4}{10}$	$\dfrac{1}{10}$

求:(1) $Y = X^2$ 的分布律;

(2) $Y = \cos\dfrac{\pi X}{2}$ 的分布律及分布函数.

28. 设随机变量 X 具有概率密度函数

$$f(x) = \begin{cases} \dfrac{2}{\pi(1 + x^2)}, & x > 0, \\ 0, & x \leq 0. \end{cases}$$

设求随机变量 $Y = \ln X$ 的概率密度函数.

29. 设随机变量 X 的概率密度函数为 $f(x) = \begin{cases} \dfrac{2x}{\pi^2}, & 0 < x < \pi, \\ 0, & 其他. \end{cases}$ 求 $Y = \sin x$ 的概率密

度函数.

30. 设随机变量 X 具有概率密度函数

$$f(x) = \begin{cases} 2e^{-2x}, & x > 0, \\ 0, & x \leq 0. \end{cases}$$

试求：(1) $Y = \dfrac{1}{X}$ 的概率密度函数及分布函数；

(2) $Y = e^{-X}$ 的概率密度函数及分布函数，且求 $P\left(-\dfrac{1}{2} < Y < \dfrac{1}{2}\right)$.

31. 已知随机变量 X 的分布函数 $F(x)$ 是严格单调的连续函数，证明 $Y = F(X)$ 服从 $[0,1]$ 上的均匀分布.

（二）

1. 进行重复独立试验,设每次试验成功的概率为 p,失败的概率为 $q=1-p$ $(0<p<1)$,将试验进行到 r 次成功为止,以 X 表示所需的次数,试求 Y 的分布律(此时称 X 服从以 r,p 为参数的帕斯卡分布).

2. 假设一厂家生产的每台仪器以概率 0.7 可以直接出厂,以概率 0.3 需要进一步调试,经调试后以概率 0.8 可以出厂,以概率 0.2 定为不合格品不能出厂.现该厂新生产了 n $(n \geq 2)$ 台仪器(假设各台仪器的生产过程相互独立),求：

(1) 全部能出厂的概率 α；

(2) 其中恰好有 2 件不能出厂的概率 β；

(3) 其中至少有 2 件不能出厂的概率 θ.

3. 某商店有 4 名售货员,根据经验每名售货员平均在 1 h 内只用电子秤 15 min,若要求售货员需用电子秤而无电子秤可用的概率小于 0.06,该店需配备几台电子秤才合理？

4. 某人从南郊前往北郊火车站乘火车,有两条路可走.第一条路穿过市中心,路程较短,但交通拥堵,所需时间(单位:min)服从正态分布 $N(35,80)$；第二条路沿环城公路走,路程较长,但交通阻塞的概率较小,所需时间服从正态分布 $N(40,20)$. 试问：

(1) 假如有 50 min 可用,应走哪一条路线？

(2) 若只有 40 min 可用,又应走哪条路线？

5. 设随机变量 $X \sim B(3,0.4)$,求 $Y = \dfrac{X(3-X)}{2}$ 的分布律和 $Z = Y(Y-1)$ 的分布律.

6. 通过点 $(0,1)$ 任意作直线与 X 轴相交成角 θ $(0<\theta<\pi)$,试求这直线在 x 轴上的截距的概率密度函数.

7. 设电流强度(单位：A)I 是一个随机变量,它在 $(9,11)$ 上服从均匀分布.若此电流强度通过 2Ω 的电阻,在其上消耗的功率 $W = 2I^2$,试求 W 的概率密度函数.

8. 设随机变量 X 具有概率密度函数

$$f(x) = \begin{cases} A\cos x, & |x| \leqslant \dfrac{\pi}{2}, \\ 0, & \text{其他}. \end{cases}$$

试求：(1) 常数 A；

(2) $Y = \sin X$ 的概率密度函数；

(3) $P\left(|\sin X| < \dfrac{1}{2}\right)$.

9. 设随机变量 X 服从正态分布 $N(\mu, \sigma^2)$ ($\sigma > 0$)，且二次方程 $y^2 + 4y + X = 0$ 无实根的概率为 $\dfrac{1}{2}$，求 μ.

10. 设随机变量 $X = e^Y$ 服从参数为 e 的指数分布.

(1) 求随机变量 Y 的概率密度函数；

(2) 令 $Z = \begin{cases} -1, & Y < -1, \\ 0, & -1 \leqslant Y < 0, \\ 1, & Y \geqslant 0. \end{cases}$ 求 Z 的概率分布律与分布函数.

11. 设随机变量 $X \sim E(\lambda)$，证明：对于任意 $s, t > 0$，有 $P(X > s+t \mid X > s) = P(X > t)$. 此性质称为**指数分布无记忆性**.

12. 设随机变量 $X \sim U[0, 1]$，$\Phi^{-1}(x)$ 是 $\Phi(x)$ 的反函数，求 $Y = \Phi^{-1}(X)$ 的概率密度函数.

第三章 多维随机变量与概率分布

在第二章中,我们讨论了一个随机变量的情形,即一维随机变量及分布.但在实际问题中常需要同时考虑两个或两个以上的随机变量,这就产生多维随机变量的概念.如对一地区的儿童进行抽查,对每个儿童都能观察他的身高 X、体重 Y 等身体指标.但是,为了同时考察身高与体重的关系,从而研究学龄前儿童的身体发育状况等,就必须把 X 与 Y 两个指标一起进行考察.于是用 X 与 Y 构成的整体 (X,Y) 对身高和体重进行描述,由于 X,Y 都是随机变量,(X,Y) 便称为**二维随机变量**.又如,考察某炼钢厂某月份炼出的每炉钢的质量,就必须了解钢的硬度 X、含硫量 Y、含碳量 Z,即一炉钢的质量由三元有序数组 (X,Y,Z) 来描述.由于 X,Y,Z 都是随机变量,(X,Y,Z) 便称为**三维随机变量**,等等.类似地,我们有时需要研究四维、五维乃至 n 维随机变量.

"维数"的概念表示多维随机变量中分量的个数.从几何图形上考虑,二维随机变量可视为平面(二维空间)上的"随机点",三维随机变量可视为空间(三维空间)中的"随机点".在研究过程中,我们还必须注意,多维随机变量的性质不仅与各个分量有关,而且也依赖于各个分量(即各个随机变量)之间的相互关系.本章我们主要研究二维随机变量,对于二维以上的随机变量有类似的方法研究.

§3.1 二维随机变量及其分布函数

定义1 设 E 是随机试验,$\Omega=\{\omega\}$ 是其样本空间,$X=X(\omega)$ 和 $Y=Y(\omega)$ 是两个定义在 Ω 上的实单值函数,则称向量 (X,Y) 为**二维随机向量**或**二维随机变量**.

前面描述的儿童身体健康抽查试验中,样本空间为 $\Omega=\{$该地区的每个儿童的身高和体重$\}$,儿童的身高为 X 且体重为 Y,则 (X,Y) 构成定义在 Ω 上的二维随机变量.

定义2 设 (X,Y) 是二维随机变量,(x,y) 是任一实数对,记

$$\{X\leqslant x, Y\leqslant y\} = \{X\leqslant x\} \cap \{Y\leqslant y\},$$

称二元函数

$$F(x,y) = P(X \leqslant x, Y \leqslant y) \tag{3-1-1}$$

为二维随机变量(X,Y)的**分布函数**或随机变量X和Y的**联合分布函数**.

若将二维随机变量(X,Y)看成平面上随机点的坐标,则分布函数$F(x,y)$就是随机点(X,Y)落在以(x,y)为右上顶点,且位于该点左下部阴影平面矩形域上的概率,如图 3-1 所示.

同理可以看出,随机点(X,Y)落入矩形域 $D = \{(x,y) \mid x_1 < x \leqslant x_2, y_1 < y \leqslant y_2\}$(图 3-2 所示)的概率为

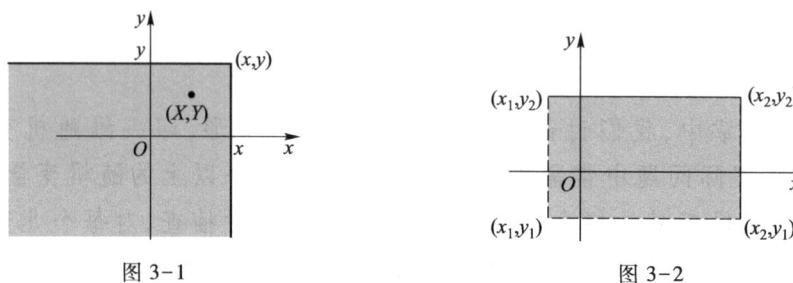

图 3-1   图 3-2

$$P(x_1 < X \leqslant x_2, y_1 < Y \leqslant y_2)$$
$$= F(x_2, y_2) - F(x_2, y_1) - F(x_1, y_2) + F(x_1, y_1).$$

二维随机变量(X,Y)的分布函数$F(x,y)$具有以下主要性质:

1. $F(x,y)$是非负有界函数,即 $0 \leqslant F(x,y) \leqslant 1$.

2. $F(x,y)$分别对 x,y 单调不减,即对一切固定的 $y \in \mathbf{R}$,当 $x_1 < x_2$ 时,$F(x_1,y) \leqslant F(x_2,y)$;对一切固定的 $x \in \mathbf{R}$,当 $y_1 < y_2$ 时,$F(x,y_1) \leqslant F(x,y_2)$.

3. $F(x,y)$对每个变量 x,y 都右连续,即对一切固定的 $y \in \mathbf{R}$,有 $\lim_{x \to x_0^+} F(x,y) = F(x_0, y)$;对一切固定的 $x \in \mathbf{R}$,有 $\lim_{y \to y_0^+} F(x,y) = F(x, y_0)$.

4. 对一切固定的 $y \in \mathbf{R}$,有 $\lim_{x \to -\infty} F(x,y) = 0$,即 $F(-\infty, y) = 0$;对一切固定的 $x \in \mathbf{R}$,有 $\lim_{y \to -\infty} F(x,y) = 0$,即 $F(x, -\infty) = 0$;$\lim_{\substack{x \to +\infty \\ y \to +\infty}} F(x,y) = 1$,即 $F(+\infty, +\infty) = 1$;$\lim_{\substack{x \to -\infty \\ y \to -\infty}} F(x,y) = 0$,即 $F(-\infty, -\infty) = 0$.

5. 对于任意实数 $x_1 \leqslant x_2, y_1 \leqslant y_2$,有

$$F(x_2, y_2) - F(x_2, y_1) - F(x_1, y_2) + F(x_1, y_1) \geqslant 0.$$

容易证明上述性质,特别指出性质 4 的四个极限值可以从几何上加以说明.例如,在图 3-1 中将无穷矩形的右边界向左无限平移,即 $x \to -\infty$,则"随机点(X,Y)落在这个矩形内"这一事件趋于不可能事件,即 $F(-\infty, y) = 0$;又如当 $x \to +\infty, y \to +\infty$ 时,图 3-1 的无穷矩形区域扩展到全平面,则"随机点(X,Y)落在这个矩形内"这一事件趋于必然事件,即 $F(+\infty, +\infty) = 1$.

需指出,若二元函数 $F(x,y)$ 满足上述五条性质,则必存在二维随机变量(X,Y),它以 $F(x,y)$ 为分布函数.

例 判断二元函数

$$F(x,y) = \begin{cases} 1, & x+y \geq 0, \\ 0, & x+y < 0 \end{cases}$$

是否是某一随机变量的分布函数.

解 容易验证,该函数具有性质 1,2,3,4,但

$$F(1,1) - F(-1,1) - F(1,-1) + F(-1,-1) = 1 - 1 - 1 + 0 = -1,$$

故性质 5 不成立,$F(x,y)$ 不是某二维随机变量的分布函数.

§3.2 二维离散型随机变量

我们把可能取的数值对为有限对或可列对的二维随机变量(X,Y)称为**二维离散型随机变量**.

定义 设二维随机变量(X,Y)的所有可能取值为有限对或可列对(x_i, y_j),$i,j = 1,2,\cdots$,记

$$P(X = x_i, Y = y_j) = p_{ij}, \quad i,j = 1,2,\cdots, \qquad (3\text{-}2\text{-}1)$$

称(X,Y)为**二维离散型随机变量**,称式(3-2-1)为(X,Y)的**概率分布律**或随机变量X和Y的**联合概率分布**.

显然二维离散型随机变量(X,Y)的概率分布律满足如下性质:

1. $p_{ij} \geq 0$,$i,j = 1,2,\cdots$;
2. $\sum\limits_{i=1}^{+\infty} \sum\limits_{j=1}^{+\infty} p_{ij} = 1$.

二维离散型随机变量(X,Y)的概率分布律也常用表 3-1 表示:

表 3-1 (X,Y)的概率分布律

X	Y				
	y_1	y_2	$\cdots$	y_j	$\cdots$
x_1	p_{11}	p_{12}	$\cdots$	p_{1j}	$\cdots$
x_2	p_{21}	p_{22}	$\cdots$	p_{2j}	$\cdots$
$\vdots$	$\vdots$	$\vdots$		$\vdots$	
x_i	p_{i1}	p_{i2}	$\cdots$	p_{ij}	$\cdots$
$\vdots$	$\vdots$	$\vdots$		$\vdots$	

由(X,Y)的概率分布律可得其分布函数为

$$F(x,y) = P(X \leq x, Y \leq y) = \sum_{x_i \leq x} \sum_{y_j \leq y} P(X = x_i, Y = y_j) = \sum_{x_i \leq x} \sum_{y_j \leq y} p_{ij}.$$

例 1 袋中装有 2 只白球和 3 只黑球,设每次取球时袋中各个球被取到的可能性相同.现进行放回抽球,每次抽一个,用 X 表示"第一次抽出的白球数",Y 表示"第二次抽出的白球数",求:

(1) (X,Y)的概率分布律;

(2) $P(X+Y \geq 1)$.

解 (1) (X,Y) 的所有可能取的数组为 $(0,0),(0,1),(1,0)$ 及 $(1,1)$,由于

$$P(X=0,Y=0) = \frac{3 \times 3}{5 \times 5} = \frac{9}{25}, \quad P(X=0,Y=1) = \frac{3 \times 2}{5 \times 5} = \frac{6}{25},$$

$$P(X=1,Y=0) = \frac{2 \times 3}{5 \times 5} = \frac{6}{25}, \quad P(X=1,Y=1) = \frac{2 \times 2}{5 \times 5} = \frac{4}{25},$$

故 (X,Y) 的概率分布律见表 3-2.

表 3-2 放回抽球

X	Y	
	0	1
0	$\frac{9}{25}$	$\frac{6}{25}$
1	$\frac{6}{25}$	$\frac{4}{25}$

(2) $P(X+Y \geq 1) = P(X=0,Y=1) + P(X=1,Y=0) + P(X=1,Y=1)$

$$= \frac{6}{25} + \frac{6}{25} + \frac{4}{25} = \frac{16}{25}.$$

若上例采用不放回抽球,则 (X,Y) 的概率分布律由表 3-3 给出.

表 3-3 不放回抽球

X	Y	
	0	1
0	$\frac{3}{5} \times \frac{2}{4} = \frac{3}{10}$	$\frac{3}{5} \times \frac{2}{4} = \frac{3}{10}$
1	$\frac{2}{5} \times \frac{3}{4} = \frac{3}{10}$	$\frac{2}{5} \times \frac{1}{4} = \frac{1}{10}$

例 2 在 $1,2,3,4$ 中随机地取一整数 X,另一整数 Y 随机地在 $1 \sim X$ 中取,试求 (X,Y) 的概率分布律.

解 依题意可知 $X=i, Y=j$ 的取值情况是: $i=1,2,3,4, j$ 取小于或等于 i 的正整数,由乘法公式

$$P(X=i, Y=j) = P(X=i)P(Y=j \mid X=i) = \frac{1}{4} \times \frac{1}{i}$$

$$(i=1,2,3,4, j \leq i),$$

依此算得

$$p_{11} = P(X=1, Y=1) = \frac{1}{4} \times 1 = \frac{1}{4},$$

$$p_{12} = \frac{1}{4} \times 0 = 0, \quad p_{13} = \frac{1}{4} \times 0 = 0,$$

等等.从而得到(X,Y)的概率分布律:

X	Y			
	1	2	3	4
1	$\frac{1}{4}$	0	0	0
2	$\frac{1}{8}$	$\frac{1}{8}$	0	0
3	$\frac{1}{12}$	$\frac{1}{12}$	$\frac{1}{12}$	0
4	$\frac{1}{16}$	$\frac{1}{16}$	$\frac{1}{16}$	$\frac{1}{16}$

例 3(二维两点分布) 设(X,Y)的概率分布律如下表所示,其中$0<p<1$,称(X,Y)服从二维两点分布,写出(X,Y)的分布函数.

X	Y	
	0	1
0	$1-p$	0
1	0	p

解 当$x<0$或$y<0$时,$F(x,y)=P(X\leq x,Y\leq y)=0$;
当$0\leq x<1,y\geq 0$时,$F(x,y)=P(X\leq x,Y\leq y)=p_{00}=1-p$;
当$0\leq y<1,x\geq 1$时,$F(x,y)=P(X\leq x,Y\leq y)=p_{00}=1-p$;
当$x\geq 1,y\geq 1$时,$F(x,y)=P(X\leq x,Y\leq y)=p_{00}+p_{11}=1-p+p=1$.
综上所述

$$F(x,y)=\begin{cases} 0, & x<0 \text{ 或 } y<0, \\ 1-p, & 0\leq x<1, y\geq 0 \text{ 或 } 0\leq y<1, x\geq 1, \\ 1, & x\geq 1, y\geq 1. \end{cases}$$

§3.3 二维连续型随机变量

定义 1 设二维随机变量(X,Y)的分布函数为$F(x,y)$,如果存在非负的可积函数$f(x,y)$,使得对于任意实数对(x,y),有

$$F(x,y)=\int_{-\infty}^{x}\int_{-\infty}^{y}f(u,v)\mathrm{d}u\mathrm{d}v, \quad (3-3-1)$$

则称(X,Y)是二维连续型随机变量,称函数$f(x,y)$为(X,Y)的**概率密度函数**或**随机变量X和Y的联合概率密度函数**,简称为**概率密度**或**联合概率密度**.

式(3-3-1)中积分变量u与v也可用x与y代替,从而写成等价的

$$F(x,y)=\int_{-\infty}^{x}\int_{-\infty}^{y}f(x,y)\mathrm{d}x\mathrm{d}y.$$

类似于一维随机变量的情形,(X,Y)的概率密度$f(x,y)$具有如下性质:

1. **非负性** $f(x,y) \geq 0, -\infty < x < +\infty, -\infty < y < +\infty$;

2. **规范性** $\int_{-\infty}^{+\infty} \int_{-\infty}^{+\infty} f(x,y) \mathrm{d}x \mathrm{d}y = 1$;

3. 在$f(x,y)$的连续点处有 $\dfrac{\partial^2 F(x,y)}{\partial x \partial y} = f(x,y)$;

4. 若D是xOy平面上的一个区域,则 $P((X,Y) \in D) = \iint\limits_{D} f(x,y) \mathrm{d}x\mathrm{d}y$.

凡满足性质1和2的二元函数$f(x,y)$必为某个二维连续型随机变量的概率密度函数.

由性质3得知,在$f(x,y)$的连续点处有

$$\lim_{\substack{\Delta x \to 0^+ \\ \Delta y \to 0^+}} \frac{P(x < X \leq x+\Delta x, y < Y \leq y+\Delta y)}{\Delta x \Delta y}$$

$$= \lim_{\substack{\Delta x \to 0^+ \\ \Delta y \to 0^+}} \frac{1}{\Delta x \Delta y} [F(x+\Delta x, y+\Delta y) - F(x+\Delta x, y) - F(x, y+\Delta y) + F(x,y)]$$

$$= \frac{\partial^2 F(x,y)}{\partial x \partial y} = f(x,y),$$

则当$\Delta x, \Delta y$很小时,

$$P(x < X \leq x+\Delta x, y < Y \leq y+\Delta y) \approx f(x,y) \Delta x \Delta y,$$

也就是点(X,Y)落在以$(x,y),(x+\Delta x,y),(x,y+\Delta y),(x+\Delta x,y+\Delta y)$为顶点的小矩形区域内的概率近似地等于$f(x,y)\Delta x \Delta y$,这就是称$f(x,y)$为概率密度函数的意义.

从几何意义上看,性质1表示空间曲面$z=f(x,y)$位于xOy平面上方,性质2表示由空间曲面$z=f(x,y)$与平面xOy所围成的这一部分空间区域的体积等于1,性质4说明概率$P((X,Y) \in D)$的值等于以平面区域D为底,以曲面$z=f(x,y)$为顶的曲顶柱体体积.

例1 若二维随机变量(X,Y)的概率密度函数为

$$f(x,y) = \begin{cases} A(1-x)y, & 0<x<1, 0<y<x, \\ 0, & 其他. \end{cases}$$

(1)求常数A;

(2)求$P((X,Y) \in D)$,这里$D = \{(x,y) \mid 0<x<1, x^2<y<x\}$,如图3-3所示.

解 (1)由于

$$\int_{-\infty}^{+\infty} \int_{-\infty}^{+\infty} f(x,y) \mathrm{d}x\mathrm{d}y = A \int_0^1 \left[(1-x) \int_0^x y \mathrm{d}y \right] \mathrm{d}x$$

$$= A \int_0^1 (1-x) \frac{x^2}{2} \mathrm{d}x$$

$$= \frac{A}{2} \int_0^1 (x^2 - x^3) \mathrm{d}x = \frac{A}{24}$$

$$= 1,$$

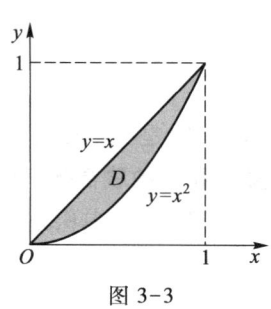

图 3-3

得 $A = 24$.

(2)
$$P((X,Y) \in D) = \iint_D f(x,y)\,dxdy$$
$$= \int_0^1 dx \int_{x^2}^x 24(1-x)y\,dy$$
$$= \int_0^1 12(1-x)\left(y^2 \Big|_{x^2}^x\right)dx$$
$$= 12\int_0^1 (x^2 - x^3 - x^4 + x^5)\,dx$$
$$= \frac{3}{5}.$$

典型例题 3-1

例 2 已知二维随机变量 (X,Y) 的概率密度函数为
$$f(x,y) = \begin{cases} Ke^{-(2x+y)}, & x>0, y>0, \\ 0, & 其他. \end{cases}$$

试求：(1) 常数 K；
(2) 概率 $P(Y \leqslant X)$；
(3) 二维随机变量 (X,Y) 的分布函数 $F(x,y)$.

解 (1) $\int_{-\infty}^{+\infty}\int_{-\infty}^{+\infty} f(x,y)\,dxdy = \int_0^{+\infty}\int_0^{+\infty} Ke^{-(2x+y)}\,dxdy = K\left(\int_0^{+\infty} e^{-2x}\,dx\right)\left(\int_0^{+\infty} e^{-y}\,dy\right)$
$$= K \times \frac{1}{2} \times 1 = \frac{K}{2} = 1,$$

故 $K = 2$.

(2) 令 $D = \{(x,y) \mid y \leqslant x\}$，
$$P(Y \leqslant X) = P((X,Y) \in D)$$
$$= \iint_D f(x,y)\,dxdy = \int_0^{+\infty}\int_y^{+\infty} 2e^{-(2x+y)}\,dxdy = \frac{1}{3}.$$

(3) 因为 $F(x,y) = \int_{-\infty}^x \int_{-\infty}^y f(u,v)\,dudv$，为了计算这个积分，需按题中概率密度函数 $f(x,y)$ 的表达式对点 (x,y) 所在的位置（见图 3-4）分情况进行讨论.

当 $x \leqslant 0$ 或 $y \leqslant 0$ 时，因 $f(x,y) = 0$，所以 $F(x,y) = \int_{-\infty}^x \int_{-\infty}^y 0\,dudv = 0$，见图 3-4(b)，(c)，(d)；

当 $x > 0, y > 0$ 时，$F(x,y) = \int_0^x du \int_0^y 2e^{-(2u+v)}\,dv$
$$= -\int_0^x 2[e^{-(2u+y)} - e^{-2u}]\,du$$
$$= (1 - e^{-2x})(1 - e^{-y}),$$

见图 3-4(a).

故
$$F(x,y) = \begin{cases} (1-e^{-2x})(1-e^{-y}), & x>0, y>0, \\ 0, & 其他. \end{cases}$$

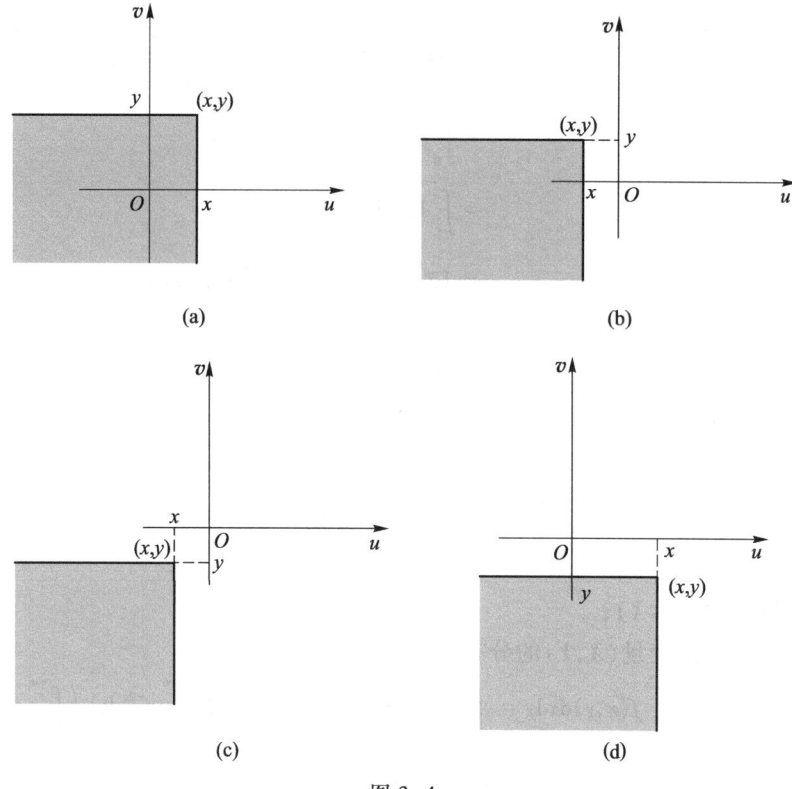

图 3-4

二维连续型随机变量中常见的是二维均匀分布和二维正态分布,下面分别给出这两种分布的定义.

定义 2（二维均匀分布） 设 D 为 xOy 平面上的有界区域,其面积记为 $S(D)$,若二维随机变量 (X,Y) 的概率密度函数为

$$f(x,y) = \begin{cases} \dfrac{1}{S(D)}, & (x,y) \in D, \\ 0, & (x,y) \notin D, \end{cases}$$

则称 (X,Y) 在 D 上服从**均匀分布**.

向平面的有界区域 D 上任投一质点,若质点落在 D 内任一小区域 G 的概率与小区域的面积成正比,而与 G 的形状及位置无关,则质点的坐标 (X,Y) 在 D 上服从均匀分布,见图 3-5.

定义 3（二维正态分布） 设二维随机变量 (X,Y) 的概率密度函数为

$$f(x,y) = \frac{1}{2\pi\sigma_1\sigma_2\sqrt{1-\rho^2}} \exp\left\{ -\frac{1}{2(1-\rho^2)} \left[\left(\frac{x-\mu_1}{\sigma_1}\right)^2 - 2\rho\left(\frac{x-\mu_1}{\sigma_1}\right)\left(\frac{y-\mu_2}{\sigma_2}\right) + \left(\frac{y-\mu_2}{\sigma_2}\right)^2 \right] \right\},$$

$$-\infty < x < +\infty, \ -\infty < y < +\infty,$$

式中 $\mu_1, \mu_2, \sigma_1, \sigma_2, \rho$ 均为常数,且 $\sigma_1 > 0, \sigma_2 > 0, -1 < \rho < 1$,则称 (X,Y) 服从参数为 $\mu_1, \mu_2, \sigma_1, \sigma_2, \rho$ 的**二维正态分布**,记为 $(X,Y) \sim N(\mu_1, \mu_2, \sigma_1^2, \sigma_2^2, \rho)$. $f(x,y)$ 的图形见图 3-6.

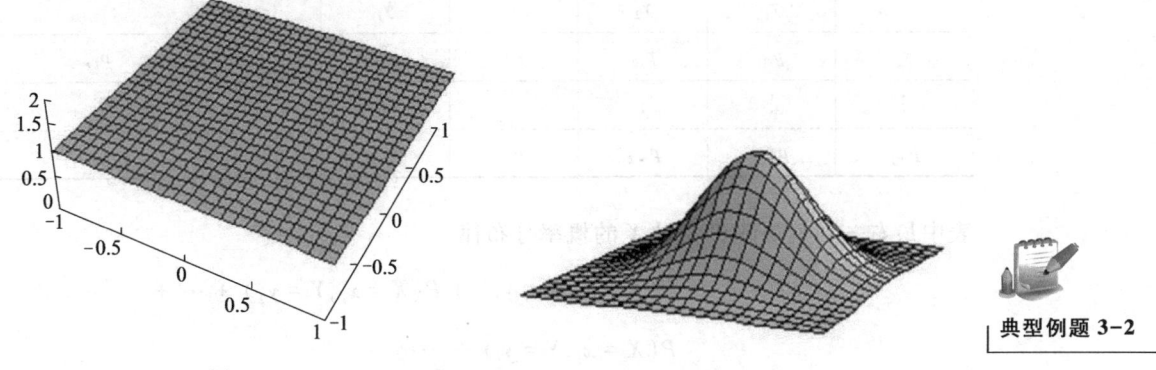

图 3-5　　　　　　　　　图 3-6

§3.4　边 缘 分 布

二维随机变量 (X,Y) 作为一个整体有其概率分布(分布函数、概率分布律或概率密度函数),反映了 (X,Y) 作为一个整体的取值规律. 为了便于研究 X 与 Y 各自的取值规律及两者之间的联系,还必须考虑 X 与 Y 各自的概率分布,这些分布分别称为 (X,Y) 关于 X 和关于 Y 的**边缘分布**.

设 $F(x,y)$ 为二维随机变量 (X,Y) 的分布函数,我们将二维随机变量 (X,Y) 关于 X 和 Y 的**边缘分布函数**分别记为 $F_X(x)$ 和 $F_Y(y)$:

$$F_X(x) = P(X \leqslant x) = P(X \leqslant x, Y < +\infty) = F(x, +\infty)$$
$$= \lim_{y \to +\infty} F(x, y); \tag{3-4-1}$$
$$F_Y(y) = P(Y \leqslant y) = P(X < +\infty, Y \leqslant y) = F(+\infty, y)$$
$$= \lim_{x \to +\infty} F(x, y). \tag{3-4-2}$$

一、二维离散型随机变量的边缘分布律

设二维离散型随机变量 (X,Y) 的概率分布律为

$$P(X = x_i, Y = y_j) = p_{ij}, \quad i, j = 1, 2, \cdots,$$

由 §3.2 中表 3-1 得表 3-4.

表 3-4　(X,Y) 的概率分布律

X	Y					$p_{i\cdot}$
	y_1	y_2	$\cdots$	y_j	$\cdots$	
x_1	p_{11}	p_{12}	$\cdots$	p_{1j}	$\cdots$	$p_{1\cdot}$
x_2	p_{21}	p_{22}	$\cdots$	p_{2j}	$\cdots$	$p_{2\cdot}$
$\vdots$	$\vdots$	$\vdots$		$\vdots$		$\vdots$

续表

X	Y					$p_{i\bullet}$
	y_1	y_2	$\cdots$	y_j	$\cdots$	
x_i	p_{i1}	p_{i2}	$\cdots$	p_{ij}	$\cdots$	$p_{i\bullet}$
$\vdots$	$\vdots$	$\vdots$		$\vdots$		$\vdots$
$p_{\bullet j}$	$p_{\bullet 1}$	$p_{\bullet 2}$	$\cdots$	$p_{\bullet j}$	$\cdots$	1

表中最右一列就是随机变量 X 的概率分布律

$$P(X = x_i) = P(X = x_i, Y = y_1) + P(X = x_i, Y = y_2) + \cdots +$$
$$P(X = x_i, Y = y_j) + \cdots$$
$$= p_{i1} + p_{i2} + \cdots + p_{ij} + \cdots = \sum_j p_{ij} = p_{i\bullet}$$

一般地,$P(X = x_i) = \sum_j p_{ij} \stackrel{\text{def}}{=\!=} p_{i\bullet}, i = 1, 2, \cdots$,称之为 (X, Y) 关于 X 的**边缘分布律**. 注意,记号 $p_{i\bullet}$ 中的"$\bullet$"表示 $p_{i\bullet}$ 是由 p_{ij} 关于 j 求和得到的.

同样可求出 (X, Y) 关于 Y 的**边缘分布律**为 $P(Y = y_j) = \sum_i p_{ij} \stackrel{\text{def}}{=\!=} p_{\bullet j}, j = 1, 2, \cdots$, $p_{\bullet j}$ 中的"$\bullet$"表示 $p_{\bullet j}$ 是由 p_{ij} 关于 i 求和得到的. $p_{i\bullet}$ 和 $p_{\bullet j}$ 分别记于表 3-4 的最后一列和最后一行. 边缘分布律写在联合分布律表格的边缘上(见表 3-4),这就是"边缘分布律"这个名词的来源. 边缘分布律也可用表 3-5 和表 3-6 表示.

表 3-5 (X, Y) 关于 X 的边缘分布律

X	x_1	x_2	$\cdots$	x_i	$\cdots$
P	$p_{1\bullet}$	$p_{2\bullet}$	$\cdots$	$p_{i\bullet}$	$\cdots$

表 3-6 (X, Y) 关于 Y 的边缘分布律

Y	y_1	y_2	$\cdots$	y_j	$\cdots$
P	$p_{\bullet 1}$	$p_{\bullet 2}$	$\cdots$	$p_{\bullet j}$	$\cdots$

例 1 求 §3.2 的例 2 中二维随机变量 (X, Y) 关于 X 和 Y 的两个边缘分布律.

解 由 §3.2 的例 2 知,二维随机变量 (X, Y) 的概率分布律如下:

X	Y				$p_{i\bullet}$
	1	2	3	4	
1	$\dfrac{1}{4}$	0	0	0	$\dfrac{1}{4}$
2	$\dfrac{1}{8}$	$\dfrac{1}{8}$	0	0	$\dfrac{1}{4}$
3	$\dfrac{1}{12}$	$\dfrac{1}{12}$	$\dfrac{1}{12}$	0	$\dfrac{1}{4}$
4	$\dfrac{1}{16}$	$\dfrac{1}{16}$	$\dfrac{1}{16}$	$\dfrac{1}{16}$	$\dfrac{1}{4}$
$p_{\bullet j}$	$\dfrac{25}{48}$	$\dfrac{13}{48}$	$\dfrac{7}{48}$	$\dfrac{3}{48}$	1

于是关于 X 的边缘分布律为

X	1	2	3	4
P	$\dfrac{1}{4}$	$\dfrac{1}{4}$	$\dfrac{1}{4}$	$\dfrac{1}{4}$

关于 Y 的边缘分布律为

Y	1	2	3	4
P	$\dfrac{25}{48}$	$\dfrac{13}{48}$	$\dfrac{7}{48}$	$\dfrac{3}{48}$

例 2 一批产品共 50 件,其中一等品占 30%,二等品占 50%,三等品占 20%.现从这批产品中每次取出一件,共抽取 5 次.试分别在以下两种情况下,计算取出的 5 件产品中的一等品数与二等品数的联合分布律及它们各自的边缘分布律.

(1) 放回抽取;

(2) 不放回抽取.

解 令 X 代表取出的 5 件产品中的一等品数,Y 代表取出的 5 件产品中的二等品数,则 X 与 Y 取的值都是 0,1,2,3,4,5.

(1) 放回抽取.

若 $i+j>5$,有 $P(X=i,Y=j)=0$;

若 $i+j\leq 5$,有 $P(X=i,Y=j)=\dfrac{5!}{i!\,j!\,(5-i-j)!}\times 0.3^i\times 0.5^j\times 0.2^{5-i-j}$,

得 (X,Y) 的概率分布律和关于 X,Y 的边缘分布律为

X	\multicolumn{6}{c}{Y}	$p_{i\bullet}$
	0	1	2	3	4	5	
0	0.000 32	0.004	0.02	0.05	0.062 5	0.031 25	0.168 07
1	0.002 4	0.024	0.09	0.15	0.093 75	0	0.360 15
2	0.007 2	0.054	0.135	0.112 5	0	0	0.308 7
3	0.010 8	0.054	0.067 5	0	0	0	0.132 3
4	0.008 1	0.020 25	0	0	0	0	0.028 35
5	0.002 43	0	0	0	0	0	0.002 43
$p_{\bullet j}$	0.031 25	0.156 25	0.312 5	0.312 5	0.156 25	0.031 25	1

(2) 不放回抽取.

若 $i+j>5$,有 $P(X=i,Y=j)=0$;

若 $i+j\leq 5$,有 $P(X=i,Y=j)=\dfrac{C_{15}^{i}C_{25}^{j}C_{10}^{5-i-j}}{C_{50}^{5}}$,

得 (X,Y) 的概率分布律和关于 X,Y 的边缘分布律为

X	Y						$p_{i\cdot}$
	0	1	2	3	4	5	
0	0.000 1	0.002 5	0.017 0	0.048 8	0.059 7	0.025 1	0.153 2
1	0.001 5	0.021 2	0.095 6	0.162 8	0.089 6	0	0.370 7
2	0.005 9	0.055 8	0.148 7	0.114 0	0	0	0.324 4
3	0.009 7	0.053 7	0.064 4	0	0	0	0.127 8
4	0.006 4	0.016 1	0	0	0	0	0.022 5
5	0.001 4	0	0	0	0	0	0.001 4
$p_{\cdot j}$	0.025 1	0.149 3	0.325 7	0.325 7	0.149 3	0.025 1	1

二、二维连续型随机变量的边缘概率密度函数

设二维连续型随机变量(X,Y)的概率密度函数为$f(x,y)$,由式(3-4-1)知二维随机变量(X,Y)关于X的边缘分布函数为

$$F_X(x) = F(x, +\infty) = \int_{-\infty}^{x} dx \int_{-\infty}^{+\infty} f(x,y) dy,$$

上式两边对x求导,得二维随机变量(X,Y)关于X的边缘概率密度函数(简称为**边缘概率密度**或**边缘密度函数**)为

$$f_X(x) = \frac{dF_X(x)}{dx} = \int_{-\infty}^{+\infty} f(x,y) dy. \qquad (3-4-3)$$

同样地,二维随机变量(X,Y)关于Y的边缘概率密度函数(简称为**边缘概率密度**或**边缘密度函数**)为

$$f_Y(y) = \frac{dF_Y(y)}{dy} = \int_{-\infty}^{+\infty} f(x,y) dx. \qquad (3-4-4)$$

例3 求§3.3的例2中二维随机变量(X,Y)关于X和关于Y的两个边缘分布函数$F_X(x),F_Y(y)$及两个边缘概率密度$f_X(x),f_Y(y)$.

解 已知

$$f(x,y) = \begin{cases} 2e^{-(2x+y)}, & x>0, y>0, \\ 0, & 其他, \end{cases}$$

$$F(x,y) = \begin{cases} (1-e^{-2x})(1-e^{-y}), & x>0, y>0, \\ 0, & 其他, \end{cases}$$

于是

$$F_X(x) = F(x, +\infty) = \lim_{y \to +\infty} F(x,y) = \begin{cases} 1-e^{-2x}, & x>0, \\ 0, & 其他, \end{cases}$$

$$F_Y(y) = F(+\infty, y) = \lim_{x \to +\infty} F(x,y) = \begin{cases} 1-e^{-y}, & y>0, \\ 0, & 其他, \end{cases}$$

$$f_X(x) = F'_X(x) = \begin{cases} 2e^{-2x}, & x > 0, \\ 0, & 其他, \end{cases}$$

$$f_Y(y) = F'_Y(y) = \begin{cases} e^{-y}, & y > 0, \\ 0, & 其他, \end{cases}$$

在求连续型随机变量的边缘概率密度函数时,往往要求二维随机变量的概率密度函数在某个区域上的积分.若概率密度函数是分段表示的,则在计算积分时要特别注意积分限.

例 4 设二维随机变量 (X,Y) 的概率密度函数为

$$f(x,y) = \begin{cases} \dfrac{e^{-y+1}}{x^2}, & x > 1, y > 1, \\ 0, & 其他, \end{cases}$$

求 (X,Y) 关于 X 和关于 Y 的边缘概率密度 $f_X(x), f_Y(y)$.

解 当 $x \le 1$ 时,$f_X(x) = \int_{-\infty}^{+\infty} f(x,y) \mathrm{d}y = \int_{-\infty}^{+\infty} 0 \mathrm{d}y = 0$;

当 $x > 1$ 时,$f_X(x) = \int_{-\infty}^{+\infty} f(x,y) \mathrm{d}y = \int_1^{+\infty} \dfrac{e^{-y+1}}{x^2} \mathrm{d}y = \dfrac{1}{x^2}$,

所以

$$f_X(x) = \begin{cases} \dfrac{1}{x^2}, & x > 1, \\ 0, & x \le 1. \end{cases}$$

当 $y \le 1$ 时,$f_Y(y) = \int_{-\infty}^{+\infty} f(x,y) \mathrm{d}x = \int_{-\infty}^{+\infty} 0 \mathrm{d}x = 0$;

当 $y > 1$ 时,$f_Y(y) = \int_{-\infty}^{+\infty} f(x,y) \mathrm{d}x = \int_1^{+\infty} \dfrac{e^{-y+1}}{x^2} \mathrm{d}x = e^{-y+1}$,

所以

$$f_Y(y) = \begin{cases} e^{-y+1}, & y > 1, \\ 0, & y \le 1. \end{cases}$$

例 5 设二维随机变量 $(X,Y) \sim N(\mu_1, \mu_2, \sigma_1^2, \sigma_2^2, \rho)$,即 (X,Y) 具有概率密度函数

$$f(x,y) = \dfrac{1}{2\pi \sigma_1 \sigma_2 \sqrt{1-\rho^2}} \exp\left\{ -\dfrac{1}{2(1-\rho^2)} \left[\left(\dfrac{x-\mu_1}{\sigma_1}\right)^2 - 2\rho \left(\dfrac{x-\mu_1}{\sigma_1}\right) \left(\dfrac{y-\mu_2}{\sigma_2}\right) + \left(\dfrac{y-\mu_2}{\sigma_2}\right)^2 \right] \right\},$$

$$-\infty < x < +\infty, \ -\infty < y < +\infty,$$

式中 $\mu_1, \mu_2, \sigma_1, \sigma_2, \rho$ 均为常数,且 $\sigma_1 > 0, \sigma_2 > 0, -1 < \rho < 1$.求关于 X 和关于 Y 的边缘概率密度 $f_X(x)$ 和 $f_Y(y)$.

解 因为

$$\frac{(y-\mu_2)^2}{\sigma_2^2} - 2\rho\frac{(x-\mu_1)(y-\mu_2)}{\sigma_1\sigma_2} = \left(\frac{y-\mu_2}{\sigma_2} - \rho\frac{x-\mu_1}{\sigma_1}\right)^2 - \rho^2\frac{(x-\mu_1)^2}{\sigma_1^2},$$

所以

$$f_X(x) = \int_{-\infty}^{+\infty} f(x,y)\mathrm{d}y = \frac{1}{2\pi\sigma_1\sigma_2\sqrt{1-\rho^2}}\mathrm{e}^{-\frac{(x-\mu_1)^2}{2\sigma_1^2}}\int_{-\infty}^{+\infty}\mathrm{e}^{-\frac{1}{2(1-\rho^2)}\left(\frac{y-\mu_2}{\sigma_2}-\rho\frac{x-\mu_1}{\sigma_1}\right)^2}\mathrm{d}y.$$

令 $t = \frac{1}{\sqrt{1-\rho^2}}\left(\frac{y-\mu_2}{\sigma_2} - \rho\frac{x-\mu_1}{\sigma_1}\right)$，则有

$$f_X(x) = \frac{1}{2\pi\sigma_1}\mathrm{e}^{-\frac{(x-\mu_1)^2}{2\sigma_1^2}}\int_{-\infty}^{+\infty}\mathrm{e}^{-\frac{t^2}{2}}\mathrm{d}t = \frac{1}{2\pi\sigma_1}\mathrm{e}^{-\frac{(x-\mu_1)^2}{2\sigma_1^2}} \cdot \sqrt{2\pi}$$

$$= \frac{1}{\sqrt{2\pi}\sigma_1}\mathrm{e}^{-\frac{(x-\mu_1)^2}{2\sigma_1^2}}, x \in \mathbf{R}.$$

同理

$$f_Y(y) = \frac{1}{\sqrt{2\pi}\sigma_2}\mathrm{e}^{-\frac{(y-\mu_2)^2}{2\sigma_2^2}}, y \in \mathbf{R}.$$

即若二维随机变量 $(X,Y) \sim N(\mu_1,\mu_2,\sigma_1^2,\sigma_2^2,\rho)$，则 $X \sim N(\mu_1,\sigma_1^2)$，$Y \sim N(\mu_2,\sigma_2^2)$.

可见二维正态分布的两个边缘分布都是一维正态分布，并且不依赖于参数 ρ，也就是说，对于给定的 $\mu_1,\mu_2,\sigma_1,\sigma_2$，不同的 ρ 对应不同的二维正态分布，但它们的边缘分布却都是一样的. 此例表明，由边缘分布一般不能确定联合分布.

§3.5 随机变量的独立性

在某些随机试验中会遇见一些随机变量的取值与其余随机变量的取值互不产生影响的现象，譬如，甲乙两人向同一目标射击，甲命中的环数 X 与乙命中的环数 Y 互不影响. 随机变量的这种现象反映了随机变量的独立性. 由于随机变量是随机事件的数量化，故由随机事件的独立性概念可引入随机变量的独立性概念.

定义 设 (X,Y) 是二维随机变量，若对于任意实数 x 和 y，事件 $\{X \leq x\}$ 与事件 $\{Y \leq y\}$ 总是相互独立的，即对于任意实数 x,y 总有

$$P(X \leq x, Y \leq y) = P(X \leq x)P(Y \leq y) \tag{3-5-1}$$

成立，则称**随机变量** X **与** Y **相互独立**.

显然，式(3-5-1)等价于对一切实数对 (x,y)，有

$$F(x,y) = F_X(x)F_Y(y) \tag{3-5-2}$$

成立，其中 $F(x,y)$ 及 $F_X(x)$，$F_Y(y)$ 分别是二维随机变量 (X,Y) 的分布函数和关于 X 与关于 Y 的边缘分布函数. 式(3-5-2)是 X 与 Y 相互独立的充分必要条件.

利用随机变量的概率分布可以对随机变量的相互独立性做进一步描述，对离散型随机变量有以下定理.

定理 1 设 (X,Y) 是二维离散型随机变量，则 X 与 Y 相互独立的充要条件是对 (X,Y) 的任一对取值 (x_i,y_j) 均有

$$P(X = x_i, Y = y_j) = P(X = x_i)P(Y = y_j) \quad (i,j = 1,2,\cdots). \tag{3-5-3}$$

而对连续型随机变量则有以下结论:

定理 2 设 (X,Y) 是二维连续型随机变量,其概率密度函数和关于 X 与关于 Y 的边缘概率密度函数分别是 $f(x,y)$, $f_X(x)$ 和 $f_Y(y)$, 则 X 与 Y 相互独立的充分必要条件是

$$f(x,y) = f_X(x)f_Y(y) \tag{3-5-4}$$

在平面上几乎处处成立①.

证明 假定 $f(x,y) = f_X(x)f_Y(y)$, 则

$$F(x,y) = \int_{-\infty}^{x}\int_{-\infty}^{y} f(x,y)\,\mathrm{d}x\mathrm{d}y = \int_{-\infty}^{x}\int_{-\infty}^{y} f_X(x)f_Y(y)\,\mathrm{d}x\mathrm{d}y$$

$$= \int_{-\infty}^{x} f_X(x)\,\mathrm{d}x \int_{-\infty}^{y} f_Y(y)\,\mathrm{d}y = F_X(x)F_Y(y),$$

故由式(3-5-2)知, X 与 Y 相互独立.

反之, 若 X 与 Y 相互独立, 由式(3-5-2)有

$$F(x,y) = F_X(x)F_Y(y) = \int_{-\infty}^{x} f_X(x)\,\mathrm{d}x \int_{-\infty}^{y} f_Y(y)\,\mathrm{d}y$$

$$= \int_{-\infty}^{x}\int_{-\infty}^{y} f_X(x)f_Y(y)\,\mathrm{d}x\mathrm{d}y,$$

由二维连续型随机变量 (X,Y) 的概率密度函数的定义知 $f_X(x)f_Y(y)$ 是 (X,Y) 的概率密度函数, 即 $f(x,y) = f_X(x)f_Y(y)$.

例 1 盒内有 n 个白球、m 个黑球, 放回抽球两次, 设

$$X = \begin{cases} 1, & \text{第一次抽到白球,} \\ 0, & \text{第一次抽到黑球,} \end{cases} \quad Y = \begin{cases} 1, & \text{第二次抽到白球,} \\ 0, & \text{第二次抽到黑球.} \end{cases}$$

试求: (1) (X,Y) 的概率分布律及关于 X 和关于 Y 的边缘分布律;

(2) 判断 X 与 Y 的相互独立性;

(3) 若改为不放回抽球, 解上述两个问题.

解 (1) (X,Y) 的概率分布律及关于 X 和关于 Y 的边缘分布律如下表所示:

X	Y		$p_{i\cdot}$
	0	1	
0	$\dfrac{m^2}{(m+n)^2}$	$\dfrac{mn}{(m+n)^2}$	$\dfrac{m}{m+n}$
1	$\dfrac{mn}{(m+n)^2}$	$\dfrac{n^2}{(m+n)^2}$	$\dfrac{n}{m+n}$
$p_{\cdot j}$	$\dfrac{m}{m+n}$	$\dfrac{n}{m+n}$	1

---

① "几乎处处成立"的含义是在平面上除去"面积"为零的集合外处处成立.

(2) 由上表知 $p_{ij}=p_{i\cdot}\cdot p_{\cdot j}(i,j=0,1)$,故 X 与 Y 相互独立;

(3) 若改为不放回抽球,(X,Y) 的概率分布律及关于 X 和关于 Y 的边缘分布律如下表所示:

X	Y		$p_{i\cdot}$
	0	1	
0	$\dfrac{m(m-1)}{(m+n)(m+n-1)}$	$\dfrac{mn}{(m+n)(m+n-1)}$	$\dfrac{m}{m+n}$
1	$\dfrac{mn}{(m+n)(m+n-1)}$	$\dfrac{n(n-1)}{(m+n)(m+n-1)}$	$\dfrac{n}{m+n}$
$p_{\cdot j}$	$\dfrac{m}{m+n}$	$\dfrac{n}{m+n}$	1

由上表知:

$$P(X=0,Y=0)=\frac{m(m-1)}{(m+n)(m+n-1)},$$

$$P(X=0)=\frac{m}{m+n},\quad P(Y=0)=\frac{m}{m+n},$$

可见 $P(X=0,Y=0)\neq P(X=0)P(Y=0)$,故 X 与 Y 不是相互独立的.

例2 在 $1,2,3,\cdots,10$ 中等可能地取一整数 N,设 $D=D(N)$ 是能整除 N 的正整数的个数,$F=F(N)$ 是能整除 N 的素数的个数(注意 1 不是素数).试写出 D 和 F 的概率分布律,并求关于 D 和关于 F 的边缘分布律,判定两个随机变量 D 和 F 是否相互独立.

解 先将试验的样本空间及 D,F 取值的情况列出如下:

样本点	1	2	3	4	5	6	7	8	9	10
D	1	2	2	3	2	4	2	4	3	4
F	0	1	1	1	1	2	1	1	1	2

D 所有可能取的值为 $1,2,3,4$;F 所有可能取的值为 $0,1,2$. 容易计算 (D,F) 取 (i,j) $(i=1,2,3,4,j=0,1,2)$ 的概率,例如:

$$P(D=1,F=0)=\frac{1}{10},\quad P(D=2,F=1)=\frac{4}{10},$$

等等,可得 D 和 F 的概率分布律以及关于 D 和关于 F 的边缘分布律如下.

D	F			$p_{i\cdot}$
	0	1	2	
1	$\dfrac{1}{10}$	0	0	$\dfrac{1}{10}$
2	0	$\dfrac{4}{10}$	0	$\dfrac{4}{10}$
3	0	$\dfrac{2}{10}$	0	$\dfrac{2}{10}$

续表

D	F			$p_{i\cdot}$
	0	1	2	
4	0	$\frac{1}{10}$	$\frac{2}{10}$	$\frac{3}{10}$
$p_{\cdot j}$	$\frac{1}{10}$	$\frac{7}{10}$	$\frac{2}{10}$	1

由于 $P(D=1,F=0)=\frac{1}{10}\neq P(D=1)P(F=0)$，因而 F 和 D 不是相互独立的．

例 3 假设某二维离散型随机变量 (X,Y) 的概率分布律为

X	Y	
	1	2
1	$\frac{3}{12}$	a
2	b	$\frac{1}{12}$
3	$\frac{3}{12}$	$\frac{1}{12}$

已知 X 与 Y 相互独立，求 a,b 的值．

解 由于二维离散型随机变量的概率分布律满足 $\sum_i\sum_j p_{ij}=1$，所以

$$\frac{3}{12}+a+\frac{1}{12}+b+\frac{3}{12}+\frac{1}{12}=1,\ \text{即}\ a+b=\frac{1}{3}.$$

由已知可得关于 X 和关于 Y 的边缘分布律分别为

X	1	2	3
P	$\frac{3}{12}+a$	$b+\frac{1}{12}$	$\frac{1}{3}$

Y	1	2
P	$\frac{1}{2}+b$	$a+\frac{1}{6}$

由 X 与 Y 相互独立的条件有 $p_{31}=p_{3\cdot}\cdot p_{\cdot 1}$，即 $\frac{3}{12}=\frac{1}{3}\times\left(b+\frac{1}{2}\right)$，从而 $a=\frac{1}{12},b=\frac{1}{4}$．

例 4 在 §3.4 的例 4 中，判别 X 与 Y 是否相互独立．

解 (X,Y) 的概率密度函数为

$$f(x,y)=\begin{cases}\dfrac{e^{-y+1}}{x^2}, & x>1,y>1,\\ 0, & \text{其他}.\end{cases}$$

已求得关于 X 和关于 Y 的边缘概率密度函数分别为

$$f_X(x)=\begin{cases}\dfrac{1}{x^2}, & x>1,\\ 0, & x\leqslant 1,\end{cases}\quad f_Y(y)=\begin{cases}e^{-y+1}, & y>1,\\ 0, & y\leqslant 1.\end{cases}$$

可见 $f(x,y)=f_X(x)f_Y(y)$ 成立,从而 X 与 Y 相互独立.

例 5 设二维随机变量 (X,Y) 在区域 D 上服从均匀分布,其中 D 是图 3-7 中的阴影部分,讨论 X 与 Y 是否相互独立.

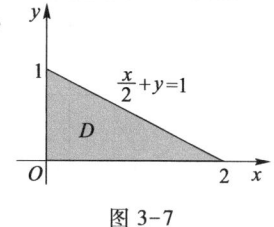

图 3-7

解 区域 D 的面积为 1,故 (X,Y) 的概率密度函数为

$$f(x,y)=\begin{cases}1, & (x,y)\in D,\\ 0, & (x,y)\notin D.\end{cases}$$

当 $0\leqslant x\leqslant 2$ 时,

$$f_X(x)=\int_{-\infty}^{+\infty}f(x,y)\mathrm{d}y$$

$$=\int_{-\infty}^{0}0\mathrm{d}y+\int_{0}^{1-\frac{x}{2}}\mathrm{d}y+\int_{1-\frac{x}{2}}^{+\infty}0\mathrm{d}y=1-\frac{x}{2};$$

当 $x<0$ 或 $x>2$ 时,$f_X(x)=0$.因此

$$f_X(x)=\begin{cases}1-\dfrac{x}{2}, & 0\leqslant x\leqslant 2,\\ 0, & \text{其他}.\end{cases}$$

同理可得当 $0\leqslant y\leqslant 1$ 时,

$$f_Y(y)=\int_{-\infty}^{+\infty}f(x,y)\mathrm{d}x=\int_{0}^{2(1-y)}\mathrm{d}x=2(1-y);$$

当 $y<0$ 或 $y>1$ 时,$f_Y(y)=0$.于是

$$f_Y(y)=\begin{cases}2(1-y), & 0\leqslant y\leqslant 1,\\ 0, & \text{其他}.\end{cases}$$

当 $(x,y)\in D$ 时,有 $f(x,y)\neq f_X(x)f_Y(y)$,故 X 与 Y 不相互独立.

例 6 设二维随机变量 (X,Y) 的概率密度函数

$$f(x,y)=\begin{cases}\dfrac{1+xy}{4}, & |x|<1,|y|<1,\\ 0, & \text{其他},\end{cases}$$

证明:X 与 Y 不相互独立,但 X^2 与 Y^2 相互独立.

证明 关于 X 的边缘概率密度函数是

$$f_X(x)=\int_{-\infty}^{+\infty}f(x,y)\mathrm{d}y=\int_{-1}^{1}f(x,y)\mathrm{d}y$$

$$=\begin{cases}\dfrac{1}{4}\int_{-1}^{1}(1+xy)\mathrm{d}y, & |x|<1,\\ 0, & |x|\geqslant 1\end{cases}$$

$$=\begin{cases}\dfrac{1}{2}, & |x|<1,\\ 0, & |x|\geqslant 1.\end{cases}$$

同理可以求得关于 Y 的边缘概率密度函数是

$$f_Y(y) = \begin{cases} \dfrac{1}{2}, & |y| < 1, \\ 0, & |y| \geqslant 1. \end{cases}$$

从而,当$|x|<1,|y|<1$且$xy\neq 0$时,$f(x,y)\neq f_X(x)f_Y(y)$,即X与Y不相互独立. 但对$0\leqslant x,y\leqslant 1$,有

$$P(X^2 < x, Y^2 < y) = \int_{-\sqrt{y}}^{\sqrt{y}} \int_{-\sqrt{x}}^{\sqrt{x}} \frac{1+uv}{4} du dv = \sqrt{x}\sqrt{y}$$

$$= P(|X| < \sqrt{x})P(|Y| < \sqrt{y}) = P(X^2 < x)P(Y^2 < y).$$

当$x<0$或$y<0$时,$P(X^2<x,Y^2<y) = 0 = P(X^2<x)P(Y^2<y)$.

当$x>1$或$y>1$时,同理可以验证$P(X^2<x,Y^2<y) = P(X^2<x)P(Y^2<y)$,所以$X^2$和$Y^2$相互独立.

例7 设二维正态随机变量$(X,Y) \sim N(\mu_1,\mu_2,\sigma_1^2,\sigma_2^2,\rho)$,证明:$X$与$Y$相互独立的充分必要条件是$\rho = 0$.

证明 (X,Y)的概率密度函数是

$$f(x,y) = \frac{1}{2\pi\sigma_1\sigma_2\sqrt{1-\rho^2}} \exp\left\{-\frac{1}{2(1-\rho^2)}\left[\frac{(x-\mu_1)^2}{\sigma_1^2} - 2\rho\frac{(x-\mu_1)(y-\mu_2)}{\sigma_1\sigma_2} + \frac{(y-\mu_2)^2}{\sigma_2^2}\right]\right\}, \quad x \in \mathbf{R}, y \in \mathbf{R},$$

则$X \sim N(\mu_1,\sigma_1^2),Y \sim N(\mu_2,\sigma_2^2)$,即

$$f_X(x) = \frac{1}{\sqrt{2\pi}\sigma_1} e^{-\frac{(x-\mu_1)^2}{2\sigma_1^2}}, x \in \mathbf{R}, \quad f_Y(y) = \frac{1}{\sqrt{2\pi}\sigma_2} e^{-\frac{(y-\mu_2)^2}{2\sigma_2^2}}, y \in \mathbf{R}.$$

若$\rho = 0$,则

$$f(x,y) = \frac{1}{2\pi\sigma_1\sigma_2} \exp\left\{-\frac{1}{2}\left[\frac{(x-\mu_1)^2}{\sigma_1^2} + \frac{(y-\mu_2)^2}{\sigma_2^2}\right]\right\}$$

$$= f_X(x)f_Y(y), \quad x \in \mathbf{R}, y \in \mathbf{R}.$$

因此X与Y相互独立.

反之,若X与Y相互独立,上式对一切$x \in \mathbf{R}, y \in \mathbf{R}$成立,令$x=\mu_1,y=\mu_2$,有

$$\frac{1}{2\pi\sigma_1\sigma_2\sqrt{1-\rho^2}} = \frac{1}{2\pi\sigma_1\sigma_2},$$

故$\rho = 0$.

两个随机变量相互独立的概念,可以推广到n个随机变量$X_1,X_2,\cdots,X_n$的情况. n维随机变量$(X_1,X_2,\cdots,X_n)$的分布函数定义为

$$F(x_1,x_2,\cdots,x_n) = P(X_1 \leqslant x_1, X_2 \leqslant x_2, \cdots, X_n \leqslant x_n),$$

其中$x_1,x_2,\cdots,x_n$为任意实数.

若存在非负可积函数 $f(x_1, x_2, \cdots, x_n)$，使得对于任意实数 $x_1, x_2, \cdots, x_n$ 有

$$F(x_1, x_2, \cdots, x_n) = \int_{-\infty}^{x_1} \int_{-\infty}^{x_2} \cdots \int_{-\infty}^{x_n} f(x_1, x_2, \cdots, x_n) \mathrm{d}x_1 \mathrm{d}x_2 \cdots \mathrm{d}x_n,$$

则称 $f(x_1, x_2, \cdots, x_n)$ 为 n 维连续型随机变量 $(X_1, X_2, \cdots, X_n)$ 的概率密度函数.

设 $(X_1, X_2, \cdots, X_n)$ 的分布函数 $F(x_1, x_2, \cdots, x_n)$ 已知，则 $(X_1, X_2, \cdots, X_n)$ 的 k $(1 \leqslant k < n)$ 维边缘分布函数就随之确定. 例如 $(X_1, X_2, \cdots, X_n)$ 关于 X_1 和关于 (X_1, X_2) 的边缘分布函数分别为

$$F_{X_1}(x_1) = F(x_1, +\infty, +\infty, \cdots, +\infty),$$
$$F_{X_1, X_2}(x_1, x_2) = F(x_1, x_2, +\infty, +\infty, \cdots, +\infty).$$

又若 $f(x_1, x_2, \cdots, x_n)$ 是 $(X_1, X_2, \cdots, X_n)$ 的概率密度函数，则 $(X_1, X_2, \cdots, X_n)$ 关于 X_1 和关于 (X_1, X_2) 的边缘概率密度函数分别为

$$f_{X_1}(x_1) = \int_{-\infty}^{+\infty} \int_{-\infty}^{+\infty} \cdots \int_{-\infty}^{+\infty} f(x_1, x_2, \cdots, x_n) \mathrm{d}x_2 \mathrm{d}x_3 \cdots \mathrm{d}x_n,$$

$$f_{X_1, X_2}(x_1, x_2) = \int_{-\infty}^{+\infty} \int_{-\infty}^{+\infty} \cdots \int_{-\infty}^{+\infty} f(x_1, x_2, \cdots, x_n) \mathrm{d}x_3 \mathrm{d}x_4 \cdots \mathrm{d}x_n.$$

设 n 维随机变量 $(X_1, X_2, \cdots, X_n)$ 的分布函数为 $F(x_1, x_2, \cdots, x_n)$，若对任意实数 $x_1, x_2, \cdots, x_n$，均有

$$F(x_1, x_2, \cdots, x_n) = F_{X_1}(x_1) F_{X_2}(x_2) \cdots F_{X_n}(x_n)$$

成立，式中 $F_{X_k}(x_k)$ 是关于 X_k 的边缘分布函数，则称 $X_1, X_2, \cdots, X_n$ 相互独立.

若 $(X_1, X_2, \cdots, X_n)$ 为 n 维连续型随机变量，则 $X_1, X_2, \cdots, X_n$ 相互独立的充要条件是

$$f(x_1, x_2, \cdots, x_n) = f_{X_1}(x_1) f_{X_2}(x_2) \cdots f_{X_n}(x_n) \quad (-\infty < x_i < +\infty, i = 1, 2, \cdots, n).$$

若 $(X_1, X_2, \cdots, X_n)$ 为 n 维离散型随机变量，则 $X_1, X_2, \cdots, X_n$ 相互独立的充分必要条件是 $(X_1, X_2, \cdots, X_n)$ 的概率分布律等于各个一维边缘分布律之积.

若对于任意的实数 $x_1, x_2, \cdots, x_m$ 和 $y_1, y_2, \cdots, y_n$ 有

$$F(x_1, x_2, \cdots, x_m, y_1, y_2, \cdots, y_n) = F_1(x_1, x_2, \cdots, x_m) F_2(y_1, y_2, \cdots, y_n),$$

其中 F_1, F_2, F 依次为随机变量 $(X_1, X_2, \cdots, X_m)$，$(Y_1, Y_2, \cdots, Y_n)$ 和 $(X_1, X_2, \cdots, X_m, Y_1, Y_2, \cdots, Y_n)$ 的分布函数，则称随机变量 $(X_1, X_2, \cdots, X_m)$ 和 $(Y_1, Y_2, \cdots, Y_n)$ 是相互独立的.

定理 3 若 m 维随机变量 $(X_1, X_2, \cdots, X_m)$ 和 n 维随机变量 $(Y_1, Y_2, \cdots, Y_n)$ 相互独立，则

(1) X_i $(i = 1, 2, \cdots, m)$ 和 Y_j $(j = 1, 2, \cdots, n)$ 相互独立；

(2) 若 h 和 g 是连续函数，则 $h(X_1, X_2, \cdots, X_m)$ 和 $g(Y_1, Y_2, \cdots, Y_n)$ 相互独立.

（证明略）

§3.6 二维随机变量函数的分布

无论在应用还是理论方面都常遇到随机变量函数的问题，因此需研究随机变量

函数的分布. 譬如, 射击靶上的目标为点 O, 弹着点的坐标 (X,Y) 是二维均匀分布随机变量, 点 (X,Y) 与点 O 的距离 $Z=\sqrt{X^2+Y^2}$ 服从什么分布？某放射源在 $[0,T_1]$ 时间内放射的 α 粒子数 $X \sim P(\lambda_1)$, (T_1,T_2) 时间内放射的 α 粒子数 $Y \sim P(\lambda_2)$, 问该放射源在 $[0,T_2]$ 内放射出的 α 粒子数 $Z=X+Y$ 的分布如何？

一般地, 设 (X,Y) 是已知其分布的二维随机变量, $g(x,y)$ 是连续实函数, 则 (X,Y) 的函数 $g(X,Y)$ 也是随机变量, 我们将讨论如何由已知随机变量的分布去求它的函数分布.

一、二维离散型随机变量函数的分布

通常, 当二维离散型随机变量 (X,Y) 的概率分布律以列表方式给出时, 其函数的概率分布律可按下例所述在表格中求解.

例 1 设 (X,Y) 的概率分布律为

X	Y		
	-1	1	2
0	$\dfrac{1}{10}$	$\dfrac{2}{10}$	$\dfrac{1}{10}$
2	$\dfrac{3}{10}$	$\dfrac{1}{10}$	$\dfrac{2}{10}$

试求：(1) $X+Y$；(2) $2X-Y$；(3) X/Y 的分布律.

解 由 (X,Y) 的概率分布律可得

P	$\dfrac{1}{10}$	$\dfrac{2}{10}$	$\dfrac{1}{10}$	$\dfrac{3}{10}$	$\dfrac{1}{10}$	$\dfrac{2}{10}$
(X,Y)	$(0,-1)$	$(0,1)$	$(0,2)$	$(2,-1)$	$(2,1)$	$(2,2)$
$X+Y$	-1	1	2	1	3	4
$2X-Y$	1	-1	-2	5	3	2
X/Y	0	0	0	-2	2	1

于是, 在以上表格的第三、四、五行, 将各行中取值相同的项合并, 同时将相应项的概率相加, 便得到所求的各概率分布律如下：

(1) $X+Y$ 的概率分布律

$X+Y$	-1	1	2	3	4
P	$\dfrac{1}{10}$	$\dfrac{5}{10}$	$\dfrac{1}{10}$	$\dfrac{1}{10}$	$\dfrac{2}{10}$

(2) $2X-Y$ 的概率分布律

$2X-Y$	-2	-1	1	2	3	5
P	$\dfrac{1}{10}$	$\dfrac{2}{10}$	$\dfrac{1}{10}$	$\dfrac{2}{10}$	$\dfrac{1}{10}$	$\dfrac{3}{10}$

(3) X/Y 的概率分布律

X/Y	-2	0	1	2
P	$\dfrac{3}{10}$	$\dfrac{4}{10}$	$\dfrac{2}{10}$	$\dfrac{1}{10}$

例 2 设随机变量 X 与 Y 相互独立,且都服从泊松分布,即 $X \sim P(\lambda_1)$,$Y \sim P(\lambda_2)$,求证:$X+Y \sim P(\lambda_1+\lambda_2)$.

证明 因为 $X \sim P(\lambda_1)$,$Y \sim P(\lambda_2)$,所以

$$P(X=i) = \frac{\lambda_1^i}{i!}e^{-\lambda_1}, \quad P(Y=j) = \frac{\lambda_2^j}{j!}e^{-\lambda_2}, \quad i,j=0,1,2,\cdots.$$

$X+Y$ 的可能取值为 $0,1,2,\cdots$,再注意到 X,Y 的相互独立性,则对任意的非负整数 i 就有

$$\begin{aligned} P(X+Y=i) &= P(X=0,Y=i) + P(X=1,Y=i-1) + \cdots + \\ &\quad P(X=i-1,Y=1) + P(X=i,Y=0) \\ &= \sum_{k=0}^{i} P(X=k,Y=i-k) = \sum_{k=0}^{i} [P(X=k)P(Y=i-k)] \\ &= \sum_{k=0}^{i} \left[\left(\frac{\lambda_1^k}{k!}e^{-\lambda_1}\right)\left(\frac{\lambda_2^{i-k}}{(i-k)!}e^{-\lambda_2}\right)\right] \\ &= \frac{1}{i!}e^{-(\lambda_1+\lambda_2)} \sum_{k=0}^{i} \frac{i!}{k!(i-k)!}\lambda_1^k\lambda_2^{i-k} \\ &= \frac{1}{i!}e^{-(\lambda_1+\lambda_2)} \sum_{k=0}^{i} C_i^k \lambda_1^k \lambda_2^{i-k} = \frac{1}{i!}e^{-(\lambda_1+\lambda_2)}(\lambda_1+\lambda_2)^i, \end{aligned}$$

因此 $X+Y \sim P(\lambda_1+\lambda_2)$.

这一结果说明泊松分布具有**可加性**:两个相互独立且均服从泊松分布的随机变量之和仍服从泊松分布,其参数为相应随机变量的参数之和.

类似地可证明**二项分布**也具有可加性:若 $X \sim B(n_1,p)$,$Y \sim B(n_2,p)$,且 X 与 Y 相互独立,则它们的和 $X+Y \sim B(n_1+n_2,p)$.

例 3 设相互独立的两个随机变量 X,Y 具有同一概率分布律,且 X 的概率分布律为

X	0	1
P	$\dfrac{1}{2}$	$\dfrac{1}{2}$

试求 $Z = \max(X, Y)$ 的概率分布律.

解 因为 X 与 Y 相互独立,所以 $P(X=i, Y=j) = P(X=i)P(Y=j)$. 于是

X	Y	
	0	1
0	$\dfrac{1}{2^2}$	$\dfrac{1}{2^2}$
1	$\dfrac{1}{2^2}$	$\dfrac{1}{2^2}$

由于
$$P(\max(X,Y) = i) = P(X=i, Y<i) + P(X \leq i, Y=i),$$
则
$$P(\max(X,Y) = 0) = P(X=0, Y=0) = \frac{1}{2^2},$$

$$P(\max(X,Y) = 1) = P(X=1, Y=0) + P(X=0, Y=1) + P(X=1, Y=1)$$
$$= \frac{1}{2^2} + \frac{1}{2^2} + \frac{1}{2^2} = \frac{3}{4},$$

故 $Z = \max(X, Y)$ 的概率分布律为

Z	0	1
P	$\dfrac{1}{4}$	$\dfrac{3}{4}$

二、二维连续型随机变量函数的分布

求二维连续型随机变量函数的分布与一维连续型随机变量函数的分布相似,一般地,若随机变量 $Z = g(X, Y)$ 是二维连续型随机变量 (X, Y) 的实函数,要用 (X, Y) 的概率分布表达随机变量 Z 的概率密度,可分如下两步考虑,也称之为**分布函数法**.

设 (X, Y) 的概率密度函数为 $f(x, y)$,$Z = g(X, Y)$ 的分布函数为 $F_Z(z)$,对于任意 $z \in \mathbf{R}$.

1. 先求 Z 的分布函数
$$F_Z(z) = P(Z \leq z) = P(g(X, Y) \leq z) = \iint_D f(x, y) \, dx dy,$$
其中 D 为 xOy 平面上由 $g(x, y) \leq z$ 所确定的区域,即 $D = \{(x, y) \mid g(x, y) \leq z\}$.

2. 求 Z 的概率密度函数 $f_Z(z) = \dfrac{dF_Z(z)}{dz}$.

以下就三种具体的函数加以讨论.

(一) $Z = \sqrt{X^2 + Y^2}$ 的分布

例 4 设 X 与 Y 为两个相互独立的随机变量,且都服从正态分布 $N(0, 1)$,求 $Z =$

$\sqrt{X^2+Y^2}$ 的分布函数和概率密度函数.

解 由于 X 与 Y 都服从正态分布 $N(0,1)$,故

$$f_X(x) = \frac{1}{\sqrt{2\pi}} e^{-\frac{x^2}{2}}, \quad -\infty < x < +\infty,$$

$$f_Y(y) = \frac{1}{\sqrt{2\pi}} e^{-\frac{y^2}{2}}, \quad -\infty < y < +\infty,$$

又因为 X 与 Y 相互独立,所以 (X,Y) 的概率密度函数为

$$f(x,y) = f_X(x) \cdot f_Y(y) = \frac{1}{\sqrt{2\pi}} e^{-\frac{x^2}{2}} \cdot \frac{1}{\sqrt{2\pi}} e^{-\frac{y^2}{2}}$$

$$= \frac{1}{2\pi} e^{-\frac{x^2+y^2}{2}}, \quad -\infty < x,y < +\infty.$$

对于任意实数 z,设 $Z = \sqrt{X^2+Y^2}$ 的分布函数为 $F_Z(z) = P(Z \le z)$,则有当 $z<0$ 时,

$$F_Z(z) = P(\sqrt{X^2+Y^2} \le z) = P(\varnothing) = 0;$$

当 $z \ge 0$ 时,

$$F_Z(z) = P(\sqrt{X^2+Y^2} \le z) = \iint_D f(x,y)\,\mathrm{d}x\mathrm{d}y$$

$$= \frac{1}{2\pi} \iint_D e^{-\frac{x^2+y^2}{2}} \,\mathrm{d}x\mathrm{d}y,$$

其中 D 是 xOy 平面上由不等式 $\sqrt{x^2+y^2} \le z$ 所确定的区域(如图 3-8),利用极坐标变换得

$$F_Z(z) = \frac{1}{2\pi}\int_0^{2\pi}\mathrm{d}\theta \int_0^z e^{-\frac{r^2}{2}} r\mathrm{d}r = \frac{1}{2\pi}\int_0^{2\pi}\left(-e^{-\frac{r^2}{2}}\right)\Big|_0^z \mathrm{d}\theta$$

$$= \frac{1}{2\pi}\int_0^{2\pi}\left(1 - e^{-\frac{z^2}{2}}\right)\mathrm{d}\theta = 1 - e^{-\frac{z^2}{2}},$$

即

$$F_Z(z) = \begin{cases} 1 - e^{-\frac{z^2}{2}}, & z \ge 0, \\ 0, & z < 0, \end{cases}$$

从而 $Z = \sqrt{X^2+Y^2}$ 的概率密度函数为

$$f_Z(z) = \begin{cases} z e^{-\frac{z^2}{2}}, & z \ge 0, \\ 0, & z < 0. \end{cases}$$

典型例题 3-3

这一分布称为**瑞利(Rayleigh)分布**.

(二) $Z = X+Y$ 的分布

设 (X,Y) 的概率密度函数为 $f(x,y)$,对于任意实数 z,设 $Z = X+Y$ 的分布函数为 $F_Z(z)$,则

$$F_Z(z) = P(Z \leq z) = P(X+Y \leq z) = \iint_D f(x,y)\,dxdy,$$

其中 $D = \{(x,y) \mid x+y \leq z\}$ 是直线 $x+y=z$ 左下方的半平面,如图 3-9 所示.

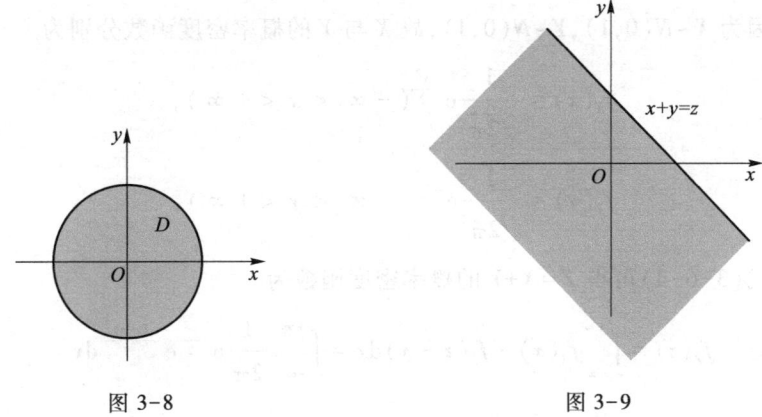

图 3-8　　　　　　　　　图 3-9

将以上二重积分按先对 x 后对 y 的积分化成累次积分

$$F_Z(z) = \int_{-\infty}^{+\infty} \left[\int_{-\infty}^{z-y} f(x,y)\,dx \right] dy,$$

固定 z 和 y,对上式方括号内的积分作变量代换,令 $x = u-y$ 得

$$F_Z(z) = \int_{-\infty}^{+\infty} \left[\int_{-\infty}^{z} f(u-y,y)\,du \right] dy = \int_{-\infty}^{z} \left[\int_{-\infty}^{+\infty} f(u-y,y)\,dy \right] du,$$

由概率密度函数与分布函数的关系,两边对 z 求导(假设求导和积分次序可交换),便得到 Z 的概率密度函数为

$$f_Z(z) = \int_{-\infty}^{+\infty} f(z-y,y)\,dy. \tag{3-6-1}$$

同理,若将二重积分的积分次序改为先对 y 后对 x 的累次积分,还可得

$$f_Z(z) = \int_{-\infty}^{+\infty} f(x,z-x)\,dx. \tag{3-6-2}$$

式(3-6-1)和式(3-6-2)是两个随机变量和的概率密度函数的一般公式.

特别地,设 (X,Y) 关于 X,关于 Y 的边缘概率密度函数分别为 $f_X(x), f_Y(y)$.若 X 与 Y 相互独立,则因有 $f(x,y) = f_X(x)f_Y(y)$,式(3-6-1)和式(3-6-2)还可分别化为

$$f_Z(z) = \int_{-\infty}^{+\infty} f_X(z-y)f_Y(y)\,dy \tag{3-6-3}$$

及

$$f_Z(z) = \int_{-\infty}^{+\infty} f_X(x)f_Y(z-x)\,dx. \tag{3-6-4}$$

式(3-6-3)与式(3-6-4)右端两个形式对称的积分都称为函数 $f_X(x)$ 与 $f_Y(y)$ 的**卷积**,并记为 $f_X(x) * f_Y(y)$.于是式(3-6-3)与式(3-6-4)可写成

$$f_Z(z) = f_X(x) * f_Y(y)$$

$$= \int_{-\infty}^{+\infty} f_X(z-y) f_Y(y) \mathrm{d}y = \int_{-\infty}^{+\infty} f_X(x) f_Y(z-x) \mathrm{d}x.$$

例 5 设随机变量 X 与 Y 相互独立,且 $X \sim N(0,1), Y \sim N(0,1)$,试求 $Z = X+Y$ 的概率密度函数.

解 因为 $X \sim N(0,1), Y \sim N(0,1)$,故 X 与 Y 的概率密度函数分别为

$$f_X(x) = \frac{1}{\sqrt{2\pi}} \mathrm{e}^{-\frac{x^2}{2}} \quad (-\infty < x < +\infty),$$

$$f_Y(y) = \frac{1}{\sqrt{2\pi}} \mathrm{e}^{-\frac{y^2}{2}} \quad (-\infty < y < +\infty),$$

由卷积公式(3-6-4)可得 $Z = X+Y$ 的概率密度函数为

$$f_Z(z) = \int_{-\infty}^{+\infty} f_X(x) \cdot f_Y(z-x) \mathrm{d}x = \int_{-\infty}^{+\infty} \frac{1}{2\pi} \mathrm{e}^{-\frac{x^2}{2}} \mathrm{e}^{-\frac{(z-x)^2}{2}} \mathrm{d}x$$

$$= \frac{1}{2\pi} \mathrm{e}^{-\frac{z^2}{4}} \int_{-\infty}^{+\infty} \mathrm{e}^{-\left(x-\frac{z}{2}\right)^2} \mathrm{d}x,$$

令 $x - \frac{z}{2} = t$,得

$$f_Z(z) = \frac{1}{2\pi} \mathrm{e}^{-\frac{z^2}{4}} \int_{-\infty}^{+\infty} \mathrm{e}^{-t^2} \mathrm{d}t = \frac{1}{2\pi} \mathrm{e}^{-\frac{z^2}{4}} \sqrt{\pi} = \frac{1}{\sqrt{2\pi}\sqrt{2}} \mathrm{e}^{-\frac{(z-0)^2}{2(\sqrt{2})^2}}.$$

即 $Z = X+Y \sim N(0, (\sqrt{2})^2)$,亦即 $Z = X+Y \sim N(0+0, 1+1)$.

这一结果说明**服从正态分布的随机变量具有可加性**,其一般描述为:设 $X \sim N(\mu_1, \sigma_1^2), Y \sim N(\mu_2, \sigma_2^2)$,且 X 与 Y 相互独立,则其和 $Z = X+Y \sim N(\mu_1+\mu_2, \sigma_1^2+\sigma_2^2)$.更一般地,若 $X_1, X_2, \cdots, X_n$ 相互独立,且 $X_i \sim N(\mu_i, \sigma_i^2), i = 1, 2, \cdots, n$,则它们的和仍服从正态分布,且有 $\sum_{i=1}^{n} X_i \sim N\left(\sum_{i=1}^{n} \mu_i, \sum_{i=1}^{n} \sigma_i^2\right)$.

结合 §2.4 例 6 的推广结论,即若 $X \sim N(\mu, \sigma^2)$,可得 X 的线性函数也服从正态分布,且 $Y = kX+b \sim N(k\mu+b, (k\sigma)^2)$,则可得更一般的结论:有限个相互独立且服从正态分布的随机变量的线性组合仍服从正态分布.

例 6 若随机变量 X 与 Y 相互独立,其概率密度函数分别为

$$f_X(x) = \begin{cases} 1, & 0 \leq x \leq 1, \\ 0, & \text{其他}, \end{cases} \quad f_Y(y) = \begin{cases} \mathrm{e}^{-y}, & y > 0, \\ 0, & \text{其他}. \end{cases}$$

求随机变量 $Z = X+Y$ 的概率密度函数.

解 由卷积公式

$$f_Z(z) = \int_{-\infty}^{+\infty} f_X(x) f_Y(z-x) \mathrm{d}x$$

可知仅当 $\begin{cases} 0 \leq x \leq 1, \\ 0 < z-x \end{cases}$ 即 $\begin{cases} 0 \leq x \leq 1, \\ x < z \end{cases}$ 时,上述积分的被积函数不等于零.下面分段讨论:

当 $z \leq 0$ 时,有 $f_Z(z) = 0$;

当 $0<z\leqslant 1$ 时，即 $0\leqslant x<z\leqslant 1$，有 $f_Z(z) = \int_0^z e^{-(z-x)}dx = e^{x-z}\big|_0^z = 1 - e^{-z}$；

当 $z > 1$ 时，$f_Z(z) = \int_0^1 e^{-(z-x)}dx = e^{x-z}\big|_0^1 = e^{1-z} - e^{-z}$，

从而

$$f_Z(z) = \begin{cases} 0, & z \leqslant 0, \\ 1 - e^{-z}, & 0 < z \leqslant 1, \\ e^{-z}(e - 1), & z > 1. \end{cases}$$

作为卷积公式的一个应用，以下将证明 Γ 分布的一个重要性质，即 Γ 分布的可加性．

例 7 设 X_1 与 X_2 相互独立且分别服从参数为 α_1,β 和 α_2,β 的 Γ 分布，即 X_1,X_2 的概率密度函数分别为

$$f_{X_1}(x) = \begin{cases} \dfrac{\beta}{\Gamma(\alpha_1)}(\beta x)^{\alpha_1-1}e^{-\beta x}, & x > 0, \\ 0, & \text{其他}, \end{cases} \quad \alpha_1 > 0, \beta > 0,$$

$$f_{X_2}(y) = \begin{cases} \dfrac{\beta}{\Gamma(\alpha_2)}(\beta y)^{\alpha_2-1}e^{-\beta y}, & y > 0, \\ 0, & \text{其他}, \end{cases} \quad \alpha_2 > 0, \beta > 0,$$

试证明 X_1+X_2 服从参数为 $\alpha_1+\alpha_2,\beta$ 的 Γ 分布．

证明 由式 (3-6-4) 知，当 $z\leqslant 0$ 时，$Z=X_1+X_2$ 的概率密度函数为 $f_Z(z)=0$. 而当 $z>0$ 时，$Z=X_1+X_2$ 的概率密度函数为

$$f_Z(z) = \int_{-\infty}^{+\infty} f_{X_1}(x)f_{X_2}(z-x)dx$$

$$= \int_0^z \frac{\beta}{\Gamma(\alpha_1)}(\beta x)^{\alpha_1-1}e^{-\beta x}\frac{\beta}{\Gamma(\alpha_2)}[\beta(z-x)]^{\alpha_2-1}e^{-\beta(z-x)}dx$$

$$= \frac{\beta^{\alpha_1+\alpha_2}e^{-\beta z}}{\Gamma(\alpha_1)\Gamma(\alpha_2)}\int_0^z x^{\alpha_1-1}(z-x)^{\alpha_2-1}dx$$

$$\xrightarrow{\diamondsuit x = zt} \frac{\beta}{\Gamma(\alpha_1)\Gamma(\alpha_2)}(\beta z)^{\alpha_1+\alpha_2-1}e^{-\beta z}\int_0^1 t^{\alpha_1-1}(1-t)^{\alpha_2-1}dt$$

$$\stackrel{\text{def}}{=\!=} A(\beta z)^{\alpha_1+\alpha_2-1}e^{-\beta z},$$

其中

$$A = \frac{\beta}{\Gamma(\alpha_1)\Gamma(\alpha_2)}\int_0^1 t^{\alpha_1-1}(1-t)^{\alpha_2-1}dt \qquad (3\text{-}6\text{-}5)$$

是待定的常数．A 值的计算可借助概率密度函数的性质，因

$$1 = \int_0^{+\infty} f_Z(z)dz = \frac{A}{\beta}\int_0^{+\infty}(\beta z)^{\alpha_1+\alpha_2-1}e^{-\beta z}d(\beta z) = \frac{A}{\beta}\Gamma(\alpha_1+\alpha_2),$$

故有

$$A = \frac{\beta}{\Gamma(\alpha_1 + \alpha_2)}. \quad (3\text{-}6\text{-}6)$$

于是

$$f_Z(z) = \begin{cases} \dfrac{\beta}{\Gamma(\alpha_1 + \alpha_2)}(\beta z)^{\alpha_1+\alpha_2-1}e^{-\beta z}, & z > 0, \\ 0, & \text{其他}, \end{cases}$$

亦即 $Z = X_1 + X_2$ 服从参数为 $\alpha_1 + \alpha_2, \beta$ 的 Γ 分布.

上述结论还能推广到 n 个相互独立且均服从 Γ 分布的随机变量之和的情况. 即若 $X_1, X_2, \cdots, X_n$ 相互独立,且 X_i 服从参数为 α_i, β ($i = 1, 2, \cdots, n$) 的 Γ 分布,则 $X_1 + X_2 + \cdots + X_n$ 服从参数为 $\sum_{i=1}^{n}\alpha_i, \beta$ 的 Γ 分布.

(三) $M = \max(X, Y)$ 及 $N = \min(X, Y)$ 的分布

设 X, Y 是两个相互独立的随机变量,它们的分布函数分别为 $F_X(x)$ 和 $F_Y(y)$,则有 M 的分布函数为

$$F_{\max}(z) = P(M \leqslant z) = P(X \leqslant z, Y \leqslant z) = P(X \leqslant z)P(Y \leqslant z)$$
$$= F_X(z)F_Y(z),$$

N 的分布函数为

$$F_{\min}(z) = P(N \leqslant z) = 1 - P(N > z) = 1 - P(X > z, Y > z)$$
$$= 1 - P(X > z)P(Y > z) = 1 - [1 - P(X \leqslant z)][1 - P(Y \leqslant z)]$$
$$= 1 - (1 - F_X(z))(1 - F_Y(z)),$$

故有 $F_{\max}(z) = F_X(z)F_Y(z), F_{\min}(z) = 1 - [1 - F_X(z)][1 - F_Y(z)]$.

推广: 设 $X_1, X_2, \cdots, X_n$ 是 n 个相互独立的随机变量,它们的分布函数分别为 $F_{X_i}(x_i)$ ($i = 1, 2, \cdots, n$),则 $M = \max(X_1, X_2, \cdots, X_n)$ 及 $N = \min(X_1, X_2, \cdots, X_n)$ 的分布函数分别为

$$F_{\max}(z) = F_{X_1}(z)F_{X_2}(z)\cdots F_{X_n}(z),$$
$$F_{\min}(z) = 1 - [1 - F_{X_1}(z)][1 - F_{X_2}(z)]\cdots[1 - F_{X_n}(z)].$$

若 $X_1, X_2, \cdots, X_n$ 相互独立且具有相同的分布函数 $F(\bullet)$,则有

$$F_{\max}(z) = [F(z)]^n, F_{\min}(z) = 1 - [1 - F(z)]^n.$$

例8 对某种电子装置的输出测量了5次,得到的观察值为 $X_1, X_2, \cdots, X_5$. 设它们是相互独立的随机变量,且都服从同一分布,分布函数为

$$F(z) = \begin{cases} 1 - e^{-2ze^2/8}, & z \geqslant 0, \\ 0, & \text{其他}. \end{cases}$$

试求 $\max(X_1, X_2, \cdots, X_5) > 4$ 的概率.

解 设 $M = \max(X_1, X_2, \cdots, X_5)$,因为 $F_{\max}(z) = [F(z)]^5$,所以

$$P(M > 4) = 1 - P(M \leqslant 4) = 1 - F_{\max}(4) = 1 - [F(4)]^5$$
$$= 1 - (1 - e^{-e^2})^5.$$

例9 设系统 L 由两个相互独立的子系统 L_1, L_2 连接而成,连接的方式分别为:(1) 串联;(2) 并联;(3) 备用(当系统 L_1 损坏时,系统 L_2 开始工作),如图3-10所示. 设 L_1, L_2 的寿命分别为 X, Y,已知它们的概率密度函数分别为

$$f_X(x) = \begin{cases} \alpha e^{-\alpha x}, & x > 0, \\ 0, & x \leq 0, \end{cases} \quad f_Y(y) = \begin{cases} \beta e^{-\beta y}, & y > 0, \\ 0, & y \leq 0, \end{cases}$$

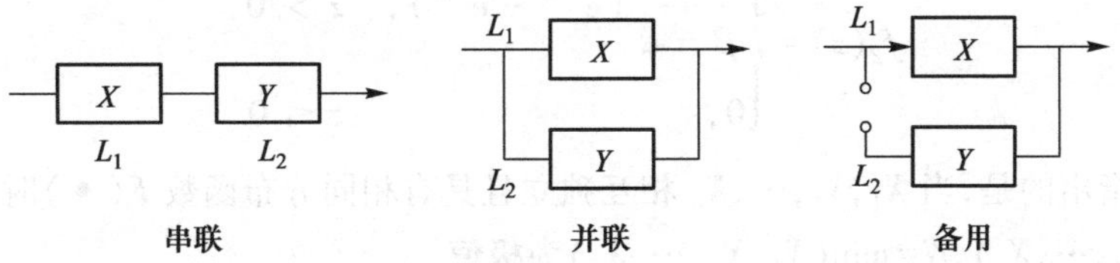

图 3-10

其中 $\alpha > 0, \beta > 0$ 且 $\alpha \neq \beta$,试分别就以上三种连接方式写出 L 的寿命 Z 的概率密度函数.

解 (1) 串联的情况.

由于当 L_1, L_2 中有一个损坏时,系统 L 就停止工作,所以这时 L 的寿命为 $Z = \min(X, Y)$. 由 $f_X(x)$ 和 $f_Y(y)$ 得 X, Y 的分布函数分别为

$$F_X(x) = \begin{cases} 1 - e^{-\alpha x}, & x > 0, \\ 0, & x \leq 0, \end{cases} \quad F_Y(y) = \begin{cases} 1 - e^{-\beta y}, & y > 0, \\ 0, & y \leq 0. \end{cases}$$

由 $F_{\min}(z) = 1 - [1 - F_X(z)][1 - F_Y(z)]$ 得 $Z = \min(X, Y)$ 的分布函数为

$$F_{\min}(z) = \begin{cases} 1 - e^{-(\alpha+\beta)z}, & z > 0, \\ 0, & z \leq 0. \end{cases}$$

于是 $Z = \min(X, Y)$ 的概率密度函数为

$$f_{\min}(z) = \begin{cases} (\alpha + \beta) e^{-(\alpha+\beta)z}, & z > 0, \\ 0, & z \leq 0. \end{cases}$$

(2) 并联的情况.

由于当且仅当 L_1, L_2 都损坏时,系统 L 才停止工作,所以这时 L 的寿命为 $Z = \max(X, Y)$. 由 $F_{\max}(z) = F_X(z) F_Y(z)$ 得 $Z = \max(X, Y)$ 的分布函数为

$$F_{\max}(z) = \begin{cases} (1 - e^{-\alpha z})(1 - e^{-\beta z}), & z > 0, \\ 0, & z \leq 0. \end{cases}$$

于是 $Z = \max(X, Y)$ 的概率密度函数为

$$f_{\max}(z) = \begin{cases} \alpha e^{-\alpha z} + \beta e^{-\beta z} - (\alpha + \beta) e^{-(\alpha+\beta)z}, & z > 0, \\ 0, & z \leq 0. \end{cases}$$

(3) 备用的情况.

由于这时当系统 L_1 损坏时系统 L_2 才开始工作,因此整个系统 L 的寿命是 L_1, L_2 两者寿命之和,即 $Z = X + Y$.

由卷积 $f_Z(z) = f_X(x) * f_Y(y)$ 得,当 $z > 0$ 时, $Z = X + Y$ 的概率密度函数为

$$f_Z(z) = \int_{-\infty}^{+\infty} f_X(z-y) f_Y(y) \,\mathrm{d}y = \int_0^z \alpha e^{-\alpha(z-y)} \beta e^{-\beta y} \,\mathrm{d}y$$

$$= \alpha\beta e^{-\alpha z} \int_0^z e^{-(\beta-\alpha)y} \,\mathrm{d}y = \frac{\alpha\beta}{\beta-\alpha}(e^{-\alpha z} - e^{-\beta z}).$$

当 $z \leqslant 0$ 时,$f_Z(z) = 0$. 于是 $Z = X + Y$ 的概率密度函数为

$$f_Z(z) = \begin{cases} \dfrac{\alpha\beta}{\beta-\alpha}(e^{-\alpha z} - e^{-\beta z}), & z > 0, \\ 0, & z \leqslant 0. \end{cases}$$

需要指出的是,当 $X_1, X_2, \cdots, X_n$ 相互独立且具有相同分布函数 $F(\bullet)$ 时,常称 $M = \max(X_1, X_2, \cdots, X_n)$,$N = \min(X_1, X_2, \cdots, X_n)$ 为**极值**.

由于一些灾害性的自然现象,如地震、洪水等都是极值,因此研究极值的分布具有重要的意义和实用价值.

§3.7 条件分布

在第一章中,我们讨论了在事件 B 发生条件下事件 A 发生的概率,并且当 $P(B) > 0$ 时,有条件概率公式 $P(A|B) = \dfrac{P(AB)}{P(B)}$,由条件概率公式不难引出关于二维离散型随机变量条件分布的概念.

设二维离散型随机变量 (X, Y) 的概率分布律为 $P(X = x_i, Y = y_j) = p_{ij}$,$i, j = 1, 2, \cdots$,若 $P(Y = y_j) > 0$,则在事件 $\{Y = y_j\}$ 已发生的条件下,事件 $\{X = x_i\}$ 发生的条件概率为

$$P(X = x_i | Y = y_j) = \frac{P(X = x_i, Y = y_j)}{P(Y = y_j)} = \frac{p_{ij}}{p_{\bullet j}}, i = 1, 2, \cdots.$$

此概率数列具有概率分布律的性质:

1. $P(X = x_i | Y = y_j) \geqslant 0, i = 1, 2, \cdots$;
2. $\sum_{i=1}^{+\infty} P(X = x_i | Y = y_j) = \dfrac{1}{p_{\bullet j}} \sum_{i=1}^{+\infty} p_{ij} = 1.$

于是引进下述定义.

定义 1 设 (X, Y) 是二维离散型随机变量,对固定的 j,若 $P(Y = y_j) > 0$,则称

$$P(X = x_i | Y = y_j) = \frac{p_{ij}}{p_{\bullet j}}, \quad i = 1, 2, \cdots \tag{3-7-1}$$

为在 $\{Y = y_j\}$ 条件下随机变量 X 的条件分布律.

对固定的 i,若 $P(X = x_i) > 0$,则称

$$P(Y = y_j | X = x_i) = \frac{p_{ij}}{p_{i \bullet}}, \quad j = 1, 2, \cdots \tag{3-7-2}$$

为在 $\{X = x_i\}$ 条件下随机变量 Y 的条件分布律.

对二维离散型随机变量 (X,Y)，若 $P(Y=y_j)>0$，则在 $\{Y=y_j\}$ 的条件下，随机变量 X 的条件分布函数为

$$F_{X|Y}(x|y_j) = \sum_{x_i \leqslant x} P(X=x_i | Y=y_j) = \sum_{x_i \leqslant x} \frac{p_{ij}}{p_{\cdot j}}. \quad (3-7-3)$$

例1 某射手进行射击，若击中目标两次则停止射击，且每次射击的命中率为 p（$0<p<1$）.令 X 表示第一次命中目标时的射击次数，Y 表示第二次命中目标时的射击次数，求条件分布律：

(1) $P(X=i|Y=j)$；(2) $P(Y=j|X=i)$.

解 按题意 $\{Y=j\}$ 表示在第 j 次射击时击中目标，且在前 $j-1$ 次射击中恰有一次击中目标，已知各次射击是相互独立的，于是 (X,Y) 的概率分布律为 $P(X=i,Y=j) = p^2(1-p)^{j-2}$，$1 \leqslant i < j = 2,3,\cdots$.

(1) $P(Y=j) = \sum_{i=1}^{j-1} P(X=i,Y=j) = \sum_{i=1}^{j-1} p^2(1-p)^{j-2} = (j-1)p^2(1-p)^{j-2}$,
$j = 2,3,\cdots$.

当 $j=2,3,\cdots$ 时，条件分布律 $P(X=i|Y=j)$ 存在，且

$$P(X=i|Y=j) = \frac{P(X=i,Y=j)}{P(Y=j)} = \frac{p^2(1-p)^{j-2}}{(j-1)p^2(1-p)^{j-2}} = \frac{1}{j-1},$$
$$i = 1,2,\cdots,j-1.$$

(2) $P(X=i) = \sum_{j=i+1}^{+\infty} P(X=i,Y=j)$
$= \sum_{j=i+1}^{+\infty} p^2(1-p)^{j-2} = p(1-p)^{i-1}, \quad i=1,2,\cdots.$

当 $i=1,2,\cdots$ 时，

$$P(Y=j|X=i) = \frac{P(X=i,Y=j)}{P(X=i)} = \frac{p^2(1-p)^{j-2}}{p(1-p)^{i-1}} = p(1-p)^{j-i-1},$$
$$j = i+1, i+2, \cdots.$$

这里，显然 $p(1-p)^{j-i-1}>0$，且 $\sum_{j=i+1}^{+\infty} p(1-p)^{j-i-1} = \frac{p}{1-(1-p)} = 1$.

同理，$P(X=i|Y=j) = \frac{1}{j-1}$，$i=1,2,\cdots,j-1$ 也满足条件分布律的两条基本性质.

例2 设某矿山一年内发生的事故总数 $X \sim P(\lambda)$，事故中发生死亡的概率为 p，一年内发生导致死亡的事故的次数为 Y，试写出 Y 的概率分布律.

解 由已知 $P(X=k) = \frac{\lambda^k}{k!}e^{-\lambda}$，$k=0,1,2,\cdots$.在发生 k 次事故的条件下，即 $\{X=k\}$ 的条件下，Y 的条件分布律为 $P(Y=m|X=k) = C_k^m p^m(1-p)^{k-m}$，$m=0,1,2,\cdots,k$.故 (X,Y) 的概率分布律为

$$P(X=k,Y=m) = P(X=k)P(Y=m|X=k)$$

$$= \frac{\lambda^k}{k!}e^{-\lambda}C_k^m p^m(1-p)^{k-m}, \quad 0 \leqslant m \leqslant k = 1,2,\cdots.$$

关于 Y 的分布律为

$$P(Y=m) = \sum_{k=m}^{+\infty} \frac{\lambda^k}{k!}e^{-\lambda}\frac{k!}{m!(k-m)!}p^m(1-p)^{k-m}$$

$$= \frac{(\lambda p)^m}{m!}\sum_{k=m}^{+\infty}e^{-\lambda}\frac{[\lambda(1-p)]^{k-m}}{(k-m)!}$$

$$= \frac{(\lambda p)^m}{m!}e^{-\lambda}e^{\lambda(1-p)}$$

$$= \frac{(\lambda p)^m}{m!}e^{-\lambda p}, m = 0,1,2,\cdots.$$

对一般随机变量 (X,Y) 不能保证 $P(X=x)\neq 0$ 或 $P(Y=y)\neq 0$，因此对于非离散型随机变量，不能用条件概率的概念引入"条件分布函数"，我们采用极限的方法来处理.

定义 2 对于给定的实数 y 及任意的 $\Delta y>0$，若 $P(y<Y\leqslant y+\Delta y)>0$，且对任意实数 x，极限

$$\lim_{\Delta y\to 0^+}P(X\leqslant x\mid y<Y\leqslant y+\Delta y) = \lim_{\Delta y\to 0^+}\frac{P(X\leqslant x,y<Y\leqslant y+\Delta y)}{P(y<Y\leqslant y+\Delta y)}$$

(3-7-4)

存在，称此极限为**在 $\{Y=y\}$ 的条件下，随机变量 X 的条件分布函数**，记为 $F_{X\mid Y}(x\mid y)$.

对二维连续型随机变量 (X,Y)，其概率密度函数为 $f(x,y)$，式(3-7-4)可写为

$$F_{X\mid Y}(x\mid y) = \lim_{\Delta y\to 0^+}\frac{\int_{-\infty}^{x}\int_{y}^{y+\Delta y}f(u,v)\mathrm{d}u\mathrm{d}v}{\int_{y}^{y+\Delta y}f_Y(v)\mathrm{d}v},$$

若 $f(x,y)$，$f_Y(y)$ 在 (x,y) 及其附近连续，并且 $f_Y(y)>0$，由积分中值定理可得

$$F_{X\mid Y}(x\mid y) = \lim_{\Delta y\to 0^+}\frac{\int_{-\infty}^{x}f(u,y+\theta_1\Delta y)\mathrm{d}u}{f_Y(y+\theta_2\Delta y)}, \quad 0<\theta_i<1, \quad i=1,2,$$

从而

$$F_{X\mid Y}(x\mid y) = \frac{\int_{-\infty}^{x}f(u,y)\mathrm{d}u}{f_Y(y)} = \int_{-\infty}^{x}\frac{f(u,y)}{f_Y(y)}\mathrm{d}u.$$

当 $f_Y(y)>0$ 时，若记 $f_{X\mid Y}(x\mid y)$ 为**在 $\{Y=y\}$ 的条件下，随机变量 X 的条件概率密度**，则

$$f_{X\mid Y}(x\mid y) = F'_{X\mid Y}(x\mid y) = \frac{f(x,y)}{f_Y(y)}. \tag{3-7-5}$$

类似地，当 $f_X(x)>0$ 时，在 $\{X=x\}$ 的条件下，Y 的条件概率密度为

$$f_{Y|X}(y\mid x) = \frac{f(x,y)}{f_X(x)}, \tag{3-7-6}$$

条件分布函数为

$$F_{Y|X}(y\mid x) = P(Y\leq y\mid X=x) = \int_{-\infty}^{y}\frac{f(x,v)}{f_X(x)}dv. \tag{3-7-7}$$

在 $\{X=x\}$ 的条件下,随机事件 $\{a<Y\leq b\}$ 的条件概率由下列公式计算

$$P(a<Y\leq b\mid X=x) = \int_a^b f_{Y|X}(y\mid x)dy. \tag{3-7-8}$$

例 3 设二维随机变量 (X,Y) 在圆域 $D=\{(x,y)\mid x^2+y^2\leq 4\}$ 上服从均匀分布,试求 $f_{Y|X}(y\mid x)$ 和概率 $P(0\leq Y\leq 3\mid X=1)$.

解 (X,Y) 的概率密度函数为 $f(x,y)=\begin{cases}\dfrac{1}{4\pi}, & x^2+y^2\leq 4, \\ 0, & \text{其他}.\end{cases}$ 由此可得

当 $|x|\leq 2$ 时,$f_X(x)=\int_{-\infty}^{+\infty}f(x,y)dy=\int_{-\sqrt{4-x^2}}^{\sqrt{4-x^2}}\dfrac{1}{4\pi}dy=\dfrac{1}{2\pi}\sqrt{4-x^2}$;

当 $x>2$ 或 $x<-2$ 时,$f_X(x)=0$,

即

$$f_X(x)=\begin{cases}\dfrac{1}{2\pi}\sqrt{4-x^2}, & |x|\leq 2, \\ 0, & \text{其他}.\end{cases}$$

当 $-2<x<2$ 时,$f_X(x)>0$,因此有

$$f_{Y|X}(y\mid x)=\dfrac{f(x,y)}{f_Y(x)}=\begin{cases}\dfrac{1}{2\sqrt{4-x^2}}, & -\sqrt{4-x^2}\leq y\leq\sqrt{4-x^2}, \\ 0, & \text{其他}.\end{cases}$$

即当 $x\in(-2,2)$ 时,在 $\{X=x\}$ 的条件下,随机变量 Y 在 $[-\sqrt{4-x^2},\sqrt{4-x^2}]$ 上服从均匀分布;当 $x\notin(-2,2)$ 时,随机变量 Y 的条件概率密度不存在.

于是所求概率为

$$P(0\leq Y\leq 3\mid X=1)=\int_0^3 f_{Y|X}(y\mid 1)dy=\int_0^{\sqrt{3}}\dfrac{1}{2\sqrt{3}}dy+\int_{\sqrt{3}}^3 0dy=\dfrac{1}{2}.$$

例 4 对二维随机变量 (X,Y),设条件概率密度为

$$f_{X|Y}(x\mid y)=\begin{cases}\dfrac{3x^2}{y^3}, & 0<x<y, \\ 0, & \text{其他}\end{cases}\quad(0<y<1),$$

关于 y 的边缘概率密度为

$$f_Y(y)=\begin{cases}5y^4, & 0<y<1, \\ 0, & \text{其他}.\end{cases}$$

计算概率 $P\left(X>\dfrac{1}{2}\right)$.

解 由式(3-7-5)可得

$$f(x,y)=f_{X|Y}(x\mid y)f_Y(y)=\begin{cases}15x^2y, & 0<x<y, 0<y<1,\\ 0, & \text{其他}.\end{cases}$$

当 $0\leqslant x\leqslant 1$ 时,

$$f_X(x)=\int_{-\infty}^{+\infty}f(x,y)\mathrm{d}y=\int_x^1 15x^2y\mathrm{d}y=\dfrac{15}{2}(x^2-x^4);$$

当 $x<0$ 或 $x>1$ 时, $f_X(x)=0$,

即

$$f_X(x)=\begin{cases}\dfrac{15}{2}(x^2-x^4), & 0\leqslant x\leqslant 1,\\ 0, & \text{其他}.\end{cases}$$

因此

$$P\left(X>\dfrac{1}{2}\right)=\int_{\frac{1}{2}}^{+\infty}f_X(x)\mathrm{d}x=\int_{\frac{1}{2}}^1\dfrac{15}{2}(x^2-x^4)\mathrm{d}x=\dfrac{47}{64}.$$

例 5 设二维随机变量 $(X,Y)\sim N(\mu_1,\mu_2,\sigma_1^2,\sigma_2^2,\rho)$, 求在已知 $\{X=x\}$ 条件下, Y 的条件概率密度 $f_{Y|X}(y\mid x)$.

解 由已知 (X,Y) 的概率密度函数为

$$f(x,y)=\dfrac{1}{2\pi\sigma_1\sigma_2\sqrt{1-\rho^2}}\exp\left\{-\dfrac{1}{2(1-\rho^2)}\left[\dfrac{(x-\mu_1)^2}{\sigma_1^2}-2\rho\dfrac{(x-\mu_1)(y-\mu_2)}{\sigma_1\sigma_2}+\dfrac{(y-\mu_2)^2}{\sigma_2^2}\right]\right\}, \quad x\in\mathbf{R}, y\in\mathbf{R}.$$

关于 X 的边缘概率密度为

$$f_X(x)=\dfrac{1}{\sqrt{2\pi}\sigma_1}\mathrm{e}^{-\frac{(x-\mu_1)^2}{2\sigma_1^2}}, \quad x\in\mathbf{R}.$$

在 $\{X=x\}$ 条件下, Y 的条件概率密度为

$$f_{Y|X}(y\mid x)=\dfrac{f(x,y)}{f_X(x)}$$

$$=\dfrac{1}{\sqrt{2\pi}\sigma_2\sqrt{1-\rho^2}}\exp\left\{-\dfrac{1}{2(1-\rho^2)}\left[\dfrac{\rho^2(x-\mu_1)^2}{\sigma_1^2}-2\rho\dfrac{(x-\mu_1)(y-\mu_2)}{\sigma_1\sigma_2}+\dfrac{(y-\mu_2)^2}{\sigma_2^2}\right]\right\}$$

$$=\dfrac{1}{\sqrt{2\pi}\sigma_2\sqrt{1-\rho^2}}\exp\left\{-\dfrac{1}{2(1-\rho^2)\sigma_2^2}\left[y-\right.\right.$$

$$\left.\left(\mu_2+\rho\frac{\sigma_2}{\sigma_1}(x-\mu_1)\right)\right]^2\right\},\quad y\in\mathbf{R}.$$

故在$\{X=x\}$条件下,$Y\mid X\sim N\left(\mu_2+\rho\dfrac{\sigma_2}{\sigma_1}(x-\mu_1),\sigma_2^2(1-\rho^2)\right).$

同理,在$\{Y=y\}$条件下,$X\mid Y\sim N(\mu_1+\rho\dfrac{\sigma_1}{\sigma_2}(y-\mu_2),\sigma_1^2(1-\rho^2))$,即二维正态分布的条件分布仍为正态分布.

由§3.5知,设(X,Y)是二维连续型随机变量,其概率密度函数和关于X与关于Y的边缘概率密度分别是$f(x,y),f_X(x),f_Y(y)$,则X与Y相互独立的充分必要条件是$f(x,y)=f_X(x)f_Y(y)$在平面上几乎处处成立.

而由定义知,在$\{Y=y\}$的条件下,连续型随机变量X的条件概率密度为 $f_{X\mid Y}(x\mid y)=\dfrac{f(x,y)}{f_Y(y)}$. 在$\{X=x\}$的条件下,连续型随机变量$Y$的条件概率密度为 $f_{Y\mid X}(y\mid x)=\dfrac{f(x,y)}{f_X(x)}$.

连续型随机变量X与Y相互独立当且仅当有

$$f_{X\mid Y}(x\mid y)=\frac{f(x,y)}{f_Y(y)}=\frac{f_X(x)f_Y(y)}{f_Y(y)}=f_X(x),\qquad(3\text{-}7\text{-}9)$$

$$f_{Y\mid X}(y\mid x)=\frac{f(x,y)}{f_X(x)}=\frac{f_X(x)f_Y(y)}{f_X(x)}=f_Y(y)\qquad(3\text{-}7\text{-}10)$$

成立,故式(3-7-9),式(3-7-10)可作为连续型随机变量X与Y相互独立的条件.类似地,离散型随机变量X与Y相互独立的条件是$P(X=x_i\mid Y=y_j)=P(X=x_i)=p_{i\cdot}$和$P(Y=y_j\mid X=x_i)=P(Y=y_j)=p_{\cdot j}$,其中$p_{i\cdot},p_{\cdot j}$分别是二维离散型随机变量$(X,Y)$关于$X$和关于$Y$的边缘分布律,请读者自行推导.

习题三

(一)

1. 设随机变量(X,Y)具有分布函数 $F(x,y)=\begin{cases}1-\mathrm{e}^{-x}-\mathrm{e}^{-y}+\mathrm{e}^{-x-y},&x>0,y>0,\\0,&\text{其他}.\end{cases}$ 求关于X和关于Y的边缘分布函数.

2. 设有一袋球,其中有三个白球,两个红球和三个黑球,现从中随机任取4球.X为其中白球数,Y为红球数,求:
   (1) (X,Y)的概率分布律;
   (2) $P((X,Y)\in D),D=\{(X,Y)\mid X+Y\leqslant 2\}$.

3. 把一枚均匀硬币抛掷三次,设X为三次抛掷中正面出现的次数,而Y为正面出现次数与反面出现次数之差的绝对值,求(X,Y)的概率分布律.

4. 两封信随机地投入编号为10,11的两个信箱内,用X与Y分别表示第一封信与第二封信投入的信箱号码,求(X,Y)的概率分布律与分布函数.

5. 设两个随机变量X与Y相互独立且服从同一分布,
$$P(X=-1)=P(Y=-1)=\frac{1}{2},P(X=1)=P(Y=1)=\frac{1}{2},$$
求$P(X=Y)$.

6. 设二维随机变量(X,Y)的概率密度函数为
$$f(x,y)=\begin{cases}k(3x^2+xy),&0\leqslant x\leqslant 1,1\leqslant y\leqslant 3,\\0,&\text{其他}.\end{cases}$$

(1) 确定常数k;

(2) 求$P\left(X\leqslant\dfrac{1}{2},Y\leqslant 2\right)$;

(3) 求$P\left(X<\dfrac{1}{2}\right)$;

(4) 求$P(2X+Y\leqslant 3)$.

7. 设二维随机变量(X,Y)的概率密度函数为
$$f(x,y)=\begin{cases}12\mathrm{e}^{-(3x+4y)},&x>0,y>0,\\0,&\text{其他}.\end{cases}$$

(1) 求$P(0<X\leqslant 1,0<Y<2)$;

(2) 求(X,Y)的分布函数$F(x,y)$.

8. 设二维随机变量(X,Y)的概率密度函数为
$$f(x,y)=\begin{cases}3x,&(x,y)\in D,\\0,&(x,y)\notin D,\end{cases}$$
其中$D=\{(x,y)\mid 0<y<x<1\}$.

(1) 求(X,Y)的分布函数;

(2) 若$P\left(X<\dfrac{1}{2},Y<k\right)=\dfrac{1}{8}$,求$k$的范围.

9. 设有标明号码 1,2,3 的三只球盛于一个容器内,现随机地抽取两次,每次取一只且不放回,若定义随机变量X为第一次抽取球的号码,Y为第二次抽取球的号码. 试写出(X,Y)的概率分布律及分别关于X与关于Y的边缘分布律.

10. 设随机变量(X,Y)服从区域D上的均匀分布,D是由x轴,y轴以及$y=2x+1$所围成的三角形区域,求概率密度函数及两个边缘概率密度.

11. 设二维随机变量(X,Y)的概率分布律为

X	Y		
	1	2	3
1	$\dfrac{1}{6}$	$\dfrac{1}{9}$	$\dfrac{1}{18}$
2	$\dfrac{1}{3}$	α	β

问：α 和 β 取什么值时，X 与 Y 相互独立？

12. 设二维随机变量 (X,Y) 的概率分布律为

X	Y	
	0	1
0	0.4	a
1	b	0.1

已知随机事件 $\{X=0\}$ 与 $\{X+Y=1\}$ 相互独立，求 a,b 的值。

13. 甲乙两人约定中午 12:30 在某地会面，如果甲到达的时间服从 12:15 到 12:45 之间的均匀分布；乙独立地到达，而且到达时间服从 12:00 到 13:00 之间的均匀分布，试求先到的人等待另一人到达的时间不超过 5 min 的概率，又甲先到的概率是多少？

14. (1) 设随机变量 (X,Y) 具有分布函数

$$F(x,y) = \begin{cases} (1-e^{-ax})y, & x \geq 0, 0 \leq y \leq 1, \\ 1-e^{-ax}, & x \geq 0, y > 1, \\ 0, & 其他, \end{cases}$$

其中 $a>0$，证明：X,Y 相互独立；

(2) 设随机变量 (X,Y) 具有分布律

$$P(X=x, Y=y) = p^2(1-p)^{x+y-2} \quad (0<p<1),$$

其中 x,y 均为正整数，问 X,Y 是否相互独立？

15. 设二维随机变量 (X,Y) 的概率密度函数为

$$f(x,y) = \begin{cases} 2ke^{-y}, & 0 \leq x \leq 2, y > 0, \\ 0, & 其他. \end{cases}$$

(1) 求常数 k；

(2) 求关于 X 与关于 Y 的边缘概率密度，并判别 X 与 Y 是否相互独立；

(3) 求 $P((X,Y) \in D)$，其中区域 $D = \{(x,y) \mid x<y<4-x\}$。

16. 设 (X,Y) 服从单位圆 $x^2+y^2 \leq 1$ 上的均匀分布，试求：

(1) 关于 X 和关于 Y 的边缘概率密度，并判别 X 与 Y 是否相互独立；

(2) $P(X+Y<-1)$ 和 $P\left(X>\dfrac{1}{2}\right)$。

17. 设随机变量 (X,Y) 的分布函数为

$$F(x,y) = A\left(B + \arctan\dfrac{x}{2}\right)\left(C + \arctan\dfrac{y}{3}\right).$$

求：(1) 常数 A,B,C；

(2) (X,Y) 的概率密度函数；

(3) X 与 Y 的边缘概率密度，并判别 X 与 Y 是否相互独立。

18. 设随机变量 X,Y 相互独立，概率分布律分别为

X	1	2	3
P	$\dfrac{1}{5}$	$\dfrac{2}{5}$	$\dfrac{2}{5}$

Y	-1	-2
P	$\dfrac{1}{3}$	$\dfrac{2}{3}$

求：(1) $X+Y$ 的概率分布律；

(2) X/Y 的概率分布律.

19. 设随机变量 X 与 Y 相互独立，其概率密度函数分别为

$$f_X(x)=\begin{cases}\dfrac{1}{2}\mathrm{e}^{-\frac{x}{2}}, & x\geqslant 0,\\ 0, & \text{其他,}\end{cases} \qquad f_Y(y)=\begin{cases}\dfrac{1}{3}\mathrm{e}^{-\frac{y}{3}}, & y\geqslant 0,\\ 0, & \text{其他.}\end{cases}$$

求随机变量 $Z=X+Y$ 的概率密度函数.

20. 设 (X,Y) 的概率密度函数为

$$f(x,y)=\begin{cases}2\mathrm{e}^{-(x+2y)}, & x>0,y>0,\\ 0, & \text{其他.}\end{cases}$$

求：(1) $Z=X+2Y$ 的分布；

(2) $Z=X-2Y$ 的分布.

21. 设随机变量 ξ,η 相互独立且服从同一分布，其概率分布律为

ξ	1	2	3
P	$\dfrac{1}{3}$	$\dfrac{1}{3}$	$\dfrac{1}{3}$

又设 $X=\max(\xi,\eta),Y=\min(\xi,\eta)$，试写出二维随机变量 (X,Y) 的概率分布律.

22. 设随机变量 (X,Y) 的概率密度函数为 $f(x,y)=\dfrac{1}{2\pi\sigma^2}\mathrm{e}^{-\frac{x^2+y^2}{2\sigma^2}},-\infty<x<+\infty$，$-\infty<y<+\infty$，试求 $Z=X^2+Y^2$ 的概率密度函数.

23. 设随机变量 X 与 Y 相互独立，且均服从区间 $[0,3]$ 上的均匀分布，求 $P(\max(X,Y)\leqslant 1)$.

24. 设随机变量 (X,Y) 的概率密度函数为

$$f(x,y)=\begin{cases}b\mathrm{e}^{-(x+y)}, & 0<x<1,0<y<+\infty,\\ 0, & \text{其他.}\end{cases}$$

(1) 试确定常数 b；

(2) 求边缘概率密度 $f_X(x),f_Y(y)$；

(3) 求 $Z=\max(X,Y)$ 的分布函数.

25. 设二维随机变量 (X,Y) 的概率密度函数为

$$f(x,y)=\begin{cases}\dfrac{1}{3}\sin x, & 0\leqslant x\leqslant\dfrac{\pi}{2},0\leqslant y\leqslant 3,\\ 0, & \text{其他.}\end{cases}$$

试求 $f_{Y|X}(y|x)$ 和 $f_{X|Y}(x|y)$.

26. 设 (X,Y) 的概率密度函数为

$$f(x,y) = \begin{cases} \dfrac{e^{-\frac{x}{y}}e^{-y}}{y}, & 0 < x < +\infty, \ 0 < y < +\infty, \\ 0, & \text{其他}. \end{cases}$$

求 $P(X>1 | Y=y)$.

27. 已知随机变量 (X,Y) 的概率密度函数为

$$f(x,y) = \begin{cases} 6xy(2-x-y), & 0 \leqslant x \leqslant 1, 0 \leqslant y \leqslant 1, \\ 0, & \text{其他}. \end{cases}$$

(1) 求条件概率密度 $f_{X|Y}(x|y), f_{Y|X}(y|x)$;

(2) 问 X 与 Y 是否相互独立.

28. 设随机变量 X 在区间 $(0,1)$ 上服从均匀分布,在 $\{X=x\}$ $(0<x<1)$ 的条件下,随机变量 Y 在区间 $(0,x)$ 上服从均匀分布,求:

(1) 随机变量 X 和 Y 的概率密度函数;

(2) Y 的概率密度函数;

(3) 概率 $P(X+Y>1)$.

(二)

1. 设随机变量 X 和 Y 相互独立,其概率密度函数分别为

$$f_X(x) = \begin{cases} \lambda_1 e^{-\lambda_1 x}, & x>0, \\ 0, & x \leqslant 0 \end{cases} (\lambda_1>0), \quad f_Y(y) = \begin{cases} \lambda_2 e^{-\lambda_2 y}, & y>0, \\ 0, & y \leqslant 0 \end{cases} (\lambda_2>0),$$

引进随机变量 $Z = \begin{cases} 1, & X \leqslant Y, \\ 0, & X>Y. \end{cases}$ 试求随机变量 Z 的概率分布律和分布函数.

2. 设一电路三个同种电气元件的工作状态相互独立,且无故障工作时间都服从参数为 $\dfrac{1}{\lambda}$ 的指数分布. 当三个元件都无故障时,电路正常工作,否则整个电路不能正常工作. 试求电路正常工作的时间 T 的概率分布律.

3. 设 X,Y 是相互独立的随机变量,且都服从参数为 n,p 的二项分布,求证 $Z=X+Y$ 服从参数为 $2n,p$ 的二项分布.

4. 两台同样的自动记录仪,每台无故障工作的时间服从参数为 $\dfrac{1}{5}$ 的指数分布. 首先开动其中一台,当其发生故障时停用而另一台自动开动. 试求两台记录仪无故障工作的总时间 T 的概率密度函数 $f(t)$ (提示:利用两个独立随机变量之和的概率密度公式——卷积公式).

5. 设随机变量 X 和 Y 的联合分布服从正方形 $G=\{(x,y) | 1 \leqslant x \leqslant 3, 1 \leqslant y \leqslant 3\}$ 上的均匀分布,试求随机变量 $U=|X-Y|$ 的概率密度函数 $f(u)$.

6. 设某班车起点站上客人数 X 服从参数为 λ $(\lambda>0)$ 的泊松分布,每位乘客在中途下车的概率为 p $(0<p<1)$,且中途下车与否相互独立,以 Y 表示在中途下车的

人数,求:

(1) 在发车时有 n 个乘客的条件下,中途有 m 人下车的概率;

(2) 二维随机变量 (X,Y) 的概率分布律.

7. 设随机变量 X 和 Y 独立,其中 X 的概率分布律为

X	1	2
P	0.3	0.7

而 Y 的概率密度函数为 $f(y)$,求随机变量 $U=X+Y$ 的概率密度函数 $g(u)$.

8. 设二维随机变量 (X,Y) 的概率密度函数为
$$f(x,y) = \begin{cases} 1, & 0<x<1, 0<y<2x, \\ 0, & \text{其他}. \end{cases}$$

求:(1) (X,Y) 的边缘概率密度 $f_X(x), f_Y(y)$;

(2) $Z=2X-Y$ 的概率密度函数 $f_Z(z)$;

(3) $P\left(Y \leqslant \dfrac{1}{2} \mid X \leqslant \dfrac{1}{2}\right)$.

9. 若随机变量 X,Y 相互独立,$P(X=k)=a_k, k=0,1,2,\cdots, P(Y=k)=b_k, k=0,1,2,\cdots$,求 $Z=X+Y$ 的概率分布律.

10. 设随机变量 (X,Y) 的概率分布律为

Y	X					
	0	1	2	3	4	5
0	0.00	0.01	0.03	0.05	0.07	0.09
1	0.01	0.02	0.04	0.05	0.06	0.08
2	0.01	0.03	0.05	0.05	0.05	0.06
3	0.01	0.02	0.04	0.06	0.06	0.05

求:(1) $P(X=2 \mid Y=2), P(Y=3 \mid X=0)$;

(2) $V=\max(X,Y)$ 的概率分布律;

(3) $U=\min(X,Y)$ 的概率分布律;

(4) $W=X+Y$ 的概率分布律.

11. 设随机变量 X 服从参数为 λ 的指数分布,$Y=X^2$,求 (X,Y) 的分布函数.

12. 设随机变量 X_1 与 X_2 相互独立且同服从参数为 p ($0<p<1$) 的几何分布,即 $P(X_i=n)=pq^{n-1}$, $n=1,2,\cdots$, $i=1,2$, $q=1-p$,令 $Y=\min(X_1,X_2)$,试求:

(1) (X,Y) 的概率分布律;

(2) Y 的概率分布律.

13. 已知随机变量 X 与 Y 相互独立,且有相同的分布函数 $F(x)$,记 $Z=\max(X,Y)$,求 (X,Z) 的分布函数.

14. 已知随机变量 X 与 Y 相互独立且都服从参数为 $\dfrac{1}{2}$ 的0-1分布,即

$$P(X=0)=P(X=1)=\frac{1}{2}, P(Y=0)=P(Y=1)=\frac{1}{2},$$

定义随机变量 $Z=\begin{cases}1, & 当 X+Y 为偶数时,\\ 0, & 当 X+Y 为奇数时.\end{cases}$

(1) 求 Z 的分布律;

(2) 求 (X,Z) 的概率分布律;

(3) 判断 X 与 Z 是否独立.

15. 汽车加油站共有两个加油口,现有三辆车 A,B,C 同时进入该加油站,假设 A,B 首先开始加油,当其中一辆车加油结束后立即开始第三辆车 C 加油,假设各辆车加油所需时间相互独立且都服从参数为 λ 的指数分布.

(1) 求第三辆车 C 在加油站等待加油时间 T 的概率密度函数;

(2) 求第三辆车 C 在加油站度过时间 S 的概率密度函数.

第三章重要术语及主题

习题三参考答案

第四章 随机变量的数字特征

随机变量的分布函数完整地描述了随机变量的统计特性,但是对于更一般的随机变量,要确定其分布函数却不容易,并且对于许多实际问题,并不需要确定随机变量的分布函数,只要知道它的某些特征就足够了.例如,在测量电源电压时,测量结果是一个随机变量,在实际工作中往往用测量电压的平均值来表示电源电压的大小.又如,研究某种小麦的优劣,关心的则是每穗平均粒数、平均千粒重以及每穗粒数、粒重是否较均衡.这说明与随机变量有关的数值虽不能描述随机变量的全貌,但却更集中地描述了随机变量的某些重要特征,这些特征在理论与实践中都具有重要意义.由于他们往往只用一个数字表达,故把它们统称为**随机变量的数字特征**.随机变量的数字特征及其有关运算,在概率论与数理统计中起着重要作用.本章将介绍几个重要的数字特征:数学期望、方差、协方差、相关系数和矩.

§4.1 数 学 期 望

一、离散型随机变量的数学期望

在描述离散型随机变量的数学期望之前,先看一个简单的例子.某射手进行实弹射击,每次射击命中环数是随机变量 X,现在他射击 100 次,射击结果如下:

命中环数 x_i	5	6	7	8	9	10
次数 n_i	10	15	10	15	30	20

问他射击的平均环数是多少?

依条件,计算各次射击结果的算术平均值为

$$(5 \times 10 + 6 \times 15 + 7 \times 10 + 8 \times 15 + 9 \times 30 + 10 \times 20)/100$$

$$= 5 \times \frac{10}{100} + 6 \times \frac{15}{100} + 7 \times \frac{10}{100} + 8 \times \frac{15}{100} + 9 \times \frac{30}{100} + 10 \times \frac{20}{100}$$

$$= \sum_{i=1}^{6} x_i \frac{n_i}{100} = 8(环).$$

注意式中的 $\dfrac{n_i}{100}$ 是事件 $\{X=x_i\}$ 发生的频率，我们已知道事件的频率具有稳定性，当 n 很大时，频率 $\dfrac{n_i}{100}$ 接近于事件 $\{X=x_i\}$ 发生的概率 p_i，因此上式可记成 $\sum\limits_{i=1}^{6}x_ip_i$.

一般地，设在 n 次重复独立试验中，随机变量 X 共取 l 个数，取数 x_k 的频数为 n_k，频率为 $f_n(x_k)=\dfrac{n_k}{n}$ ($k=1,2,\cdots,l$)，则可以计算 X 的观察值的算术平均值为

$$\bar{x}=\dfrac{1}{n}\sum_{k=1}^{l}n_kx_k=\sum_{k=1}^{l}x_k\dfrac{n_k}{n}=\sum_{k=1}^{l}x_kf_n(x_k).$$

随着试验次数 n 的增加，频率 $f_n(x_k)$ 会越来越接近于概率 p_k，故上式可写成 $\sum\limits_{k=1}^{l}x_kp_k$. 对照上式，我们有如下定义.

定义 1 设离散型随机变量 X 的概率分布律为

$$P(X=x_i)=p_i, \quad i=1,2,\cdots.$$

若级数 $\sum\limits_{i=1}^{+\infty}x_ip_i$ 绝对收敛，则称级数 $\sum\limits_{i=1}^{+\infty}x_ip_i$ 为随机变量 X 的**数学期望**，记为 $E(X)$，即

$$E(X)=\sum_{i=1}^{+\infty}x_ip_i, \tag{4-1-1}$$

简称为**期望**.

由以上分析可知，数学期望 $\sum\limits_{i=1}^{+\infty}x_ip_i$ 反映了随机变量取值的平均水平，它是表示随机变量取值平均水平的数字特征，故有时我们把 $E(X)$ 也称为 X 的**均值**.

例 1 设随机变量 X 服从 0-1 分布，求 X 的数学期望.

解 由于 X 服从 0-1 分布，则 $X\sim B(1,p)$，故知

X	0	1
P	$1-p$	p

于是 $E(X)=0\times(1-p)+1\times p=p$.

例 2 一台机器生产某种产品，这类产品中一等品的利润是 5 元，二等品的利润是 4 元，而生产出一件次品则亏损 2 元. 已知这台机器生产出一等品、二等品和次品的概率分别是 0.6, 0.3 和 0.1，试求每件产品的平均利润.

解 以 X 表示每件产品的利润(单位:元)，则 X 的概率分布律为

X	-2	4	5
P	0.1	0.3	0.6

每件产品的平均利润即 $E(X)$，由式(4-1-1)可得

$$E(X)=(-2)\times 0.1+4\times 0.3+5\times 0.6=4(元).$$

例 3 设随机变量 X 的概率分布律为 $P\left(X=(-1)^k \dfrac{2^k}{k}\right)=\dfrac{1}{2^k}, k=1,2,\cdots$,求 X 的数学期望.

解 虽然 $\sum\limits_{k=1}^{+\infty} x_k p_k = \sum\limits_{k=1}^{+\infty}(-1)^k \dfrac{2^k}{k}\dfrac{1}{2^k} = \sum\limits_{k=1}^{+\infty}(-1)^k \dfrac{1}{k} = -\ln 2$,但由于

$$\sum_{k=1}^{+\infty}|x_k p_k| = \sum_{k=1}^{+\infty}\dfrac{1}{k} = +\infty,$$

所以 X 的数学期望不存在.

例 4 对 n 个人进行验血,有两种方案:

(1) 对每个人的血液逐个化验,共需 n 次化验;

(2) 将采集的每个人的血液分成两份,然后取其中的一份,按 k 个人一组混合后进行化验(设 n 是 k 的倍数).若呈阴性反应,则认为 k 个人的血液都呈阴性反应,这时 k 个人的血液只要化验一次;如果混合血液呈阳性反应,则需对 k 个人的另一份血液逐一进行化验,这时 k 个人的血液要化验 $k+1$ 次.

试说明适当选取 k 可使第二种方案减少化验次数.假设所有人的血液呈阳性反应的概率都是 p,且各次化验结果是相互独立的.

解 设 X 表示第二种方案下的总化验次数,X_i 表示第 i 组的化验次数,则

$$X = \sum_{i=1}^{\frac{n}{k}} X_i, \text{且} E(X) = \sum_{i=1}^{\frac{n}{k}} E(X_i)(\text{该等式的证明将利用后面数学期望的性质}).$$

$E(X)$ 表示第二种方案下总的平均化验次数,$E(X_i)$ 表示第 i 组的平均化验次数,下面求出 $E(X_i)$.X_i 只可能取两个值 1 或 $k+1$,

$$P(X_i = 1) = q^k, q = 1-p; \quad P(X_i = k+1) = 1-q^k.$$

$$E(X_i) = q^k + (k+1)(1-q^k) = k+1-kq^k, i=1,2,\cdots,\dfrac{n}{k},$$

所以 $E(X) = \dfrac{n}{k}(k+1-kq^k) = n\left(1+\dfrac{1}{k}-q^k\right).$

只要选 k 使 $1+\dfrac{1}{k}-q^k<1$,即 $\dfrac{1}{k}<q^k$,就可使第二种方案减少化验次数.当 q 已知时,若选 k 使 $f(k)=1+\dfrac{1}{k}-q^k$ 取最小值,就可使化验次数最少.例如,$p=0.1$,则 $q=0.9$,当 $k=4$ 时,$f(k)=1+\dfrac{1}{k}-q^k$ 取到最小值,此时得到最好的分组方法.若 $n=1\,000$,此时以 $k=4$ 分组,则按第二种方法平均只需化验 $1\,000\left(1+\dfrac{1}{4}-0.9^4\right)\approx 594$(次),这样可以减少约 40% 的工作量.

二、连续型随机变量的数学期望

设随机变量 X 的概率密度为 $f(x)$,其取值范围为 (a,b),在区间 (a,b) 之外 $f(x)$

取值为零. 在区间 (a,b) 内插入分点

$$a = x_0 < x_1 < x_2 < \cdots < x_n = b,$$

把 (a,b) 分成 n 个互不相交的小区间, 则 X 落入第 i 个小区间 $(x_{i-1}, x_i]$ 的概率为

$$P(x_{i-1} < X \leq x_i) \approx f(x_i)\Delta x_i \quad (\Delta x_i = x_i - x_{i-1}).$$

于是 X 的平均值近似地等于 $\sum_{i=1}^{n} x_i f(x_i) \Delta x_i$.

记 $\lambda = \max_{1 \leq i \leq n}(\Delta x_i)$. 当 $\lambda \to 0$ 时, 若 $\lim_{\lambda \to 0} \sum_{i=1}^{n} x_i f(x_i) \Delta x_i$ 存在, 则这个极限值为

$$I = \int_a^b x f(x) \mathrm{d}x = \int_{-\infty}^{a} 0 \mathrm{d}x + \int_a^b x f(x) \mathrm{d}x + \int_b^{+\infty} 0 \mathrm{d}x = \int_{-\infty}^{+\infty} x f(x) \mathrm{d}x.$$

故上式右端的反常积分 $\int_{-\infty}^{+\infty} x f(x) \mathrm{d}x$ 表示连续型随机变量 X 取值的平均水平, 于是有如下定义.

定义 2 设连续型随机变量 X 的概率密度函数为 $f(x)$, 若 $\int_{-\infty}^{+\infty} x f(x) \mathrm{d}x$ 绝对收敛, 则称反常积分 $\int_{-\infty}^{+\infty} x f(x) \mathrm{d}x$ 为随机变量 X 的数学期望, 记为 $E(X)$, 即

$$E(X) = \int_{-\infty}^{+\infty} x f(x) \mathrm{d}x. \tag{4-1-2}$$

简称**期望**或**均值**.

随机变量的数学期望统计意义在于: 在大量实验中, $E(X)$ 往往位于随机变量所取大量值的中间位置上, 形成以 $E(X)$ 为中心的分布.

例 5 设随机变量 $X \sim E(\lambda)$, 求 $E(X)$.

解 因为 $X \sim E(\lambda)$, 故 X 的概率密度函数为

$$f(x) = \begin{cases} \lambda e^{-\lambda x}, & x \geq 0, \\ 0, & \text{其他}. \end{cases}$$

$$E(X) = \int_{-\infty}^{+\infty} x f(x) \mathrm{d}x = \int_0^{+\infty} x \lambda e^{-\lambda x} \mathrm{d}x = -\int_0^{+\infty} x \mathrm{d}(e^{-\lambda x})$$

$$= -x e^{-\lambda x} \Big|_0^{+\infty} + \int_0^{+\infty} e^{-\lambda x} \mathrm{d}x = -\frac{1}{\lambda} e^{-\lambda x} \Big|_0^{+\infty} = \frac{1}{\lambda}.$$

例 6 有两个相互独立工作的电子装置, 它们的寿命 (单位:h) $X_k (k=1,2)$ 服从同一指数分布, 其概率密度函数为

$$f(x) = \begin{cases} \lambda e^{-\lambda x}, & x \geq 0, \\ 0, & x < 0, \end{cases} \quad \lambda > 0.$$

若将这两个电子装置串联连接组成整机, 求整机寿命 (单位:h) N 的数学期望.

解 这两个电子装置串联连接组成整机, 则整机寿命 $N = \min(X_1, X_2)$, 由于 $X_k (k=1,2)$ 服从同一指数分布, 故 $X_k (k=1,2)$ 的分布函数为

$$F(x) = \begin{cases} 1 - e^{-\lambda x}, & x > 0, \\ 0, & x \leq 0. \end{cases}$$

由 §3.6 中的极值分布知,$N = \min(X_1, X_2)$ 的分布函数为

$$F_{\min}(x) = 1 - [1 - F(x)]^2 = \begin{cases} 1 - e^{-2\lambda x}, & x > 0, \\ 0, & x \leq 0. \end{cases}$$

因而 N 的概率密度函数为

$$f_{\min}(x) = \begin{cases} 2\lambda e^{-2\lambda x}, & x \geq 0, \\ 0, & x < 0. \end{cases}$$

于是 N 的数学期望为

$$E(N) = \int_{-\infty}^{+\infty} x f_{\min}(x) \, dx = \int_0^{+\infty} 2\lambda x e^{-2\lambda x} \, dx = \frac{1}{2\lambda}.$$

例 7 某商店对某种家用电器的销售采用先使用后付款的方式,记使用寿命(单位:年)为 X,规定:当 $X \leq 1$ 时,一台付款 1 500 元;当 $1 < X \leq 2$ 时,一台付款 2 000 元;当 $2 < X \leq 3$ 时,一台付款 2 500 元;当 $X > 3$ 时,一台付款 3 000 元.

设寿命 X 服从指数分布,概率密度函数为

$$f(x) = \begin{cases} \dfrac{1}{10} e^{-\frac{x}{10}}, & x \geq 0, \\ 0, & x < 0. \end{cases}$$

试求该商店一台这种家用电器收费 Y 的数学期望.

解 先求出寿命 X 落在各个时间区间的概率,即有

$$P(X \leq 1) = \int_0^1 \frac{1}{10} e^{-\frac{x}{10}} \, dx = 1 - e^{-0.1} = 0.095\ 2.$$

$$P(1 < X \leq 2) = \int_1^2 \frac{1}{10} e^{-\frac{x}{10}} \, dx = e^{-0.1} - e^{-0.2} = 0.086\ 1.$$

$$P(2 < X \leq 3) = \int_2^3 \frac{1}{10} e^{-\frac{x}{10}} \, dx = e^{-0.2} - e^{-0.3} = 0.077\ 9.$$

$$P(X > 3) = \int_3^{+\infty} \frac{1}{10} e^{-\frac{x}{10}} \, dx = e^{-0.3} = 0.740\ 8.$$

则一台家用电器收费 Y 的概率分布律为

Y	1 500	2 000	2 500	3 000
P	0.095 2	0.086 1	0.077 9	0.740 8

得 $E(Y) = 2\ 732.15$,即平均一台收费 2 732.15 元.

三、随机变量的函数的数学期望

我们经常需要求随机变量的函数的数学期望,譬如,飞机机翼受到压力 $W = kV^2$

(V是风速,$k>0$是常数)的作用,需要求 W 的数学期望,而这里 W 是随机变量 V 的函数.一般地,设 X 是随机变量,$y=g(x)$ 是连续实函数,欲求随机变量 X 的函数 $Y=g(X)$ 的数学期望可以有两种途径:第一种是先求出随机变量 Y 的分布,然后按随机变量数学期望的定义求出 Y 的数学期望,这种方法较为繁琐;另一种较为简单的途径是直接应用以下定理对随机变量 X 的分布进行计算.

定理1 设随机变量 X 的函数为 $Y=g(X)$ ($g(x)$ 是连续实函数).

(1) 若 X 是离散型随机变量,其概率分布律为 $P(X=x_i)=p_i, i=1,2,\cdots$. 若 $\sum_{i=1}^{+\infty} g(x_i)p_i$ 绝对收敛,则有

$$E(Y) = E[g(X)] = \sum_{i=1}^{+\infty} g(x_i)p_i. \tag{4-1-3}$$

(2) 若 X 是连续型随机变量,其概率密度函数为 $f(x)$. 若 $\int_{-\infty}^{+\infty} g(x)f(x)\mathrm{d}x$ 绝对收敛,则有

$$E(Y) = E[g(X)] = \int_{-\infty}^{+\infty} g(x)f(x)\mathrm{d}x. \tag{4-1-4}$$

证明 定理的证明仅对离散型情形给出,连续型情形的证明超出了本书的范围,故从略.

设 X 是离散型随机变量,其概率分布律为

$$P(X=x_i)=p_i, \quad i=1,2,\cdots,$$

则 $Y=g(X)$ 的概率分布律为

Y	$g(x_1)$	$g(x_2)$	$\cdots$
P	p_1	p_2	$\cdots$

按照离散型数学期望的定义,有

$$E(Y) = \sum_{i=1}^{+\infty} g(x_i)p_i.$$

对于连续型随机变量,可以这么理解,对于任意小的 Δx_i,随机变量 X 落在区间 $(x_i, x_i+\Delta x_i]$ 的概率为 $f(x_i)\Delta x_i$,即随机变量 $Y=g(X)$ 落在区间 $(x_i, x_i+\Delta x_i]$ 的概率为 $f(x_i)\Delta x_i$,故 $Y=g(X)$ 的数学期望为

$$E(Y) = E[g(X)] = \lim_{\lambda \to 0} \sum_{i=1}^{n} g(x_i)f(x_i)\Delta x_i$$

$$= \int_{-\infty}^{+\infty} g(x)f(x)\mathrm{d}x.$$

例8 已知随机变量 X 的概率分布律为

X	0	1	2	3
P	$\dfrac{1}{2}$	$\dfrac{1}{2^2}$	$\dfrac{1}{2^3}$	$\dfrac{1}{2^3}$

试求数学期望 $E\left(\dfrac{1}{1+X}\right)$.

解 由式(4-1-3)有

$$E\left(\dfrac{1}{1+X}\right) = \dfrac{1}{1+0} \times \dfrac{1}{2} + \dfrac{1}{1+1} \times \dfrac{1}{2^2} + \dfrac{1}{1+2} \times \dfrac{1}{2^3} + \dfrac{1}{1+3} \times \dfrac{1}{2^3}$$

$$= \dfrac{67}{96}.$$

例 9 设球的直径 $X \sim U(a,b)$,试求球的体积 $V = \dfrac{1}{6}\pi X^3$ 的数学期望.

解 由于 $X \sim U(a,b)$,故

$$f(x) = \begin{cases} \dfrac{1}{b-a}, & x \in (a,b), \\ 0, & \text{其他}. \end{cases}$$

由式(4-1-4)可得

$$E(V) = \int_{-\infty}^{+\infty} \dfrac{\pi}{6} x^3 f(x) \mathrm{d}x = \dfrac{1}{b-a} \int_a^b \dfrac{\pi}{6} x^3 \mathrm{d}x = \dfrac{\pi}{24} \dfrac{1}{b-a} (b^4 - a^4).$$

定理 1 的重要意义在于当求 $E(Y)$ 时,不必知道 Y 的分布,而只需知道 X 的分布即可. 上述定理还可以推广到二维或二维以上的随机变量函数.

定理 2 设 (X,Y) 是二维随机变量,$Z = g(X,Y)$,其中 $g(x,y)$ 是连续实函数.

(1) 若 (X,Y) 是离散型随机变量,其概率分布律为

$$P(X = x_i, Y = y_j) = p_{ij}, \quad i = 1,2,\cdots, \quad j = 1,2,\cdots,$$

则当 $\sum\limits_{i=1}^{+\infty} \sum\limits_{j=1}^{+\infty} g(x_i, y_j) p_{ij}$ 绝对收敛时,有

$$E(Z) = E[g(X,Y)] = \sum_{i=1}^{+\infty} \sum_{j=1}^{+\infty} g(x_i, y_j) p_{ij}. \qquad (4\text{-}1\text{-}5)$$

(2) 若 (X,Y) 是连续型随机变量,其概率密度函数为 $f(x,y)$,则当 $\int_{-\infty}^{+\infty} \int_{-\infty}^{+\infty} g(x,y) f(x,y) \mathrm{d}x\mathrm{d}y$ 绝对收敛时,有

$$E(Z) = E[g(X,Y)] = \int_{-\infty}^{+\infty} \int_{-\infty}^{+\infty} g(x,y) f(x,y) \mathrm{d}x\mathrm{d}y. \qquad (4\text{-}1\text{-}6)$$

特别地,有 $E(X) = \int_{-\infty}^{+\infty} \int_{-\infty}^{+\infty} x f(x,y) \mathrm{d}x\mathrm{d}y$,$E(Y) = \int_{-\infty}^{+\infty} \int_{-\infty}^{+\infty} y f(x,y) \mathrm{d}x\mathrm{d}y$.

例 10 设二维随机变量 (X,Y) 具有概率分布律

X	Y	
	0	1
0	0.10	0.15
1	0.20	0.30
2	0.10	0.15

试求 $Z = \sin\dfrac{\pi(X+Y)}{4}$ 的数学期望.

解 按(4-1-5)式,有

$$E(Z) = E\left(\sin\dfrac{\pi(X+Y)}{4}\right)$$

$$= \sin 0 \times 0.1 + \sin\dfrac{\pi}{4} \times 0.15 + \sin\dfrac{\pi}{4} \times 0.20 +$$

$$\sin\dfrac{\pi}{2} \times 0.3 + \sin\dfrac{\pi}{2} \times 0.1 + \sin\dfrac{3\pi}{4} \times 0.15$$

$$= \dfrac{\sqrt{2}}{4} + 0.4 \approx 0.753\,5.$$

例 11 设供电公司在某指定时段的供电量(单位:10^4 kW·h)X 在 $[10,20]$ 上服从均匀分布,而用户的需求量 Y 在 $[10,30]$ 上服从均匀分布.设公司每供电 1 kW·h 获利 0.1 元,若需求量超过供电量,则公司可从电网上取得附加电量来补充,每供电 1 kW·h 获利 0.05 元,求该公司在这段时间内获利的数学期望.

解 由于 X 与 Y 独立,易知 (X,Y) 的概率密度函数为

$$f(x,y) = \begin{cases} \dfrac{1}{200}, & 10 \leqslant x \leqslant 20, 10 \leqslant y \leqslant 30, \\ 0, & \text{其他}. \end{cases}$$

利润函数为

$$Z = g(X,Y) = \begin{cases} 0.1Y, & X \geqslant Y, \\ 0.1X + 0.05(Y - X), & X < Y. \end{cases}$$

如图 4-1 所示,把矩形区域 $\{(x,y) \mid 10 \leqslant x \leqslant 20, 10 \leqslant y \leqslant 30\}$ 分成两个区域 D_1 与 D_2,则

$$E(g(X,Y)) = \int_{-\infty}^{+\infty}\int_{-\infty}^{+\infty} g(x,y)f(x,y)\mathrm{d}x\mathrm{d}y$$

$$= \iint_{D_1} 0.1y \times \dfrac{1}{200}\mathrm{d}x\mathrm{d}y + \iint_{D_2} 0.05(x+y) \times \dfrac{1}{200}\mathrm{d}x\mathrm{d}y$$

$$= \dfrac{1}{2\,000}\int_{10}^{20}\mathrm{d}x\int_{10}^{x} y\mathrm{d}y + \dfrac{0.05}{200}\int_{10}^{20}\mathrm{d}x\int_{x}^{30}(x+y)\mathrm{d}y$$

$$= 1.708\,3(万元).$$

即该公司在这段时间内平均获利约 1.7 万元.

例 12 甲与其他三人参与一个项目的竞标,价格以万元计,价格高者获胜.若甲中标,他就将此项目以 10 万元转让他人,可以认为其他三人的竞标价是相互独立的,且都在 7 万元至 11 万元之间服从均匀分布.问甲应如何报价才能使赢利的数学期望最大(若甲中标必须将此项目以他自己的报价买下)?

解 设 X_1, X_2, X_3 是其他三人的报价,依题意 X_1, X_2, X_3

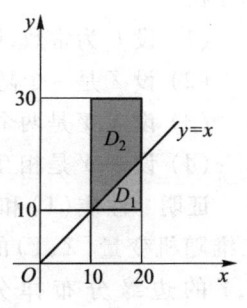

图 4-1

相互独立,且在区间$[7,11]$上服从均匀分布,其分布函数为

$$F(u) = \begin{cases} 0, & u < 7, \\ \dfrac{u-7}{4}, & 7 \leqslant u \leqslant 11, \\ 1, & u > 11. \end{cases}$$

以 Y 记三人最高出价,即 $Y = \max(X_1, X_2, X_3)$,Y 的分布函数为

$$F_Y(u) = \begin{cases} 0, & u < 7, \\ \left(\dfrac{u-7}{4}\right)^3, & 7 \leqslant u \leqslant 11, \\ 1, & u > 11. \end{cases}$$

若甲的报价为 x,依题意 $7 \leqslant x \leqslant 10$,知甲能赢得这一项目的概率为

$$p = P(Y \leqslant x) = F_Y(x) = \left(\dfrac{x-7}{4}\right)^3 \quad (7 \leqslant x \leqslant 10).$$

以 $G(X)$ 记甲的赢利数,$G(X)$ 是随机变量,它的概率分布律为

$G(X)$	$10-x$	0
P	$\left(\dfrac{x-7}{4}\right)^3$	$1-\left(\dfrac{x-7}{4}\right)^3$

于是甲赢利数的数学期望为 $E[G(X)] = \left(\dfrac{x-7}{4}\right)^3 (10-x)$,令

$$\dfrac{\mathrm{d}}{\mathrm{d}x} E[G(x)] = \dfrac{1}{4^3}[(x-7)^2(37-4x)] = 0,$$

得 $x = \dfrac{37}{4}$,$x = 7$(舍去).又知 $\dfrac{\mathrm{d}^2}{\mathrm{d}x^2} E[G(x)] \Big|_{x=\frac{37}{4}} < 0$,故当甲的报价为 $x = \dfrac{37}{4}$ 万元时,他赢利数的数学期望达到极大值,还可知是最大值.

四、数学期望的性质

随机变量的数学期望具有以下重要性质,设下面所论及的随机变量的数学期望都存在.

(1) 设 C 为常数,则 $E(C) = C$;
(2) 设 X 是一个随机变量,C 为常数,则有 $E(CX) = CE(X)$;
(3) 设 X,Y 是两个随机变量,则有 $E(X \pm Y) = E(X) \pm E(Y)$;
(4) 设 X,Y 是相互独立的随机变量,则有 $E(XY) = E(X)E(Y)$.

证明 性质(1)和(2)请读者自证,对性质(3)和(4)仅证离散型的情形.设二维随机变量 (X,Y) 的概率分布律为 $P(X=x_i, Y=y_j) = p_{ij}$,$i,j = 1,2,\cdots$,其关于 X,Y 的边缘分布律分别为 $P(X=x_i) = p_{i\cdot}$,$P(Y=y_j) = p_{\cdot j}$,$i,j = 1,2,\cdots$,由式(4-1-5)得

$$E(X \pm Y) = \sum_{i=1}^{+\infty}\sum_{j=1}^{+\infty}(x_i \pm y_j)p_{ij} = \sum_{i=1}^{+\infty}\sum_{j=1}^{+\infty}x_i p_{ij} \pm \sum_{i=1}^{+\infty}\sum_{j=1}^{+\infty}y_j p_{ij}$$

$$= \sum_{i=1}^{+\infty}x_i\sum_{j=1}^{+\infty}p_{ij} \pm \sum_{j=1}^{+\infty}y_j\sum_{i=1}^{+\infty}p_{ij} = \sum_{i=1}^{+\infty}x_i p_{i\bullet} \pm \sum_{j=1}^{+\infty}y_j p_{\bullet j}$$

$$= E(X) \pm E(Y).$$

若 X 与 Y 相互独立,则 $p_{ij}=p_{i\bullet}p_{\bullet j}, i,j=1,2,\cdots$,故有

$$E(XY) = \sum_{i=1}^{+\infty}\sum_{j=1}^{+\infty}x_i y_j p_{ij} = \sum_{i=1}^{+\infty}\sum_{j=1}^{+\infty}x_i y_j p_{i\bullet}p_{\bullet j} = \sum_{i=1}^{+\infty}x_i p_{i\bullet}\cdot\sum_{j=1}^{+\infty}y_j p_{\bullet j}$$

$$= E(X)E(Y).$$

性质(3),(4)可以推广到任意有限个随机变量之和的情形,

$$E(X_1 \pm X_2 \pm \cdots \pm X_n) = E(X_1) \pm E(X_2) \pm \cdots \pm E(X_n). \quad (4\text{-}1\text{-}7)$$

若 $X_1,X_2,\cdots,X_n$ 相互独立,则有

$$E(X_1 X_2 \cdots X_n) = E(X_1)E(X_2)\cdots E(X_n). \quad (4\text{-}1\text{-}8)$$

例 13 设随机变量 $X \sim B(n,p)$,试求 $E(X)$.

解 设 $X_i(i=1,2,\cdots,n)$ 服从 0-1 分布,即

X_i	0	1
P	$1-p$	p

微视频讲解 4-1:
全期望公式

且 $E(X_i) = 0\times(1-p)+1\times p = p, i=1,2,\cdots,n$. 由于 $X \sim B(n,p)$, 由二项分布的定义知, X 可表示为 n 个相互独立且均服从参数为 p 的 0-1 分布的随机变量 $X_i(i=1,2,\cdots,n)$ 之和 $X = X_1+X_2+\cdots+X_n$. 从而

$$E(X) = E(X_1) + E(X_2) + \cdots + E(X_n) = np.$$

本题将 X 分解成数个随机变量之和,然后利用性质(3)求出随机变量 X 的数学期望. 这种处理方法具有一定的普遍意义,它是求随机变量数学期望的一种简便方法.

例 14 设一袋中装有 m 只颜色各不相同的球,每次从中任取一只,放回抽取 n 次,以 X 表示在 n 次抽球中抽到球的不同颜色的数目,求 $E(X)$.

解 直接写出 X 的分布律较为困难,其原因在于若第 i 种颜色的球被取到过,则此种颜色的球又可被取到一次、二次……n 次,情况较多,而其对应事件"第 i 种颜色的球没被取到过"的概率容易写出为

典型例题 4-1

$$P(\text{第 } i \text{ 种颜色的球在 } n \text{ 次摸球中一次也没被取到}) = \left(1-\frac{1}{m}\right)^n.$$

为此令

$$X_i = \begin{cases} 1, & \text{第 } i \text{ 种颜色的球在 } n \text{ 次摸球中至少被摸到一次,} \\ 0, & \text{第 } i \text{ 种颜色的球在 } n \text{ 次摸球中一次也没被摸到,} \end{cases} \quad i=1,2,\cdots,m,$$

这些 X_i 相当于计数器,分别记录下第 i 种颜色的球是否被取到过,而 X 是取到过的

球的不同颜色总数,所以 $X = \sum_{i=1}^{m} X_i$. 由

X_i	0	1
P	$\left(1-\dfrac{1}{m}\right)^n$	$1-\left(1-\dfrac{1}{m}\right)^n$

可得

$$E(X_i) = 0 \times \left(1 - \frac{1}{m}\right)^n + 1 \times \left[1 - \left(1 - \frac{1}{m}\right)^n\right] = 1 - \left(1 - \frac{1}{m}\right)^n.$$

所以

$$E(X) = mE(X_i) = m\left[1 - \left(1 - \frac{1}{m}\right)^n\right].$$

譬如,$m = n = 6$ 时,

$$E(X) = 6 \times \left[1 - \left(1 - \frac{1}{6}\right)^6\right] \approx 4.$$

这表明袋中有 6 只不同颜色的球,从中有放回摸取 6 次,平均只能摸到 4 种颜色的球.

例 15 设二维随机变量 (X,Y) 的概率密度函数为

$$f(x,y) = \begin{cases} 8e^{-2x-4y}, & x \geq 0, y \geq 0, \\ 0, & \text{其他}. \end{cases}$$

(1) 求 $Z = 2X - 3Y$ 的数学期望;(2) 求 $W = 3XY$ 的数学期望.

解 由式(4-1-6)有

$$E(Z) = \int_0^{+\infty} \int_0^{+\infty} (2x - 3y) \times 8e^{-2x-4y} \mathrm{d}x\mathrm{d}y$$

与

$$E(W) = \int_0^{+\infty} \int_0^{+\infty} 3xy \times 8e^{-2x-4y} \mathrm{d}x\mathrm{d}y.$$

但为了说明数学期望的性质,我们采用另一种方法.

典型例题 4-2

(1) 由于关于 X,Y 的边缘概率密度分别为

$$f_X(x) = \int_{-\infty}^{+\infty} f(x,y) \mathrm{d}y = \begin{cases} \int_0^{+\infty} 8e^{-2x-4y} \mathrm{d}y = 2e^{-2x}, & x \geq 0, \\ 0, & \text{其他}. \end{cases}$$

典型例题 4-3

$$f_Y(y) = \int_{-\infty}^{+\infty} f(x,y) \mathrm{d}x = \begin{cases} \int_0^{+\infty} 8e^{-2x-4y} \mathrm{d}x = 4e^{-4y}, & y \geq 0, \\ 0, & \text{其他}. \end{cases}$$

即 $X \sim E(2)$ 和 $Y \sim E(4)$,由本节例 5 知,$E(X) = \dfrac{1}{2}, E(Y) = \dfrac{1}{4}$,故

$$E(Z) = E(2X - 3Y) = 2E(X) - 3E(Y) = 2 \times \frac{1}{2} - 3 \times \frac{1}{4} = \frac{1}{4}.$$

（2）由于 $f(x,y) = f_X(x)f_Y(y)$，故随机变量 X 与 Y 相互独立，有

$$E(W) = 3E(XY) = 3E(X)E(Y) = 3 \times \frac{1}{2} \times \frac{1}{4} = \frac{3}{8}.$$

典型例题 4-4

§4.2 方 差

一、方差的概念

随机变量的数学期望反映了随机变量取值的平均水平或分布中心，但在许多实际问题中只知道数学期望是不够的. 例如现设有甲、乙两台加工机按同一尺寸（内径 3.0 cm）加工酒瓶盖，根据长期统计，甲、乙两机加工的瓶盖内径分别是随机变量 X 和 Y，其分布律为

内径 X/cm	2.8	2.9	3.0	3.1	3.2
P	0.05	0.20	0.50	0.20	0.05

内径 Y/cm	2.8	2.9	3.0	3.1	3.2
P	0.15	0.20	0.30	0.20	0.15

容易算得 X,Y 的数学期望相等，即 $E(X) = E(Y) = 3.0$. 显然，此时仅用平均内径已不足以评价甲、乙两机的加工质量的优劣，我们还要了解它们对平均内径的偏差情况，以判断甲、乙两台加工机加工酒瓶盖的技术稳定程度.

一般来说，随机变量 X 的均值 $E(X)$ 在概率意义下反映了随机变量的平均取值水平. 但 X 作为随机变量，它在 $E(X)$ 周围取值的情况并不相同，有的比较集中，有的比较分散. 为了区别这些情况，我们需建立一个量来刻画 X 的取值对分布中心 $E(X)$ 的分散或偏差情况. 为此，考虑 $[X-E(X)]^2$（这比 $|X-E(X)|$ 容易计算），这里取平方的目的是为了消除 $X-E(X)$ 中的正、负号，因为不论是正偏差，还是负偏差都表示分散程度. 但由于 $[X-E(X)]^2$ 是随机变量，故用 $E\{[X-E(X)]^2\}$ 来表达 X 对 $E(X)$ 的平均偏差，称之为随机变量的**方差**.

定义 设 X 是一个随机变量，若 $E\{[X-E(X)]^2\}$ 存在，则称之为随机变量 X 的**方差**，记为 $D(X)$，$\sigma^2(X)$ 或 $\mathrm{Var}(X)$，即

$$D(X) = \sigma^2(X) = \mathrm{Var}(X) = E\{[X - E(X)]^2\}. \qquad (4\text{-}2\text{-}1)$$

称 $\sigma(X) = \sqrt{D(X)}$ 为 X 的**标准差**或**均方差**.

随机变量的方差 $D(X)$ 是衡量 X 的取值分散程度的一个尺度. 当 $D(X)$ 较小时，在大量试验中 X 所取之值偏离 $E(X)$ 较远的事件发生的频率就较小；当 $D(X)$ 较大时，在大量试验中 X 所取之值偏离 $E(X)$ 较远的事件发生的频率就较大.

现在来讨论本节开头的例子. 为了评价甲、乙两台加工机的加工质量的优劣，在数学期望相等的情况下，计算甲加工机加工酒瓶盖的方差为

$$0.05 \times (2.8 - 3.0)^2 + 0.20 \times (2.9 - 3.0)^2 + 0.50 \times (3.0 - 3.0)^2 +$$
$$0.20 \times (3.1 - 3.0)^2 + 0.05 \times (3.2 - 3.0)^2 = 0.008.$$

乙加工机加工酒瓶盖的方差为
$$0.15 \times (2.8 - 3.0)^2 + 0.20 \times (2.9 - 3.0)^2 + 0.30 \times (3.0 - 3.0)^2 +$$
$$0.20 \times (3.1 - 3.0)^2 + 0.15 \times (3.2 - 3.0)^2 = 0.016.$$

由于乙加工机的方差较大,甲加工机的方差较小,故乙加工机的技术相对来说更不"稳定",甲加工机的技术相对来说更"稳定".

由于方差 $D(X)$ 是随机变量 X 函数的数学期望,因此当 X 是离散型随机变量时,式(4-2-1)的形式为

$$D(X) = \sum_{i=1}^{+\infty} [x_i - E(X)]^2 p_i, \qquad (4\text{-}2\text{-}2)$$

其中 $P(X = x_i) = p_i, i = 1, 2, \cdots$ 是 X 的概率分布律.对于连续型随机变量 X,按式(4-2-1)有

$$D(X) = \int_{-\infty}^{+\infty} [x - E(X)]^2 f(x) \mathrm{d}x, \qquad (4\text{-}2\text{-}3)$$

其中 $f(x)$ 是 X 的概率密度函数.

在实际计算中,随机变量 X 的方差常按下列公式计算:

$$D(X) = E(X^2) - [E(X)]^2. \qquad (4\text{-}2\text{-}4)$$

证明 由数学期望的性质,可得
$$D(X) = E\{[X - E(X)]^2\} = E\{X^2 - 2XE(X) + [E(X)]^2\}$$
$$= E(X^2) - 2E(X)E(X) + [E(X)]^2 = E(X^2) - [E(X)]^2.$$

例1 设随机变量 $X \sim B(1,p)$,求 $D(X)$.

解 由于 $X \sim B(1,p)$,故 X 的概率分布律为

X	0	1
P	$1-p$	p

于是 $E(X) = p, E(X^2) = 0^2 \times (1-p) + 1^2 \times p = p$,从而
$$D(X) = E(X^2) - [E(X)]^2 = p - p^2 = p(1-p).$$

例2 设随机变量 $X \sim E(\lambda)$,求 $D(X)$.

解 因为 $X \sim E(\lambda)$,所以 X 的概率密度函数为
$$f(x) = \begin{cases} \lambda \mathrm{e}^{-\lambda x}, & x \geq 0, \\ 0, & \text{其他}. \end{cases}$$

由于
$$E(X^2) = \int_{-\infty}^{+\infty} x^2 f(x) \mathrm{d}x = \int_{0}^{+\infty} x^2 \lambda \mathrm{e}^{-\lambda x} \mathrm{d}x = -x^2 \mathrm{e}^{-\lambda x} \Big|_{0}^{+\infty} + \int_{0}^{+\infty} \mathrm{e}^{-\lambda x} \cdot 2x \mathrm{d}x$$
$$= 0 + \frac{2}{\lambda} \int_{0}^{+\infty} \lambda x \mathrm{e}^{-\lambda x} \mathrm{d}x = \frac{2}{\lambda} E(X) = \frac{2}{\lambda^2}.$$

故
$$D(X) = E(X^2) - [E(X)]^2 = \frac{2}{\lambda^2} - \frac{1}{\lambda^2} = \frac{1}{\lambda^2}.$$

例3 设随机变量 $X \sim U(0,\pi)$，$Y = \sin X$，试求 $D(Y)$.

解 由于 $X \sim U(0,\pi)$，其概率密度函数为
$$f(x) = \begin{cases} \dfrac{1}{\pi}, & x \in (0,\pi), \\ 0, & 其他. \end{cases}$$

于是
$$E(Y) = E(\sin X) = \int_{-\infty}^{+\infty} f(x) \sin x \, dx = \frac{1}{\pi} \int_0^{\pi} \sin x \, dx = \frac{2}{\pi},$$

$$E(Y^2) = \int_{-\infty}^{+\infty} \sin^2 x f(x) \, dx = \frac{1}{\pi} \int_0^{\pi} \sin^2 x \, dx = \frac{1}{2\pi} \int_0^{\pi} (1 - \cos 2x) \, dx = \frac{1}{2},$$

故
$$D(Y) = E(Y^2) - [E(Y)]^2 = \frac{1}{2} - \left(\frac{2}{\pi}\right)^2 = \frac{\pi^2 - 8}{2\pi^2}.$$

例4 设随机变量 $X \sim U(a,b)$，求 $D(X)$.

解 因为 $X \sim U(a,b)$，故 X 的概率密度函数为
$$f(x) = \begin{cases} \dfrac{1}{b-a}, & a < x < b, \\ 0, & 其他, \end{cases}$$

$$E(X) = \int_{-\infty}^{+\infty} x f(x) \, dx = \int_a^b \frac{x}{b-a} \, dx = \frac{1}{2} \frac{x^2}{b-a} \Big|_a^b = \frac{1}{2}(a+b),$$

$$E(X^2) = \int_{-\infty}^{+\infty} x^2 f(x) \, dx = \int_a^b \frac{x^2}{b-a} \, dx = \frac{1}{3} \frac{x^3}{b-a} \Big|_a^b = \frac{1}{3}(b^2 + ab + a^2),$$

故
$$D(X) = E(X^2) - [E(X)]^2 = \frac{1}{3}(b^2 + ab + a^2) - \left[\frac{1}{2}(a+b)\right]^2$$

$$= \frac{1}{12}(b-a)^2.$$

例5 某人有一笔资金，可投入两个项目：房产和商业，其效益都与市场状态有关.若把未来市场划分为好、中、差三种情况，其发生的概率分别为 0.2, 0.7, 0.1. 通过调查，投资于房产的收益（单位：万元）X 和投资于商业的收益（单位：万元）Y 的分布分别为

X	11	3	−3
P	0.2	0.7	0.1

Y	6	4	−1
P	0.2	0.7	0.1

请问:该投资者如何投资为好?

解 我们先考察数学期望(平均收益):
$$E(X) = 11 \times 0.2 + 3 \times 0.7 + (-3) \times 0.1 = 4.0(万元),$$
$$E(Y) = 6 \times 0.2 + 4 \times 0.7 + (-1) \times 0.1 = 3.9(万元).$$

从平均收益看,投资房地产收益大,可比投资商业多收益 0.1 万元.下面我们再来计算它们各自的方差:
$$\sigma^2(X) = (11-4)^2 \times 0.2 + (3-4)^2 \times 0.7 + (-3-4)^2 \times 0.1 = 15.4,$$
$$\sigma^2(Y) = (6-3.9)^2 \times 0.2 + (4-3.9)^2 \times 0.7 + (-1-3.9)^2 \times 0.1$$
$$= 3.29,$$

及标准差
$$\sigma(X) = \sqrt{15.4} = 3.92, \sigma(Y) = \sqrt{3.29} = 1.81.$$

因为标准差(方差)越大,收益的波动越大,从而风险也越大,所以从标准差看,投资房地产的风险比投资商业的风险大一倍多.若收益与风险综合权衡,该投资商还是应该选投资商业为好,虽然平均收益少 0.1 万元,但风险要小一半以上.

二、方差的性质

由方差的定义可知方差只能是非负数,可证明方差具有以下重要性质:
(1) 若 C 是常数,则 $D(C) = 0$;
(2) 若随机变量 X 的方差存在,C 是常数,则 $D(X+C) = D(X)$;
(3) 若随机变量 X 的方差存在,k 是常数,则 $D(kX) = k^2 D(X)$;
(4) 若随机变量 X 和 Y 的方差存在,则
$$D(X \pm Y) = D(X) + D(Y) \pm 2E\{[X - E(X)][Y - E(Y)]\}, \quad (4\text{-}2\text{-}5)$$
特别地,若 X 与 Y 相互独立,则 $D(X \pm Y) = D(X) + D(Y)$;
(5) $D(X) = 0$ 的充要条件是 X 依概率为 1 取常数 $E(X)$,即 $P(X = E(X)) = 1$.

证明 性质(1),(2),(3)请读者自证,这里仅证性质(4),性质(5)的证明见例11.

因为
$$D(X \pm Y) = E\{[(X \pm Y) - E(X \pm Y)]^2\}$$
$$= E\{[(X - E(X)) \pm (Y - E(Y))]^2\}$$
$$= E\{[X - E(X)]^2 \pm 2[X - E(X)][Y - E(Y)] + [Y - E(Y)]^2\}$$
$$= E\{[X - E(X)]^2\} + E\{[Y - E(Y)]^2\} \pm$$
$$2E\{[X - E(X)][Y - E(Y)]\}$$
$$= D(X) + D(Y) \pm 2E\{[X - E(X)][Y - E(Y)]\}.$$

若 X 与 Y 相互独立,则 $X - E(X)$ 与 $Y - E(Y)$ 也相互独立,由数学期望的性质,有
$$E\{[X - E(X)][Y - E(Y)]\} = E[X - E(X)]E[Y - E(Y)]$$
$$= [E(X) - E(X)][E(Y) - E(Y)] = 0,$$
故 $D(X \pm Y) = D(X) + D(Y)$.

更进一步,若 $X_1, X_2, \cdots, X_n$ 相互独立且方差都存在,$k_1, k_2, \cdots, k_n$ 为常数,则有
$$D(k_1 X_1 + k_2 X_2 + \cdots + k_n X_n) = k_1^2 D(X_1) + k_2^2 D(X_2) + \cdots + k_n^2 D(X_n).$$

例6 设随机变量 $X \sim B(n,p)$,求 $D(X)$.

解 由于 $X \sim B(n,p)$,则 X 可表示为 n 个相互独立且均服从参数为 p 的 0-1 分布的随机变量 X_i $(i=1,2,\cdots,n)$ 之和
$$X = X_1 + X_2 + \cdots + X_n.$$
已得 $D(X_i) = p(1-p)$ $(i=1,2,\cdots,n)$,从而
$$D(X) = D(X_1) + D(X_2) + \cdots + D(X_n) = np(1-p).$$

例7 设随机变量 X 的数学期望 $E(X)$ 和方差 $D(X)$ 存在,且 $D(X)>0$,定义一个随机变量 X^* 为
$$X^* = \frac{X - E(X)}{\sqrt{D(X)}},$$
求证 $E(X^*) = 0, D(X^*) = 1$.

证明
$$E(X^*) = E\left[\frac{X - E(X)}{\sqrt{D(X)}}\right] = \frac{1}{\sqrt{D(X)}}[E(X) - E(X)] = 0,$$
$$D(X^*) = D\left[\frac{X - E(X)}{\sqrt{D(X)}}\right] = \frac{1}{(\sqrt{D(X)})^2} \cdot D(X) = 1.$$

通常称 X^* 为 X 的**标准化随机变量**.

例8 设随机变量 $X \sim N(\mu, \sigma^2)$,求 $E(X), D(X)$.

解 先求标准正态变量 $Z = \dfrac{X - \mu}{\sigma}$ 的数学期望和方差. 由 §2.4 的例6知,$Z = \dfrac{X - \mu}{\sigma} \sim N(0,1)$,故 Z 的概率密度函数为
$$\varphi(t) = \frac{1}{\sqrt{2\pi}} e^{-\frac{t^2}{2}}, \quad -\infty < t < +\infty.$$
于是
$$E(Z) = \frac{1}{\sqrt{2\pi}} \int_{-\infty}^{+\infty} t e^{-\frac{t^2}{2}} dt = -\frac{1}{\sqrt{2\pi}} e^{-\frac{t^2}{2}} \Big|_{-\infty}^{+\infty} = 0,$$
$$D(Z) = E(Z^2) - [E(Z)]^2 = \frac{1}{\sqrt{2\pi}} \int_{-\infty}^{+\infty} t^2 e^{-\frac{t^2}{2}} dt$$
$$= -\frac{1}{\sqrt{2\pi}} t e^{-\frac{t^2}{2}} \Big|_{-\infty}^{+\infty} + \frac{1}{\sqrt{2\pi}} \int_{-\infty}^{+\infty} e^{-\frac{t^2}{2}} dt = \frac{1}{\sqrt{2\pi}} \cdot \sqrt{2\pi} = 1.$$

因 $X = \mu + \sigma Z$,有
$$E(X) = E(\mu + \sigma Z) = E(\mu) + \sigma E(Z) = \mu,$$
$$D(X) = D(\mu + \sigma Z) = D(\sigma Z) = \sigma^2 D(Z) = \sigma^2.$$

故正态分布的概率密度函数中的两个参数 μ, σ^2 分别就是该分布的数学期望和方差,因而正态分布可由它的数学期望和方差所确定.

由 §3.6 例 5 知,若随机变量 $X_i \sim N(\mu_i, \sigma_i^2), i=1,2,\cdots,n$,且它们相互独立,则它们的线性组合

$$c_1 X_1 + c_2 X_2 + \cdots + c_n X_n (c_1, c_2, \cdots, c_n \text{ 是不全为零的常数})$$

仍然服从正态分布,于是由数学期望和方差的性质知,

$$c_1 X_1 + c_2 X_2 + \cdots + c_n X_n \sim N\left(\sum_{i=1}^n c_i \mu_i, \sum_{i=1}^n c_i^2 \sigma_i^2\right).$$

例如,若随机变量 $X \sim N(1,3)$,$Y \sim N(2,4)$,且 X 与 Y 相互独立,则 $Z = 2X - 3Y$ 也服从正态分布,而且

$$E(Z) = 2 \times 1 - 3 \times 2 = -4,$$
$$D(Z) = D(2X - 3Y) = 4D(X) + 9D(Y) = 4 \times 3 + 9 \times 4 = 48,$$

故 $Z \sim N(-4, 48)$.

例 9 在相同条件下对某零件的长度进行 n 次独立测量,第 k 次的测量结果是随机变量 X_k,且 $E(X_k) = \mu$,$D(X_k) = \sigma^2$,求 n 次测量结果的平均长度 $\dfrac{1}{n}\sum_{k=1}^n X_k$ 的数学期望和方差.

解 设 $X = \dfrac{1}{n}\sum_{k=1}^n X_k$,则

$$E(X) = \frac{1}{n}\sum_{k=1}^n E(X_k) = \frac{1}{n} \cdot n\mu = \mu,$$

由于 $X_1, X_2, \cdots, X_n$ 相互独立,故

$$D\left(\frac{1}{n}\sum_{k=1}^n X_k\right) = \frac{1}{n^2}\sum_{k=1}^n D(X_k) = \frac{1}{n^2} n\sigma^2 = \frac{\sigma^2}{n}.$$

此例说明若无系统测量误差,对零件长度进行 n 次独立测量,对其结果取算术平均值不会改变测量值的数学期望,但测量所产生的偏差随测量次数的增多而减少,在工程上常采用这种方法提高测量精度.

三、切比雪夫(Chebyshev)不等式

设随机变量 X 具有数学期望 $E(X) = \mu$,方差 $D(X) = \sigma^2$,则对于任意 $\varepsilon > 0$,恒有

$$P(|X - \mu| \geq \varepsilon) \leq \frac{\sigma^2}{\varepsilon^2}. \tag{4-2-6}$$

这一不等式称为**切比雪夫不等式**.

证明 我们只就连续型随机变量的情况给出证明如下:

设连续型随机变量 X 的概率密度函数为 $f(x)$,则

$$P(|X - \mu| \geq \varepsilon)$$
$$= P(X \leq E(X) - \varepsilon) + P(X \geq E(X) + \varepsilon)$$

$$= \int_{-\infty}^{E(X)-\varepsilon} f(x)\,dx + \int_{E(X)+\varepsilon}^{+\infty} f(x)\,dx$$

$$\leqslant \int_{-\infty}^{E(X)-\varepsilon} \frac{[x-E(X)]^2}{\varepsilon^2} f(x)\,dx + \int_{E(X)+\varepsilon}^{+\infty} \frac{[x-E(X)]^2}{\varepsilon^2} f(x)\,dx$$

$$\leqslant \int_{-\infty}^{E(X)-\varepsilon} \frac{[x-E(X)]^2}{\varepsilon^2} f(x)\,dx + \int_{E(X)-\varepsilon}^{E(X)+\varepsilon} \frac{[x-E(X)]^2}{\varepsilon^2} f(x)\,dx +$$

$$\int_{E(X)+\varepsilon}^{+\infty} \frac{[x-E(X)]^2}{\varepsilon^2} f(x)\,dx$$

$$\leqslant \frac{1}{\varepsilon^2} \int_{-\infty}^{+\infty} [x-E(X)]^2 f(x)\,dx = \frac{D(X)}{\varepsilon^2}.$$

切比雪夫不等式也可以写成如下的形式

$$P(|X-\mu| < \varepsilon) \geqslant 1 - \frac{\sigma^2}{\varepsilon^2}. \tag{4-2-7}$$

例 10 将一枚骰子连续抛掷 4 次,点数和记为 X,估计 $P(10<X<18)$.

解 设第 i 次抛掷骰子所得点数为 X_i,则 $X = \sum_{i=1}^{4} X_i$,为求 $E(X),D(X)$,可先求 $E(X_i),D(X_i)$.依题意 X_i 的概率分布律如下:

X_i	1	2	3	4	5	6
P	$\frac{1}{6}$	$\frac{1}{6}$	$\frac{1}{6}$	$\frac{1}{6}$	$\frac{1}{6}$	$\frac{1}{6}$

故可得到 $E(X_i) = \frac{7}{2}, D(X_i) = \frac{35}{12}$.因而

$$E(X) = E\left(\sum_{i=1}^{4} X_i\right) = 4 \times \frac{7}{2} = 14,$$

$$D(X) = D\left(\sum_{i=1}^{4} X_i\right) = 4 \times \frac{35}{12} = \frac{35}{3}.$$

又因 $P(10<X<18) = P(|X-E(X)|<4)$,由切比雪夫不等式得

$$P(10 < X < 18) = P(|X-E(X)| < 4) \geqslant 1 - \frac{D(X)}{4^2} \approx 0.271.$$

切比雪夫不等式作为一个理论工具,其应用是普遍的.这个不等式给出了在随机变量 X 的分布未知的情况下随机事件 $\{|X-\mu|<\varepsilon\}$ 发生的概率的一种估计,例如取 $\varepsilon = 3\sigma, 4\sigma$ 等,便得

$$P(|X-\mu| < 3\sigma) \geqslant 0.888\,9, P(|X-\mu| < 4\sigma) \geqslant 0.937\,5.$$

这个估计比当 $X \sim N(\mu, \sigma^2)$ 时的估计(见§2.3 的例 12)的精度要低一些.

例 11 若随机变量 X 的方差存在,则 $D(X) = 0$ 的充要条件是随机变量 X 依概率 1 取常数 $E(X)$,即 $P(X=E(X)) = 1$.

证明 充分性是显然的,下面证明必要性.

注意到事件 $\{|X-E(X)|>0\} = \bigcup_{n=1}^{+\infty} \left\{|X-E(X)| \geqslant \frac{1}{n}\right\}$,于是

$$P(|X-E(X)|>0) \leqslant \sum_{n=1}^{+\infty} P\left(|X-E(X)| \geqslant \frac{1}{n}\right).$$

又由于 $D(X)=0$,由切比雪夫不等式,对每个 n 有

$$0 \leqslant P\left(|X-E(X)| \geqslant \frac{1}{n}\right) \leqslant \frac{D(X)}{1/n^2} = 0,$$

即

$$P\left(|X-E(X)| \geqslant \frac{1}{n}\right) = 0, \quad n=1,2,\cdots,$$

从而知

$$P(|X-E(X)|>0) = 0,$$

即得

$$P(X=E(X)) = 1.$$

四、若干重要分布的数学期望与方差

现总结几个重要分布的数学期望与方差.

1. 0-1 分布:若随机变量 $X \sim B(1,p)$,则 $E(X)=p, D(X)=pq$(这里 $q=1-p$).
该分布的数学期望与方差在 §4.1 例 1 和 §4.2 例 1 中已求得.

2. 二项分布:若随机变量 $X \sim B(n,p)$,则 $E(X)=np, D(X)=npq$.
该分布的数学期望与方差在 §4.1 例 13 和 §4.2 例 6 中已求得.

3. 泊松分布:若随机变量 $X \sim P(\lambda)$,则 $E(X)=\lambda, D(X)=\lambda$.

证明 因为 $X \sim P(\lambda)$,所以 X 的概率分布律为

$$P(X=i) = \frac{\lambda^i}{i!} e^{-\lambda}, i=0,1,2,\cdots,$$

$$E(X) = \sum_{i=0}^{+\infty} i \cdot \frac{\lambda^i}{i!} e^{-\lambda} = \sum_{i=1}^{+\infty} i \cdot \frac{\lambda^i}{i!} e^{-\lambda} = \lambda e^{-\lambda} \sum_{i=1}^{+\infty} \frac{\lambda^{i-1}}{(i-1)!}$$

$$= \lambda e^{-\lambda} \cdot e^{\lambda} = \lambda,$$

$$E(X^2) = \sum_{i=0}^{+\infty} i^2 \frac{\lambda^i}{i!} e^{-\lambda} = \sum_{i=1}^{+\infty} i \frac{\lambda^i}{(i-1)!} e^{-\lambda}$$

$$= \lambda \sum_{i=0}^{+\infty} (i+1) \frac{\lambda^i}{i!} e^{-\lambda} = \lambda^2 + \lambda.$$

故

$$D(X) = E(X^2) - [E(X)]^2 = \lambda^2 + \lambda - \lambda^2 = \lambda.$$

4. 均匀分布:若随机变量 $X \sim U(a,b)$,则 $E(X) = \dfrac{a+b}{2}, D(X) = \dfrac{(b-a)^2}{12}$.

该分布的数学期望与方差在 §4.2 例 4 中已求得.

5. 指数分布:若随机变量 $X \sim E(\lambda)$,则 $E(X) = \dfrac{1}{\lambda}, D(X) = \dfrac{1}{\lambda^2}$.

该分布的数学期望与方差在 §4.1 中例 5 和 §4.2 中例 2 已求得.

6. 正态分布:若随机变量 $X \sim N(\mu, \sigma^2)$,则 $E(X) = \mu, D(X) = \sigma^2$.

证明 在 §4.2 例 8 中已求得 $E(X) = \mu, D(X) = \sigma^2$,现用另一种方法求之.

因为 $X \sim N(\mu, \sigma^2)$,所以

$$E(X) = \int_{-\infty}^{+\infty} x f(x) \, dx = \int_{-\infty}^{+\infty} x \frac{1}{\sqrt{2\pi}\,\sigma} e^{-\frac{(x-\mu)^2}{2\sigma^2}} dx$$

$$\xrightarrow{\text{令}\frac{x-\mu}{\sigma}=t} \frac{1}{\sqrt{2\pi}} \int_{-\infty}^{+\infty} (\mu + \sigma t) e^{-\frac{t^2}{2}} dt$$

$$= \mu \frac{1}{\sqrt{2\pi}} \int_{-\infty}^{+\infty} e^{-\frac{t^2}{2}} dt + \frac{\sigma}{\sqrt{2\pi}} \int_{-\infty}^{+\infty} t e^{-\frac{t^2}{2}} dt$$

$$= \mu \frac{1}{\sqrt{2\pi}} \sqrt{2\pi} + 0 = \mu,$$

$$E(X^2) = \frac{1}{\sqrt{2\pi}\,\sigma} \int_{-\infty}^{+\infty} x^2 e^{-\frac{(x-\mu)^2}{2\sigma^2}} dx$$

$$\xrightarrow{\text{令}\frac{x-\mu}{\sqrt{2}\,\sigma}=t} \frac{1}{\sqrt{\pi}} \int_{-\infty}^{+\infty} (\sqrt{2}\,\sigma t + \mu)^2 e^{-t^2} dt$$

$$= \frac{1}{\sqrt{\pi}} \int_{-\infty}^{+\infty} (2\sigma^2 t^2 + 2\sqrt{2}\,\mu\sigma t + \mu^2) e^{-t^2} dt$$

$$= \frac{2}{\sqrt{\pi}} \left(\int_0^{+\infty} 2\sigma^2 t^2 e^{-t^2} dt + \int_0^{+\infty} \mu^2 e^{-t^2} dt \right).$$

由于

$$\int_0^{+\infty} t^2 e^{-t^2} dt \xrightarrow{\text{令}t^2=y} \int_0^{+\infty} \frac{1}{2} y^{\frac{3}{2}-1} e^{-y} dy = \frac{1}{2} \Gamma\left(\frac{3}{2}\right) = \frac{1}{4} \Gamma\left(\frac{1}{2}\right) = \frac{\sqrt{\pi}}{4},$$

及

$$\int_0^{+\infty} e^{-t^2} dt \xrightarrow{\text{令}t^2=y} \int_0^{+\infty} \frac{1}{2} y^{\frac{1}{2}-1} e^{-y} dy = \frac{1}{2} \Gamma\left(\frac{1}{2}\right) = \frac{\sqrt{\pi}}{2}.$$

故有

$$E(X^2) = \frac{2}{\sqrt{\pi}} \left(2\sigma^2 \frac{\sqrt{\pi}}{4} + \mu^2 \frac{\sqrt{\pi}}{2} \right) = \sigma^2 + \mu^2.$$

$$D(X) = E(X^2) - [E(X)]^2 = \sigma^2 + \mu^2 - \mu^2 = \sigma^2.$$

或 $D(X)$ 可由下式求得,

$$D(X) = \int_{-\infty}^{+\infty} [x - E(X)]^2 f(x) dx = \frac{1}{\sqrt{2\pi}\sigma} \int_{-\infty}^{+\infty} (x-\mu)^2 e^{-\frac{(x-\mu)^2}{2\sigma^2}} dx$$

$$\xrightarrow{\diamondsuit \frac{x-\mu}{\sigma} = t} \frac{\sigma^2}{\sqrt{2\pi}} \int_{-\infty}^{+\infty} t^2 e^{-\frac{t^2}{2}} dt = \frac{\sigma^2}{\sqrt{2\pi}} \left(-t e^{-\frac{t^2}{2}} \Big|_{-\infty}^{+\infty} + \int_{-\infty}^{+\infty} e^{-\frac{t^2}{2}} dt \right)$$

$$= 0 + \frac{\sigma^2}{\sqrt{2\pi}} \sqrt{2\pi} = \sigma^2.$$

本书后(见附录1)列出一些常用分布的数学期望与方差以备查用.

例 12 设随机变量 $X_1, X_2, \cdots, X_n$ 相互独立,且都服从正态分布 $N(\mu, \sigma^2)$. 记 $Z = \frac{1}{n} \sum_{i=1}^{n} |X_i - \mu|$,求 $E(Z), D(Z)$.

解 由于 $X_i \sim N(\mu, \sigma^2)$ $(i=1,2,\cdots,n)$ 且相互独立,记

$$Y_i = \frac{X_i - \mu}{\sigma} \sim N(0,1),$$

则 $Y_i(i=1,2,\cdots,n)$ 也互相独立. 又

$$E(|Y_i|) = \frac{1}{\sqrt{2\pi}} \int_{-\infty}^{+\infty} |y| e^{-\frac{y^2}{2}} dy = \frac{2}{\sqrt{2\pi}} \int_{0}^{+\infty} y e^{-\frac{y^2}{2}} dy = \sqrt{\frac{2}{\pi}},$$

得

$$E(Z) = \frac{1}{n} \sum_{i=1}^{n} E(|X_i - \mu|) = \frac{\sigma}{n} \sum_{i=1}^{n} E\left(\left|\frac{X_i - \mu}{\sigma}\right|\right)$$

$$= \frac{\sigma}{n} \sum_{i=1}^{n} E(|Y_i|) = \frac{\sigma}{n} \cdot n \sqrt{\frac{2}{\pi}} = \sqrt{\frac{2}{\pi}} \sigma.$$

又由于 $D(Y_i) = 1, E(Y_i) = 0$,得

$$D(|Y_i|) = E(Y_i^2) - [E(|Y_i|)]^2 = D(Y_i) - \frac{2}{\pi} = 1 - \frac{2}{\pi},$$

从而

$$D(Z) = \frac{1}{n^2} \sum_{i=1}^{n} D(|X_i - \mu|) = \frac{\sigma^2}{n^2} \sum_{i=1}^{n} D\left(\left|\frac{X_i - \mu}{\sigma}\right|\right)$$

$$= \frac{\sigma^2}{n^2} \sum_{i=1}^{n} D(|Y_i|) = \frac{\sigma^2}{n^2} \cdot n \left(1 - \frac{2}{\pi}\right) = \frac{\sigma^2}{n} \left(1 - \frac{2}{\pi}\right).$$

§4.3 协方差、相关系数和矩

我们知道多维随机变量的统计规律不仅与每个分量的个别性质有关,还与它们之间的联系有关,现讨论描述两个随机变量之间关系的数字特征.

一、协方差

如果两个随机变量 X 与 Y 是相互独立的,则 $E\{[X-E(X)][Y-E(Y)]\}=0$,这意味着当 $E\{[X-E(X)][Y-E(Y)]\}\neq 0$ 时,X 与 Y 不是相互独立的,所以 $E\{[X-E(X)][Y-E(Y)]\}$ 包含着相互关系的信息.

定义 1 若 $E\{[X-E(X)][Y-E(Y)]\}$ 存在,称

$$\mathrm{Cov}(X,Y) = E\{[X-E(X)][Y-E(Y)]\} \tag{4-3-1}$$

为随机变量 X 与 Y 的**协方差**.

协方差又称为**相关矩**,它是表示随机变量 X 与 Y 之间某种联系的数字特征.

根据式(4-3-1)可知有

$$D(X) = \mathrm{Cov}(X,X). \tag{4-3-2}$$

将式(4-3-1)展开,有

$$\begin{aligned}\mathrm{Cov}(X,Y) &= E[XY - YE(X) - XE(Y) + E(X)E(Y)] \\ &= E(XY) - E(X)E(Y) - E(Y)E(X) + E(X)E(Y) \\ &= E(XY) - E(X)E(Y),\end{aligned}$$

即

$$\mathrm{Cov}(X,Y) = E(XY) - E(X)E(Y). \tag{4-3-3}$$

在实际计算中,常利用式(4-3-3)计算协方差.

设 X,Y,Z 为随机变量,a,b 为常数,则协方差具有以下性质:

(1) $\mathrm{Cov}(X,Y) = \mathrm{Cov}(Y,X)$;

(2) $\mathrm{Cov}(X,a) = 0$;

(3) $\mathrm{Cov}(aX,bY) = ab\mathrm{Cov}(X,Y)$;

(4) $\mathrm{Cov}(X+Y,Z) = \mathrm{Cov}(X,Z) + \mathrm{Cov}(Y,Z)$;

(5) $D(X\pm Y) = D(X) + D(Y) \pm 2\mathrm{Cov}(X,Y)$;

(6) 若 X 与 Y 相互独立,则 $\mathrm{Cov}(X,Y) = 0$.

上述性质由读者自行证明.更一般地,设 a_i,b_j 为常数,X_i,Y_j 为随机变量 ($i=1,2,\cdots,n$,$j=1,2,\cdots,m$),则有

$$\mathrm{Cov}\left(\sum_{i=1}^{n}a_iX_i, \sum_{j=1}^{m}b_jY_j\right) = \sum_{j=1}^{m}\sum_{i=1}^{n}a_ib_j\mathrm{Cov}(X_i,Y_j).$$

例 1 设二维随机变量 (X,Y) 的概率密度函数为

$$f(x,y) = \begin{cases} 2, & 0\leqslant x\leqslant 1, 0\leqslant y\leqslant x, \\ 0, & \text{其他}, \end{cases}$$

试求协方差 $\mathrm{Cov}(X,Y)$.

解 由于

$$E(X) = \int_0^1 \mathrm{d}x \int_0^x 2x\mathrm{d}y = \frac{2}{3}, \quad E(Y) = \int_0^1 \mathrm{d}x \int_0^x 2y\mathrm{d}y = \frac{1}{3},$$

$$E(XY) = \int_0^1 \mathrm{d}x \int_0^x 2xy\mathrm{d}y = \frac{1}{4},$$

可得

$$\text{Cov}(X,Y) = E(XY) - E(X)E(Y) = \frac{1}{4} - \frac{2}{3} \cdot \frac{1}{3} = \frac{1}{36}.$$

二、相关系数

协方差虽能表示随机变量 X 与 Y 之间的某种联系,但实际用起来却有两点不便. 其一,$\text{Cov}(X,Y)$ 与 $X-E(X)$,$Y-E(Y)$(称为离差)有关,当两离差的绝对值很小时,即使 X 与 Y 有很密切的联系,$\text{Cov}(X,Y)$ 也很小;其二,$\text{Cov}(X,Y)$ 是一个有量纲的量,其值会受到 X 与 Y 所取单位大小的影响.为此,引入相关系数的概念,克服协方差概念中的两点不足,以描述 X 与 Y 关系的密切程度.

定义 2 设 (X,Y) 为二维随机变量,$D(X)>0$,$D(Y)>0$,$\text{Cov}(X,Y)$ 均存在,则称

$$\rho_{XY} = \frac{\text{Cov}(X,Y)}{\sqrt{D(X)}\sqrt{D(Y)}}$$

为 X 与 Y 的**相关系数**.

相关系数又称为**标准化协方差**.这是因为由随机变量 X,Y 经变换得到的标准化随机变量

$$X^* = \frac{X - E(X)}{\sqrt{D(X)}}, \quad Y^* = \frac{Y - E(Y)}{\sqrt{D(Y)}}$$

(这里 $E(X^*) = E(Y^*) = 0$,$D(X^*) = D(Y^*) = 1$)的协方差 $\text{Cov}(X^*,Y^*)$ 就是 ρ_{XY}.事实上

$$\rho_{XY} = \frac{E\{[X-E(X)][Y-E(Y)]\}}{\sqrt{D(X)}\sqrt{D(Y)}} = E\left\{\frac{[X-E(X)]}{\sqrt{D(X)}} \frac{[Y-E(Y)]}{\sqrt{D(Y)}}\right\}$$

$$= E(X^* Y^*) = E\{[X^* - E(X^*)][Y^* - E(Y^*)]\} = \text{Cov}(X^*,Y^*).$$

例 2 续例 1,已求得协方差 $\text{Cov}(X,Y)$,现计算相关系数 ρ_{XY}.

解 因

$$D(X) = E(X^2) - [E(X)]^2 = \int_0^1 dx \int_0^x 2x^2 dy - \left(\frac{2}{3}\right)^2$$

$$= \frac{1}{2} - \frac{4}{9} = \frac{1}{18} > 0,$$

$$D(Y) = E(Y^2) - [E(Y)]^2 = \int_0^1 dx \int_0^x 2y^2 dy - \left(\frac{1}{3}\right)^2$$

$$= \frac{1}{6} - \frac{1}{9} = \frac{1}{18} > 0,$$

故 ρ_{XY} 存在,且

$$\rho_{XY} = \frac{\text{Cov}(X,Y)}{\sqrt{D(X)}\sqrt{D(Y)}} = \frac{\frac{1}{36}}{\sqrt{\frac{1}{18}} \cdot \sqrt{\frac{1}{18}}} = \frac{1}{2}.$$

例 3 设随机变量 $X \sim P(2)$,随机变量 $Y \sim U[0,6]$,且它们的相关系数 $\rho_{XY} = \dfrac{1}{\sqrt{6}}$. 记 $Z = 3X - 2Y$,试求 $E(Z)$ 和 $D(Z)$.

解 因
$$E(X) = D(X) = 2, \quad E(Y) = D(Y) = 3,$$
故
$$E(Z) = 3E(X) - 2E(Y) = 3 \times 2 - 2 \times 3 = 0,$$
$$\begin{aligned} D(Z) &= D(3X - 2Y) = D(3X) + D(2Y) - 2\mathrm{Cov}(3X, 2Y) \\ &= 9D(X) + 4D(Y) - 12\mathrm{Cov}(X, Y) \\ &= 9D(X) + 4D(Y) - 12\sqrt{D(X)}\sqrt{D(Y)}\rho_{XY} \\ &= 9 \times 2 + 4 \times 3 - 12 \times \sqrt{2} \times \sqrt{3} \times \dfrac{1}{\sqrt{6}} = 18. \end{aligned}$$

定理 1 设两个随机变量 X 与 Y 的相关系数 ρ_{XY} 存在,则有

(1) $\rho_{XY} = \rho_{YX}$;

(2) $|\rho_{XY}| \leq 1$;

(3) $|\rho_{XY}| = 1$ 的充分必要条件是 X 与 Y 依概率为 1 线性相关,即存在常数 $a \neq 0, b$ 使 $P(Y = aX + b) = 1$.

证明 因 $\rho_{XY} = \mathrm{Cov}(X^*, Y^*)$ 显然得 $\rho_{XY} = \rho_{YX}$,即(1)成立. 而
$$\begin{aligned} 0 \leq D(X^* \pm Y^*) &= D(X^*) + D(Y^*) \pm 2\mathrm{Cov}(X^*, Y^*) = 2 \pm 2\rho_{XY} \\ &= 2(1 \pm \rho_{XY}), \end{aligned} \quad (4\text{-}3\text{-}4)$$
从而 $1 \pm \rho_{XY} \geq 0$,有 $-1 \leq \rho_{XY} \leq 1$,即(2)成立,下面证明(3).

充分性. 若 $P(Y = aX + b) = 1, a \neq 0$,则 $E(Y) = aE(X) + b, D(Y) = a^2 D(X)$,
$$\begin{aligned} \mathrm{Cov}(X, Y) &= E\{[X - E(X)][(aX + b) - E(aX + b)]\} \\ &= aE\{[X - E(X)]^2\} = aD(X). \end{aligned}$$
从而
$$\rho_{XY} = \dfrac{\mathrm{Cov}(X, Y)}{\sqrt{D(X)}\sqrt{D(Y)}} = \dfrac{aD(X)}{|a|D(X)} = \pm 1.$$

必要性. 若 $|\rho_{XY}| = 1$,则由式(4-3-4)可得 $D(X^* \pm Y^*) = 0$. 根据 $E(X^* \pm Y^*) = 0$ 及方差性质(5),有 $P(X^* \pm Y^* = 0) = 1$,或
$$P\left(Y = \pm \dfrac{\sqrt{D(Y)}}{\sqrt{D(X)}} X \mp \dfrac{\sqrt{D(Y)}}{\sqrt{D(X)}} E(X) + E(Y)\right) = 1,$$
令 $a = \pm \dfrac{\sqrt{D(Y)}}{\sqrt{D(X)}} \neq 0, b = \mp \dfrac{\sqrt{D(Y)}}{\sqrt{D(X)}} E(X) + E(Y)$,故有 $P(Y = aX + b) = 1$.

定理 1 的结果表明,相关系数 ρ_{XY} 是两个随机变量 X 与 Y 线性相关程度的度量. $|\rho_{XY}|$ 越大,这种线性相关关系越强;$|\rho_{XY}|$ 越小,这种线性相关关系越弱,因此也常

称其为"线性相关系数".

定义 3 若随机变量 X 与 Y 的相关系数存在,且 $\rho_{XY}=0$,则称 X 与 Y **不相关**;若 $\rho_{XY}>0$,则称 X 与 Y **正相关**;若 $\rho_{XY}<0$,则称 X 与 Y **负相关**.

随机变量 X 与 Y 不相关是指 X 与 Y 之间没有线性关系,但 X 与 Y 之间可能有其他的函数关系,譬如平方关系、对数关系等.若 $\rho_{XY}=1$,则称 X 与 Y 完全正相关,若 $\rho_{XY}=-1$,则称 X 与 Y 完全负相关.而若 $0<|\rho_{XY}|<1$,则称 X 与 Y 有"一定程度"的线性关系.$|\rho_{XY}|$ 越接近于 1,线性相关程度越高,$|\rho_{XY}|$ 越接近于 0,线性相关程度越低.而从协方差看不出这一点,若协方差很小,且两个标准差 $\sigma(X)$ 和 $\sigma(Y)$ 也很小,则其比值就不一定很小.

例 4 已知二维随机变量 (X,Y) 的概率密度函数为

$$f(x,y) = \begin{cases} \dfrac{8}{3}, & 0 < x-y < \dfrac{1}{2}, 0 < x,y < 1, \\ 0, & \text{其他}, \end{cases}$$

求 X 与 Y 的相关系数 ρ_{XY}.

解 先计算两个边缘概率密度,见图 4-2.

当 $0<x\leqslant\dfrac{1}{2}$ 时,

$$f_X(x) = \int_{-\infty}^{+\infty} f(x,y)\,\mathrm{d}y = \int_0^x \frac{8}{3}\,\mathrm{d}y = \frac{8}{3}x;$$

当 $\dfrac{1}{2}<x<1$ 时,

$$f_X(x) = \int_{-\infty}^{+\infty} f(x,y)\,\mathrm{d}y = \int_{x-\frac{1}{2}}^x \frac{8}{3}\,\mathrm{d}y = \frac{4}{3};$$

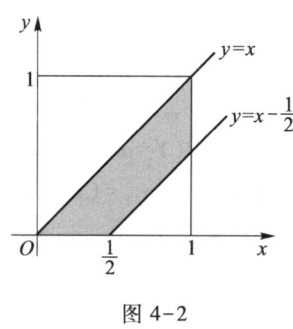

图 4-2

当 $x\leqslant 0$ 或 $x\geqslant 1$ 时,$f_X(x)=0$.

所以得到关于 X 的边缘概率密度为

$$f_X(x) = \begin{cases} \dfrac{8}{3}x, & 0 < x \leqslant \dfrac{1}{2}, \\ \dfrac{4}{3}, & \dfrac{1}{2} < x < 1, \\ 0, & \text{其他}. \end{cases}$$

当 $0<y\leqslant\dfrac{1}{2}$ 时,$f_Y(y) = \int_{-\infty}^{+\infty} f(x,y)\,\mathrm{d}x = \int_y^{y+\frac{1}{2}} \dfrac{8}{3}\,\mathrm{d}x = \dfrac{4}{3}$;

当 $\dfrac{1}{2}<y<1$ 时,$f_Y(y) = \int_{-\infty}^{+\infty} f(x,y)\,\mathrm{d}x = \int_y^1 \dfrac{8}{3}\,\mathrm{d}x = \dfrac{8}{3}(1-y)$;

当 $y\leqslant 0$ 或 $y\geqslant 1$ 时,$f_Y(y)=0$.

所以得到关于 Y 的边缘概率密度为

$$f_Y(y) = \begin{cases} \dfrac{4}{3}, & 0 < y \leqslant \dfrac{1}{2}, \\ \dfrac{8}{3}(1-y), & \dfrac{1}{2} < y < 1, \\ 0, & \text{其他}. \end{cases}$$

由于

$$E(X) = \int_0^{\frac{1}{2}} \frac{8}{3} x^2 \,\mathrm{d}x + \int_{\frac{1}{2}}^{1} \frac{4}{3} x \,\mathrm{d}x = \frac{11}{18},$$

$$E(Y) = \int_0^{\frac{1}{2}} \frac{4}{3} y \,\mathrm{d}y + \int_{\frac{1}{2}}^{1} \frac{8}{3} y(1-y) \,\mathrm{d}y = \frac{7}{18},$$

$$E(X^2) = \int_0^{\frac{1}{2}} \frac{8}{3} x^3 \,\mathrm{d}x + \int_{\frac{1}{2}}^{1} \frac{4}{3} x^2 \,\mathrm{d}x = \frac{31}{72},$$

$$E(Y^2) = \int_0^{\frac{1}{2}} \frac{4}{3} y^2 \,\mathrm{d}y + \int_{\frac{1}{2}}^{1} \frac{8}{3} y^2 (1-y) \,\mathrm{d}y = \frac{15}{72},$$

由此可得 X 与 Y 各自的方差

$$D(X) = \frac{31}{72} - \left(\frac{11}{18}\right)^2 = \frac{37}{648}, \quad D(Y) = \frac{15}{72} - \left(\frac{7}{18}\right)^2 = \frac{37}{648}.$$

又因为

$$E(XY) = \int_0^{\frac{1}{2}} \int_0^x \frac{8}{3} xy \,\mathrm{d}y\,\mathrm{d}x + \int_{\frac{1}{2}}^{1} \int_{x-\frac{1}{2}}^{x} \frac{8}{3} xy \,\mathrm{d}y\,\mathrm{d}x$$

$$= \int_0^{\frac{1}{2}} \frac{4}{3} x^3 \,\mathrm{d}x + \int_{\frac{1}{2}}^{1} \frac{4}{3} x \left(x - \frac{1}{4}\right) \mathrm{d}x = \frac{1}{48} + \frac{19}{72} = \frac{41}{144},$$

于是

$$\mathrm{Cov}(X,Y) = \frac{41}{144} - \frac{11}{18} \times \frac{7}{18} = \frac{61}{1\,296} \approx 0.047\,1,$$

$$\rho_{XY} = \frac{\mathrm{Cov}(X,Y)}{\sqrt{D(X)D(Y)}} = \frac{61}{1\,296} \times \frac{648}{37} = \frac{61}{74} \approx 0.824\,3.$$

这个协方差很小, 但相关系数并不小.

从上例中相关系数 $\rho_{XY} \approx 0.824\,3$ 看, X 与 Y 有相当程度的正相关; 但从协方差 $\mathrm{Cov}(X,Y) \approx 0.047\,1$ 看, X 与 Y 的相关性很微弱, 几乎可以忽略不计. 造成这种错觉的原因在于没有考虑标准差, 若两个标准差都很小, 即使协方差小一些, 相关系数也能显示一定程度的相关性. 由此可见, 在协方差的基础上加工形成的相关系数是更为重要的表示相关性的数字特征.

定理 2 如果随机变量 X 与 Y 相互独立, 则 X 和 Y 不相关.

证明 当 X 与 Y 相互独立时, 有 $E(XY) = E(X)E(Y)$, 从而

$$\rho_{XY} = \frac{E(XY) - E(X)E(Y)}{\sqrt{D(X)}\sqrt{D(Y)}} = 0.$$

该定理的逆定理不成立,以一个反例说明.

例 5 设二维随机变量 (X,Y) 的概率密度函数为 $f(x,y) = \begin{cases} \dfrac{1}{\pi}, & x^2+y^2 \leq 1, \\ 0, & \text{其他}. \end{cases}$ 试证 X 与 Y 不相关,但 X 与 Y 不相互独立.

证明 X 与 Y 的边缘概率密度分别为

$$f_X(x) = \int_{-\infty}^{+\infty} f(x,y)\,\mathrm{d}y = \begin{cases} \dfrac{2\sqrt{1-x^2}}{\pi}, & |x| \leq 1, \\ 0, & \text{其他}. \end{cases}$$

$$f_Y(y) = \int_{-\infty}^{+\infty} f(x,y)\,\mathrm{d}x = \begin{cases} \dfrac{2\sqrt{1-y^2}}{\pi}, & |y| \leq 1, \\ 0, & \text{其他}. \end{cases}$$

显然 $f(x,y) \neq f_X(x)f_Y(y)$,即 X 与 Y 不相互独立. 但因

$$E(X) = \int_{-\infty}^{+\infty} xf_X(x)\,\mathrm{d}x = \int_{-1}^{1} \frac{2}{\pi} x\sqrt{1-x^2}\,\mathrm{d}x = 0,$$

$$E(Y) = \int_{-\infty}^{+\infty} yf_Y(y)\,\mathrm{d}y = \int_{-1}^{1} \frac{2}{\pi} y\sqrt{1-y^2}\,\mathrm{d}y = 0,$$

$$\mathrm{Cov}(X,Y) = E(XY) = \int_{-\infty}^{+\infty}\int_{-\infty}^{+\infty} xyf(x,y)\,\mathrm{d}x\mathrm{d}y$$

$$= \iint_{x^2+y^2 \leq 1} \frac{1}{\pi} xy\,\mathrm{d}x\mathrm{d}y = \frac{1}{\pi}\int_0^{2\pi}\mathrm{d}\theta\int_0^1 r^3\sin\theta\cos\theta\,\mathrm{d}r = 0,$$

可验证 $D(X)>0, D(Y)>0$,故 $\rho_{XY}=0$,即 X 与 Y 不相关.

例 6 设 X 在区间 $\left(-\dfrac{1}{2}, \dfrac{1}{2}\right)$ 内服从均匀分布,而 $Y=\cos X$,试证 X 与 Y 不相关.

证明 事实上, X 的概率密度函数

$$f(x) = \begin{cases} 1, & -\dfrac{1}{2} < x < \dfrac{1}{2}, \\ 0, & \text{其他}, \end{cases}$$

可得

$$E(X) = 0,$$

$$E(XY) = E(X\cos X) = \int_{-\frac{1}{2}}^{\frac{1}{2}} x\cos xf(x)\,\mathrm{d}x = 0,$$

$$\mathrm{Cov}(X,Y) = E(XY) - E(X)E(Y) = 0.$$

因而 $\rho_{XY}=0$,即 X 和 Y 不相关,但 Y 与 X 有严格的函数关系,即 X 和 Y 不相互独立.

定理 3 对随机变量 X,Y,以下事实是等价的:

(1) $\mathrm{Cov}(X,Y)=0$;

(2) X 与 Y 不相关;

(3) $E(XY)=E(X)E(Y)$;

(4) $D(X+Y)=D(X)+D(Y)$.

定理 3 的证明留给读者. 这里强调指出, 定理 3 说明 X 与 Y 不相关是 (3) 和 (4) 成立的充分且必要条件; 而在 §4.1 讨论数学期望的性质和在 §4.2 讨论方差的性质时, 曾分别提出 (3) 和 (4) 成立的条件, 即 X 与 Y 相互独立, 这是充分但非必要的.

例 7 设二维连续型随机变量 $(X,Y) \sim N(\mu_1,\mu_2,\sigma_1^2,\sigma_2^2,\rho)$, 试求 ρ_{XY}.

解 因 $(X,Y) \sim N(\mu_1,\mu_2,\sigma_1^2,\sigma_2^2,\rho)$, 故 $X \sim N(\mu_1,\sigma_1^2)$, $Y \sim N(\mu_2,\sigma_2^2)$, 从而

$$E(X)=\mu_1, D(X)=\sigma_1^2, E(Y)=\mu_2, D(Y)=\sigma_2^2,$$

$$\mathrm{Cov}(X,Y)=E[(X-E(X))(Y-E(Y))]$$

$$=\int_{-\infty}^{+\infty}\int_{-\infty}^{+\infty}(x-\mu_1)(y-\mu_2)f(x,y)\mathrm{d}x\mathrm{d}y$$

$$=\frac{1}{2\pi\sigma_1\sigma_2\sqrt{1-\rho^2}}\int_{-\infty}^{+\infty}\int_{-\infty}^{+\infty}(x-\mu_1)(y-\mu_2)\times$$

$$\exp\left\{\frac{-1}{2(1-\rho^2)}\left(\frac{y-\mu_2}{\sigma_2}-\rho\frac{x-\mu_1}{\sigma_1}\right)^2-\frac{(x-\mu_1)^2}{2\sigma_1^2}\right\}\mathrm{d}x\mathrm{d}y.$$

令 $t=\dfrac{1}{\sqrt{1-\rho^2}}\left(\dfrac{y-\mu_2}{\sigma_2}-\rho\dfrac{x-\mu_1}{\sigma_1}\right)$, $u=\dfrac{x-\mu_1}{\sigma_1}$, 则有

$$\mathrm{Cov}(X,Y)=\frac{1}{2\pi}\int_{-\infty}^{+\infty}\int_{-\infty}^{+\infty}(\sigma_1\sigma_2\sqrt{1-\rho^2}\,tu+\rho\sigma_1\sigma_2 u^2)\mathrm{e}^{-(u^2+t^2)/2}\mathrm{d}t\mathrm{d}u$$

$$=\frac{\rho\sigma_1\sigma_2}{2\pi}\left(\int_{-\infty}^{+\infty}u^2\mathrm{e}^{-\frac{u^2}{2}}\mathrm{d}u\right)\left(\int_{-\infty}^{+\infty}\mathrm{e}^{-\frac{t^2}{2}}\mathrm{d}t\right)+$$

$$\frac{\sigma_1\sigma_2\sqrt{1-\rho^2}}{2\pi}\left(\int_{-\infty}^{+\infty}u\mathrm{e}^{-\frac{u^2}{2}}\mathrm{d}u\right)\left(\int_{-\infty}^{+\infty}t\mathrm{e}^{-\frac{t^2}{2}}\mathrm{d}t\right)$$

$$=\frac{\rho\sigma_1\sigma_2}{2\pi}\sqrt{2\pi}\cdot\sqrt{2\pi}=\rho\sigma_1\sigma_2.$$

于是

$$\rho_{XY}=\frac{\mathrm{Cov}(X,Y)}{\sqrt{D(X)D(Y)}}=\rho.$$

这说明二维正态随机变量 (X,Y) 概率密度函数的参数 ρ 就是 X 与 Y 的相关系数, 因而二维正态分布完全可由 X,Y 的数学期望、方差以及它们的相关系数所确定, 并且当且仅当 $\rho=0$ 时, X 与 Y 不相关.

结合§3.5的例7,可得如下结论:

定理4 对二维连续型随机变量$(X,Y) \sim N(\mu_1,\mu_2,\sigma_1^2,\sigma_2^2,\rho)$,$X$与$Y$不相关和$X$与$Y$相互独立是等价的.

例8 设二维随机变量(X,Y)的概率密度函数为

$$f(x,y) = \begin{cases} 2x, & 0 \leqslant x \leqslant 1, \ 0 \leqslant y \leqslant 1, \\ 0, & \text{其他}. \end{cases}$$

定义两个新的随机变量U,V如下:

$$U = \begin{cases} 1, & X \geqslant Y, \\ 0, & X < Y. \end{cases} \qquad V = \begin{cases} 1, & X + Y \leqslant 1, \\ 0, & X + Y > 1. \end{cases}$$

试求U与V的协方差$\text{Cov}(U,V)$及相关系数ρ_{UV}.

解 记$\Omega = \{(x,y) \mid 0 \leqslant x \leqslant 1, 0 \leqslant y \leqslant 1\}$,如图4-3所示,则在$\Omega$内

$$P(U=0) = P(X<Y) = \int_0^1 2x\,dx \int_x^1 dy$$
$$= \int_0^1 2x(1-x)\,dx = \frac{1}{3},$$

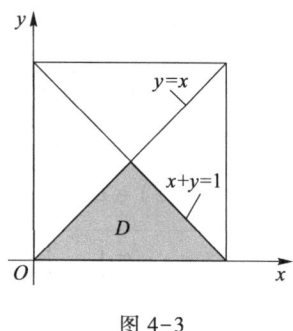

图4-3

从而

U	0	1
P	$\dfrac{1}{3}$	$\dfrac{2}{3}$

$$P(V=1) = P(X+Y \leqslant 1) = \int_0^1 2x\,dx \int_0^{1-x} dy = \int_0^1 2x(1-x)\,dx = \frac{1}{3},$$

于是

V	0	1
P	$\dfrac{2}{3}$	$\dfrac{1}{3}$

而随机变量UV可能的取值为$0,1$,且有

$$P(UV=1) = P(U=1,V=1) = P((X,Y) \in D),$$

其中$D = \{(x,y) \in \Omega \mid x \geqslant y, x+y \leqslant 1\}$(如图4-3所示),于是

$$P(UV=1) = \iint_D 2x\,dx\,dy = \int_0^{\frac{1}{2}} dy \int_y^{1-y} 2x\,dx = \int_0^{\frac{1}{2}} (1-2y)\,dy = \frac{1}{4},$$

从而

UV	0	1
P	$\dfrac{3}{4}$	$\dfrac{1}{4}$

由上述结果可以得到

$$E(U)=\frac{2}{3}, D(U)=\frac{2}{9}, E(V)=\frac{1}{3}, D(V)=\frac{2}{9}, E(UV)=\frac{1}{4},$$

于是

$$\mathrm{Cov}(U,V)=E(UV)-E(U)E(V)=\frac{1}{4}-\frac{2}{9}=\frac{1}{36},$$

$$\rho_{UV}=\frac{\mathrm{Cov}(U,V)}{\sqrt{D(U)}\sqrt{D(V)}}=\frac{\frac{1}{36}}{\sqrt{\frac{2}{9}}\sqrt{\frac{2}{9}}}=\frac{1}{8}.$$

例 9（投资风险组合） 设有一笔资金,总量记为 1（可以是 1 万元,也可以是 100 万元）,如今要投资甲、乙两种证券.若将资金 x_1 投资于甲证券,将余下的资金 $1-x_1=x_2$ 投资于乙证券,于是 (x_1,x_2) 就形成了一个投资组合.记 X 为投资甲证券的收益率,Y 为投资乙证券的收益率,它们都是随机变量.如果已知 X 和 Y 的均值（代表平均收益率）分别为 μ_1 和 μ_2,方差（代表风险）分别为 σ_1^2 和 σ_2^2,X 与 Y 的相关系数为 ρ,试求该投资的平均收益与风险,并求使风险最小的 x_1 是多少?

解 因为组合收益为

$$Z=x_1X+x_2Y=x_1X+(1-x_1)Y,$$

所以该组合的平均收益为

$$E(Z)=x_1E(X)+(1-x_1)E(Y)=x_1\mu_1+(1-x_1)\mu_2.$$

而该组合的风险（方差）为

$$\begin{aligned}D(Z)&=D(x_1X+(1-x_1)Y)\\&=x_1^2D(X)+(1-x_1)^2D(Y)+2x_1(1-x_1)\mathrm{Cov}(X,Y)\\&=x_1^2\sigma_1^2+(1-x_1)^2\sigma_2^2+2x_1(1-x_1)\rho\sigma_1\sigma_2.\end{aligned}$$

求最小组合风险,即求 $D(Z)$ 关于 x_1 的极小值点,为此令

$$\frac{\mathrm{d}(D(Z))}{\mathrm{d}x_1}=2x_1\sigma_1^2-2(1-x_1)\sigma_2^2+2\rho\sigma_1\sigma_2-4x_1\rho\sigma_1\sigma_2=0,$$

从中解得

$$x_1^*=\frac{\sigma_2^2-\rho\sigma_1\sigma_2}{\sigma_1^2+\sigma_2^2-2\rho\sigma_1\sigma_2}.$$

它与 μ_1,μ_2 无关,又因为 $D(Z)$ 中 x_1^2 的系数为正,所以以上的 x_1^* 可使组合风险达到最小.

譬如,$\sigma_1^2=0.3$,$\sigma_2^2=0.5$,$\rho=0.4$,则

典型例题 4-5

$$x_1^*=\frac{\sigma_2^2-\rho\sigma_1\sigma_2}{\sigma_1^2+\sigma_2^2-2\rho\sigma_1\sigma_2}=\frac{0.5-0.4\sqrt{0.3\times0.5}}{0.3+0.5-0.8\sqrt{0.3\times0.5}}\approx0.704.$$

这说明应把全部资金的约 70% 投资于甲证券,而把余下的约 30% 资金投资于乙证券,这样的投资组合风险最小.

三、矩

数学期望、方差、协方差与相关系数是随机变量最常用的数字特征,它们都是某种矩,矩是最广泛的一种数字特征,在概率论和数理统计中占有重要地位.

定义 4 设 X 为随机变量,k 为正整数,若 $E(X^k)$ 存在,则称之为 X 的 k **阶原点矩**,简称为 k 阶矩,记为 μ_k,即

$$\mu_k = E(X^k). \qquad (4\text{-}3\text{-}5)$$

若 $E\{[X-E(X)]^k\}$ 存在,则称之为 X 的 k **阶中心矩**,记为 v_k,即

$$v_k = E\{[X - E(X)]^k\} \quad (k = 1,2,\cdots). \qquad (4\text{-}3\text{-}6)$$

若 $E(X^k Y^l)$ $(k,l=1,2,\cdots)$ 存在,则称之为 X 与 Y 的 $k+l$ **阶混合矩**.若 $E\{[X-E(X)]^k [Y-E(Y)]^l\}$ $(k,l=1,2,\cdots)$ 存在,则称之为 X 与 Y 的 $k+l$ **阶混合中心矩**.

显然,数学期望 $E(X)$ 是 X 的一阶原点矩 μ_1,方差 $D(X)$ 是 X 的二阶中心矩 v_2,协方差 $\mathrm{Cov}(X,Y)$ 是 X 与 Y 的二阶混合中心矩.一阶中心矩恒等于零,即 $v_1 = 0$.可证明,若随机变量 X 的高阶矩存在,则低阶矩一定存在.

例 10 设随机变量 $X \sim N(\mu, \sigma^2)$,试求 X 的各阶中心矩.

解 按式(4-3-6),得

$$v_k = E\{[X - E(X)]^k\} = E[(X-\mu)^k] = \frac{1}{\sqrt{2\pi}\,\sigma} \int_{-\infty}^{+\infty} (x-\mu)^k e^{-\frac{(x-\mu)^2}{2\sigma^2}} dx$$

$$\xrightarrow{\frac{x-\mu}{\sigma}=t} \frac{\sigma^k}{\sqrt{2\pi}} \int_{-\infty}^{+\infty} t^k e^{-\frac{t^2}{2}} dt.$$

当 k 是奇数时,因为被积函数是奇函数,所以积分等于零,即

$$v_k = 0, \; k = 1,3,5,\cdots.$$

当 k 是偶数时,因为被积函数是偶函数,有

$$v_k = \frac{2\sigma^k}{\sqrt{2\pi}} \int_0^{+\infty} t^k e^{-\frac{t^2}{2}} dt \xrightarrow{\text{令}\, t^2 = 2z} \frac{2^{\frac{k}{2}}\sigma^k}{\sqrt{\pi}} \int_0^{+\infty} z^{\frac{k-1}{2}} e^{-z} dz = \frac{2^{\frac{k}{2}}\sigma^k}{\sqrt{\pi}} \Gamma\left(\frac{k+1}{2}\right)$$

$$= (k-1)!!\,\sigma^k, \; k = 2,4,6,\cdots.$$

特别地 $v_2 = \sigma^2$,$v_4 = 3\sigma^4$,$v_6 = 15\sigma^6$.

四、随机向量的数学期望和协方差矩阵

以下我们用矩阵形式给出 n 维随机变量的数学期望和协方差.

定义 5 记 n 维随机向量为 $\boldsymbol{X} = (X_1, X_2, \cdots, X_n)^{\mathrm{T}}$,若其每个分量 X_i $(i=1,2,\cdots,n)$ 的数学期望 $E(X_i)$ 都存在,则称

$$E(\boldsymbol{X}) = (E(X_1), E(X_2), \cdots, E(X_n))^{\mathrm{T}}$$

为 n 维随机向量 $\boldsymbol{X}$ 的**数学期望向量**,简称为 $\boldsymbol{X}$ 的**数学期望**.而称

$$E[(\boldsymbol{X} - E(\boldsymbol{X}))(\boldsymbol{X} - E(\boldsymbol{X}))^{\mathrm{T}}]$$

$$= \begin{pmatrix} D(X_1) & \mathrm{Cov}(X_1,X_2) & \cdots & \mathrm{Cov}(X_1,X_n) \\ \mathrm{Cov}(X_2,X_1) & D(X_2) & \cdots & \mathrm{Cov}(X_2,X_n) \\ \vdots & \vdots & & \vdots \\ \mathrm{Cov}(X_n,X_1) & \mathrm{Cov}(X_n,X_2) & \cdots & D(X_n) \end{pmatrix}$$

为该随机向量 X 的**方差-协方差矩阵**,简称**协方差阵**,记为 $\mathrm{Cov}(X)$.

显然地,协方差阵是个对称矩阵,可以证明协方差阵是一个对称的非负定矩阵(证明略).

若 $(X_1,X_2,\cdots,X_n)$ 服从 n 维正态分布,则称 $(X_1,X_2,\cdots,X_n)$ 为 n **维正态随机变量**,在本节最后,我们介绍 n 维正态随机变量的概率密度函数,前面已介绍了二维正态随机变量的概率密度函数,现将它推广到 n 维随机变量 $(X_1,X_2,\cdots,X_n)$ 的情况.

定义 6 设 n 维随机向量 $X=(X_1,X_2,\cdots,X_n)^\mathrm{T}$ 的协方差阵为 $\mathrm{Cov}(X)=C$,数学期望为 $E(X)=u$,若 n 维随机变量 $(X_1,X_2,\cdots,X_n)$ 的概率密度函数为

$$f(x_1,x_2,\cdots,x_n) = \frac{1}{(2\pi)^{\frac{n}{2}}(\det C)^{1/2}} \exp\left\{-\frac{1}{2}(X-u)^\mathrm{T} C^{-1}(X-u)\right\},$$

则称 n 维随机变量 $(X_1,X_2,\cdots,X_n)$ 服从 n **维正态分布**.其中 $\det C$ 与 C^{-1} 分别为矩阵 C 的行列式和逆矩阵.

n 维正态随机变量具有以下四条重要性质(证明略).

1. n 维正态随机变量 $(X_1,X_2,\cdots,X_n)$ 的每一个分量 X_i ($i=1,2,\cdots,n$) 都是正态随机变量;反之,若 $X_1,X_2,\cdots,X_n$ 都是正态随机变量,且相互独立,则 $(X_1,X_2,\cdots,X_n)$ 是 n 维正态随机变量.

2. n 维随机变量 $(X_1,X_2,\cdots,X_n)$ 服从 n 维正态分布的充要条件是 $X_1,X_2,\cdots,X_n$ 的任意线性组合

$$l_1 X_1 + l_2 X_2 + \cdots + l_n X_n$$

服从一维正态分布(其中 $l_1,l_2,\cdots,l_n$ 不全为零).

3. 若 n 维随机变量 $(X_1,X_2,\cdots,X_n)$ 服从 n 维正态分布,设 $Y_1,Y_2,\cdots,Y_k$ 是 X_j ($j=1,2,\cdots,n$) 的线性函数,则 $(Y_1,Y_2,\cdots,Y_k)$ 服从 k 维正态分布.

4. 设 n 维随机变量 $(X_1,X_2,\cdots,X_n)$ 服从 n 维正态分布,则 "$X_1,X_2,\cdots,X_n$ 相互独立"与"$X_1,X_2,\cdots,X_n$ 两两不相关"是等价的.

n 维正态分布在数理统计中常用到.

习题四

(一)

1. 已知随机变量 X 的概率分布律为

X	-1	0	$\dfrac{1}{2}$	1	2
P	$\dfrac{1}{3}$	$\dfrac{1}{6}$	$\dfrac{1}{6}$	$\dfrac{1}{12}$	$\dfrac{1}{4}$

求 $E(X), E(1-X)$ 及 $E(X^2)$.

2. 设 X 为一个随机变量,且有概率密度函数

$$f(x) = \begin{cases} 2x, & 0 < x < 1, \\ 0, & 其他. \end{cases}$$

求 X 及 $Y = 3X^2 - 1$ 的数学期望.

3. 假设一部机器在一天内发生故障的概率为 0.2,机器发生故障时全天停止工作.若一周 5 个工作日里无故障,可获利润 10 万元;发生一次故障仍获利润 5 万元;发生二次故障所获利润 0 元;发生三次或三次以上故障就要亏损 2 万元,求一周内期望利润是多少?

4. 在 5 件产品中,有正品 2 件,次品 3 件.今从中一件一件地取出来检验,检验完不放回,直到把 3 件次品都找到为止.记 X 为 3 件次品都找到时已经做的检验次数.求:

(1) X 的概率分布律;

(2) $E(X)$;

(3) 检验次数不少于 4 次的概率;

(4) 若检验一件次品要花 4 min,问平均要花多少时间才能把 3 件次品都找出来?

5. 某电子元件厂生产一批电子元件,电子元件的寿命(单位:h)X 具有概率密度函数

$$f(x) = \begin{cases} \dfrac{1\,000}{x^2}, & x \geq 1\,000, \\ 0, & x < 1\,000. \end{cases}$$

寿命高于 2 000 h、1 250~2 000 h 以及低于 1 250 h 的电子元件分别记为一等品、二等品和次品.用一只一等品、二等品或次品装配的产品成为合格品的概率依次为 0.9,0.8 和 0.5.试求:

(1) 从该批电子元件中任取一只分别是一等品、二等品或次品的概率;

(2) 从该批电子元件中任取一只装配成为合格产品概率;

(3) 假设销售一只一等品或二等品,厂家可获利 6 元或 4 元,销售一只次品,厂家亏损 3 元,求厂家销售一只电子元件可获得的平均利润.

6. 设连续型随机变量 X 的分布函数为

$$F(x) = \begin{cases} 0, & x < -1, \\ \alpha + b\arcsin x, & -1 \leq x \leq 1, \\ 1, & x > 1. \end{cases}$$

(1) 试确定常数 a, b 的值;

(2) 求 $E(X), D(X)$.

7. 设随机变量 $X_1, X_2, \cdots, X_n$ 相互独立,且都服从 $(0, \theta)$ 上的均匀分布,记

$$Y = \max(X_1, X_2, \cdots, X_n), \quad Z = \min(X_1, X_2, \cdots, X_n),$$

试求 $E(Y)$ 和 $E(Z)$.

8. 设 $X_1, X_2, \cdots, X_5$ 是相互独立且服从同一分布的随机变量,其共同的概率密度函数为

$$f(x) = \begin{cases} 2x, & 0 < x < 1, \\ 0, & \text{其他}. \end{cases}$$

试求 $Y = \max(X_1, X_2, \cdots, X_5)$ 的概率密度函数、数学期望和方差.

9. 按照规定,某车站每天 8:00~9:00,9:00~10:00 都恰有一辆客车到站,但到站的时刻是不确定的,且两者到站的时刻相互独立,其规律为

到站时刻	8:10 9:10	8:30 9:30	8:50 9:50
概率	$\dfrac{1}{6}$	$\dfrac{3}{6}$	$\dfrac{2}{6}$

一旅客 8:20 到站,求他候车时间的数学期望.

10. 已知二维随机变量 (X,Y) 的概率分布律为

X	Y		
	0	$\dfrac{1}{3}$	1
−1	0	$\dfrac{1}{12}$	$\dfrac{1}{3}$
0	$\dfrac{1}{6}$	0	0
2	$\dfrac{5}{12}$	0	0

试求 $E(X), E(Y), D(X), D(Y), E(XY)$.

11. 设二维随机变量 (X,Y) 的概率密度函数为

$$f(x,y) = \begin{cases} 12y^2, & 0 \leq y \leq x \leq 1, \\ 0, & \text{其他}. \end{cases}$$

试求 $E(X), E(Y), E(XY)$ 和 $E(X^2+Y^2)$.

12. 设 ξ, η 是两个相互独立且服从同一分布的随机变量,已知 ξ 的分布律 $P(\xi=i) = \dfrac{1}{3}, i=1,2,3$,又设 $X = \max(\xi,\eta), Y = \min(\xi,\eta)$.

(1) 写出二维随机变量 (X,Y) 的概率分布律;

(2) 求随机变量 X 的数学期望.

13. 若随机变量 X 和 Y 相互独立,且都服从标准正态分布,试求 $E(X^2+Y^2)$ 和 $D(X^2+Y^2)$.

14. 设随机变量 X 和 Y 的联合分布在以点 $(0,1),(1,0),(1,1)$ 为顶点的三角形区域上服从均匀分布,试求随机变量 $U=X+Y$ 的方差.

15. 已知二维随机变量(X,Y)在以点$(0,0),(1,0),(1,1)$为顶点的三角形区域上服从均匀分布,对(X,Y)作4次独立重复观察,观察值$X+Y$不超过1出现的次数为Z,求$E(Z^2)$.

16. 已知$E(X+4)=10, E[(X+4)^2]=116$,求$E(X)$及$E(X^2)$.

17. 把数字$1,2,\cdots,n$任意地排成一列,如果数字k恰好出现在第k个位置上,则称为一个巧合,求巧合个数的数学期望.

18. 设随机变量$X \sim N(-1,3), Y \sim U[2,4], Z \sim E(4), X, Y$和$Z$相互独立.
 (1) 设$U = 3X - 2XY + YZ + Z - 2$,求$E(U)$;
 (2) 设$V = 2X + 3Y - 2Z + 3$,求$D(V)$.

19. 设X为随机变量,C是常数,证明:当$C \neq E(X)$时,$D(X) < E[(X-C)^2]$(由于$D(X) = E\{[X-E(X)]^2\}$,上式表明$E[(X-C)^2]$当$C = E(X)$时取到最小值.)

20. 在每次试验中,事件A发生的概率为0.75,利用切比雪夫不等式求当n至少为多大时,才能使得在n次独立重复试验中,事件A出现的频率在$(0.74,0.76)$上的概率至少为0.90.

21. 设随机变量X服从指数分布,其概率密度函数为

$$f(x) = \begin{cases} \dfrac{x^m e^{-x}}{m!}, & x > 0, \\ 0, & x^{-1} \leq 0, \end{cases}$$

其中m为正整数,利用切比雪夫不等式证明

$$P(0 < X \leq 2(m+1)) \geq \dfrac{m}{m+1}.$$

22. 设随机变量$X \sim U[-2,2]$,(1) 求概率$P(|X|<1.8)$;(2) 利用切比雪夫不等式估计$P(|X|<1.8)$的下界.

23. 设二维随机变量(X,Y)的概率密度函数为$f(x,y) = \begin{cases} \dfrac{1}{x}, & x^2+y^2 \leq 1, \\ 0, & 其他. \end{cases}$,试证:$X$与$Y$不相关,但$X$与$Y$不相互独立.

24. 设随机变量X和Y独立同服从参数为λ的泊松分布,令

$$U = 2X + Y, \quad V = 2X - Y,$$

求U和V的相关系数.

25. 设随机变量X和Y的相关系数为$0.5, E(X) = E(Y) = 0, E(X^2) = E(Y^2) = 2$,求$E(X+Y)^2$.

26. 设随机变量(X,Y)的概率分布律为

X	Y		
	1	2	3
-1	0.2	0.1	0.2
0	0.1	0	0.1
1	0.1	0.1	0.1

求 X 和 Y 的协方差和相关系数.

27. 设随机变量 (X,Y) 的概率密度函数为

$$f(x,y) = \begin{cases} \dfrac{1}{8}(x+y), & 0 \leq x \leq 2, 0 \leq y \leq 2, \\ 0, & 其他. \end{cases}$$

求 $E(X), E(Y), \mathrm{Cov}(X,Y)$ 及 ρ_{XY}.

28. 设随机变量 X 和 Y 的相关系数为 0.9,若 $Z=X-0.4$,求 Y 与 Z 的相关系数.

29. 抛掷 3 颗骰子,X 表示 3 颗中抛掷出奇数点的骰子数,令随机变量

$$Y = \begin{cases} 1, & 抛掷出奇数点大于抛掷出偶数点的点数, \\ -1, & 其他. \end{cases}$$

又设 $Z=(X-1)^2$.

(1) 求 (X,Y) 的概率分布律;

(2) 判断 X 与 Y 是否相关;

(3) 求在 $Y=1$ 条件下关于 Z 的条件分布函数.

30. 随机变量 (X,Y) 服从区域 D 上的均匀分布,$D = \{(x,y) \mid 0 \leq x \leq 2, 0 \leq y \leq 2\}$,令 $U=(X+Y)^2$,试求 $E(U)$ 和 $D(U)$.

31. 试证:(1) 如果随机变量 (X,Y) 的 $D(X), D(Y), \mathrm{Cov}(X,Y)$ 存在,则 $D(aX+bY) = a^2 D(X) + b^2 D(Y) + 2ab\mathrm{Cov}(X,Y)$;

(2) 如果随机变量 (X,Y) 具有 $D(X)=2, D(Y)=4$,且 $\mathrm{Cov}(X,Y)=-2$,求随机变量 $Z=3X-4Y+8$ 的方差.

32. 设二维正态随机变量 $(X,Y) \sim N\left(1, 0, 3^2, 4^2, -\dfrac{1}{2}\right)$,设 $Z = \dfrac{X}{3} + \dfrac{Y}{2}$,试求:

(1) $E(Z), D(Z)$;(2) ρ_{XY};(3) 判断 X 与 Z 是否相互独立?

33. 已知二维随机变量 (X,Y) 在直线 $y=0, y=1, y=x+1, y-x$ 围成的区域 D 内服从均匀分布.

(1) 求 (X,Y) 分别关于 X 和关于 Y 的边缘概率密度;

(2) 求 X 与 Y 的协方差 $\mathrm{Cov}(X,Y)$;

(3) 求 $X+Y$ 的方差.

34. 设 X,Y 是两个离散型随机变量,X 只取 -1 和 1 两个值,Y 只取 $-1, 0, 1$ 三个值,已知 $E(X)=0.2, E(Y)=0.25, P(X=-1,Y=1)=0.2, P(X=1,Y=-1)=0.1, P(Y=-1)=0.2$.试求:

(1) X 与 Y 的概率分布律和它们的协方差;

(2) X 与 Y^2 的概率分布律和它们的协方差.

35. 设随机变量 X 与 Y 独立,X 服从参数为 0.6 的 0-1 分布,Y 服从参数为 1 的指数分布,令 $U=X+Y$,试求:

(1) U 的分布函数 $F(u)$ 与概率密度函数 $f(u)$;

(2) U 与 U^2 的协方差 $\mathrm{Cov}(U, U^2)$.

36. 已知二维随机变量 (X,Y) 的概率分布律为

X	Y		
	-1	0	1
-1	0.1	a	0.1
1	b	0.1	c

且 $P(X=1)=0.5$, X 与 Y 不相关.

(1) 求参数 a,b,c.

(2) 事件 $A=\{X=1\}$ 与 $B=\{\max(X,Y)=1\}$ 是否相关? 是否独立?

(3) 随机变量 $X+Y$ 与 $X-Y$ 是否相关? 是否独立?

37. 设随机变量 U 服从二项分布 $B\left(2,\dfrac{1}{2}\right)$, 随机变量

$$X=\begin{cases}-1, & U\leqslant 0,\\ 1, & U>0,\end{cases} \quad Y=\begin{cases}-1, & U<2,\\ 1, & U\geqslant 2.\end{cases}$$

求随机变量 $X-Y$, $X+Y$ 的方差, X 与 Y 的协方差.

(二)

1. 某公司计划开发一种新产品,并试图确定该产品产量,他们估计出售一件产品可获利 m 元,而积压一件产品则损失 n 元.再者,他们预测销售量(单位:件) Y 服从指数分布,其概率密度函数为

$$f_Y(y)=\begin{cases}\lambda e^{-\lambda y}, & y>0,\\ 0, & y\leqslant 0,\end{cases} \lambda>0.$$

问若要获得利润的数学期望最大,应生产多少件产品(m,n,λ 均为已知).

2. 某种产品表面上的疵点数服从泊松分布,平均一件上有 0.8 个疵点.若规定的疵点数不超过 1 个的产品为一等品,价值 10 元,疵点数大于 1 不多于 4 的产品为二等品,价值 8 元, 4 个以上者的产品为废品,求:

(1) 产品为废品的概率;

(2) 产品平均价值.

3. 设随机变量 X 与 Y 分别服从二项分布 $B(5,p_1)$ 与 $B(5-X,p_2)$, 其中 $0<p_1,p_2<1$, 求:

(1) (X,Y) 的概率分布律;

(2) 二维随机变量 (X,Y) 关于 Y 的边缘分布律;

(3) 当 $p_1=0.6$, $p_2=0.5$ 时, Y^2 的数学期望.

4. 设二维随机变量 (X,Y) 在矩形 $G=\{(X,Y)\mid 0\leqslant x\leqslant 2, 0\leqslant y\leqslant 1\}$ 上服从均匀分布,记

$$U=\begin{cases}0, & X\leqslant Y,\\ 1, & X>Y,\end{cases} \quad V=\begin{cases}0, & X\leqslant 2Y,\\ 1, & X>Y.\end{cases}$$

(1) 求 (U,V) 的概率分布律;

(2) 求 U,V 的相关系数.

5. 设随机变量 X 与 Y 的概率分布律为

X	Y		
	-1	0	1
0	0.07	0.18	0.15
1	0.08	0.32	0.20

求 X^2 与 Y^2 的协方差 $\mathrm{Cov}(X^2, Y^2)$.

6. 假设随机变量 U 在区间 $[-2,2]$ 上服从均匀分布,随机变量
$$X = \begin{cases} -1, & U \leqslant -1, \\ 1, & U > -1, \end{cases} \quad Y = \begin{cases} -1, & U \leqslant 1, \\ 0, & U > 1. \end{cases}$$
试求:(1) X 和 Y 的概率分布律;(2) $D(X+Y)$.

7. 假设一设备开机后无故障工作的时间 X 服从指数分布,平均无故障工作的时间 $E(X)$ 为 5 h.设备定时开机,出现故障时自动关机,而在无故障的情况下工作 2 h 便关机.试求该设备每次开机无故障工作的时间 Y 的分布函数 $F(y)$.

8. 设 A,B 为两个随机事件,且 $P(A)=\dfrac{1}{4}$, $P(B\mid A)=\dfrac{1}{3}$, $P(A\mid B)=\dfrac{1}{2}$,令
$$X = \begin{cases} 1, & \text{若 } A \text{ 发生}, \\ 0, & \text{若 } A \text{ 不发生}, \end{cases} \quad Y = \begin{cases} 1, & \text{若 } B \text{ 发生}, \\ 0, & \text{若 } B \text{ 不发生}. \end{cases}$$

求:(1) 二维随机变量 (X,Y) 的概率分布律;

(2) X 与 Y 的相关系数 ρ_{XY};

(3) $Z = X^2 + Y^2$ 的概率分布律.

9. 设随机变量 X 的概率密度函数为
$$f_X(x) = \begin{cases} \dfrac{1}{2}, & -1 < x < 0, \\ \dfrac{1}{4}, & 0 \leqslant x < 2, \\ 0, & \text{其他}. \end{cases}$$

令 $Y = X^2$, $F(x,y)$ 为二维随机变量 (X,Y) 的分布函数.求:

(1) Y 的概率密度函数 $f_Y(y)$;

(2) $\mathrm{Cov}(X,Y)$;

(3) $F\left(-\dfrac{1}{2}, 4\right)$.

第四章重要术语及主题

10. 设随机变量 $X_1, X_2, \cdots, X_n$ 相互独立,且具有相同分布,它们的均值与方差分别为 μ 与 σ^2,试证对于随机变量 $\overline{X} = \dfrac{1}{n}\sum\limits_{i=1}^{n} X_i$ ($\overline{X}$ 称为样本均值),有 $E(\overline{X}) = \mu$, $D(\overline{X}) = \dfrac{\sigma^2}{n}$, $P(|\overline{X} - \mu| \geqslant \varepsilon) \leqslant \dfrac{\sigma^2}{n\varepsilon^2}$.

习题四参考答案

第五章 大数定律与中心极限定理

概率论是研究随机现象统计规律性的数学学科之一,所谓统计规律性是在大量的重复独立试验中才呈现出的规律性,即统计规律性与大的数量有关.这就引导人们去研究概率论中的某些极限理论,大数定律和中心极限定理就是其中的两个重要内容.

大数定律主要研究大量的随机变量 $X_1, X_2, \cdots, X_n$ 的平均值 $\frac{1}{n}\sum_{i=1}^{n} X_i$ 当 $n \to +\infty$ 时的变化趋势以及在何种条件下依概率收敛的问题,即研究大量的随机变量的平均稳定性问题.这就为用严格的数学语言说明随机事件的概率、随机变量的数学期望等基本概念的统计意义奠定了坚实的理论基础.

中心极限定理研究了相互独立的随机变量 $X_1, X_2, \cdots, X_n$ 在满足何种条件时,其无穷和 $\sum_{i=1}^{+\infty} X_i$ 才能服从正态分布,即当 $n \to +\infty$ 时,其有限和 $\sum_{i=1}^{n} X_i$ 以正态分布为极限的问题.这一类定理说明了正态分布在概率论与数理统计中的重要地位.

§5.1 大 数 定 律

在 §1.2 中,我们谈到频率的稳定性,指出当试验次数增加时,事件 A 发生的频率 $f_n(A)$ 会接近于其概率 p,但那只是一种粗略的描述,没有作严格的数学定义.以下我们引入一种新的收敛性定义,并由此得出严格的数学定律.

定义 设 $X_1, X_2, \cdots, X_n, \cdots$ 是一个随机变量序列,a 为常数.若对任意 $\varepsilon > 0$,有

$$\lim_{n \to +\infty} P(|X_n - a| < \varepsilon) = 1, \tag{5-1-1}$$

则称 $X_1, X_2, \cdots, X_n, \cdots$ 依概率收敛于 a,记为 $X_n \xrightarrow{P} a$.

依概率收敛的直观意义是:当 n 充分大后,概率 $P(|X_n - a| < \varepsilon)$ 很接近于 1,于是随机事件 $|X_n - a| < \varepsilon$ 几乎处处发生,随机变量 X_n 几乎总是取值为 a 或者与 a

值非常接近. 反过来说,随机事件$\{|X_n-a|\geq\varepsilon\}$发生的可能性很小,几乎是零. 即上述式子也可等价地表示为

$$\lim_{n\to+\infty}P(|X_n-a|\geq\varepsilon)=0. \quad (5-1-2)$$

请注意：$\{X_n\}$依概率收敛于a,意味着对于任意给定的$\varepsilon>0$,当n充分大时,事件$\{|X_n-a|<\varepsilon\}$发生的概率很大,接近于1,但并不排除事件$\{|X_n-a|\geq\varepsilon\}$的发生,而只是说它发生的可能性很小. 依概率收敛比微积分中普通意义上的收敛弱些,它具有某种不确定性.

在大数定律中,研究最早也是最基本的是伯努利大数定律,它从理论上证明了随机事件的频率稳定性. 伯努利大数定律容易从切比雪夫大数定律导出,为此,我们首先介绍切比雪夫大数定律.

一、切比雪夫大数定律及其推论

定理 1 设$X_1,X_2,\cdots,X_n,\cdots$为相互独立的随机变量序列,$E(X_1),E(X_2),\cdots$及$D(X_1),D(X_2),\cdots$都存在,并且存在一个常数$C$,使得$D(X_i)\leq C,i=1,2,\cdots$,则对于任意给定的$\varepsilon>0$,必有

$$\lim_{n\to+\infty}P\left(\left|\frac{1}{n}\sum_{i=1}^{n}X_i-\frac{1}{n}\sum_{i=1}^{n}E(X_i)\right|<\varepsilon\right)=1. \quad (5-1-3)$$

证明 因为各$E(X_i)$及$D(X_i)$存在,所以

$$E\left(\frac{1}{n}\sum_{i=1}^{n}X_i\right)=\frac{1}{n}\sum_{i=1}^{n}E(X_i), \quad D\left(\frac{1}{n}\sum_{i=1}^{n}X_i\right)=\frac{1}{n^2}\sum_{i=1}^{n}D(X_i)$$

存在. 对随机变量$\frac{1}{n}\sum_{i=1}^{n}X_i$应用切比雪夫不等式,便有

$$1-\frac{\sum_{i=1}^{n}D(X_i)}{\varepsilon^2 n^2}\leq P\left(\left|\frac{1}{n}\sum_{i=1}^{n}X_i-\frac{1}{n}\sum_{i=1}^{n}E(X_i)\right|<\varepsilon\right)\leq 1,$$

注意到各$D(X_i)\leq C$,便有

$$1-\frac{C}{\varepsilon^2 n}\leq P\left(\left|\frac{1}{n}\sum_{i=1}^{n}X_i-\frac{1}{n}\sum_{i=1}^{n}E(X_i)\right|<\varepsilon\right)\leq 1.$$

由于$\lim_{n\to+\infty}\left(1-\frac{C}{\varepsilon^2 n}\right)=1$,所以

$$\lim_{n\to+\infty}P\left(\left|\frac{1}{n}\sum_{i=1}^{n}X_i-\frac{1}{n}\sum_{i=1}^{n}E(X_i)\right|<\varepsilon\right)=1,$$

定理得证.

显然式(5-1-3)可以改写成下列等价的表达式

$$\lim_{n\to+\infty} P\left(\left|\frac{1}{n}\sum_{i=1}^{n}X_i - \frac{1}{n}\sum_{i=1}^{n}E(X_i)\right| \geq \varepsilon\right) = 0. \tag{5-1-4}$$

切比雪夫大数定律有下述的重要推论.

推论 设 $X_1, X_2, \cdots, X_n, \cdots$ 是相互独立且服从同一分布的随机变量序列,各 $E(X_i)$ 存在(它们必都相等并设为 μ),各 $D(X_i)$ 存在(它们必都相等且设为 σ^2),则对于任意给定的 $\varepsilon > 0$,必有

$$\lim_{n\to+\infty} P\left(\left|\frac{1}{n}\sum_{i=1}^{n}X_i - \mu\right| < \varepsilon\right) = 1. \tag{5-1-5}$$

证明 随机变量 $X_1, X_2, \cdots, X_n, \cdots$ 显然满足切比雪夫大数定律的条件,注意到 $\frac{1}{n}\sum_{i=1}^{n}E(X_i) = \mu$,由式(5-1-3)可得

$$\lim_{n\to+\infty} P\left(\left|\frac{1}{n}\sum_{i=1}^{n}X_i - \mu\right| < \varepsilon\right) = 1,$$

定理得证.

我们记 $Y_n = \frac{1}{n}\sum_{i=1}^{n}X_i$,则式(5-1-5)可写为 $\lim_{n\to+\infty} P(|Y_n - \mu| < \varepsilon) = 1$,即当 n 很大时,Y_n 以很大的概率接近 μ,因而 $\{Y_n\}$ 依概率收敛于 μ.

切比雪夫大数定律推论的统计意义如下:根据该推论,当 n 很大时,$X_1, X_2, \cdots, X_n$ 的平均值 Y_n 可以以很大的概率与均值 $E(X_1) = E(X_2) = \cdots = E(X_n) = \mu$ 很接近. 于是若把独立同分布的随机变量 $X_1, X_2, \cdots, X_n$ 看成是对某一随机变量 X 的 n 次重复独立观察的结果,则该推论指出 X 的 n 次观察值的平均值依概率收敛于 X 的数学期望 $E(X)$. 由此我们可以更深刻地了解数学期望作为用来描述随机变量取值平均水平的数字特征的意义,这也是在后续数理统计部分中用样本的均值估计总体均值的理论依据.

二、伯努利(Bernoulli)大数定律

作为切比雪夫大数定律的推论在理论方面的直接应用,我们来推导它的一个重要且常用的特例,即伯努利大数定律.

定理 2 设 n 次伯努利试验中,事件 A 发生的次数为 n_A,在每次试验中 A 发生的概率为 p ($0 < p < 1$),即 $n_A \sim B(n, p)$,则对任意的 $\varepsilon > 0$,有

$$\lim_{n\to+\infty} P\left(\left|\frac{n_A}{n} - p\right| < \varepsilon\right) = 1. \tag{5-1-6}$$

证明 引入 n 个随机变量

$$X_i = \begin{cases} 1, & \text{在第 } i \text{ 次试验中 } A \text{ 发生}, \\ 0, & \text{在第 } i \text{ 次试验中 } A \text{ 不发生}, \end{cases} \quad i = 1, 2, \cdots, n,$$

则 $X_1, X_2, \cdots, X_n$ 是 n 个相互独立且服从参数为 p 的 0-1 分布的随机变量,并且

$$n_A = \sum_{i=1}^{n} X_i, \quad E(X_i) = p, \quad D(X_i) = p(1-p), \quad i = 1, 2, \cdots, n.$$

于是由本节的定理 1 的推论就有

$$\lim_{n \to +\infty} P\left(\left| \frac{1}{n} \sum_{i=1}^{n} X_i - p \right| < \varepsilon \right) = \lim_{n \to +\infty} P\left(\left| \frac{n_A}{n} - p \right| < \varepsilon \right) = 1.$$

这就证明了伯努利大数定律.

显然式(5-1-6)与

$$\lim_{n \to +\infty} P\left(\left| \frac{n_A}{n} - p \right| \geq \varepsilon \right) = 0 \tag{5-1-7}$$

等价.

前面已经指出频率与概率的关系,随着观察次数 n 的增大,频率将会逐渐稳定到概率. 当 n 很大时,频率与概率是会非常"靠近"的.还曾经指出这里所说的"逐渐稳定"和非常"靠近"等都只是一种直观的说法. 事实上,现在伯努利大数定律证明了当 n 很大时,在 n 次重复独立试验中,随机事件 A 发生的频率 $\frac{n_A}{n}$ 与一次试验中 A 发生的概率 p 有较大偏差的可能性很小. 频率 $\frac{n_A}{n}$ 依概率收敛于 p.这就给出了频率稳定于概率的实际内涵和用频率来推断概率的理论依据.

三、辛钦(Khinchin)大数定律

切比雪夫大数定律的证明以切比雪夫不等式为基础,所以要求随机变量应具有方差. 但是进一步的研究表明,方差存在这个条件并不是必要的.下面将要介绍的独立同分布的辛钦大数定律,就不要求随机变量需具备方差存在这一前提.

定理 3 设 $X_1, X_2, \cdots, X_n, \cdots$ 是相互独立且服从同一分布的随机变量序列,其数学期望存在,设为 $E(X_i) = \mu, i = 1, 2, \cdots$,则对于任意给定的 $\varepsilon > 0$,必有

$$\lim_{n \to +\infty} P\left(\left| \frac{1}{n} \sum_{i=1}^{n} X_i - \mu \right| < \varepsilon \right) = 1.$$

证明略.

辛钦大数定律表明,当 n 很大时,随机变量在 n 次观察中的观察值的算术平均值 $\frac{1}{n} \sum_{i=1}^{n} X_i$ 会"靠近"它的数学期望值. 这就为在随机变量方差的存在性尚未明确的情况下,对随机变量的数学期望进行估计提供了一条实际可行的途径. 例如,要估计某地区小麦的平均亩产量,只要收割一部分有代表性的地块,计算它们的平均产量,这个平均产量就是 $\frac{1}{n} \sum_{i=1}^{n} X_i$,当 n 比较大时,它可以作为全地区平均亩产量(亩产量的期望值) μ 的一个近似.

例 1 设 $\{X_k\}$ $(k = 1, 2, \cdots)$ 是相互独立且服从同一分布的随机变量序列,记

$$\bar{X}_n = \frac{1}{n}\sum_{k=1}^{n} X_k.$$

若 $X_k \sim U[4,6]$, 问当 $n \to +\infty$ 时 $\{\bar{X}_n\}$ 依概率收敛于何值？请写出极限表达式.

解 显然 $\{X_k\}$ 满足上述定理3的条件, 且 $E(X_k) = \dfrac{6+4}{2} = 5$, 故 $\bar{X}_n \xrightarrow{P} 5$, 即对任意 $\varepsilon > 0$, 有

$$\lim_{n \to +\infty} P(|\bar{X}_n - 5| < \varepsilon) = 1.$$

例2 设随机变量序列 $X_1, X_2, \cdots$ 相互独立, 且都在 $[-\pi, \pi]$ 上服从均匀分布. 记 $Y_i = \cos(iX_i), i = 1, 2, \cdots$. 证明对任意 $\varepsilon > 0$, 有

$$\lim_{n \to +\infty} P\left(\left|\frac{1}{n}\sum_{i=1}^{n} Y_i\right| < \varepsilon\right) = 1.$$

证明 因为 $X_i \sim U[-\pi, \pi]$, 故其概率密度函数为

$$f(x) = \begin{cases} \dfrac{1}{2\pi}, & -\pi \leq x \leq \pi, \\ 0, & \text{其他}. \end{cases}$$

于是

$$E(Y_i) = \int_{-\pi}^{\pi} \frac{1}{2\pi}\cos(ix)\,\mathrm{d}x = \frac{2}{2i\pi}\sin(ix)\Big|_0^{\pi} = 0,$$

$$D(Y_i) = \int_{-\pi}^{\pi} \frac{1}{2\pi}\cos^2(ix)\,\mathrm{d}x = \frac{2}{2\pi}\int_0^{\pi} \frac{1}{2}(1 + \cos(2ix))\,\mathrm{d}x$$

$$= \frac{1}{2\pi}\left(x + \frac{1}{2i}\sin(2ix)\right)\Big|_0^{\pi} = \frac{1}{2}.$$

由于 $X_1, X_2, \cdots$ 相互独立, 则 $Y_1, Y_2, \cdots$ 也相互独立, 且 $E(Y_i) = 0, D(Y_i) = \dfrac{1}{2}$ ($i = 1, 2, \cdots$), 满足本节定理1的条件, 从而有

$$\frac{1}{n}\sum_{i=1}^{n} Y_i \xrightarrow{P} \frac{1}{n}\sum_{i=1}^{n} E(Y_i) = 0,$$

即对任意 $\varepsilon > 0$ 有

$$\lim_{n \to +\infty} P\left(\left|\frac{1}{n}\sum_{i=1}^{n} Y_i\right| < \varepsilon\right) = 1.$$

典型例题 5-1

§5.2 中心极限定理

在客观实际中有许多随机变量, 它们是由大量相互独立的随机因素综合影响所形成的, 其中每一个别因素在总的影响中所起的作用都是微小的. 这种随机变量往往近似地服从正态分布, 这种现象就是中心极限定理的客观背景. 本节仅介绍两个常

用的中心极限定理.

一、莱维-林德伯格(Lévy-Lindeberg)定理

定理 1(独立同分布的中心极限定理) 设随机变量序列 $X_1, X_2, \cdots$ 相互独立且服从同一分布,数学期望和方差存在,设为

$$E(X_i) = \mu, \quad D(X_i) = \sigma^2 \neq 0, \quad i = 1, 2, \cdots,$$

则对任意实数 x,有

$$\lim_{n \to +\infty} P\left(\frac{1}{\sqrt{n}\sigma}\left(\sum_{i=1}^{n} X_i - n\mu\right) \leq x\right) = \frac{1}{\sqrt{2\pi}} \int_{-\infty}^{x} e^{-\frac{t^2}{2}} dt. \quad (5-2-1)$$

定理的证明已超出了本书的范围,故从略.

令 $Y_n = \frac{1}{\sqrt{n}\sigma}\left(\sum_{i=1}^{n} X_i - n\mu\right)$,由定理 1 的条件可知

$$E\left(\sum_{i=1}^{n} X_i\right) = \sum_{i=1}^{n} E(X_i) = n\mu,$$

$$D\left(\sum_{i=1}^{n} X_i\right) = \sum_{i=1}^{n} D(X_i) = n\sigma^2,$$

故 Y_n 实际上是随机变量 $S_n = \sum_{i=1}^{n} X_i$ 的标准化变量.注意到 $P\left(\frac{1}{\sqrt{n}\sigma}\left(\sum_{i=1}^{n} X_i - n\mu\right) \leq x\right)$ 是随机变量 $\frac{1}{\sqrt{n}\sigma}\left(\sum_{i=1}^{n} X_i - n\mu\right)$ 的分布函数 $F(x)$,由式(5-2-1)知当 n 很大时,

$P\left(\frac{1}{\sqrt{n}\sigma}\left(\sum_{i=1}^{n} X_i - n\mu\right) \leq x\right) \approx \Phi(x)$,所以当 n 很大时,随机变量 $Y_n = \frac{1}{\sqrt{n}\sigma}\left(\sum_{i=1}^{n} X_i - n\mu\right)$ 便近似地服从标准正态分布.因此我们称随机变量序列 $\left\{Y_n = \frac{1}{\sqrt{n}\sigma}\left(\sum_{i=1}^{n} X_i - n\mu\right)\right\}$ 渐近服从标准正态分布.式(5-2-1)也可记成

$$\frac{\sum_{i=1}^{n} X_i - n\mu}{\sqrt{n}\sigma} \stackrel{\cdot}{\sim} N(0,1). \quad (5-2-2)$$

由于 $\sum_{i=1}^{n} X_i = (\sqrt{n}\sigma) Y_n + n\mu$,而且当 n 很大时,Y_n 近似服从标准正态分布,因此这个式子告诉我们,不论 $X_1, X_2, \cdots$ 原来服从什么分布,当 n 很大时,其部分和 $S_n = \sum_{i=1}^{n} X_i$ 有

$$S_n \stackrel{\cdot}{\sim} N(n\mu, n\sigma^2), \quad (5-2-3)$$

或等价地近似为

$$\frac{\sum_{i=1}^{n} X_i - n\mu}{\sqrt{n}\,\sigma} \stackrel{\cdot}{\sim} N(0,1).$$

记 $\overline{X} = \dfrac{1}{n} \sum\limits_{i=1}^{n} X_i$，则式(5-2-2)成为

$$\frac{\overline{X} - \mu}{\sigma/\sqrt{n}} \stackrel{\cdot}{\sim} N(0,1).$$

它表明不论 $X_1, X_2, \cdots$ 的分布情况如何，当 n 很大时其平均值 $\overline{X}$ 总是近似服从 $N\left(\mu, \dfrac{\sigma^2}{n}\right)$，这是数理统计中大样本统计推断的基础.

例1 设随机变量 $X_1, X_2, \cdots, X_n$ 相互独立且服从同一分布. 已知 $E(X_i^k) = a_k (k=1,2,3,4)$，问当 n 充分大时，随机变量

$$Y_n = \frac{1}{n} \sum_{i=1}^{n} X_i^2$$

服从什么分布？指出其分布参数.

解 由于 $X_1, X_2, \cdots, X_n$ 相互独立且服从同一分布，故 $X_1^2, X_2^2, \cdots, X_n^2$ 也相互独立且服从同一分布. 由本节定理1知，Y_n 在 n 充分大时应近似地服从正态分布. 又因为

$$E(X_i^2) = a_2, \quad D(X_i^2) = E(X_i^4) - (E(X_i^2))^2 = a_4 - a_2^2,$$

从而当 n 充分大时，$X_1^2, X_2^2, \cdots, X_n^2$ 的平均值 Y_n 近似服从 $N\left(E(X_i^2), \dfrac{D(X_i^2)}{n}\right)$，即

$$Y_n \stackrel{\cdot}{\sim} N\left(a_2, \frac{a_4 - a_2^2}{n}\right).$$

例2 用一机床制造大小相同的零件，标准质量为 1 kg，由于随机误差，每个零件的质量服从在 $[0.95, 1.05]$ 上的均匀分布. 设每个零件的质量相互独立.

(1) 若制造 1 200 个零件，问总质量大于 1 202 kg 的概率是多少？

(2) 最多可以制造多少个零件，可使零件质量误差总和的绝对值小于 2 kg 的概率不小于 0.9？

解 (1) 设 X_i 表示"第 $i\,(i=1,2,\cdots,1\,200)$ 个零件的质量"，则 $X_i \sim U[0.95, 1.05]$，于是

$$E(X_i) = \frac{0.95 + 1.05}{2} = 1, \quad D(X_i) = \frac{(1.05 - 0.95)^2}{12} = \frac{1}{1\,200}.$$

记 $X = \sum\limits_{i=1}^{1\,200} X_i$，由式(5-2-3)有

$$X \stackrel{\cdot}{\sim} N\left(1\,200 \times 1, 1\,200 \times \frac{1}{1\,200}\right) = N(1\,200, 1).$$

于是

$$P(X > 1\,202) = 1 - P(X \leq 1\,202) = 1 - \Phi\left(\frac{1\,202 - 1\,200}{1}\right)$$
$$= 1 - \Phi(2) = 1 - 0.977\,2 = 0.022\,8.$$

（2）由题设知,若设 Y_i 为第 $i(i=1,2,\cdots,n)$ 个零件的质量误差,则 $Y_i \sim U[-0.05,0.05]$,有 $E(Y_i)=0$, $D(Y_i)=\dfrac{1}{1\,200}$. $Y=\sum\limits_{i=1}^{n} Y_i$ 表示 n 个零件的误差总和,由式(5-2-3)有 $Y \stackrel{\cdot}{\sim} N\left(0, \dfrac{n}{1\,200}\right)$. 于是要求 $P(|Y|<2) \geq 0.9$ 相当于

$$P(-2 < Y < 2) = \Phi\left(\frac{2}{\sqrt{\dfrac{n}{1\,200}}}\right) - \Phi\left(\frac{-2}{\sqrt{\dfrac{n}{1\,200}}}\right)$$
$$= 2\Phi\left(\frac{40\sqrt{3}}{\sqrt{n}}\right) - 1 \geq 0.9,$$

即 $\Phi\left(\dfrac{40\sqrt{3}}{\sqrt{n}}\right) \geq 0.95$. 查正态分布表得 $\dfrac{40\sqrt{3}}{\sqrt{n}} \geq 1.64$,解之得 $n \leq 1\,784.65$,即最多可以制造 1 784 个零件,其质量误差总和的绝对值小于 2 kg 的概率不小于 90%.

例3 若飞机对一目标进行袭击,每次袭击命中目标的炸弹数目是一个随机变量,且各次袭击命中目标的炸弹数目服从同一分布,期望 $\mu=3$,方差 $\sigma^2=1.44$. 问至少要进行多少次袭击,才能以 0.85 的概率保证在这些袭击中命中目标的炸弹数目不少于 200?

解 设至少应进行 n 次袭击,且第 i 次袭击命中目标的炸弹数目为 X_i, $i=1,2,\cdots,n$,则 n 次袭击命中目标的炸弹数目是 $X=\sum\limits_{i=1}^{n}X_i$. 已知 $\mu=E(X_i)=3$, $\sigma^2=D(X_i)=1.44$,且 $X_i(i=1,2,\cdots,n)$ 相互独立且服从同一分布. 故 $E(X)=n\mu=3n$, $D(X)=n\sigma^2=1.44n$,利用本节定理 1,有

$$P(X \geq 200) = P\left(\frac{X-3n}{\sqrt{1.44n}} \geq \frac{200-3n}{\sqrt{1.44n}}\right) = 1 - P\left(\frac{X-3n}{1.2\sqrt{n}} < \frac{200-3n}{1.2\sqrt{n}}\right)$$
$$\approx 1 - \Phi\left(\frac{200-3n}{1.2\sqrt{n}}\right) = 0.85.$$

从而得 $\Phi\left(\dfrac{200-3n}{1.2\sqrt{n}}\right)=0.15$,查表可得 $\dfrac{200-3n}{1.2\sqrt{n}}=-1.04$,整理得关于 n 的二次方程如下

$$9n^2 - 1\,201.558\,n + 40\,000 = 0.$$

解得 $n_1=63.355$, $n_2=70.152$,取正整数 $n=64$,则至少要进行 64 次袭击,才能以 0.85 的概率保证命中目标的炸弹数目不少于 200.

二、棣莫弗-拉普拉斯(De Moivre-Laplace)定理

定理2(二项分布以正态分布为极限分布定理) 设 A 是试验 E 的事件, $P(A)=p$,

$0<p<1$. 在 n 次独立重复试验中把事件 A 出现的次数记为 n_A, 即 $n_A \sim B(n,p)$, 则对于任意实数 x, 有

$$\lim_{n \to +\infty} P\left(\frac{n_A - np}{\sqrt{np(1-p)}} \leq x \right) = \frac{1}{\sqrt{2\pi}} \int_{-\infty}^{x} e^{-\frac{t^2}{2}} dt. \qquad (5\text{-}2\text{-}4)$$

证明 把第 i 次试验中 A 出现的次数记为 X_i ($i=1,2,\cdots$), 则各 X_i 都服从分布 $B(1,p)$. 由试验的独立性可知 $X_1, X_2, \cdots, X_n, \cdots$ 是相互独立且服从同一分布的随机变量序列. 又由于 $E(X_i) = p$, $D(X_i) = p(1-p)$, 故按独立同分布的中心极限定理(本节定理 1)有

$$\lim_{n \to +\infty} P\left(\frac{1}{\sqrt{np(1-p)}} \left(\sum_{i=1}^{n} X_i - np \right) \leq x \right) = \Phi(x),$$

注意到 $\sum_{i=1}^{n} X_i = n_A$, 故得 $\lim\limits_{n \to +\infty} P\left(\dfrac{n_A - np}{\sqrt{np(1-p)}} \leq x \right) = \Phi(x)$, 定理得证.

这个定理说明, 当 n 很大时, 对 n_A 作标准化处理后的随机变量 $Y_n = \dfrac{n_A - np}{\sqrt{np(1-p)}}$ 近似服从标准正态分布 $N(0,1)$, 从而 Y_n 的线性函数 $n_A = \sqrt{np(1-p)} Y_n + np$ 必近似服从正态分布 $N(np, [\sqrt{np(1-p)}]^2)$.

由于 $n_A \sim B(n,p)$, 所以若一个随机变量 $X \sim B(n,p)$, 当 n 很大时, 则 X 便近似服从 $N(np, [\sqrt{np(1-p)}]^2)$, 于是就有

$$P(a \leq X \leq b) \approx \Phi\left(\frac{b - np}{\sqrt{np(1-p)}} \right) - \Phi\left(\frac{a - np}{\sqrt{np(1-p)}} \right). \qquad (5\text{-}2\text{-}5)$$

式(5-2-5)是一个十分有用的近似计算二项分布 $B(n,p)$ 的概率公式.

对近似公式(5-2-5)我们作以下几点说明:

(1) 泊松定理告诉我们, 当 $n \geq 10$, $p \leq 0.1$ 时, 二项分布可用泊松分布作近似计算, 而上述定理则不受 p 值的限制. 但若 n 很大、p 很小 ($np \leq 5$), 则用正态分布作近似不如用泊松分布近似精确. 实际应用结果表明, 当 n 很大、p 与 $1-p$ 都不很小时, 或者当 n 很大、p 很小、但 $np(1-p)$ 较大 (≥ 10) 时, 用正态分布对二项分布进行近似计算一般都有较好的效果.

(2) "n 很大" 是一个较模糊的概念. 经验告诉我们, 如果取 $n \geq 50$ (有时也可放宽到 $n \geq 30$), 则近似程度便可满足一般要求. 当然, n 越大精度越好.

(3) 对于概率 $P(a \leq X < b)$, $P(a < X < b)$, $P(a < X \leq b)$ 均可用式(5-2-5)计算. 因为当 n 很大时, $P(X=a)$, $P(X=b)$ 的值都很小, 可以忽略不计.

例 4 某公司生产的电子元件合格率为 99.5%. 装箱出售时, (1) 若每箱中装 1 000 只, 问不合格品在 2 到 6 只之间的概率是多少? (2) 若要以 99% 的概率保证每箱中合格品数不少于 1 000 只, 问每箱至少应多装几只这种电子元件?

解 (1) 显然这个公司生产的电子元件不合格率为 $1 - 0.995 = 0.005$. 设 X 表示 "1 000 只电子元件中不合格品的只数", 则 $X \sim B(1\,000, 0.005)$, 由式(5-2-5)得

$$P(2 \leq X \leq 6)$$
$$\approx \Phi\left(\frac{6 - 1\,000 \times 0.005}{\sqrt{1\,000 \times 0.005 \times 0.995}}\right) - \Phi\left(\frac{2 - 1\,000 \times 0.005}{\sqrt{1\,000 \times 0.005 \times 0.995}}\right)$$
$$= \Phi(0.45) - \Phi(-1.35) = 0.673\,6 - (1 - 0.911\,5)$$
$$= 0.585\,1.$$

(2) 设每箱中应多装 k 只元件,则不合格品只数 $X \sim B(1\,000+k, 0.005)$.由题设应有
$$P(X \leq k) \geq 0.99,$$
而由式(5-2-5)得
$$P(X \leq k) \approx \Phi\left(\frac{k - (1\,000 + k) \times 0.005}{\sqrt{(1\,000 + k) \times 0.005 \times 0.995}}\right) \geq 0.99,$$
查表得 $\Phi(2.33) = 0.99$,于是 k 应满足
$$\frac{k - (1\,000 + k) \times 0.005}{\sqrt{(1\,000 + k) \times 0.005 \times 0.995}} \geq 2.33,$$
解之有 $k \geq 11$.这就是说,每箱至少应多装 11 只电子元件,才能以 99% 以上的概率保证合格品数不低于 1 000 只.

例 5 设在 n 次伯努利试验中,每次试验事件 A 发生的概率均为 0.7,要使事件 A 发生的频率在 0.68 到 0.72 之间的概率不小于 0.90,问至少要进行多少次试验?(1)用切比雪夫不等式估计;(2)用中心极限定理计算.

解 设 n_A 表示 n 次试验中事件 A 发生的次数,显然 $n_A \sim B(n, p)$,已知 $p = 0.7$, $E(n_A) = np = 0.7n$, $D(n_A) = np(1-p) = 0.21n$,相应的频率为 $\frac{n_A}{n}$,问题是要求出适当的 n,使得
$$P\left(0.68 < \frac{n_A}{n} < 0.72\right) \geq 0.90.$$

(1) 用切比雪夫不等式估计
$$P\left(0.68 < \frac{n_A}{n} < 0.72\right) = P(0.68n < n_A < 0.72n)$$
$$= P(|n_A - 0.7n| < 0.02n) \geq 1 - \frac{0.21n}{(0.02n)^2} = 1 - \frac{525}{n}.$$

要使 $P\left(0.68 < \frac{n_A}{n} < 0.72\right) \geq 0.90$,只要 $1 - \frac{525}{n} \geq 0.90$,解不等式 $n \geq 5\,250$,即至少要进行 5 250 次试验才能满足题中要求.

(2) 用中心极限定理计算
$$P\left(0.68 < \frac{n_A}{n} < 0.72\right) = P(0.68n < n_A < 0.72n)$$

$$= P\left(\frac{0.68n - 0.7n}{\sqrt{0.21n}} < \frac{n_A - 0.7n}{\sqrt{0.21n}} < \frac{0.72n - 0.7n}{\sqrt{0.21n}}\right)$$

$$\approx \Phi(0.043\ 6\sqrt{n}) - \Phi(-0.043\ 6\sqrt{n})$$

$$= 2\Phi(0.043\ 6\sqrt{n}) - 1.$$

要使 $P(0.68 < \frac{n_A}{n} < 0.72) \geq 0.90$，只要 $2\Phi(0.043\ 6\sqrt{n}) - 1 \geq 0.90$，即 $\Phi(0.043\ 6\sqrt{n}) \geq 0.95$，查表，只要 $0.043\ 6\sqrt{n} \geq 1.64$，解不等式，即 $n \geq 1\ 414.9$. 取 $n = 1\ 415$，即至少要做 1 415 次试验才能达到题中要求.

比较两种方法得出的不同结果，可以看出，按切比雪夫不等式估计出的结果，要多做 3 835 次试验，这将是多大的浪费呀！

三、一般的中心极限定理

本章开头已经说过在 20 世纪前期，概率论的一个重要研究课题是：如果 X_1, X_2, …X_n, … 是相互独立的随机变量序列，在何种条件下，其前 n 项之和 $\sum_{i=1}^{n} X_i$ 渐近地服从正态分布. 在本节我们介绍了其中两个比较简单又很重要和实用的结果. 事实上，更深入的研究结果表明，使 $\sum_{i=1}^{n} X_i$ 渐近地服从正态分布的条件可以比上述介绍的两个定理更为宽松. 这些定理的数学表述比较复杂，这里只作粗略地描述：如果一个随机变量 X 是大量个数的相互独立的随机变量之和，它们不必服从同分布，只要其中每个随机变量对总和都只起"微小的作用"，则 X 便近似服从正态分布.

由于实际问题中的许多随机变量都有这种性质，例如进行某种观测时，不可避免地有许多引起观测误差的随机因素影响着我们的观测结果，其中有些误差是由测量仪器的情况引起的，这些情况可以在温度、大气压或其他因素的影响之下改变着，有些误差是属于观测者个人的误差，这些误差大都是由视觉或听觉引起的，等等，这些因素中的每一个都可能使观测的结果产生很小的误差，然而由于所有这些误差共同影响着观测结果，于是我们得到的是一个"总的误差". 所以，实际观测得到的误差可以看作是一个随机变量，它是很多数值微小的独立随机变量的总和，按中心极限定理，这个随机变量应该渐近地服从正态分布，这说明正态分布在实践中有特别重要的意义.

习题五

（一）

1. 设随机变量 X_k ($k = 1, 2, \cdots$) 相互独立，服从同一分布，且 $E(X_k) = 0$, $D(X_k) = \sigma^2$, $E(X_k^4)$ 存在. 证明：对任意 $\varepsilon > 0$，有

$$\lim_{n \to +\infty} P\left(\left|\frac{1}{n} \sum_{k=1}^{n} X_k^2 - \sigma^2\right| < \varepsilon\right) = 1.$$

2. 某大型商场每天接待顾客 10 000 人,设每位顾客的消费额(单位:元)服从 $[100,1\,000]$ 上的均匀分布,且顾客的消费额是相互独立的. 试求该商场的销售额(单位:元)在平均销售额上下浮动不超过 20 000 元的概率.

3. 设 $X_i\,(i=1,2,\cdots,50)$ 是相互独立的随机变量,且它们都服从 $\lambda=0.03$ 的泊松分布,记 $S=\sum\limits_{k=1}^{50}X_k$,利用中心极限定理计算 $P(S\geqslant 3)$.

4. 设有一大批种子,其中良种占 $\dfrac{1}{5}$,现从中任取 5 000 粒,求在该 5 000 粒中良种数介于 940 粒与 1 060 之间的概率.

5. 设某车间有 400 台同类型的机器各自独立地工作,每台机器在开动时所需的电功率为 Q W. 因工艺的原因,每台机器并不是连续开动的,开动的时间只占工作时间的 3/4,问应向该车间提供多少电量,才能以 99% 的概率保证不会因供电不足而影响生产.

6. 对于一个学生而言,来参加家长会的家长人数是一个随机变量,设一个学生无家长、1 名家长、2 名家长来参加家长会的概率分别为 0.05, 0.8, 0.15. 若学校共有 400 名学生,设各学生参加家长会的家长数相互独立,且服从同一分布.

(1) 求参加家长会的家长数 X 超过 450 的概率;

(2) 求有 1 名家长来参加家长会的学生数不多于 340 的概率.

(二)

1. 假设 $X_1,X_2,\cdots,X_n$ 是相互独立且在 $[a,b]$ 上服从均匀分布的随机变量,$f(x)$ 是在 $[a,b]$ 上连续的函数,试证明:$\dfrac{b-a}{n}\sum\limits_{i=1}^{n}f(X_i)\xrightarrow{P}\int_a^b f(x)\,\mathrm{d}x$.

2. 历史上科学家皮尔逊进行抛掷一枚均匀硬币的试验,他当时抛掷 12 000 次,正面出现 6 019 次,现在我们若重复他的试验,求:

(1) 抛掷 12 000 次正面出现频率与概率之差的绝对值不超过当年皮尔逊试验偏差的概率;

(2) 要想使我们试验正面出现的频率与概率之差的绝对值不超过当年皮尔逊试验偏差的概率小于 20%,现在我们应最多做试验多少次?

3. 在某地区的一家保险公司里有两万人参加了人寿保险,每人每年付 8 元保险费. 若投保人死亡,则保险公司向其家属赔付 2 000 元. 设该地区的人口死亡率为万分之五,求:

(1) 该保险公司亏本的概率;

(2) 该保险公司一年的利润不少于 12 万元的概率.

4. 设随机变量 $Y_n\sim P(n)$,试证明:当 $n\to+\infty$ 时,$\dfrac{Y_n-n}{\sqrt{n}}$ 的极限分布是 $N(0,1)$.

第五章重要术语及主题

习题五参考答案

第六章 数理统计的基本概念

在自然和社会现象中,有一些现象看似是无规律的,但是通过大量的试验和观察以后,其整体却呈现出一种规律性.这种现象称为**随机现象**,这种规律称为**统计规律**.研究大量随机现象统计规律性的数学学科就是概率论和数理统计,在前五章,我们介绍了概率论的基本内容,从本章开始的后四章,我们将逐一讲述数理统计的基础知识.

概率论和数理统计作为研究大量随机现象统计规律性的数学学科,二者密切联系,但也有不同的侧重点.通过概率论,人们知道可以用随机事件的概率、随机变量的概率分布以及数字特征等对随机现象作确定性的量化描述.例如,为了考察某公司生产的一批电脑芯片的质量,需要了解芯片使用寿命 X 这一指标,该指标是随机变量.若规定当 $X \geqslant 10\,000$ h 时,芯片为合格品,那么依概率论,该批芯片的质量可以用芯片的合格率 $p = P(X \geqslant 10\,000)$ 来描述.进一步,假定芯片寿命 X 服从正态分布 $N(\mu, \sigma^2)$,则从概率论可知道,还可以用正态分布的数学期望、方差等数字特征描述芯片寿命的平均指标.然而作为生产者仅仅知道芯片寿命这样的质量问题可以用"合格率",即随机变量的概率分布等进行描述,是远远不够的.对他们来说,更重要的是要知道究竟用什么方法才能得知产品合格率的具体数值,芯片寿命指标具体服从何种概率分布,以及相应的分布参数值是多少等,而这正是数理统计要研究的问题.

或许有人认为,要回答上述问题,只要将这批芯片的寿命逐一进行测量就可以了.但实际上这样做是不现实的,因为寿命试验是破坏性的,测试一只就损坏一只.有些试验虽不是破坏性的,譬如像铆钉这种产品,尽管只要经简单测量就能确定它的尺寸是否合格,然而由于铆钉的产量甚多,逐一测量需要花费大量人力和时间,所以这也是不可取的.因此我们只能从整批产品中抽取一部分进行测试,然后根据这一小部分产品测试的数据来推断整批产品的合格率、平均寿命、寿命分布等诸多问题.为了充分利用小部分所提供的关于整批的信息,就要研究如何合理地从整批中抽取样品才能使所收集的数据更具有代表性,如何对所收集的数据进行整理、归纳和分析，如何应用有效的方法对所关心的问题作出估计和推断，并进而应用这些结果来指导生产.

归纳起来，数理统计学的主要任务是：研究如何以有效的方法收集、整理和分析受到随机性影响的数据以及对所考察的问题作出估计、推断和预测，直至为采取决策和行动提供依据或建议.粗略地说，概率论指出人们可以用什么方法描述随机现象，而数理统计则告诉我们如何得知一个现实的随机现象究竟是什么.

由于随机现象无所不在，因此数理统计的应用十分广泛.在自然科学、人文社会科学、军事科学、经济领域和工农业生产实践中都经常会用到数理统计的理论与方法.数理统计的内容十分丰富，本教材所介绍的只是一些最基本的概念与方法，实际问题往往比较复杂，所以读者对分析和解决实际问题的统计思想与统计方法要特别加以关注.

§6.1 总体与样本

在数理统计中，通常把研究对象全体称为**总体**，构成总体的每一个成员称为**个体**.例如，在研究中某地区三至五岁儿童构成一个总体，每一个儿童为一个个体；在研究某厂所生产某一型号电视机的质量时，生产的该型号的电视机构成一个总体，其中每一台电视机为一个个体.按照总体中个体的数量不同，总体可分为**有限总体**及**无限总体**两类.若有限总体中个体数量很多，则也可认为是无限总体.

在实际问题中，往往不是研究总体的一切属性，而是研究总体的某项数量指标，譬如考察电脑芯片的质量，关心的是它的使用寿命而不是芯片本身，从这个意义上讲，因为每一个芯片都有一个确定的寿命数值，所以一个个体就是一个实数，而某公司生产的电脑芯片构成的总体就是这些芯片寿命各种可能数值的全体.把芯片的寿命记为 X，则一个总体由于抽取的个体的不同，X 可以取不同的数值.另一方面，芯片寿命落在某一时间区间，一般地说，有一定的比例，如芯片寿命落在 12 000~18 000 h 的占芯片总数的 80%，落在 18 000~20 000 h 的占芯片总数的 10%，等等.即芯片寿命的取值有一定的分布，所以我们可以认为芯片寿命 X 是一随机变量.一般地说，我们总可以把所考察的总体(本章只考虑包含一个数量指标的情况，即所谓一维总体.)用一个随机变量来代表，于是，**总体就是一个具有确定概率分布的随机变量，而一个个体则是随机变量的一次观察值，即一个实数**.以后，我们可以说总体 X 或总体 $F(x)$，其含义就是，总体是一个以 $F(x)$ 为分布函数的随机变量 X，而对总体的研究，就是对相应的随机变量 X 的分布的研究.

为了了解总体，就要从总体中抽取一个或若干个个体进行观察，这一抽取过程称为**抽样**.这样抽出的个体就称为总体的样本，抽取的 n 个个体就称为**来自总体的容量为 n 的一个样本**.我们已知总体是随机变量 X 所取的全体可能值，所以抽取一个个体就是对 X 的取值作一次观察(一次试验)，并记录其结果，抽取 n 个个体就是 n 次观察的结果.一个个体究竟取什么值在具体观察之前是不能确定的，但它可能取

总体 X 所可能取的一切数值,所以我们有理由把样本看成是与总体具有相同分布的随机变量. 另一方面,当它一旦被观察完毕,样本就是一个具体数值,称之为样本的**观察值**,或**样本值**,因此,若将 n 次观察结果依次记为 $X_1,X_2,\cdots,X_n$,则样本就是 n 个与总体具有相同分布的随机变量组成的随机变量 $(X_1,X_2,\cdots,X_n)$,而样本值是随机变量的观察值,以小写字母记之,它是一组实数 $x_1,x_2,\cdots,x_n$.

为了使样本能充分地代表总体,要求抽样必须满足两个条件:

(1) **随机性** 即每一个个体都有均等的机会被抽取到,这就是前面所说的样本必须是与总体同分布的随机变量.

(2) **独立性** 即要求 n 次抽样必须是独立的,每次抽样既不影响其他各次抽样的结果,也不受其他各次抽样结果的影响.

所以样本 $X_1,X_2,\cdots,X_n$ 是相互独立且与总体具有同分布的随机变量. 这样的样本称为**简单随机样本**,现将其概述成如下定义.

定义 设 X 是具有分布函数 $F(x)$ 的随机变量,$X_1,X_2,\cdots,X_n$ 是来自总体 X 的容量为 n 的样本,若 $X_1,X_2,\cdots,X_n$ 相互独立,且每一个都与总体 X 服从同一分布,则称其为总体 X 的**简单随机样本**,简称为**样本**. 它们的观察值 $x_1,x_2,\cdots,x_n$ 称为 X 的 n 个**独立观察值**或**样本值**.

这时,我们便认为 n 个事件

$$X_1 = x_1,\quad X_2 = x_2,\quad \cdots,\quad X_n = x_n$$

都已发生. 今后凡未另加声明,所提到的样本都指简单随机样本.

为了获得简单随机样本必须作**简单随机抽样**,即对总体作重复、独立的随机观察或试验. 为此,在有限总体时应采用放回抽样. 在无限总体时,放回抽样或不放回抽样都不会改变总体的成分,可以采用不放回抽样. 不过在实际问题中,即使总体是有限的,只要抽取的个体数目 n 与总体的个体总数 N 的比值 $\dfrac{n}{N} \leqslant 0.1$,仍然采取不放回抽样,所得到的样本性质近似于简单随机抽样,为了简便,就当作简单随机样本使用.

显然,$(X_1,X_2,\cdots,X_n)$ 的**分布函数**为

$$F^*(x_1,x_2,\cdots,x_n) = \prod_{i=1}^{n} F(x_i).$$

按随机变量类型分,可具体描述如下:

(1) 若总体 X 为离散型随机变量,其概率分布律为 $P(X=x) \stackrel{\text{def}}{=\!=} p(x)$,则 $(X_1,X_2,\cdots,X_n)$ 的概率分布律为

$$P(X=x_1, X=x_2,\cdots,X=x_n) = \prod_{i=1}^{n} p(x_i).$$

(2) 若总体 X 为连续型随机变量,有概率密度函数 $f(x)$,则 $(X_1,X_2,\cdots,X_n)$ 的概率密度函数为

$$f^*(x_1,x_2,\cdots,x_n) = \prod_{i=1}^{n} f(x_i).$$

为了研究总体的性质,我们要对总体进行抽样. 事实上,我们抽样后得到的资料都是具体的确定值,如我们从某个大学生班级中抽取 10 人测量身高,得到 10 个数,

它们是样本取到的值而不是样本. 我们只能观察到随机变量取的值而见不到随机变量. 数理统计是从手中已有的资料去推断总体的情况, 样本是联系二者的桥梁. 总体分布决定了样本取值的概率规律, 也就是样本取到样本值的规律, 因而可以由样本值去推断总体(图 6-1).

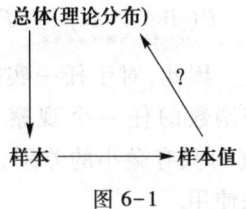

图 6-1

§6.2 经验分布函数及直方图

一、经验分布函数

设 $X_1, X_2, \cdots, X_n$ 是来自总体 $F(x)$ 的一个样本, 用 $S(x)$ ($-\infty < x < +\infty$) 表示 $X_1, X_2, \cdots, X_n$ 中不大于 x 的随机变量的个数, 定义经验分布函数 $F_n(x)$ 为

$$F_n(x) = \frac{1}{n} S(x), \quad -\infty < x < +\infty.$$

对于一个样本值, 经验分布函数 $F_n(x)$ 的观察值是很容易得到的 ($F_n(x)$ 的观察值仍以 $F_n(x)$ 表示), 例如, 设总体 $F(x)$ 具有一个样本值 $1, 1, 2$, 则经验分布函数 $F_3(x)$ 的观察值为

$$F_3(x) = \begin{cases} 0, & \text{若 } x < 1, \\ \dfrac{2}{3}, & \text{若 } 1 \leq x < 2, \\ 1, & \text{若 } x \geq 2. \end{cases}$$

一般地, 设 $x_1, x_2, \cdots, x_n$ 是总体 $F(x)$ 的一个容量为 n 的样本值, 先将 $x_1, x_2, \cdots, x_n$ 按自小到大的次序排列, 并重新编号, 设为

$$x_{(1)} \leq x_{(2)} \leq \cdots \leq x_{(n)},$$

则经验分布函数 $F_n(x)$ 的观察值为

$$F_n(x) = \begin{cases} 0, & \text{若 } x < x_{(1)}, \\ \dfrac{k}{n}, & \text{若 } x_{(k)} \leq x < x_{(k+1)}, k = 1, 2, \cdots, n-1, \\ 1, & \text{若 } x \geq x_{(n)}. \end{cases}$$

易知经验分布函数 $F_n(x)$ 具有下列性质:
1. $0 \leq F_n(x) \leq 1$;
2. $F_n(x)$ 是非减函数;
3. $F_n(-\infty) = 0, F_n(+\infty) = 1$;
4. $F_n(x)$ 在每个样本值 $x_{(k)}$ 处是右连续的, 点 $x_{(k)}$ 是 $F_n(x)$ 的跳跃间断点.

经验分布函数 $F_n(x)$ 的图形如图 6-2 所示.

1933 年, 格利文科(Glivenko)证明了以下结论: 对于任一实数 x, 当 $n \to +\infty$ 时, $F_n(x)$ 依概率 1 一致收敛于分布函数 $F(x)$, 即

$$P(\lim_{n\to+\infty}\sup_{-\infty<x<+\infty}|F_n(x)-F(x)|=0)=1.$$

因此,对于任一实数 x,当 n 充分大时,经验分布函数的任一个观察值 $F_n(x)$ 与总体分布函数 $F(x)$ 只有微小的差别,从而在实际中可当作 $F(x)$ 来使用.

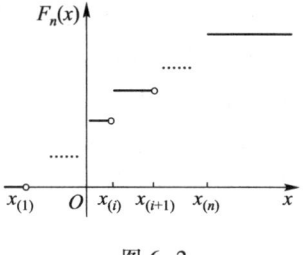

图 6-2

二、直方图

数理统计中研究连续型随机变量 X 的样本分布时,通常需要作出样本的**频率直方图**(简称**直方图**).作直方图的步骤如下:

1. 找出样本观察值 $x_1, x_2, \cdots, x_n$ 中的最小值和最大值,分别记作 $x_{(1)}$ 与 $x_{(2)}$,即

$$x_{(1)} = \min(x_1, x_2, \cdots, x_n), x_{(2)} = \max(x_1, x_2, \cdots, x_n).$$

2. 适当选取略小于 $x_{(1)}$ 的数 a 与略大于 $x_{(2)}$ 的数 b,并用分点

$$a = t_0 < t_1 < t_2 < \cdots < t_{k-1} < t_k = b$$

把区间 (a,b) 分为 k 个子区间

$$(a, t_1), (t_1, t_2), \cdots, (t_{i-1}, t_i), \cdots, (t_{k-1}, b).$$

第 i 个子区间的长度为 $\Delta t_i = t_i - t_{i-1}$ ($i=1,2,\cdots,k$),各子区间的长度可以相等,也可以不等.若使各子区间的长度相等,则有 $\Delta t_i = \dfrac{b-a}{k} = \Delta$ ($i=1,2,\cdots,k$). Δ 称为组距,小区间的端点称为组限.通常当 n 较大时,k 取 $10\sim 20$;当 $n<50$ 时,则 k 取 $5\sim 6$.若 k 取得过大,则会出现某些小区间内样本值频数为零的情况(一般应设法避免),由于频率的随机摆动而使分布显得杂乱;若 k 取得过小,则难以显示分布的特征.此外,为了方便起见,分点 t_i 应比样本观察值 x_i 多取一位小数,以免数据 x_i 落在分点上.

3. 把所有样本观察值逐个分到各子区间内,并计算样本观察值落在各子区间内的频数 n_i 及频率 $f_i = \dfrac{n_i}{n}$ ($i=1,2,\cdots,k$).

4. 在 x 轴上截取各子区间,并以各子区间为底,以 $\dfrac{f_i}{t_i - t_{i-1}}$ 为高作小矩形,各个小矩形的面积 ΔS_i 等于样本观察值落在该子区间内的频率,即

$$\Delta S_i = (t_i - t_{i-1}) \dfrac{f_i}{t_i - t_{i-1}} = f_i \ (i=1,2,\cdots,k).$$

所有小矩形的面积和等于 1,即 $\sum_{i=1}^{k} \Delta S_i = \sum_{i=1}^{k} f_i = 1$.

这样作出的所有小矩形就构成了**频率直方图**.因为当样本容量 n 充分大时,频率接近于概率,因而一般地,随机变量 X 落在各个子区间 (t_{i-1}, t_i) 内的频率近似等于其概率,即

$$f_i \approx P(t_{i-1} < X < t_i) \ (i=1,2,\cdots,k).$$

所以直方图的外廓曲线接近于总体 X 的概率密度曲线.

例 下面列出了 84 个伊特拉斯坎人(Etruscan)男性头颅的最大宽度(单位：mm)(表 6-1),画出这些数据的频率直方图.

表 6-1 伊特拉斯坎人男性头颅的最大宽度　　单位:mm

141	148	132	138	154	142	150	146	155	158
150	140	147	148	144	150	149	145	149	158
143	141	144	144	126	140	144	142	141	140
145	135	147	146	141	136	140	146	142	137
148	154	137	139	143	140	131	143	141	149
148	135	148	152	143	144	141	143	147	146
150	132	142	142	143	153	149	146	149	138
142	149	142	137	134	144	146	147	140	142
140	137	152	145						

解 这些数据的最小值、最大值分别为 126,158,即所有数据落在区间 [126,158] 上,现取区间 [124.5,159.5],它能覆盖区间 [126,158]. 将区间 [124.5,159.5] 等分为 7 个小区间,小区间的长度记为 Δ,$\Delta = \dfrac{159.5-124.5}{7} = 5$. 根据落在每个小区间内的数据的频数 n_i,算出频率 $\dfrac{n_i}{n}$ ($n=84$, $i=1,2,\cdots,7$),见下表：

组限	频数 n_i	频率 f_i	累计频率
124.5 ~ 129.5	1	0.011 9	0.011 9
129.5 ~ 134.5	4	0.047 6	0.059 5
134.5 ~ 139.5	10	0.119 1	0.178 6
139.5 ~ 144.5	33	0.392 9	0.571 5
144.5 ~ 149.5	24	0.285 7	0.857 2
149.5 ~ 154.5	9	0.107 1	0.964 3
154.5 ~ 159.5	3	0.035 7	1

现在自左至右依次在各个小区间上作以 $\dfrac{f_i}{\Delta}$ 为高的小矩形,如图所示(图 6-3).从图形看,它有一个峰,中间高,两头低,比较对称,看起来样本很像来自某一正态总体 X. 从直方图上还可以估计 X 落在某一区间的概率,譬如结合图和表得到有 51.2% 的人最大头颅宽度落在区间 (134.5,144.5) 之内,最大头颅宽度小于 129.5 的仅占 1.2%,等等.

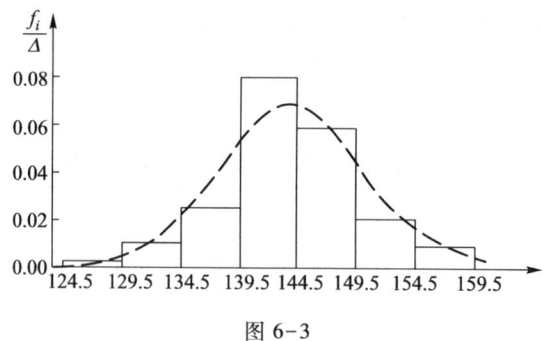

图 6-3

§6.3 统计量及三种常用统计分布

一、统计量

样本是对总体进行统计分析和推断的依据,但在处理理论和应用问题时,却很少直接利用样本所提供的原始数据.这些数据往往并不能直接推断出总体的性质,因而要对这些数据进行加工、提炼,把样本中所包含的有关信息集中起来.这就要求我们要针对问题由样本构造出一个相应函数,我们称之为**统计量**.

仍以电脑芯片的寿命(单位:h)为例.寿命总体 X 可以看成一连续型随机变量,从中随机抽取容量为 5 的样本 $X_1, X_2, \cdots, X_5$,其观察值分别为 8 900,12 000,9 250,10 080,11 500.该样本观察值为我们带来总体的一些信息,比如其中寿命 $\leqslant$ 10 000 h 的比例等.但当我们所关心的是总体的平均寿命时,直接应用样本的信息就难以对此加以推断了.而样本观察值的平均值

$$\frac{1}{5}(8\ 900 + 12\ 000 + 9\ 250 + 10\ 080 + 11\ 500) = 10\ 346(\text{h}),$$

即随机变量 $\dfrac{1}{5}\sum_{i=1}^{5} X_i$ 的一个观察值,却可以更集中地反映寿命总体 X 的平均数.这说明样本的函数

$$f(X_1, X_2, \cdots, X_5) = \frac{1}{5}\sum_{i=1}^{5} X_i$$

可以用来推断或估计总体 X 的均值 $E(X)$.

定义 1 设 $X_1, X_2, \cdots, X_n$ 为来自总体 X 的一个容量为 n 的样本,$g(x_1, x_2, \cdots, x_n)$ 是 $x_1, x_2, \cdots, x_n$ 的连续实函数,若函数 $g(X_1, X_2, \cdots, X_n)$ 中不含有任何未知参数,则称这样的函数为**统计量**. 如果 $x_1, x_2, \cdots, x_n$ 是样本 $X_1, X_2, \cdots, X_n$ 的观察值,则称 $g(x_1, x_2, \cdots, x_n)$ 是统计量 $g(X_1, X_2, \cdots, X_n)$ 的一个**统计值**.

例如,设总体 $X \sim N(\mu, \sigma^2)$,此处的 μ 为未知,σ 为已知.$X_1, X_2, \cdots, X_n$ 是 X 的一个样本,则 $\dfrac{1}{n}(X_1 + X_2 + \cdots + X_n)$, $\max(X_1, X_2, \cdots, X_n)$ 等都是统计量,但是 $\dfrac{1}{\sigma^2}\sum_{i=1}^{n}(X_i - \mu)^2$ 就不是一个统计量了.

根据定义,统计量是随机变量 $X_1, X_2, \cdots, X_n$ 的函数,所以统计量也是一个随机变量,它也有对应的概率分布. 我们称统计量的分布为**抽样分布**,后面的章节我们会重点讨论常用的抽样分布.

下面介绍一些常用的统计量. 设 $X_1, X_2, \cdots, X_n$ 是来自总体 X 的一个样本,$x_1, x_2, \cdots, x_n$ 是该样本的样本值,定义:

1. **样本均值**

$$\overline{X} = \frac{1}{n}\sum_{i=1}^{n} X_i.$$

样本均值反映了总体均值的有关信息,常用来估计总体均值.

2. **样本方差**

$$S^2 = \frac{1}{n-1}\sum_{i=1}^{n}(X_i - \overline{X})^2 = \frac{1}{n-1}\left(\sum_{i=1}^{n} X_i^2 - n\overline{X}^2\right).$$

有些文献把上式中的系数 $\frac{1}{n-1}$ 替换为 $\frac{1}{n}$. 当 n 相当大时,两者在数值上无甚差异. 但当 n 较小时,上式具有"无偏性"的优点(在第七章会叙述). 样本方差表示样本取值的离散程度,也反映总体方差的有关信息,常用来估计总体方差.

3. **样本标准差**

$$S = \sqrt{S^2} = \sqrt{\frac{1}{n-1}\sum_{i=1}^{n}(X_i - \overline{X})^2}.$$

4. **样本 k 阶原点矩**

$$A_k = \frac{1}{n}\sum_{i=1}^{n} X_i^k, \quad k = 1, 2, \cdots.$$

样本 k 阶原点矩反映了总体 k 阶矩的信息,显然样本均值是样本一阶原点矩.

5. **样本 k 阶中心矩**

$$B_k = \frac{1}{n}\sum_{i=1}^{n}(X_i - \overline{X})^k, \quad k = 1, 2, \cdots.$$

样本 k 阶中心矩反映了总体 k 阶中心矩的信息. 为了以后叙述方便,样本的二阶中心矩有时也用 S_n^2 表示,于是 $S_n^2 = B_2 = \frac{1}{n}\sum_{i=1}^{n}(X_i - \overline{X})^2$.

上述定义的统计量的统计值分别为:

$$\overline{x} = \frac{1}{n}\sum_{i=1}^{n} x_i,$$

$$s^2 = \frac{1}{n-1}\sum_{i=1}^{n}(x_i - \overline{x})^2 = \frac{1}{n-1}\left(\sum_{i=1}^{n} x_i^2 - n\overline{x}^2\right),$$

$$s = \sqrt{\frac{1}{n-1}\sum_{i=1}^{n}(x_i - \overline{x})^2},$$

$$a_k = \frac{1}{n} \sum_{i=1}^{n} x_i^k, \quad k = 1, 2, \cdots,$$

$$b_k = \frac{1}{n} \sum_{i=1}^{n} (x_i - \bar{x})^k, \quad k = 1, 2, \cdots,$$

$$s_n^2 = \frac{1}{n} \sum_{i=1}^{n} (x_i - \bar{x})^2 = \frac{1}{n} \sum_{i=1}^{n} x_i^2 - \bar{x}^2.$$

这些观察值与相应的统计量有相同的称谓.

二、样本均值和样本方差的计算

在 §6.2 中,我们谈到样本数据的处理,作出了样本的频率直方图,在作样本的频率直方图之前首先要对数据进行分组,将其分为 k 组.而在分组样本场合,样本均值的近似公式可为

$$\bar{x} \approx \frac{x_{(1)} n_1 + x_{(2)} n_2 + \cdots + x_{(k)} n_k}{n} \quad \left(n = \sum_{i=1}^{k} n_i\right),$$

其中 k 为组数,$x_{(i)} = \frac{t_i + t_{i-1}}{2}$ 为第 i 组的组中值,n_i 为第 i 组的频数($i = 1, 2, \cdots, k$).在分组样本场合,样本方差的近似公式为

$$s^2 \approx \frac{1}{n-1} \sum_{i=1}^{k} n_i (x_{(i)} - \bar{x})^2 = \frac{1}{n-1} \left(\sum_{i=1}^{k} n_i x_{(i)}^2 - n \bar{x}^2 \right).$$

样本二阶中心矩的近似公式为

$$s_n^2 \approx \frac{1}{n} \sum_{i=1}^{k} n_i (x_{(i)} - \bar{x})^2 = \frac{1}{n} \left(\sum_{i=1}^{k} n_i x_{(i)}^2 - n \bar{x}^2 \right).$$

我们指出,为了计算样本均值 $\bar{x}$、样本方差 s^2 及样本二阶中心矩 s_n^2,借助于具有统计计算功能的袖珍式电子计算器可以大大节省计算的工作量. 当然,若利用统计计算软件在电子计算机上进行计算,那么就更方便了.

例1 观测某交通路口每天上午 8:00~8:30 这段时间内通过的汽车车辆数,共观测 30 天,得到样本观察值如下:

234	260	241	259	256	241	261	257	277	255
244	249	238	269	250	268	256	253	226	256
235	256	251	258	246	255	257	282	251	261

计算这段时间内通过的汽车车辆数的样本均值 $\bar{x}$,样本方差 s^2 及样本二阶中心矩 s_n^2.

解 把上述 30 个数据逐个输入电子计算器或计算机中,即可求得:

样本均值 $\bar{x} = \dfrac{1}{30} \sum_{i=1}^{30} x_i = 253.4.$

样本方差 $s^2 = \dfrac{1}{29} \sum_{i=1}^{30} (x_i - \bar{x})^2 = 148.18.$

样本二阶中心矩 $s_n^2 = \dfrac{1}{30} \sum\limits_{i=1}^{30} (x_i - \bar{x})^2 = 143.24.$

如果把上述 30 个样本观察值用分组的形式给出如下表:

这段时间内通过的汽车车辆数所在区间	区间中点值 $x_{(i)}$	频数 n_i
(220,230]	225	1
(230,240]	235	3
(240,250]	245	6
(250,260]	255	14
(260,270]	265	4
(270,280]	275	1
(280,290)	285	1
总计		30

上表中写出了区间中点值 $x_{(i)}$,无论落在该区间内的样本观察值原来是何值,以后都用区间的中点值 $x_{(i)}$ 来代替. 于是,原来的 30 个数据只需分 7 次即可输入电子计算器或计算机,并求得:

样本均值 $\bar{x} \approx \dfrac{1}{30} \sum\limits_{i=1}^{7} n_i x_{(i)} = 253.$

样本方差 $s^2 \approx \dfrac{1}{29} \sum\limits_{i=1}^{7} n_i (x_{(i)} - \bar{x})^2 = 147.59.$

样本二阶中心矩 $s_n^2 \approx \dfrac{1}{30} \sum\limits_{i=1}^{7} n_i (x_{(i)} - \bar{x})^2 = 142.67.$

上述两种计算方法所得的结果相差不大.

下面的定理给出样本均值的数学期望和方差以及样本方差的数学期望,它们不依赖于总体的分布形式.

定理 1 设总体 X 具有二阶矩,即 $E(X) = \mu, D(X) = \sigma^2 < +\infty$. $X_1, X_2, \cdots, X_n$ 为来自总体 X 的样本,$\bar{X}$ 和 S^2 分别是样本均值和样本方差,则 $E(\bar{X}) = \mu, D(\bar{X}) = \sigma^2/n$, $E(S^2) = \sigma^2.$

证明 由于 $X_1, X_2, \cdots, X_n$ 是来自总体 X 的样本,且 $E(X) = \mu, D(X) = \sigma^2$, 故 $E(X_i) = \mu, D(X_i) = \sigma^2 \ (i=1,2,\cdots,n)$, 则

$$E(\bar{X}) = E\left(\dfrac{1}{n} \sum_{i=1}^{n} X_i\right) = \dfrac{1}{n} \sum_{i=1}^{n} E(X_i) = \dfrac{1}{n} \sum_{i=1}^{n} \mu = \mu,$$

$$D(\bar{X}) = D\left(\dfrac{1}{n} \sum_{i=1}^{n} X_i\right) = \dfrac{1}{n^2} \sum_{i=1}^{n} D(X_i) = \dfrac{1}{n^2} \sum_{i=1}^{n} \sigma^2 = \dfrac{\sigma^2}{n}.$$

$$E(S^2) = E\left[\dfrac{1}{n-1} \sum_{i=1}^{n} (X_i - \bar{X})^2\right]$$

$$= \frac{1}{n-1} E\left\{ \sum_{i=1}^{n} [(X_i - \mu) - (\overline{X} - \mu)]^2 \right\}$$

$$= \frac{1}{n-1} E\left[\sum_{i=1}^{n} (X_i - \mu)^2 - 2(\overline{X} - \mu) \sum_{i=1}^{n} (X_i - \mu) + n(\overline{X} - \mu)^2 \right]$$

$$= \frac{1}{n-1} E\left[\sum_{i=1}^{n} (X_i - \mu)^2 - n(\overline{X} - \mu)^2 \right]$$

$$= \frac{1}{n-1} \left[\sum_{i=1}^{n} D(X_i) - nD(\overline{X}) \right]$$

$$= \frac{1}{n-1} [nD(X) - nD(\overline{X})] = \frac{1}{n-1}\left(n\sigma^2 - n \cdot \frac{\sigma^2}{n} \right) = \sigma^2.$$

定理 2 设 $X_1, X_2, \cdots, X_n$ 是来自总体 X 的样本,$E(X) = \mu, D(X) = \sigma^2, \overline{X}$ 为样本均值.

(1) 若总体 X 分布未知或不是正态分布,则 n 较大时,$\overline{X}$ 渐近服从正态分布 $N(\mu, \sigma^2/n)$,常记为 $\overline{X} \stackrel{\cdot}{\sim} N(\mu, \sigma^2/n)$.

(2) 若总体 $X \sim N(\mu, \sigma^2)$,则 $\overline{X} \sim N(\mu, \sigma^2/n)$.

证明 由于 $X_1, X_2, \cdots, X_n$ 是来自总体 X 的样本,且 $E(X) = \mu, D(X) = \sigma^2$,故 $E(\overline{X}) = \mu, D(\overline{X}) = \sigma^2/n$.

(1) 若总体 X 分布未知或不是正态分布,则由中心极限定理,有 $\dfrac{\overline{X} - \mu}{\sigma/\sqrt{n}} \stackrel{\cdot}{\sim}$
$N(0,1)$,这表明 $\overline{X}$ 渐近服从正态分布 $N(\mu, \sigma^2/n)$,即 $\overline{X} \stackrel{\cdot}{\sim} N(\mu, \sigma^2/n)$.

(2) 若总体 $X \sim N(\mu, \sigma^2)$,则 $\overline{X}$ 也服从正态分布,即 $\overline{X} \sim N(\mu, \sigma^2/n)$.

三、三种常用统计分布

下面介绍三种常用的连续型随机变量分布,它们在数理统计中占有十分重要的地位,而且都与正态分布有联系.

(一) χ^2 分布

定义 2 设随机变量 $X_1, X_2, \cdots, X_n$ 相互独立,服从同一分布,且 $X_i \sim N(0,1)$ $(i=1,2,\cdots,n)$,则称随机变量

$$\chi^2 = \sum_{i=1}^{n} X_i^2$$

服从自由度为 n 的 χ^2 分布,记为 $\chi^2 \sim \chi^2(n)$.

$\chi^2(n)$ 分布的概率密度函数为

$$f(x,n) = \begin{cases} \dfrac{1}{2^{\frac{n}{2}} \Gamma\left(\dfrac{n}{2}\right)} x^{\frac{n}{2}-1} \mathrm{e}^{-\frac{x}{2}}, & x > 0, \\ 0, & x \leq 0. \end{cases} \tag{6-3-1}$$

事实上由§2.4知,当 $X_i \sim N(0,1)$ 时, $X_i^2 \sim \chi^2(1)$. 由§2.3知, $\chi^2(1)$ 分布即为 $\Gamma\left(\dfrac{1}{2},\dfrac{1}{2}\right)$ 分布,故 $X_i^2 \sim \Gamma\left(\dfrac{1}{2},\dfrac{1}{2}\right)$ $(i=1,2,\cdots,n)$,再由§3.6中 Γ 分布的可加性和 $X_1,X_2,\cdots,X_n$ 相互独立知, $\sum\limits_{i=1}^{n} X_i^2 \sim \Gamma\left(\dfrac{n}{2},\dfrac{1}{2}\right)$,故 $\chi^2 = \sum\limits_{i=1}^{n} X_i^2 \sim \chi^2(n)$,即得 $\chi^2(n)$ 分布的概率密度函数.

χ^2 分布的概率密度函数 $f(x,n)$ 的图形如图6-4所示.

χ^2 分布具有以下性质:

1. 可加性 若 $\chi_1^2 \sim \chi^2(n_1), \chi_2^2 \sim \chi^2(n_2)$ 且 χ_1^2 与 χ_2^2 相互独立,则 $\chi_1^2+\chi_2^2 \sim \chi^2(n_1+n_2)$.

一般地,若 $\chi_i^2 \sim \chi^2(n_i)$ 且相互独立 $(i=1,2,\cdots,k)$,则

$$\sum_{i=1}^{k} \chi_i^2 \sim \chi^2\left(\sum_{i=1}^{k} n_i\right).$$

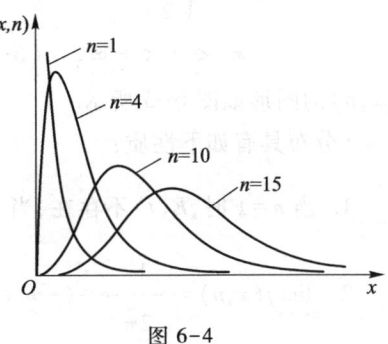

图 6-4

2. 若 $\chi^2 \sim \chi^2(n)$,则 $E(\chi^2)=n, D(\chi^2)=2n$.

性质1由§3.6的 Γ 分布的可加性可得. 事实上,由于 $\chi_1^2 \sim \Gamma\left(\dfrac{n_1}{2},\dfrac{1}{2}\right), \chi_2^2 \sim \Gamma\left(\dfrac{n_2}{2},\dfrac{1}{2}\right)$,且 χ_1^2 与 χ_2^2 相互独立,再由 Γ 分布的可加性知

$$\chi_1^2+\chi_2^2 \sim \Gamma\left(\dfrac{n_1+n_2}{2},\dfrac{1}{2}\right), \text{即} \chi_1^2+\chi_2^2 \sim \chi^2(n_1+n_2).$$

对性质2,根据§4.3例10知当随机变量 $X \sim N(\mu,\sigma^2)$ 时, X 的四阶中心矩为 $E[(X-E(X))^4]=v_4=3\sigma^4$,因为 $X_i \sim N(0,1)$ $(i=1,2,\cdots,n)$,故 $E(X_i)=\mu=0, D(X_i)=\sigma^2=1$,则有 $E(X_i^4)=3$,故

$$E(X_i^2)=D(X_i)+[E(X_i)]^2=1,$$
$$D(X_i^2)=E(X_i^4)-[E(X_i^2)]^2=3-1=2.$$

于是

$$E(\chi^2)=E\left(\sum_{i=1}^{n} X_i^2\right)=\sum_{i=1}^{n} E(X_i^2)=n,$$

再由 $X_1^2,X_2^2,\cdots,X_n^2$ 相互独立有

$$D(\chi^2)=D\left(\sum_{i=1}^{n} X_i^2\right)=\sum_{i=1}^{n} D(X_i^2)=2n.$$

(二) t 分布

定义3 设随机变量 $X \sim N(0,1), Y \sim \chi^2(n)$,且 X 与 Y 相互独立,则称随机变量

$$t=\dfrac{X}{\sqrt{Y/n}}$$

服从自由度为 n 的 **t 分布**（或称**学生氏**（Student）**分布**），记为 $t \sim t(n)$.

t 分布的概率密度函数为

$$f(x,n) = \frac{\Gamma\left(\dfrac{n+1}{2}\right)}{\sqrt{n\pi}\,\Gamma\left(\dfrac{n}{2}\right)}\left(1+\dfrac{x^2}{n}\right)^{-\frac{n+1}{2}},$$

$$-\infty < x < +\infty. \quad (6-3-2)$$

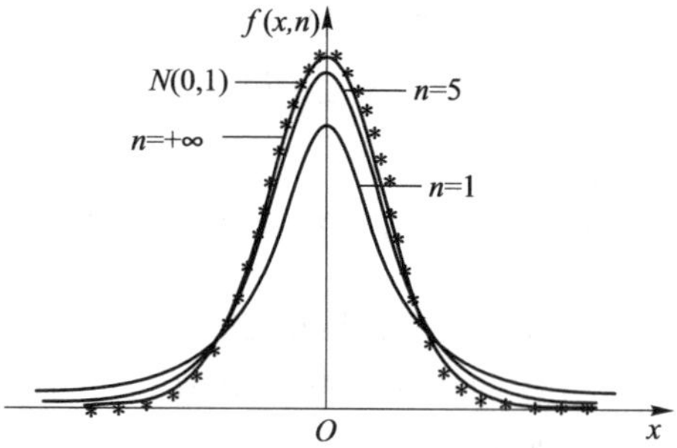

$f(x,n)$ 的图形如图 6-5 所示.

图 6-5

t 分布具有如下性质：

1. 当 $n=1$ 时, $E(t)$ 不存在, 当 $n \geq 2$ 时, $E(t)=0$, 当 $n>2$ 时, $D(t)=\dfrac{n}{n-2}$.

2. $\lim\limits_{n \to +\infty} f(x,n) = \dfrac{1}{\sqrt{2\pi}} e^{-\frac{x^2}{2}} \ (-\infty < x < +\infty).$ \quad (6-3-3)

3. $f(x,n)$ 的图形关于 $x=0$ 对称.

性质 2,3 可直观地由 $f(x,n)$ 的图形看出, 图 6-5 画出了当 $n=1,5,+\infty$ 时 $f(x,n)$ 的图形. 显然, $f(x,n)$ 的图形关于 $x=0$ 对称. 当 n 充分大时, 其图形接近于标准正态变量概率密度函数的图形（即图 6-5 中 $n=+\infty$ 的情形）, 故当 n 充分大时, t 分布近似于 $N(0,1)$ 分布, 一般当 $n \geq 45$ 时, 这种接近程度就很高了. 但对较小的 n, t 分布与 $N(0,1)$ 分布相差很大.

（三）F 分布

定义 4 设随机变量 $X \sim \chi^2(n_1)$, $Y \sim \chi^2(n_2)$, 且 X 与 Y 相互独立, 称随机变量 $F = \dfrac{X/n_1}{Y/n_2}$ 服从第一自由度为 n_1、第二自由度为 n_2 的 **F 分布**, 记为 $F \sim F(n_1, n_2)$.

F 分布的概率密度函数为

$$f(x, n_1, n_2) = \begin{cases} \dfrac{\Gamma\left(\dfrac{n_1+n_2}{2}\right)}{\Gamma\left(\dfrac{n_1}{2}\right)\cdot\Gamma\left(\dfrac{n_2}{2}\right)}\left(\dfrac{n_1}{n_2}\right)\left(\dfrac{n_1}{n_2}x\right)^{\frac{n_1}{2}-1}\left(1+\dfrac{n_1}{n_2}x\right)^{-\frac{n_1+n_2}{2}}, & x > 0, \\ 0, & x \leq 0. \end{cases}$$

$$(6-3-4)$$

$f(x, n_1, n_2)$ 的图形如图 6-6 所示.

F 分布具有性质: 若 $F \sim F(n_1, n_2)$, 则 $\dfrac{1}{F} \sim F(n_2, n_1)$. 该性质由定义即可得出.

四、分位点

定义 5 设连续型随机变量 X 的概率密度函数为 $f(x)$, 对于给定的正数 α ($0 < \alpha < 1$), 若实数 x_α 满足

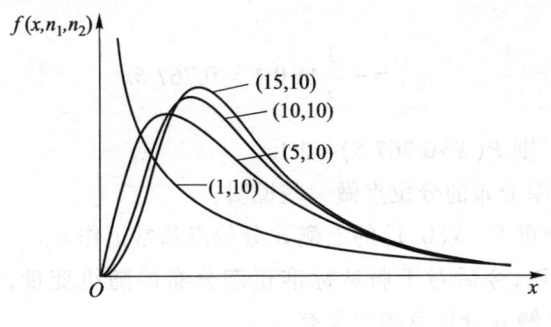

图 6-6

$$P(X > x_\alpha) = \int_{x_\alpha}^{+\infty} f(x)\,dx = \alpha,$$

则称 x_α 是 X(或 X 服从的分布)的**上侧 α 分位点**.

若连续型随机变量 X 的概率密度函数 $f(x)$ 为偶函数,对于给定的正数 α $(0<\alpha<1)$, 如果正实数 $x_{\alpha/2}$ 满足

$$P(|X| > x_{\alpha/2}) = \int_{x_{\alpha/2}}^{+\infty} f(x)\,dx + \int_{-\infty}^{-x_{\alpha/2}} f(x)\,dx = \alpha,$$

则称 $x_{\alpha/2}$ 是 X(或 X 服从的分布)的**双侧 α 分位点**.

若 x_α 是连续型随机变量 X 的上侧 α 分位点,则显然有

$$P(X \leqslant x_\alpha) = \int_{-\infty}^{x_\alpha} f(x)\,dx = 1 - \alpha.$$

x_α 的几何意义如图 6-7 所示,图中阴影部分面积为 α.

若 $x_{\alpha/2}$ 是 X 的双侧 α 分位点,则表示随机变量 X 落入区间 $(-\infty, -x_{\alpha/2})$ 与 $(x_{\alpha/2}, +\infty)$ 的概率均为 $\alpha/2$. $x_{\alpha/2}$ 的几何意义如图 6-8 所示,图中阴影部分面积之和为 α.

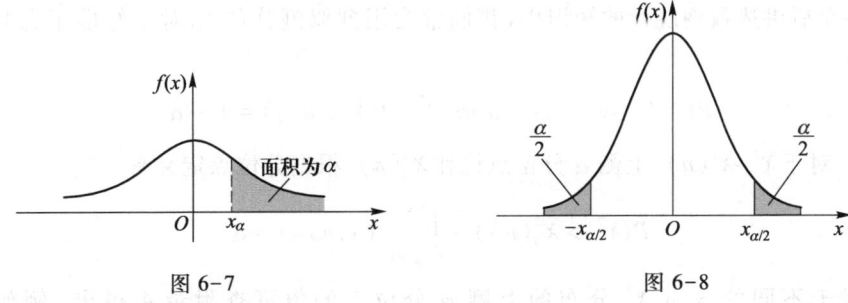

图 6-7　　　　　图 6-8

例 2　设随机变量 $X \sim E(3)$,求 X 的上侧 0.1 分位点 $x_{0.1}$.

解　因为 $X \sim E(3)$,故 X 有概率密度函数为

$$f(x) = \begin{cases} 3e^{-3x}, & x \geqslant 0, \\ 0, & x < 0. \end{cases}$$

于是有

$$\int_{x_{0.1}}^{+\infty} 3e^{-3x}\,dx = 1 - \int_{0}^{x_{0.1}} 3e^{-3x}\,dx = e^{-3x_{0.1}} = 0.1,$$

解得
$$x_{0.1} = -\frac{1}{3}\ln 0.1 = 0.767\,5.$$

它表明若 $X \sim E(3)$,则 $P(X>0.767\,5) = 0.1$.

下面对常用概率分布的分位点做一些说明:

1. 标准正态分布 $U \sim N(0,1)$ 的上侧 α 分位点通常记作 u_α.

这里作一点说明,今后对于服从标准正态分布的随机变量,我们定义为 U,即 $U \sim N(0,1)$,故由上侧 α 分位点的定义有

$$P(U > u_\alpha) = \int_{u_\alpha}^{+\infty} \frac{1}{\sqrt{2\pi}} e^{-\frac{x^2}{2}} dx = \alpha,$$

由分布函数的定义又有

$$\Phi(u_\alpha) = P(U \leq u_\alpha) = \int_{-\infty}^{u_\alpha} \frac{1}{\sqrt{2\pi}} e^{-\frac{x^2}{2}} dx,$$

故

$$\Phi(+\infty) = \int_{-\infty}^{u_\alpha} \frac{1}{\sqrt{2\pi}} e^{-\frac{x^2}{2}} dx + \int_{u_\alpha}^{+\infty} \frac{1}{\sqrt{2\pi}} e^{-\frac{x^2}{2}} dx = 1,$$

即 $P(U \leq u_\alpha) + P(U > u_\alpha) = 1$ 或 $\Phi(u_\alpha) = 1 - P(U > u_\alpha) = 1 - \alpha$. 因此标准正态分布的上侧 α 分位点 u_α 应满足条件: $\Phi(u_\alpha) = 1 - \alpha$,其中 $\Phi(u)$ 是 $U \sim N(0,1)$ 的分布函数,故对给定的 α 可从标准正态分布表(附录3)查得 u_α 的值.

由于标准正态分布的概率密度函数的图形关于 y 轴对称,故有 $u_\alpha = -u_{1-\alpha}$,即 $P(|U| \geq u_\alpha) = 2\alpha$. 例如,取 $\alpha = 0.025$,查附录3可得 $u_{0.025} = 1.96$,所以有 $u_{0.975} = -u_{0.025} = -1.96$. 它表明若随机变量 $U \sim N(0,1)$,则有 $P(|U| \geq 1.96) = 0.05$.

在今后讲述数理统计的知识中,我们常会用到双侧分位点.对于标准正态分布,我们有

$$P(|U| \geq u_{\alpha/2}) = \alpha \text{ 或 } P(|U| < u_{\alpha/2}) = 1 - \alpha.$$

2. 对于 $\chi^2 \sim \chi^2(n)$,上侧 α 分位点记作 $\chi_\alpha^2(n)$,根据分位点定义有

$$P(\chi^2 > \chi_\alpha^2(n)) = \int_{\chi_\alpha^2(n)}^{+\infty} f(x,n) dx = \alpha.$$

对于不同的 α, n,χ^2 分布的上侧 α 分位点的值可查附录4得出.例如,若 $\alpha = 0.05, n = 30$,查附录4可得 $\chi_{0.05}^2(30) = 43.773\,0$. 它表明若随机变量 $\chi^2 \sim \chi^2(30)$,则有

$$P(\chi^2 > 43.773\,0) = 0.05.$$

值得注意的是,附录4只详细列到 $n = 45$ 为止.费希尔(R.A.Fisher)曾证明,当 n 充分大时,近似地有

$$\chi_\alpha^2(n) \approx \frac{1}{2}(u_\alpha + \sqrt{2n-1})^2, \qquad (6-3-5)$$

其中 u_α 是标准正态分布的上侧 α 分位点. 利用式(6-3-5)可以求出当 $n>45$ 时 χ^2 分布的上侧 α 分位点的近似值. 例如, 当 $\alpha=0.01, n=50$ 时, 先从附录 3 按 $\Phi(u_{0.01})=1-0.01=0.99$ 查得 $u_{0.01}=2.33$, 再由式(6-3-5), 可得

$$\chi^2_{0.01}(50) \approx \frac{1}{2} \times (2.33 + \sqrt{99})^2 = 75.398.$$

3. t 分布的上侧 α 分位点记为 $t_\alpha(n)$, 根据分位点定义有

$$P(t > t_\alpha(n)) = \int_{t_\alpha(n)}^{+\infty} f(x,n)\,\mathrm{d}x = \alpha.$$

t 分布的上侧 α 分位点可由附录 5 查得, 由 t 分布概率密度函数 $f(x,n)$ 的图形的对称性可知,

$$t_\alpha(n) = -t_{1-\alpha}(n).$$

例如, 取 $\alpha=0.05, n=5$, 查附录 5 可得 $t_{0.05}(5)=2.0150$, 所以有 $t_{0.95}(5)=-t_{0.05}(5)=-2.0150$. 它表明若随机变量 $t \sim t(5)$, 则有 $P(t \leqslant -2.0150)=0.05$.

当 $n>45$ 时, 用标准正态分布近似计算, 即

$$t_\alpha(n) \approx u_\alpha, \tag{6-3-6}$$

对常用的 α 值, 这样的近似值相对误差最大不超过 1.3%.

由 t 分布概率密度曲线的对称性有

$$P(|t| > t_{\alpha/2}(n)) = \alpha, \tag{6-3-7}$$

所以 $t(n)$ 的双侧 α 分位点 $t_{\alpha/2}(n)$ 与 $-t_{\alpha/2}(n)$ 也可以按以上方法查得. 如当 $\alpha=0.05$ 时, $t_{0.05/2}(10)=t_{0.025}(10)=2.2281$, 故有 $-t_{0.05/2}(10)=-2.2281$.

4. F 分布的上侧 α 分位点记为 $F_\alpha(n_1, n_2)$, 即若 $F \sim F(n_1, n_2)$, 则有

$$P(F > F_\alpha(n_1, n_2)) = \int_{F_\alpha(n_1,n_2)}^{+\infty} f(x, n_1, n_2)\,\mathrm{d}x = \alpha.$$

F 分布的上侧 α 分位点可由附录 6 查得. 本书仅列出 α 值为 $0.25, 0.10, 0.05, 0.025, 0.01$ 时的 $F_\alpha(n_1, n_2)$ 值, 有些教材还列出了 α 值为 $0.005, 0.001$ 时的 $F_\alpha(n_1, n_2)$ 值. 而当 α 为上述数值时, $F_{1-\alpha}(n_1, n_2)$ 可由以下公式换算

$$F_{1-\alpha}(n_1, n_2) = \frac{1}{F_\alpha(n_2, n_1)}. \tag{6-3-8}$$

这是因为若 $F \sim F(n_1, n_2)$, 按定义就有

$$1-\alpha = P(F > F_{1-\alpha}(n_1, n_2)) = P\left(\frac{1}{F} < \frac{1}{F_{1-\alpha}(n_1, n_2)}\right)$$

$$= 1 - P\left(\frac{1}{F} \geqslant \frac{1}{F_{1-\alpha}(n_1, n_2)}\right) = 1 - P\left(\frac{1}{F} > \frac{1}{F_{1-\alpha}(n_1, n_2)}\right),$$

所以

$$P\left(\frac{1}{F} > \frac{1}{F_{1-\alpha}(n_1, n_2)}\right) = \alpha. \tag{6-3-9}$$

再由 $\dfrac{1}{F} \sim F(n_2, n_1)$ 和 $F_\alpha(n_2, n_1)$ 的定义知

$$P\left(\dfrac{1}{F} > F_\alpha(n_2, n_1)\right) = \alpha, \qquad (6\text{-}3\text{-}10)$$

比较式(6-3-9)和式(6-3-10)得

$$\dfrac{1}{F_{1-\alpha}(n_1, n_2)} = F_\alpha(n_2, n_1), \text{ 即 } F_{1-\alpha}(n_1, n_2) = \dfrac{1}{F_\alpha(n_2, n_1)}.$$

例如 $F_{0.95}(15, 12) = \dfrac{1}{F_{0.05}(12, 15)} = \dfrac{1}{2.48} = 0.403$,它表明若随机变量 $F \sim F(15, 12)$,则 $P(F > 0.403) = 0.95$.

§6.4 正态总体常用统计量的抽样分布

统计量的分布称为**抽样分布**,求抽样分布是数理统计的基本问题之一.如果我们能把各个统计量的分布用已知的函数表达出来,那么各种统计问题就容易处理了.但是,一般来讲这是十分困难的,只有少数情形(例如在正态总体下)才能比较容易地求出某些统计量的分布.下面讨论一些常用统计量的分布,我们假设总体都服从正态分布.

一、单个正态总体下常用统计量的分布

定理 1 设总体 $X \sim N(\mu, \sigma^2)$,$X_1, X_2, \cdots, X_n$ 是来自总体 X 容量为 n 的样本,则

$$\overline{X} \sim N\left(\mu, \dfrac{\sigma^2}{n}\right), \quad \dfrac{\overline{X} - \mu}{\sigma/\sqrt{n}} \sim N(0, 1).$$

证明 由 §6.3 定理 2 知 $\overline{X} \sim N\left(\mu, \dfrac{\sigma^2}{n}\right)$,对其标准化即得 $\dfrac{\overline{X} - \mu}{\sigma/\sqrt{n}} \sim N(0, 1)$.

例 1 设在总体 $X \sim N(52, 6.3^2)$ 中随机抽取容量为 36 的样本,求样本均值 $\overline{X}$ 落在 50.8 到 53.8 之间的概率.

解 根据本节定理 1 可知,$\overline{X} \sim N(52, 1.05^2)$,所求概率为

$$P(50.8 \leqslant \overline{X} \leqslant 53.8) = \Phi\left(\dfrac{53.8 - 52}{1.05}\right) - \Phi\left(\dfrac{50.8 - 52}{1.05}\right) = 0.829\,3.$$

定理 2 设总体 $X \sim N(\mu, \sigma^2)$,$X_1, X_2, \cdots, X_n$ 是来自总体 X 容量为 n 的样本,记

$$Y = \dfrac{1}{\sigma^2} \sum_{i=1}^{n} (X_i - \mu)^2,$$

则 $Y \sim \chi^2(n)$.

证明 由于 $X_1, X_2, \cdots, X_n$ 相互独立且与 X 服从同一分布,故 $X_i \sim N(\mu, \sigma^2)$ ($i = 1, 2, \cdots, n$),令 $Y_i = \dfrac{X_i - \mu}{\sigma}$,则每个 $Y_i \sim N(0, 1)$,且它们也相互独立.从而

$$Y = \sum_{i=1}^{n} Y_i^2 = \frac{1}{\sigma^2} \sum_{i=1}^{n} (X_i - \mu)^2 \sim \chi^2(n).$$

例2 从总体 $N(1,4)$ 中抽取一个容量为 n 的样本 $X_1, X_2, \cdots, X_n$,记 $Y = \sum_{i=1}^{n} (X_i - 1)^2$. 若要使 $P(Y \leq 100) \geq 0.95$,问容量 n 至多能取多大?

解 $X_1, X_2, \cdots, X_n$ 是来自总体 $N(1,4)$ 容量为 n 的样本,则 $X_i \sim N(1,4)$,$\frac{X_i - 1}{2} \sim N(0,1)$ $(i = 1, 2, \cdots, n)$,且 X_i 之间相互独立.由本节定理 2 可知 $\frac{1}{4} \sum_{i=1}^{n} (X_i - 1)^2 \sim \chi^2(n)$,即 $\frac{Y}{4} \sim \chi^2(n)$,从而

$$P(Y \leq 100) = P\left(\frac{Y}{4} \leq 25\right) \geq 0.95.$$

随机变量 $\frac{Y}{4}$ 服从自由度为 n 的 χ^2 分布,取数值 25 为上侧 0.05 分位点 $\chi^2_{0.05}(n)$,可查附录 4 得 $n = 15$,即样本容量最多可取到 15.

定理 3 设总体 $X \sim N(\mu, \sigma^2)$,$X_1, X_2, \cdots, X_n$ 是来自总体 X 容量为 n 的样本,则
(1) $\overline{X}$ 与 S^2 相互独立;
(2) $\frac{(n-1)S^2}{\sigma^2} \sim \chi^2(n-1)$,或 $\frac{nS_n^2}{\sigma^2} \sim \chi^2(n-1)$,或 $\frac{1}{\sigma^2} \sum_{i=1}^{n} (X_i - \overline{X})^2 \sim \chi^2(n-1)$.

证明从略.仅在此作一点说明,所谓自由度 n,粗略地说,是指一个统计量中含有 n 个相互独立,不带任何约束条件的随机变量.本节定理 2 中的 $\frac{1}{\sigma^2} \sum_{i=1}^{n} (X_i - \mu)^2$ 就满足这个条件.而本节定理 3 中的 $(n-1)S^2 = \sum_{i=1}^{n} (X_i - \overline{X})^2$ 虽然也是由 n 个独立变量 $X_1, X_2, \cdots, X_n$ 作成的平方和,但其中蕴含一个且仅有一个线性约束条件

$$\sum_{i=1}^{n} (X_i - \overline{X}) = \sum_{i=1}^{n} X_i - n\overline{X} = n\overline{X} - n\overline{X} = 0.$$

它表明当其中 $n-1$ 个随机变量之值取定后,第 n 个变量的值被唯一确定,故 $(n-1)S^2$ 的自由度为 $n-1$.

定理 4 设总体 $X \sim N(\mu, \sigma^2)$,$X_1, X_2, \cdots, X_n$ 是来自总体 X 容量为 n 的样本,则 $\frac{\overline{X} - \mu}{S/\sqrt{n}} \sim t(n-1)$.

证明 由本节定理 1 和定理 3 得

$$\frac{\overline{X} - \mu}{\sigma/\sqrt{n}} \sim N(0,1) \text{ 和} \frac{(n-1)S^2}{\sigma^2} \sim \chi^2(n-1),$$

两者又是相互独立的,再由 t 分布的定义可得

$$\frac{\overline{X}-\mu}{\sigma/\sqrt{n}} \Big/ \sqrt{\frac{(n-1)S^2}{\sigma^2(n-1)}} \sim t(n-1),$$

化简即可得结论.

例 3 设在总体 $N(\mu,\sigma^2)$ 中抽得一容量为 16 的样本,这里 μ,σ^2 均未知. (1) 求 $P\left(\dfrac{S^2}{\sigma^2} \leqslant 2.041\right)$,其中 S^2 为样本方差;(2) 求 $D(S^2)$.

典型例题 6-1

解 (1) 因为 $\dfrac{(n-1)S^2}{\sigma^2} \sim \chi^2(n-1)$,此时 $n=16$,即有 $\dfrac{15S^2}{\sigma^2} \sim \chi^2(15)$,故有

$$p = P\left(\frac{S^2}{\sigma^2} \leqslant 2.041\right) = P\left(\frac{15S^2}{\sigma^2} \leqslant 15 \times 2.041\right) = P\left(\frac{15S^2}{\sigma^2} \leqslant 30.615\right) = 1 - P\left(\frac{15S^2}{\sigma^2} > 30.615\right),$$

查 χ^2 分布表得 $\chi^2_{0.01}(15) \approx 30.6$,从而知 $p = 1 - 0.01 = 0.99$.

典型例题 6-2

(2) 由 $\dfrac{15S^2}{\sigma^2} \sim \chi^2(15)$,得 $D\left(\dfrac{15S^2}{\sigma^2}\right) = 2 \times 15 = 30$,即 $\dfrac{15^2}{\sigma^4}D(S^2) = 30$,$D(S^2) = \dfrac{2\sigma^4}{15}$.

二、两个正态总体下常用统计量的分布

定理 5 若两个总体 $X \sim N(\mu_1,\sigma_1^2)$,$Y \sim N(\mu_2,\sigma_2^2)$,$X_1,X_2,\cdots,X_{n_1}$ 与 $Y_1,Y_2,\cdots,Y_{n_2}$ 是分别来自 X 及 Y 的两个相互独立的样本[①],则统计量

$$\overline{X} - \overline{Y} \sim N\left(\mu_1 - \mu_2, \frac{\sigma_1^2}{n_1} + \frac{\sigma_2^2}{n_2}\right),$$

从而有

$$U = \frac{(\overline{X} - \overline{Y}) - (\mu_1 - \mu_2)}{\sqrt{\dfrac{\sigma_1^2}{n_1} + \dfrac{\sigma_2^2}{n_2}}} \sim N(0,1).$$

证明 由本节定理 1 得

$$\overline{X} \sim N\left(\mu_1, \frac{\sigma_1^2}{n_1}\right), \quad \overline{Y} \sim N\left(\mu_2, \frac{\sigma_2^2}{n_2}\right),$$

且由样本的独立性知 $\overline{X}$ 与 $\overline{Y}$ 相互独立,故由正态分布的可加性得

$$\overline{X} - \overline{Y} \sim N\left(\mu_1 - \mu_2, \frac{\sigma_1^2}{n_1} + \frac{\sigma_2^2}{n_2}\right),$$

把它标准化即得

---

① 指随机变量 $(X_1,X_2,\cdots,X_{n_1})$ 与 $(Y_1,Y_2,\cdots,Y_{n_2})$ 相互独立.

$$U = \frac{(\overline{X} - \overline{Y}) - (\mu_1 - \mu_2)}{\sqrt{\dfrac{\sigma_1^2}{n_1} + \dfrac{\sigma_2^2}{n_2}}} \sim N(0,1).$$

例 4 设 $X_1, X_2, \cdots, X_{10}$ 与 $Y_1, Y_2, \cdots, Y_{15}$ 都是来自总体 $X \sim N(20,3)$ 的两个独立样本,求 $|\overline{X} - \overline{Y}| > 0.3$ 的概率.

解 由题设有

$$\overline{X} \sim N\left(20, \frac{3}{10}\right), \quad \overline{Y} \sim N\left(20, \frac{3}{15}\right),$$

于是 $\overline{X} - \overline{Y} \sim N\left(0, \dfrac{3}{10} + \dfrac{3}{15}\right) = N\left(0, \dfrac{1}{2}\right)$,所以 $\dfrac{\overline{X} - \overline{Y}}{\sqrt{1/2}} \sim N(0,1)$. 所求概率为

$$P(|\overline{X} - \overline{Y}| > 0.3) = P\left(\left|\frac{\overline{X} - \overline{Y}}{\sqrt{1/2}}\right| > \frac{0.3}{\sqrt{1/2}}\right)$$

$$= 2\left[1 - \Phi\left(\frac{0.3}{\sqrt{1/2}}\right)\right] \approx 0.674\,4.$$

定理 6 若两个总体 $X \sim N(\mu_1, \sigma_1^2), Y \sim N(\mu_2, \sigma_2^2)$,且 $\sigma_1^2 = \sigma_2^2 = \sigma^2, X_1, X_2, \cdots, X_{n_1}$ 与 $Y_1, Y_2, \cdots, Y_{n_2}$ 是分别来自 X 及 Y 的两个相互独立的样本,S_1^2 和 S_2^2 分别是样本方差,则有

$$T \stackrel{\text{def}}{=\!=} \frac{(\overline{X} - \overline{Y}) - (\mu_1 - \mu_2)}{S_W \sqrt{\dfrac{1}{n_1} + \dfrac{1}{n_2}}} \sim t(n_1 + n_2 - 2),$$

其中

$$S_W = \sqrt{\frac{(n_1-1)S_1^2 + (n_2-1)S_2^2}{n_1+n_2-2}}.$$

证明 由本节定理 5 可得

$$U \stackrel{\text{def}}{=\!=} \frac{(\overline{X} - \overline{Y}) - (\mu_1 - \mu_2)}{\sigma \sqrt{\dfrac{1}{n_1} + \dfrac{1}{n_2}}} \sim N(0,1).$$

另外 $\dfrac{(n_1-1)S_1^2}{\sigma^2} \sim \chi^2(n_1-1), \dfrac{(n_2-1)S_2^2}{\sigma^2} \sim \chi^2(n_2-1)$ 且两者相互独立,于是有

$$V \stackrel{\text{def}}{=\!=} \frac{(n_1-1)S_1^2}{\sigma^2} + \frac{(n_2-1)S_2^2}{\sigma^2} \sim \chi^2(n_1 + n_2 - 2).$$

U 与 V 是相互独立的,故由 t 分布的定义可得

$$\frac{U}{\sqrt{\dfrac{V}{(n_1+n_2-2)}}} = \frac{(\overline{X}-\overline{Y})-(\mu_1-\mu_2)}{S_W\sqrt{\dfrac{1}{n_1}+\dfrac{1}{n_2}}} \sim t(n_1+n_2-2).$$

定理 7 若两个总体 $X \sim N(\mu_1,\sigma_1^2)$, $Y \sim N(\mu_2,\sigma_2^2)$, $X_1,X_2,\cdots,X_{n_1}$ 与 $Y_1,Y_2,\cdots,Y_{n_2}$ 是分别来自 X 及 Y 的两个相互独立的样本,S_1^2 和 S_2^2 分别是样本方差,则有

$$\frac{S_1^2 \sigma_2^2}{S_2^2 \sigma_1^2} \sim F(n_1-1, n_2-1).$$

特别地,当 $\sigma_1^2 = \sigma_2^2 = \sigma^2$ 时有

$$\frac{S_1^2}{S_2^2} \sim F(n_1-1, n_2-1).$$

证明 根据定理条件有

$$\frac{(n_1-1)S_1^2}{\sigma_1^2} \sim \chi^2(n_1-1), \quad \frac{(n_2-1)S_2^2}{\sigma_2^2} \sim \chi^2(n_2-1),$$

且两统计量相互独立,由 F 分布的定义可得

$$\frac{\dfrac{n_1-1}{\sigma_1^2}S_1^2/(n_1-1)}{\dfrac{n_2-1}{\sigma_2^2}S_2^2/(n_2-1)} \sim F(n_1-1, n_2-1),$$

化简即可得结论.

例 5 设总体 X 与 Y 都服从 $N(0,16)$,$X_1,X_2,\cdots,X_{16}$ 与 $Y_1,Y_2,\cdots,Y_{16}$ 是分别来自 X 与 Y 的相互独立的样本.

(1) 问统计量

$$Z = \frac{\sum_{i=1}^{16} X_i}{\sqrt{\sum_{i=1}^{16} Y_i^2}}$$

服从什么分布?

(2) 计算概率 $P(|Z| \leqslant 0.69)$.

解 (1) 由题设知 $X_i \sim N(0,16)$ ($i=1,2,\cdots,16$),且相互独立,于是

$$\overline{X} = \frac{1}{16}\sum_{i=1}^{16} X_i \sim N(0,1).$$

又 $Y_i \sim N(0,16)$ ($i=1,2,\cdots,16$),故由本节定理 2 知

$$\frac{1}{16}\sum_{i=1}^{16} Y_i^2 \sim \chi^2(16).$$

而由样本的独立性知 $\frac{1}{16}\sum_{i=1}^{16}X_i$ 与 $\frac{1}{16}\sum_{i=1}^{16}Y_i^2$ 相互独立,从而

$$Z = \frac{\sum_{i=1}^{16}X_i}{\sqrt{\sum_{i=1}^{16}Y_i^2}} = \frac{\frac{1}{16}\sum_{i=1}^{16}X_i}{\sqrt{\frac{1}{16}\sum_{i=1}^{16}Y_i^2/16}} \sim t(16).$$

(2) 由于

$$\begin{aligned}P(|Z| \leq 0.69) &= P(-0.69 \leq Z \leq 0.69)\\ &= P(Z \leq 0.69) - P(Z < -0.69)\\ &= P(Z \geq -0.69) - P(Z > 0.69),\end{aligned}$$

而 $Z \sim t(16)$,查表知 $t_{0.25}(16) = 0.69$, $t_{0.75}(16) = -0.69$,故

$$P(|Z| \leq 0.69) = 0.75 - 0.25 = 0.5.$$

习题六

(一)

1. 设总体 $X \sim N(\mu, \sigma^2)$, $X_1, X_2, \cdots, X_n$ 是来自总体 X 的样本,试写出 $X_1, X_2, \cdots, X_n$ 的概率密度函数.

2. 以下是某工厂通过抽样调查得到的 10 名工人一周内生产的产品数

149,156,160,138,149,153,153,169,156,156.

试由这批数据构造经验分布函数并作图.

3. 下面列出了 30 个美国职业篮球联赛球员的体重(单位:lb,1 lb = 0.454 kg)数据,这些数据是从美国职业篮球联赛2018—2019赛季的花名册中抽样得到的,

225	232	232	245	235	245	270	225	240	240
217	195	225	185	200	220	200	210	271	240
220	230	215	252	225	220	206	185	227	236

画出这些数据的频率直方图.

4. 设总体 $X \sim U[a,b]$,其中 a 已知,b 未知,设 X_1, X_2, X_3 是取自总体 X 的样本,试指出:

(1) $X_1 + X_2 + X_3$;   (2) $X_1 + 2a$;   (3) X_2;

(4) $\min(X_1, X_2, X_3)$; (5) X_2^2;   (6) aX_2;

(7) $\sum_{i=1}^{3}\frac{X_i^2}{b^2}$;   (8) $\frac{X_2 - X_1}{2}$;   (9) $X_1 + b$

中哪些是统计量,哪些不是统计量?

5. 从某厂生产的铆钉中抽取 200 个,测量铆钉头的直径(单位:mm),得到频率分布表

铆钉头直径/mm	频数 n_i	频率 f_i
13.095~13.145	2	0.010
13.145~13.195	1	0.005
13.195~13.245	8	0.040
13.245~13.295	17	0.085
13.295~13.345	26	0.130
13.345~13.395	30	0.150
13.395~13.445	38	0.190
13.445~13.495	27	0.135
13.495~13.545	24	0.120
13.545~13.595	16	0.080
13.595~13.645	9	0.045
13.645~13.695	2	0.010

(1) 计算样本均值，样本方差和样本二阶中心矩；

(2) 作出这些数据的频率直方图．

6. 从一批产品中随机抽取 8 件，测得它们的质量（单位：kg）如下：
$$143,100,146,130,185,140,128,196.$$
试计算样本均值、样本方差、二阶原点矩．

7. 设总体 X 服从 0-1 分布，即 $P(X=x)=p^x(1-p)^{1-x}$ $(x=0,1)$，其中 $0<p<1$．抽取容量为 n 的样本 $X_1,X_2,\cdots,X_n$，求：

(1) 样本均值 $\overline{X}$ 的数学期望和方差；

(2) 样本均值 $\overline{X}$ 的概率分布，当样本容量充分大时，$\overline{X}$ 近似地服从什么样的分布？

8. 在总体 $N(12,4)$ 中随机抽一容量为 5 的样本 $X_1,X_2,\cdots,X_5$．

(1) 求样本均值与总体均值之差的绝对值大于 1 的概率；

(2) 求 $P(\max(X_1,X_2,\cdots,X_5)>15)$，$P(\min(X_1,X_2,\cdots,X_5)<10)$．

9. 求总体 $X\sim N(20,3)$ 的容量分别为 10,15 的两个独立样本均值之差的绝对值大于 0.3 的概率．

10. 设总体 X 服从两点分布，$X_1,X_2,\cdots,X_n$ 为取自此总体的一个子样，$\overline{X}$ 为样本均值，若 $p=0.2$，样本容量 n 应满足多大才能使：

(1) $P(|\overline{X}-p|\leq 0.1)\geq 0.75$；(2) $E(|\overline{X}-p|^2)\leq 0.01$．

11. 设总体 $\overline{X}_1$ 和 $\overline{X}_2$ 分别是取自正态总体 $N(\mu,\sigma^2)$ 中容量为 n 的两个样本 X_{11}, $X_{12},\cdots,X_{1n}$ 和 $X_{21},X_{22},\cdots,X_{2n}$ 的样本均值，试确定 n 使两个样本均值之差超过 σ 的概率大约为 0.01．

12. 设总体 X 服从正态分布 $N(\mu,\sigma^2)$，σ^2 已知，从总体中抽取容量 $n=40$ 的样本 $X_1,X_2,\cdots,X_{40}$，试求 $P\left(0.5\sigma^2\leq\dfrac{1}{n}\sum\limits_{i=1}^{n}(X_i-\overline{X})^2\leq 1.435\sigma^2\right)$．

13. 设 $X_1, X_2, \cdots, X_{10}$ 为 $N(0, 0.3^2)$ 的一个样本，试求 $P\left(\sum\limits_{i=1}^{10} X_i^2 > 1.44\right)$.

14. 设 $X_1, X_2, \cdots, X_5$ 是取自标准正态分布的样本，试求 k 使得

$$P\left(\frac{X_1 + X_2}{\sqrt{X_3^2 + X_4^2 + X_5^2}} \leq k\right) = 0.9.$$

15. 设总体 $X \sim N(\mu, \sigma^2)$，$X_1, X_2, \cdots, X_n, X_{n+1}$ 是来自总体 X 的样本，记 $\overline{X}$ 和 S^2 分别表示 $X_1, X_2, \cdots, X_n$ 的样本均值和样本方差，试求统计量

$$\frac{X_{n+1} - \overline{X}}{S}\sqrt{\frac{n}{n+1}}$$

的抽样分布。

16. 设总体 X 服从标准正态分布，从总体中抽取一容量 $n=6$ 的样本 $X_1, X_2, \cdots, X_6$，又设 $Y = (X_1 + X_2 + X_3)^2 + (X_4 + X_5 + X_6)^2$，试求当 C 取何值时，随机变量 CY 服从 χ^2 分布。

17. 设总体 X 服从正态分布 $N(\mu, \sigma^2)$，从总体 X 中抽取样本 $X_1, X_2, \cdots, X_n$，证明：样本方差 S^2 的方差 $D(S^2) = \dfrac{2\sigma^4}{n-1}$.

18. 设随机变量 X 服从自由度为 n 的 t 分布，证明随机变量函数 X^2 服从自由度为 $(1, n)$ 的 F 分布。

19. 设 $X_1, X_2, \cdots, X_n$ 和 $Y_1, Y_2, \cdots, Y_n$ 分别取自正态总体 $X \sim N(\mu_1, \sigma^2)$ 和 $Y \sim N(\mu_2, \sigma^2)$，且 X 和 Y 相互独立，试判断以下统计量服从什么分布：

(1) $\dfrac{(n-1)(S_1^2 + S_2^2)}{\sigma^2}$；(2) $\dfrac{n[(\overline{X} - \overline{Y}) - (\mu_1 - \mu_2)]^2}{S_1^2 + S_2^2}$.

（二）

1. 设总体 $X \sim P(\lambda)$，$X_1, X_2, \cdots, X_n$ 是总体 X 的一个样本，试求 $X_1, X_2, \cdots, X_n$ 的概率分布律，并求 $E(\overline{X})$，$D(\overline{X})$ 和 $E(S^2)$.

2. 求证：$\sum\limits_{i=1}^{n} (X_i - a)^2 = \sum\limits_{i=1}^{n} (X_i - \overline{X})^2 + n(\overline{X} - a)^2$ 对任何常数 a 成立。

3. 设总体 $X \sim N(\mu, \sigma^2)$，$X_1, X_2, \cdots, X_n$ 是来自总体 X 的样本，求 $E(\overline{X} + S^2)$，$D(\overline{X} + S^2)$.

4. 设总体 X 服从正态分布 $N(\mu, \sigma^2)$，从该总体中抽取简单随机样本 $X_1, X_2, \cdots, X_{2n}(n \geq 2)$，其样本均值为 $\overline{X} = \dfrac{1}{2n}\sum\limits_{i=1}^{2n} X_i$，求统计量 $Y = \sum\limits_{i=1}^{n}(X_i + X_{n+i} - 2\overline{X})^2$ 的数学期望 $E(Y)$.

5. 设随机变量 $X \sim t(n)(n>1)$，$Y = \dfrac{1}{X^2}$，则（　　）。

(A) $Y \sim \chi^2(n)$　　(B) $Y \sim \chi^2(n-1)$　　(C) $Y \sim F(n, 1)$　　(D) $Y \sim F(1, n)$

6. 设总体 X 服从正态分布 $N(\mu_1,\sigma^2)$，总体 Y 服从正态分布 $N(\mu_2,\sigma^2)$，$X_1,X_2,\cdots,X_{n_1}$ 和 $Y_1,Y_2,\cdots,Y_{n_2}$ 分别是来自总体 X 和 Y 的简单随机样本，则

$$E\left(\frac{\sum_{i=1}^{n_1}(X_i-\overline{X})^2+\sum_{j=1}^{n_2}(Y_j-\overline{Y})^2}{n_1+n_2-2}\right)=\underline{\qquad}.$$

7. 设 $X_1,X_2,\cdots,X_n(n\geqslant 2)$ 为来自总体 $N(0,1)$ 的简单随机样本，$\overline{X}$ 为样本均值，S^2 为样本方差，则（　　）.

(A) $n\overline{X}\sim N(0,1)$ \qquad (B) $nS^2\sim\chi^2(n)$

(C) $\dfrac{(n-1)\overline{X}}{S}\sim t(n-1)$ \qquad (D) $\dfrac{(n-1)X_1^2}{\sum_{i=2}^{n}X_i^2}\sim F(1,n-1)$

8. 设 $X_1,X_2,\cdots,X_n(n>2)$ 为来自总体 $N(0,1)$ 的简单随机样本，$\overline{X}$ 为样本均值，记 $Y_i=X_i-\overline{X}$，$i=1,2,\cdots,n$.

求：(1) Y_i 的方差 $D(Y_i)$，$i=1,2,\cdots,n$；(2) Y_1 与 Y_n 的协方差 $\text{Cov}(Y_1,Y_n)$.

9. 设总体 X 的概率密度为 $f(x)=\dfrac{1}{2}\mathrm{e}^{-|x|}(-\infty<x<+\infty)$，$X_1,X_2,\cdots,X_n$ 为总体 X 的简单随机样本，其样本方差为 S^2，则 $E(S^2)=\underline{\qquad}$.

第七章 参数估计

上一章我们介绍了总体、样本、简单随机样本、统计量和抽样分布的概念以及统计中常用的三大分布,给出了几个重要的抽样分布的定理,它们是进一步学习统计推断的基础.参数估计是统计推断的问题之一,是指根据样本提供的信息对总体分布的未知参数或参数的某些函数作出估计.参数估计包括参数的点估计和区间估计两种.参数的点估计就是由样本观察值求出总体未知参数的估计值,而区间估计则是要按照给定的可靠性求得总体未知参数的取值范围.

本章主要介绍参数的点估计和区间估计的概念、方法以及估计量的评价标准.

§7.1 参数的点估计

设 θ 是总体 X 的分布函数 $F(x,\theta)$ 中的一个未知参数[①], $X_1,X_2,\cdots,X_n$ 是来自总体 X 的一个容量为 n 的样本,其观察值为 $x_1,x_2,\cdots,x_n$. 关于参数 θ 的点估计,就是要求构造一个统计量 $\hat{\theta}=\hat{\theta}(X_1,X_2,\cdots,X_n)$,用它的观察值 $\hat{\theta}(x_1,x_2,\cdots,x_n)$ 来估计未知参数 θ,称 $\hat{\theta}(x_1,x_2,\cdots,x_n)$ 为 θ 的**估计值**,称 $\hat{\theta}(X_1,X_2,\cdots,X_n)$ 为 θ 的**估计量**.在不致混淆的情况下统称估计量和估计值为**估计**,都简记为 $\hat{\theta}$.

求参数的点估计量的两种常用方法是矩估计法和最大似然估计法,现分别进行描述.

一、矩估计法

矩估计法是由英国统计学家 K.皮尔逊(K.Pearson)最早提出的,其基本思想是把样本矩作为相应的总体矩的估计量.设在总体 X 的分布函数 $F(x,\theta)$ 中, $\theta=(\theta_1,\theta_2,\cdots,\theta_k)$ 为 k 维未知参数向量.若总体 X 的前 k 阶原点矩存在,记为 $\mu_l(l=1,2,\cdots,k)$,根据大数定律容易证明,若总体 X 的 l 阶原点矩 $E(X^l)=\mu_l$ 存在,

微视频讲解 7-1:
矩估计法

---

① 多于一个未知参数时,可同样讨论.

则当 $n\to+\infty$ 时,样本的 l 阶原点矩 $A_l=\dfrac{1}{n}\sum_{i=1}^{n}X_i^l$ 依概率收敛于总体的 l 阶原点矩 μ_l,即 $A_l\xrightarrow{P}\mu_l$. 事实上,由 $X_1,X_2,\cdots,X_n$ 相互独立且与总体 X 同分布,有 $X_1^l,X_2^l,\cdots,X_n^l$ 相互独立且与总体 X^l 同分布,而总体 X 的 l 阶矩 $E(X^l)=\mu_l$ ($l=1,2,\cdots,k$) 存在,由辛钦大数定律就可得. 进一步,根据依概率收敛的性质①,可将上述结论推广为:如果 g 为连续实函数,那么当 $n\to+\infty$ 时,样本原点矩 $A_1,A_2,\cdots,A_k$ 的函数 $g(A_1,A_2,\cdots,A_k)$ 亦依概率收敛于总体相应原点矩 $\mu_1,\mu_2,\cdots,\mu_k$ 的函数值 $g(\mu_1,\mu_2,\cdots,\mu_k)$,即

$$g(A_1,A_2,\cdots,A_k)\xrightarrow{P}g(\mu_1,\mu_2,\cdots,\mu_k).$$

这表明当样本容量很大时,我们可以合理地用样本原点矩作为相应总体原点矩的估计量,而用样本原点矩的连续函数作为相应总体原点矩的连续函数的估计量,这就是**参数矩估计法**的原理. 其具体做法如下:

设总体的分布函数中含有 k 个未知参数 $\theta_1,\theta_2,\cdots,\theta_k$,一般地,它的前 k 阶原点矩 $\mu_1,\mu_2,\cdots,\mu_k$ 都是这 k 个参数的函数,记为

$$\begin{cases}\mu_1=\mu_1(\theta_1,\theta_2,\cdots,\theta_k),\\ \mu_2=\mu_2(\theta_1,\theta_2,\cdots,\theta_k),\\ \cdots\cdots\cdots\cdots\\ \mu_k=\mu_k(\theta_1,\theta_2,\cdots,\theta_k).\end{cases}$$

这是一个包含 k 个未知参数 $\theta_1,\theta_2,\cdots,\theta_k$ 的联立方程组,一般地可以从中解出 $\theta_1,\theta_2,\cdots,\theta_k$,得到

$$\begin{cases}\theta_1=\theta_1(\mu_1,\mu_2,\cdots,\mu_k),\\ \theta_2=\theta_2(\mu_1,\mu_2,\cdots,\mu_k),\\ \cdots\cdots\cdots\cdots\\ \theta_k=\theta_k(\mu_1,\mu_2,\cdots,\mu_k).\end{cases}$$

以 A_i 分别代替上式中的 μ_i,于是以 $\hat{\theta}_i=\theta_i(A_1,A_2,\cdots,A_k)$ 分别作为 θ_i ($i=1,2,\cdots,k$) 的**矩估计量**. 矩估计量的观察值称为**矩估计值**.

矩是最广泛使用的一类数字特征,重要分布的参数大多是一些低阶矩. 因此,矩估计法是简单而实用的一类参数估计法.

例1 已知总体 X 有概率密度函数

$$f(x)=\begin{cases}\dfrac{6x(\theta-x)}{\theta^3}, & 0<x<\theta,\\ 0, & 其他.\end{cases}$$

其中 θ 为未知参数,$X_1,X_2,\cdots,X_n$ 为总体 X 的一个样本.

(1) 求 θ 的矩估计量 $\hat{\theta}$;

---

① 该性质可参看茆诗松等编著的《概率论与数理统计教程》,高等教育出版社出版.

(2) 若 3.5,4.2,5.3,4.4,3.7,5.8,3.9,4.8 为一组样本观察值,求 θ 的矩估计值.

解 (1) 先求总体 X 的数学期望

$$\mu_1 = E(X) = \int_{-\infty}^{+\infty} xf(x)\mathrm{d}x = \int_0^\theta \frac{6x^2(\theta-x)}{\theta^3}\mathrm{d}x$$

$$= \frac{6}{\theta^3}\left(\int_0^\theta \theta x^2\mathrm{d}x - \int_0^\theta x^3\mathrm{d}x\right) = \frac{\theta}{2},$$

得 $\theta = 2\mu_1$,以 $A_1 = \overline{X}$ 代替 μ_1,得 $\hat{\theta} = 2\overline{X}$ 是 θ 的矩估计量.

(2) 代入样本观察值,求出样本均值 $\overline{x} = \frac{1}{8}\sum_{i=1}^8 x_i = 4.45$,则 $\hat{\theta} = 2\overline{x} = 8.9$,即 $\hat{\theta} = 8.9$ 为 θ 的矩估计值.

例2 求总体 X 的均值 μ 和方差 σ^2 的矩估计量.

解 由于 $\mu_1 = E(X), \mu_2 = E(X^2)$ 分别为总体 X 的一阶原点矩和二阶原点矩.易知

$$\begin{cases} \mu_1 = \mu, \\ \mu_2 = \sigma^2 + \mu^2. \end{cases}$$

解得

$$\begin{cases} \mu = \mu_1, \\ \sigma^2 = \mu_2 - \mu_1^2. \end{cases}$$

将 $A_1 = \overline{X}, A_2 = \frac{1}{n}\sum_{i=1}^n X_i^2$ 分别代替 μ_1, μ_2,由此解得

$$\begin{cases} \hat{\mu} = \frac{1}{n}\sum_{i=1}^n X_i = \overline{X}, \\ \hat{\sigma}^2 = \frac{1}{n}\sum_{i=1}^n X_i^2 - \overline{X}^2 = \frac{1}{n}\sum_{i=1}^n (X_i - \overline{X})^2, \end{cases}$$

即总体均值和总体方差的矩估计量分别是样本均值 $\overline{X} = \frac{1}{n}\sum_{i=1}^n X_i$ 和样本二阶中心矩 $S_n^2 = \frac{1}{n}\sum_{i=1}^n (X_i - \overline{X})^2$,这个例子的结论可作为定理使用.

必须指出,若 $\eta = g(\theta)$ 为未知参数 θ 的连续函数,则 η 也是一个未知参数.容易证明 η 的矩估计量为 $\hat{\eta} = g(\hat{\theta})$,其中 $\hat{\theta}$ 为 θ 的矩估计量,看以下的例子.

例3 设总体 $X \sim B(m,p)$,m 及 p 均为未知参数,试用矩估计法求 m 及 p 的矩估计量.

解 因为 $\mu = E(X) = mp, \sigma^2 = D(X) = mp(1-p)$,将两式联立,可得

$$p = 1 - \frac{\sigma^2}{\mu}, \quad m = \frac{\mu^2}{\mu - \sigma^2},$$

它们都是 μ 及 σ^2 的连续函数,而 μ 和 σ^2 的矩估计量分别为 $\overline{X}$ 和 S_n^2,则 p 和 m 的矩估计量为

$$\hat{p} = 1 - \frac{\hat{\sigma}^2}{\hat{\mu}} = 1 - \frac{S_n^2}{\overline{X}},$$

$$\hat{m} = \frac{\hat{\mu}^2}{\hat{\mu} - \hat{\sigma}^2} = \frac{\overline{X}^2}{\overline{X} - S_n^2}.$$

例 4 设总体 X 在 $[0,\theta]$ 上服从均匀分布, 即其概率密度函数为

$$f(x;\theta) = \begin{cases} \dfrac{1}{\theta}, & 0 \leqslant x \leqslant \theta, \\ 0, & \text{其他}. \end{cases}$$

试求 θ 的矩估计量.

解 因为 $\mu = E(X) = \dfrac{\theta}{2}$, 故 $\theta = 2\mu$, 而 μ 的矩估计量为 $\overline{X}$, 因此 θ 的矩估计量为 $\hat{\theta} = 2\overline{X}$.

矩估计法的优点是简单易行, 并不需要事先知道总体服从什么分布, 其不足之处是当总体分布类型已知时, 没有充分利用分布提供的信息. 一般场合矩估计量不具有唯一性, 其主要原因在于建立矩法方程时, 选取哪些总体矩用相应样本矩代替有一定的随意性.

二、最大似然估计法

最大似然估计是在总体分布类型已知的条件下使用的一种参数估计方法, 它是由德国数学家高斯在 1821 年提出的. 费希尔在 1922 年重新提出了这一方法, 并首先研究了这种方法的一些性质. 为了说明最大似然估计法, 首先给出似然函数的定义.

微视频讲解 7-2:
最大似然估计

定义 设总体 X 是离散型随机变量, 概率分布律为 $P(X=x) \stackrel{\text{def}}{=\!=} p(x;\theta)$, 其中 $\theta \in \Theta, \theta$ 是待估参数①, Θ 是 θ 可能取值的范围, 当样本 $X_1, X_2, \cdots, X_n$ 得到一组观察值 $x_1, x_2, \cdots, x_n$ 时, 由样本的独立同分布性, 记

$$\begin{aligned} L(\theta) = L(x_1, x_2, \cdots, x_n; \theta) &\stackrel{\text{def}}{=\!=} P(X_1 = x_1, X_2 = x_2, \cdots, X_n = x_n) \\ &= P(X_1 = x_1) P(X_2 = x_2) \cdots P(X_n = x_n) \\ &= \prod_{i=1}^{n} p(x_i; \theta). \end{aligned}$$

设总体 X 是连续型随机变量, 其概率密度函数为 $f(x;\theta)$, 其中 $\theta \in \Theta, \theta$ 是待估参数, Θ 是 θ 可能取值的范围, 当样本 $X_1, X_2, \cdots, X_n$ 得到一组观察值 $x_1, x_2, \cdots, x_n$ 时, 由样本的独立同分布性, 记

$$\begin{aligned} L(\theta) = L(x_1, x_2, \cdots, x_n; \theta) &\stackrel{\text{def}}{=\!=} f^*(x_1, x_2, \cdots, x_n; \theta) \\ &= f(x_1;\theta) f(x_2;\theta) \cdots f(x_n;\theta) = \prod_{i=1}^{n} f(x_i;\theta). \end{aligned}$$

---

① θ 可以是一维的未知参数, 也可是多维的未知参数向量.

称函数 $L(\theta)$ 或 $L(x_1, x_2, \cdots, x_n; \theta)$ 为**似然函数**(注意：这里 $x_1, x_2, \cdots, x_n$ 是已知的样本值,它们都是常数),$L(\theta)$ 看作是参数 θ 的函数,它可作为 θ 将以多大可能产生样本值 $x_1, x_2, \cdots, x_n$ 的一种度量.

下面结合例子介绍最大似然估计法的思想和方法.设一袋中装有黑、白两种球,p 是从袋中随机摸得白球的概率,现要估计 p 的取值.为此,我们做放回抽样,摸球 10 次,其结果可用随机变量表示如下：

$$X_i = \begin{cases} 1, & \text{第 } i \text{ 次摸得的是白球,} \\ 0, & \text{第 } i \text{ 次摸得的是黑球,} \end{cases}$$

则

$$\begin{cases} P(X_i = 1) = p, \\ P(X_i = 0) = 1 - p, \end{cases} \quad i = 1, 2, \cdots, 10.$$

若 10 次摸球的结果是样本观察值 $(x_1, x_2, \cdots, x_{10}) = (1,0,1,0,0,0,1,0,0,0)$,则有

$$\begin{aligned} L(p) &= L(x_1, x_2, \cdots, x_{10}; p) \\ &= P(X_1 = 1, X_2 = 0, X_3 = 1, X_4 = 0, X_5 = 0, \\ &\quad X_6 = 0, X_7 = 1, X_8 = 0, X_9 = 0, X_{10} = 0) \\ &= p^3 (1-p)^7. \end{aligned}$$

最大似然估计法的思想是：一随机试验有若干个可能的结果,如果在一次抽样中某一结果出现了,我们便自然认为这一结果是诸个可能的结果中出现概率最大的一个.因此,p 应该这样估计,即选择 $\hat{p}$,使得上述观察值出现的概率最大,也即是使 $L(\hat{p})$ 达到 $L(p)$ 的最大值,而求 $L(p)$ 的最大值点 $\hat{p}$,可由方程

$$\frac{\mathrm{d} L(p)}{\mathrm{d} p} = 0$$

解得.本例可解得当 $\hat{p} = 0.3$ 时,$L(0.3) = \max\limits_{0 < p < 1} L(p)$,于是用 $\hat{p} = 0.3$ 作为随机摸得白球的概率 p 的估计值是适当的.因此,最大似然估计值 $\hat{\theta}$ 是满足 $L(\hat{\theta}) = \max\limits_{\theta \in \Theta} L(\theta)$ 的解.

关于最大似然估计法,我们有以下的直观想法：现在已经取到样本值 $x_1, x_2, \cdots, x_n$,这表明取到这一样本值的概率 $L(\theta)$ 比较大.当然,我们不会考虑那些不能使样本 $x_1, x_2, \cdots, x_n$ 出现的 $\theta \in \Theta$ 作为 θ 的估计.另一方面,如果已知当 $\theta = \theta_0 \in \Theta$ 时,使 $L(\theta)$ 取很大值,而 Θ 中的其他值使 $L(\theta)$ 取很小值,我们自然认为取 θ_0 作为未知参数 θ 的估计值较为合理.由费希尔引进的最大似然估计法就是固定样本观察值 $x_1, x_2, \cdots, x_n$,在 θ 取值的范围 Θ 内挑选使似然函数 $L(x_1, x_2, \cdots, x_n; \theta)$ 达到最大的参数值 $\hat{\theta}$ 作为参数 θ 的估计值,即取 $\hat{\theta}$ 使 $L(x_1, x_2, \cdots, x_n; \hat{\theta}) = \max\limits_{\theta \in \Theta} L(x_1, x_2, \cdots, x_n; \theta)$,这样得到的 $\hat{\theta}$ 与样本值 $x_1, x_2, \cdots, x_n$ 有关,常记为 $\hat{\theta}(x_1, x_2, \cdots, x_n)$,称为**参数 θ 的最大似然估计值**,而相应的统计量 $\hat{\theta}(X_1, X_2, \cdots, X_n)$ 称为**参数 θ 的最大似然估计量**.

具体地,若总体是离散型随机变量,其概率分布律为 $P(X = x) \stackrel{\text{def}}{=\!=} p(x; \theta)$,其中 θ 为待估参数,$\theta \in \Theta$,则 $X_1, X_2, \cdots, X_n$ 的联合概率分布律为

$$L(\theta) = L(x_1, x_2, \cdots, x_n; \theta) = \prod_{i=1}^{n} p(x_i; \theta),$$

该值就是随机点 $(X_1, X_2, \cdots, X_n)$ 落在固定点 $(x_1, x_2, \cdots, x_n)$ 处的概率, 并求 $\hat{\theta}$ 使

$$L(\theta) = L(x_1, x_2, \cdots, x_n; \theta) = \prod_{i=1}^{n} p(x_i; \theta)$$

达到最大.

若总体 X 为连续型随机变量, 其概率密度函数为 $f(x; \theta)$, 其中 θ 为待估参数, $\theta \in \Theta$. 又 $X_1, X_2, \cdots, X_n$ 为其样本, $x_1, x_2, \cdots, x_n$ 为样本观察值, 于是随机点 X_i 落在点 x_i 的邻域 (其长度为 $\mathrm{d}x_i$) 内的概率近似于 $f(x_i; \theta) \mathrm{d}x_i, i = 1, 2, \cdots, n$. 按最大似然估计的思想, θ 的估计值 $\hat{\theta}$ 应选择为使概率 $\prod_{i=1}^{n} f(x_i; \theta) \mathrm{d}x_i$ 达到最大值, 因为 $\mathrm{d}x_i$ 与 θ 无关, 故只要 $L(\theta) = L(x_1, x_2, \cdots, x_n; \theta) = \prod_{i=1}^{n} f(x_i; \theta)$ 达到最大值即可, 并选取使其达到最大值的参数值 $\hat{\theta}$ 作为 θ 的估计, 即最大似然估计.

根据微积分学提供的关于求函数极值的方法可知, 要求总体未知参数的最大似然估计, 可按下列步骤进行:

1. 写出似然函数 $L(\theta) = L(x_1, x_2, \cdots, x_n; \theta)$, 其中 $\theta = (\theta_1, \theta_2, \cdots, \theta_k)$ 是 k 维的未知参数向量, $L(\theta)$ 就是样本 $X_1, X_2, \cdots, X_n$ 的联合概率密度函数或联合概率分布律, 但应将其中的 $x_1, x_2, \cdots, x_n$ 理解为已知的样本值.

由于函数 L 与 $\ln L$ 的最大值点相同, 故也可将函数写作 $\ln L$, $\ln L$ 也称为**似然函数**.

2. 写出似然方程组.

当 L 或 $\ln L$ 关于 $\theta_1, \theta_2, \cdots, \theta_k$ 可微时, 要使 L 或 $\ln L$ 取得最大值, $\theta_1, \theta_2, \cdots, \theta_k$ 必须满足

$$\begin{cases} \dfrac{\partial L}{\partial \theta_1} = 0, \\ \dfrac{\partial L}{\partial \theta_2} = 0, \\ \cdots\cdots \\ \dfrac{\partial L}{\partial \theta_k} = 0, \end{cases} \quad \text{或} \quad \begin{cases} \dfrac{\partial \ln L}{\partial \theta_1} = 0, \\ \dfrac{\partial \ln L}{\partial \theta_2} = 0, \\ \cdots\cdots \\ \dfrac{\partial \ln L}{\partial \theta_k} = 0. \end{cases}$$

该方程组称为**似然方程组**.

3. 解似然方程组, 可得到 $\theta_1, \theta_2, \cdots, \theta_k$ 的**估计值**

$$\hat{\theta}_i = \hat{\theta}_i(x_1, x_2, \cdots, x_n), \quad i = 1, 2, \cdots, k.$$

4. 因为 $\hat{\theta}_i = \hat{\theta}_i(x_1, x_2, \cdots, x_n)$ 是统计量 $\hat{\theta}_i = \hat{\theta}_i(X_1, X_2, \cdots, X_n)$ 的观察值, 故得各 θ_i 的**估计量**

$$\hat{\theta}_i = \hat{\theta}_i(X_1, X_2, \cdots, X_n), \quad i = 1, 2, \cdots, k.$$

最大似然估计通常缩写为 MLE，θ 的最大似然估计通常记为 $\hat{\theta}_L$。

例 5 设一个试验有三种可能结果，其发生概率分别为
$$p_1 = \theta^2, \quad p_2 = 2\theta(1-\theta), \quad p_3 = (1-\theta)^2,$$
其中 θ 是未知参数。现做了 n 次试验，观测到三种结果发生的次数分别为 n_1, n_2, n_3（$n_1+n_2+n_3=n$）。则似然函数为
$$\ln L(\theta) = (2n_1 + n_2)\ln\theta + (2n_3 + n_2)\ln(1-\theta) + n_2\ln 2.$$
关于 θ 求导得到似然方程
$$\frac{2n_1 + n_2}{\theta} - \frac{2n_3 + n_2}{1-\theta} = 0.$$
解之，得
$$\hat{\theta} = \frac{2n_1 + n_2}{2(n_1+n_2+n_3)} = \frac{2n_1 + n_2}{2n}.$$
由于
$$\left.\frac{\partial^2 \ln L(\theta)}{\partial \theta^2}\right|_{\theta=\hat{\theta}} = -\left.\frac{2n_1+n_2}{\theta^2} - \frac{2n_3+n_2}{(1-\theta)^2}\right|_{\theta=\hat{\theta}} < 0,$$
所以 $\hat{\theta}$ 是极大值点。不难看出 $\hat{\theta}$ 也是最大值点，故 $\hat{\theta}$ 是 θ 的最大似然估计值。

例 6 设总体 $X \sim N(\mu, \sigma^2)$，μ, σ^2 未知，又 $X_1, X_2, \cdots, X_n$ 为总体样本，试求 μ, σ^2 的最大似然估计量 $\hat{\mu}_L, \hat{\sigma}_L^2$。

解 因为总体 $X \sim N(\mu, \sigma^2)$，$X_1, X_2, \cdots, X_n$ 为总体样本，故总体 X 的概率密度函数为
$$f(x) = \frac{1}{\sqrt{2\pi}\sigma} e^{-\frac{(x-\mu)^2}{2\sigma^2}}, \quad -\infty < x < +\infty.$$
对于给定的样本值 $x_1, x_2, \cdots, x_n$，似然函数为
$$L = L(x_1, x_2, \cdots, x_n; \mu, \sigma^2) = \frac{1}{(2\pi\sigma^2)^{\frac{n}{2}}} e^{-\frac{1}{2\sigma^2}\sum_{i=1}^{n}(x_i-\mu)^2},$$
或
$$\ln L = -\frac{n}{2}\ln(2\pi\sigma^2) - \frac{1}{2\sigma^2}\sum_{i=1}^{n}(x_i-\mu)^2.$$
令
$$\begin{cases} \dfrac{\partial \ln L}{\partial \mu} = \dfrac{1}{\sigma^2}\sum_{i=1}^{n}(x_i-\mu) = 0, \\ \dfrac{\partial \ln L}{\partial \sigma^2} = -\dfrac{n}{2}\dfrac{1}{\sigma^2} + \dfrac{1}{2\sigma^4}\sum_{i=1}^{n}(x_i-\mu)^2 = 0. \end{cases}$$
从而

$$\hat{\mu} = \frac{1}{n}\sum_{i=1}^{n} x_i = \bar{x},$$

$$\widehat{\sigma^2} = \frac{1}{n}\sum_{i=1}^{n}(x_i - \bar{x})^2 = s_n^2.$$

于是 μ 及 σ^2 的最大似然估计量便是

$$\begin{cases} \hat{\mu}_L = \dfrac{1}{n}\sum_{i=1}^{n} X_i = \bar{X}, \\ \widehat{\sigma_L^2} = \dfrac{1}{n}\sum_{i=1}^{n}(X_i - \bar{X})^2 = S_n^2. \end{cases}$$

此结果与矩估计法求出的估计量完全相同.

例 7 设总体 X 服从参数为 λ 的泊松分布,参数 λ 未知,求 λ 的最大似然估计.

解 设 $X_1, X_2, \cdots, X_n$ 是从总体 X 中抽取的一个样本,总体 X 的概率分布律为

$$P(X = x) = \frac{\lambda^x}{x!}\mathrm{e}^{-\lambda}, \quad x = 0, 1, 2, \cdots.$$

设 $x_1, x_2, \cdots, x_n$ 是样本 $X_1, X_2, \cdots, X_n$ 的观察值,则似然函数为

$$L = L(x_1, x_2, \cdots, x_n; \lambda) = \prod_{i=1}^{n} \frac{\lambda^{x_i}}{x_i!}\mathrm{e}^{-\lambda},$$

或

$$\ln L = \left(\sum_{i=1}^{n} x_i\right)\ln \lambda - n\lambda - \sum_{i=1}^{n}\ln(x_i!).$$

令

$$\frac{\mathrm{d}(\ln L)}{\mathrm{d}\lambda} = \frac{1}{\lambda}\sum_{i=1}^{n} x_i - n = 0,$$

解得 λ 的最大似然估计值为

$$\hat{\lambda}_L = \frac{1}{n}\sum_{i=1}^{n} x_i = \bar{x},$$

故 λ 的最大似然估计量为

$$\hat{\lambda}_L = \frac{1}{n}\sum_{i=1}^{n} X_i = \bar{X}.$$

例 8 设总体 X 服从参数为 p 的 0-1 分布,即对于某一试验,令 $X = \begin{cases} 1, & \text{若 } A \text{ 发生}, \\ 0, & \text{若 } A \text{ 不发生}, \end{cases}$ 其中 A 为一事件,且 $P(A) = p$,其中 $0 < p < 1$ 是未知参数,求 p 的矩估计量和最大似然估计量.

解 设 $X_1, X_2, \cdots, X_n$ 是从总体 X 中抽取的一个样本.由矩估计法得

$$\hat{\mu} = \frac{1}{n}\sum_{i=1}^{n} X_i = \bar{X},$$

易知 $\mu = E(X) = p$, 所以参数 p 的矩估计量为 $\hat{p} = \hat{\mu} = \bar{X} = \dfrac{1}{n}(X_1 + X_2 + \cdots + X_n) = \dfrac{n_A}{n}$, 这里 n_A 是 n 次重复独立试验中随机事件 A 发生的次数, $\dfrac{n_A}{n}$ 是 n 次试验中 A 发生的频率. 当用矩估计法估计 p 时, 就再现用事件发生的频率来估计概率这一熟知的方法.

总体 X 的概率分布律为
$$P(X = x) = p^x(1-p)^{1-x}, \quad x = 0, 1.$$
设 $X_1, X_2, \cdots, X_n$ 是来自总体的容量为 n 的样本, $x_1, x_2, \cdots, x_n$ 是样本 $X_1, X_2, \cdots, X_n$ 的观察值, 所以各 X_i 的概率分布律为
$$P(X_i = x_i) = p^{x_i}(1-p)^{1-x_i}, \quad x_i = 0, 1, \quad i = 1, 2, \cdots, n.$$
故似然函数为
$$L = L(x_1, x_2, \cdots, x_n; p) = p^{\sum_{i=1}^{n} x_i}(1-p)^{n - \sum_{i=1}^{n} x_i},$$
从而
$$\ln L = \left(\sum_{i=1}^{n} x_i\right) \ln p + \left(n - \sum_{i=1}^{n} x_i\right) \ln(1-p).$$
令
$$\frac{\mathrm{d}(\ln L)}{\mathrm{d}p} = \left(\sum_{i=1}^{n} x_i\right) \frac{1}{p} - \left(n - \sum_{i=1}^{n} x_i\right) \frac{1}{1-p} = 0,$$
得
$$np - \sum_{i=1}^{n} x_i = 0,$$
解之, 得 p 的最大似然估计值
$$\hat{p}_L = \frac{1}{n} \sum_{i=1}^{n} x_i = \bar{x},$$
故 p 的最大似然估计量便是
$$\hat{p}_L = \frac{1}{n} \sum_{i=1}^{n} X_i = \bar{X}.$$
这与 p 的矩估计量相同.

例9 试求本节例 4 中均匀分布总体的参数 θ 的最大似然估计量.

解 设 $X_1, X_2, \cdots, X_n$ 是从 $[0, \theta]$ 上服从均匀分布总体 X 中得到的样本, 对于给定的样本值 $x_1, x_2, \cdots, x_n$, 其似然函数为
$$L(x_1, x_2, \cdots, x_n; \theta) = \begin{cases} \dfrac{1}{\theta^n}, & 0 \leq x_i \leq \theta, \quad i = 1, 2, \cdots, n, \\ 0, & \text{其他}. \end{cases}$$
这里无法通过求导数获得最大似然估计值. 但是, 因为每一个 x_i 都必须小于或等于

θ,故知 $\theta \in [\max\limits_{1 \leq i \leq n}(x_i), +\infty)$;另一方面由于 $\dfrac{1}{\theta^n}$ 随 θ 的增大而单调减小,因此,当 θ 取前述区间的左端点 $\max\limits_{1 \leq i \leq n}(x_i)$ 时,似然函数 $\dfrac{1}{\theta^n}$ 取到最大值.所以 θ 的最大似然估计量为

$$\hat{\theta}_L = \max(X_1, X_2, \cdots, X_n).$$

对照例 4 可知,矩估计法与最大似然估计法的结果未必相同.同时该例说明,有时为了求未知参数的最大似然估计,不能按照通常的一般步骤求得,但可根据最大似然估计原则来求.

最后,我们用最大似然法估计湖中的鱼数,进一步说明最大似然估计法的思想.

例 10 为了估计湖中的鱼数 N,第一次捕上 r 条鱼,做上记号后放回湖中.隔一段时间后,再从该湖中捕出 s 条鱼,结果发现 s 条鱼中有 k 条标有记号.根据这个信息如何估计该湖中的鱼数呢?

解 第二次捕出的有记号的鱼数 X 是随机变量,X 服从超几何分布:

$$P(X = k) = \dfrac{C_r^k C_{N-r}^{s-k}}{C_N^s}, \quad 0 \leq k \leq \min(s, r).$$

把上式右端看作 N 的函数,记作 $L(N; k)$,应取使 $L(N; k)$ 达到最大的 N 作为 N 的最大似然估计,但用对 N 求导的方法相当困难,我们考虑比值

$$\dfrac{P(X = k; N)}{P(X = k; N-1)} = \dfrac{(N-s)(N-r)}{N(N-r-s+k)}.$$

经过简单的计算知,此值大于或小于 1 由 $N < \dfrac{sr}{k}$ 或 $N > \dfrac{sr}{k}$ 而定.这就是说,当 N 增大时,序列 $P(X = k)$ 是先上升而后下降.当 N 取小于 $\dfrac{sr}{k}$ 的最大整数时,$P(X = k)$ 达到最大值,故 N 的最大似然估计为 $\hat{N} = \left[\dfrac{sr}{k}\right]$.

此外,最大似然估计法有下述重要性质:若 $\hat{\theta}_L$ 是总体未知参数 θ 的最大似然估计量,又 θ 的函数 $u = u(\theta)$ ($\theta \in \Theta$) 具有单值反函数 $\theta = \theta(u)$ ($u \in U$),则 $\hat{u}_L = u(\hat{\theta}_L)$ 是 $u(\theta)$ 的最大似然估计量.这一性质称为**最大似然估计的不变性**.

例如,设总体 $X \sim N(\mu, \sigma^2)$,μ,σ^2 为未知参数,由本节例 6 可知,σ^2 的最大似然估计量为

$$\widehat{\sigma_L^2} = \dfrac{1}{n}\sum_{i=1}^{n}(X_i - \bar{X})^2 = S_n^2.$$

由于 $u = u(\sigma) = \sqrt{\sigma^2}$ 有单值反函数 $\sigma^2 = u^2$ ($u \geq 0$),根据上述性质得到标准差 σ 的最大似然估计量便是

$$\hat{\sigma}_L = \sqrt{\dfrac{1}{n}\sum_{i=1}^{n}(X_i - \bar{X})^2} = S_n.$$

§7.2 估计量的评价标准

参数的估计量是样本的函数,由 §7.1 的例 4 和例 9 知,不同的方法所求得的关于总体未知参数的估计量未必相同,这就要求对同一参数的不同估计量做出评判,比较它们的优劣.下面是在实际问题中常常用到的评价估计量优劣的标准.

在介绍估计量的评选标准之前,我们必须强调指出:评价一个估计量的好坏,不能仅仅依据一次试验的结果,而必须由多次试验结果来衡量.这是因为估计量是样本的函数,它是随机变量,所以,由不同的观察值就会求得不同的参数估计值,因此一个好的估计应在多次试验中体现出优良性.

一、一致性(相合性)

设 $\hat{\theta}_n = \theta_n(X_1, X_2, \cdots, X_n)$ 是总体参数 θ 的估计量,我们当然希望样本容量 n 愈大,$\hat{\theta}_n$ 的估计效果愈好,亦即希望 n 愈大,$\hat{\theta}_n$ 的观察值落在 θ 邻近的概率愈大.为此,我们引入下面的定义:

定义 1 设 $\hat{\theta}_n = \theta_n(X_1, X_2, \cdots, X_n)$ $(n=1,2,\cdots)$ 为未知参数 θ 的一系列估计量,若对任意 $\theta \in \Theta$ 以及给定的 $\varepsilon > 0$,总有

$$\lim_{n \to +\infty} P(|\hat{\theta}_n - \theta| < \varepsilon) = 1, \tag{7-2-1}$$

或

$$\lim_{n \to +\infty} P(|\hat{\theta}_n - \theta| \geq \varepsilon) = 0, \tag{7-2-2}$$

则称 $\hat{\theta}_n$ 为参数 θ 的**一致估计量**(或**相合估计量**),即若 $\hat{\theta}_n = \theta_n(X_1, X_2, \cdots, X_n)$ 依概率收敛于 θ,则 $\hat{\theta}_n$ 为参数 θ 的**一致估计量**.

例 1 设总体 X 服从任何分布,且 $E(X) = \mu, D(X) = \sigma^2$,证明样本均值 $\overline{X}$ 是总体数学期望 μ 的一致估计量.

证明 若总体 X 的数学期望与方差均存在,且 $E(X) = \mu, D(X) = \sigma^2$,又 $X_1, X_2, \cdots, X_n$ 是其样本,则

$$E(\overline{X}) = \mu, D(\overline{X}) = \frac{\sigma^2}{n}.$$

利用切比雪夫不等式有,对任意给定的正数 $\varepsilon > 0$,

$$P(|\overline{X} - \mu| \geq \varepsilon) = P(|\overline{X} - E(\overline{X})| \geq \varepsilon) \leq \frac{D(\overline{X})}{\varepsilon^2} = \frac{\sigma^2}{n\varepsilon^2},$$

所以对 $\hat{\mu} = \overline{X}$,

$$P(|\hat{\mu} - \mu| < \varepsilon) = P(|\overline{X} - \mu| < \varepsilon) \geq 1 - \frac{\sigma^2}{n\varepsilon^2},$$

于是

$$\lim_{n \to +\infty} P(|\hat{\mu} - \mu| < \varepsilon) = 1.$$

即 $\hat{\mu} = \overline{X}$ 是 μ 的一致估计量.

还可证明,样本二阶中心矩 S_n^2 和样本方差 S^2 都是总体方差的一致估计量.事实上,由辛钦大数定律,若总体 X 的 l 阶原点矩 $E(X^l) = \mu_l$ 存在,则 $A_l \xrightarrow{P} \mu_l$;若 g 为连续实函数,则 $g(A_1, A_2, \cdots, A_k) \xrightarrow{P} g(\mu_1, \mu_2, \cdots, \mu_k)$,故

$$A_1 = \overline{X} = \frac{1}{n}\sum_{i=1}^{n} X_i \xrightarrow{P} E(X), \quad A_2 = \frac{1}{n}\sum_{i=1}^{n} X_i^2 \xrightarrow{P} E(X^2),$$

$$S_n^2 = \frac{1}{n}\sum_{i=1}^{n}(X_i - \overline{X})^2 = \frac{1}{n}\sum_{i=1}^{n} X_i^2 - \overline{X}^2 \xrightarrow{P} E(X^2) - [E(X)]^2,$$

即 $S_n^2 \xrightarrow{P} \sigma^2$,样本二阶中心矩 S_n^2 是总体方差的一致估计量,同理可证样本方差 S^2 都是总体方差的一致估计量.进一步推广,原点矩 $A_1, A_2, \cdots, A_k$ 的函数 $g(A_1, A_2, \cdots, A_k)$ 为总体相应原点矩 $\mu_1, \mu_2, \cdots, \mu_k$ 的函数值 $g(\mu_1, \mu_2, \cdots, \mu_k)$ 的一致估计(量).

一致性是对一个估计量的基本要求,若估计量不具有一致性,则不论将样本容量 n 取得多大,都不能将 θ 估计得足够准确,这样的估计是不可取的.一致性是对估计量的一个基本要求,不具备一致性的估计量一般是不考虑的.一致性是从极限性质来衡量的标准,因而只有在样本容量很大时才起作用.具有一致性的估计量,只有在样本容量很大时才能显现其优点.

二、无偏性

一致性是大样本下估计量的评价标准,对于小样本而言,需要一些其他的评价标准,无偏性便是一个常用的评价标准.

任何一个估计量都是一个随机变量,因此对于不同的样本观察值,参数的估计值就可能取不同的值,因而参数 θ 的估计值与参数的真值之间有一定的误差.对好的估计量一个较为合理的要求是,尽管这些估计值的取值不尽相同,但这些估计值应在参数真值的周围波动,且这些估计值的平均值应与参数真值 θ 充分接近,误差充分小,其平均值近似于 θ 的真值.为此,引入以下定义:

定义 2 设 $\hat{\theta}$ 为未知参数 θ 的一个估计量,若对于任意 $\theta \in \Theta$,有

$$E(\hat{\theta}) = \theta, \tag{7-2-3}$$

则称 $\hat{\theta}$ 为参数 θ 的**无偏估计量**.

无偏性是对估计量的一个常见而重要的要求,无偏性的实际意义是指没有系统性的偏差.

例 2 证明样本均值 $\overline{X} = \frac{1}{n}\sum_{i=1}^{n} X_i$ 是总体 X 的数学期望 μ 的无偏估计量.

证明 因为

$$E(\overline{X}) = E\left(\frac{1}{n}\sum_{i=1}^{n} X_i\right) = \frac{1}{n}\sum_{i=1}^{n} E(X_i) = \frac{1}{n} \cdot n \cdot \mu = \mu, \tag{7-2-4}$$

所以 $\overline{X}$ 是 μ 的无偏估计量.

在用样本均值作为总体均值的估计时,虽无法说明一次估计所产生的偏差,但这种偏差随机地在 0 周围波动,对同一统计问题大量重复使用不会产生系统偏差.

例 3 证明样本二阶中心矩 $S_n^2 = \dfrac{1}{n}\sum\limits_{i=1}^{n}(X_i - \overline{X})^2$ 作为总体 X 的方差 σ^2 的估计量不是无偏估计量.

证明 由 §6.3 定理 1 知, $E(S^2) = \sigma^2$, 且

$$S_n^2 = \frac{1}{n}\sum_{i=1}^{n}(X_i - \overline{X})^2 = \frac{n-1}{n}S^2,$$

故 $E(S_n^2) = E\left(\dfrac{n-1}{n}S^2\right) = \dfrac{n-1}{n}E(S^2) = \dfrac{n-1}{n}\sigma^2$, 可见 S_n^2 不是 σ^2 的无偏估计量. 而由 §6.3 定理 1 知 $E(S^2) = \sigma^2$, 即 S^2 是 σ^2 的无偏估计量.

上述两例说明, 无论总体服从何种分布, 样本均值 $\overline{X}$ 和样本方差 S^2 都是总体均值 μ 和总体方差 σ^2 的无偏估计量, 但还必须指出, S^2 虽是总体方差 σ^2 的无偏估计量, 但 $S = \sqrt{S^2}$ 却不是总体标准差 σ 的无偏估计量.

例 4 设总体 X 服从参数为 λ 的泊松分布, $X_1, X_2, \cdots, X_n$ 是其一个样本, 试求 λ^2 的无偏估计量.

解 因为

$$E(X_i) = E(X) = \lambda, D(X_i) = D(X) = \lambda,$$

故

$$E(X_i^2) = D(X_i) + [E(X_i)]^2 = \lambda + \lambda^2,$$

于是

$$E(X_i^2 - X_i) = \lambda^2,$$

则取 $\widehat{\lambda^2} = X_i^2 - X_i = X_i(X_i - 1)\ (i = 1, 2, \cdots, n)$, 它们都是 λ^2 的无偏估计量, 由于

$$E\left[\frac{1}{n}\sum_{i=1}^{n}X_i(X_i - 1)\right] = \frac{1}{n}\sum_{i=1}^{n}E[X_i(X_i - 1)] = \frac{1}{n}\cdot n\cdot \lambda^2 = \lambda^2,$$

进而 $\dfrac{1}{n}\sum\limits_{i=1}^{n}X_i(X_i - 1)$ 也是 λ^2 的无偏估计量.

例 5 设分别从总体 $N(\mu_1, \sigma^2)$ 和 $N(\mu_2, \sigma^2)$ 中抽取容量为 n_1, n_2 的两个相互独立的样本, 样本方差分别为 S_1^2, S_2^2. 试证: 对于任意常数 $a, b\ (a+b=1)$, $Z = aS_1^2 + bS_2^2$ 都是 σ^2 的无偏估计量, 并确定常数 a, b, 使得 $D(Z)$ 达到最小.

证明 样本方差是总体方差的无偏估计, 故有

$$E(S_1^2) = \sigma^2, E(S_2^2) = \sigma^2,$$

则

$$E(Z) = aE(S_1^2) + bE(S_2^2) = a\sigma^2 + b\sigma^2 = (a+b)\sigma^2,$$

因此, 当 $a+b=1$ 时, $Z = aS_1^2 + bS_2^2$ 是 σ^2 的无偏估计量.

由于服从自由度为 n 的 χ^2 分布的随机变量的方差是 $2n$, $\dfrac{(n_1-1)S_1^2}{\sigma^2} \sim \chi^2(n_1-1)$, $\dfrac{(n_2-1)S_2^2}{\sigma^2} \sim \chi^2(n_2-1)$, 故可得

$$D(S_1^2) = D\left[\frac{(n_1-1)S_1^2}{\sigma^2} \cdot \frac{\sigma^2}{n_1-1}\right] = \frac{\sigma^4}{(n_1-1)^2}D\left[\frac{(n_1-1)S_1^2}{\sigma^2}\right]$$

$$= \frac{\sigma^4}{(n_1-1)^2} \cdot 2(n_1-1) = \frac{2\sigma^4}{n_1-1},$$

$$D(S_2^2) = \frac{2\sigma^4}{n_2-1}.$$

由 $a+b=1$,即 $b=1-a$,得到

$$D(Z) = a^2 D(S_1^2) + b^2 D(S_2^2) = \frac{2a^2\sigma^4}{n_1-1} + \frac{2b^2\sigma^4}{n_2-1} = 2\sigma^4\left[\frac{a^2}{n_1-1} + \frac{(1-a)^2}{n_2-1}\right]$$

$$= 2\sigma^4 f(a),$$

其中

$$f(a) = \frac{a^2}{n_1-1} + \frac{(1-a)^2}{n_2-1}.$$

令

$$f'(a) = \frac{2a}{n_1-1} - \frac{2(1-a)}{n_2-1} = 0,$$

解得

$$a = \frac{n_1-1}{n_1+n_2-2}, b = 1-a = \frac{n_2-1}{n_1+n_2-2},$$

所以当 $a=\dfrac{n_1-1}{n_1+n_2-2}$, $b=\dfrac{n_2-1}{n_1+n_2-2}$ 时,$D(Z)$ 达到最小.

三、有效性

设参数 θ 有两个无偏估计量 $\hat{\theta}_1$ 和 $\hat{\theta}_2$,其取值都在 θ 周围波动,但若 $\hat{\theta}_1$ 的取值比 $\hat{\theta}_2$ 的取值更集中聚集在 θ 的邻近,我们便认为以 $\hat{\theta}_1$ 来估计 θ 比 $\hat{\theta}_2$ 更好些.也就是说,如果 $\hat{\theta}$ 是 θ 的一个无偏估计量,我们希望 $\hat{\theta}$ 的观察值落在 θ 附近的概率较大,即希望在大量使用 $\hat{\theta}$ 对 θ 作估计时,$(\hat{\theta}-\theta)^2$ 的观察值很小这一事件的频率较大,从而希望 $E[(\hat{\theta}-\theta)^2]$ 较小.又由 $\hat{\theta}$ 是 θ 的无偏估计量,有 $E[(\hat{\theta}-\theta)^2] = E[(\hat{\theta}-E(\hat{\theta}))^2] = D(\hat{\theta})$,则 $E[(\hat{\theta}-\theta)^2]$ 较小就是 $D(\hat{\theta})$ 较小.$D(\hat{\theta})$ 愈小说明估计量 $\hat{\theta}$ 与参数真值 θ 的平均平方偏差愈小,这样的估计量就愈好、愈有效,因此,可作如下定义:

定义3 设 $\hat{\theta}_1, \hat{\theta}_2$ 是总体参数 θ 的两个无偏估计量,若对任意 $\theta \in \Theta$(Θ 是 θ 的取值范围),恒有 $D(\hat{\theta}_1) \leq D(\hat{\theta}_2)$,且至少对于某个 $\theta \in \Theta$ 上式中的不等号成立,则称 $\hat{\theta}_1$ 较 $\hat{\theta}_2$ **有效**.

例6 设 X_1, X_2, X_3 是取自正态总体 $X \sim N(\mu, 1)$ 的容量为3的样本,问均值 μ 的下列三个无偏估计量

$$\hat{\mu}_1 = \frac{1}{3}(X_1 + X_2 + X_3),$$

$$\hat{\mu}_2 = \frac{1}{2}X_1 + \frac{1}{3}X_2 + \frac{1}{6}X_3,$$

$$\hat{\mu}_3 = \frac{1}{2}X_1 + \frac{1}{2}X_2$$

哪一个更有效?

解 显然 $E(\hat{\mu}_1) = E(\hat{\mu}_2) = E(\hat{\mu}_3) = \mu$,即 $\hat{\mu}_1, \hat{\mu}_2, \hat{\mu}_3$ 都是 μ 的无偏估计量.由于

$$D(\hat{\mu}_1) = \frac{1}{9}[D(X_1) + D(X_2) + D(X_3)] = \frac{1}{9} \times 3 = \frac{1}{3},$$

$$D(\hat{\mu}_2) = \frac{1}{4}D(X_1) + \frac{1}{9}D(X_2) + \frac{1}{36}D(X_3) = \frac{14}{36} = \frac{7}{18},$$

$$D(\hat{\mu}_3) = \frac{1}{4}D(X_1) + \frac{1}{4}D(X_2) = \frac{1}{2},$$

即有 $D(\hat{\mu}_1) < D(\hat{\mu}_2) < D(\hat{\mu}_3)$,所以 $\hat{\mu}_1$ 比 $\hat{\mu}_2, \hat{\mu}_3$ 都更有效.

例7 设总体 X 的数学期望及方差存在,$E(X) = \mu, D(X) = \sigma^2, X_1, X_2, \cdots, X_n$ 是从总体 X 中抽取的一个样本.又设 $a_1, a_2, \cdots, a_n$ 为一组常数,$\sum_{i=1}^{n} a_i = 1$,试证

(1) $\sum_{i=1}^{n} a_i X_i$ 是 μ 的无偏估计量;

(2) 在这类无偏估计量中以 $\bar{X}$ 的方差为最小.

证明 (1) 因为

$$E\left(\sum_{i=1}^{n} a_i X_i\right) = \sum_{i=1}^{n} E(a_i X_i) = \sum_{i=1}^{n} a_i E(X_i) = \sum_{i=1}^{n} a_i \mu = \mu \sum_{i=1}^{n} a_i = \mu,$$

故 $\sum_{i=1}^{n} a_i X_i$ 是 μ 的无偏估计量.

(2) 依方差的性质可知,

$$D\left(\sum_{i=1}^{n} a_i X_i\right) = \sum_{i=1}^{n} D(a_i X_i) = \sum_{i=1}^{n} a_i^2 D(X_i) = \sum_{i=1}^{n} a_i^2 \sigma^2 = \sigma^2 \sum_{i=1}^{n} a_i^2,$$

利用已知不等式 $\left(\sum_{i=1}^{n} a_i\right)^2 \leq n \sum_{i=1}^{n} a_i^2$,注意到 $\sum_{i=1}^{n} a_i = 1$,可得 $\frac{1}{n} \leq \sum_{i=1}^{n} a_i^2$,故有

$$\frac{1}{n}\sigma^2 \leq D\left(\sum_{i=1}^{n} a_i X_i\right).$$

又已知 $D(\bar{X}) = \frac{1}{n}\sigma^2$,于是

$$D(\bar{X}) \leq D\left(\sum_{i=1}^{n} a_i X_i\right).$$

故在 μ 的形为 $\sum_{i=1}^{n} a_i X_i$ 一切无偏估计量中,$\bar{X}$ 的方差最小,从而是此类无偏估计量中

最有效的.

例 8 设总体 $X \sim N(\mu, \sigma^2)$,其中 μ 为已知常数,σ^2 为未知常数,$X_1, X_2, \cdots, X_n$ 是来自该总体的样本. $S^2 = \dfrac{1}{n-1} \sum\limits_{i=1}^{n} (X_i - \bar{X})^2$ 和 $S_0^2 = \dfrac{1}{n} \sum\limits_{i=1}^{n} (X_i - \mu)^2$ 都是 σ^2 的估计量,试比较它们的有效性.

解 已知 $E(S^2) = \sigma^2$,$E(S_0^2) = \dfrac{1}{n} \sum\limits_{i=1}^{n} E[(X_i - \mu)^2] = \dfrac{1}{n} \sum\limits_{i=1}^{n} D(X_i) = \sigma^2$,故 S^2 和 S_0^2 都是 σ^2 的无偏估计量. 又因为

$$\frac{\sum\limits_{i=1}^{n} (X_i - \mu)^2}{\sigma^2} \sim \chi^2(n),$$

由 §6.4 定理 3 知

$$\frac{(n-1)S^2}{\sigma^2} = \frac{\sum\limits_{i=1}^{n} (X_i - \bar{X})^2}{\sigma^2} \sim \chi^2(n-1),$$

所以

$$D(S_0^2) = \frac{\sigma^4}{n^2} D\left[\sum_{i=1}^{n} (X_i - \mu)^2 / \sigma^2\right] = \frac{\sigma^4}{n^2} \cdot 2n = \frac{2\sigma^4}{n},$$

$$D(S^2) = \frac{\sigma^4}{(n-1)^2} D\left[\frac{\sum\limits_{i=1}^{n} (X_i - \bar{X})^2}{\sigma^2}\right] = \frac{\sigma^4}{(n-1)^2} \cdot 2(n-1) = \frac{2\sigma^4}{n-1},$$

故 $D(S_0^2) = \dfrac{2\sigma^4}{n} < \dfrac{2\sigma^4}{n-1} = D(S^2)$,于是 S_0^2 比 S^2 有效.

四、均方误差

无偏性是估计量的一个优良性质,对无偏估计量我们还可以通过其方差进行有效性比较.然而不能由此认为:有偏估计量一定是不好的估计.

在有些场合,有偏估计量比无偏估计量更优,这就涉及如何对有偏估计量进行评价.一般而言,在样本量一定时,评价一个点估计量的好坏使用的度量指标总是点估计值 $\hat{\theta}$ 与参数真值 θ 的距离的函数,最常用的函数是距离的平方.由于 $\hat{\theta}$ 具有随机性,故可以对该函数求期望,这就是下式给出的均方误差

$$MSE(\hat{\theta}) = E[(\hat{\theta} - \theta)^2]. \tag{7-2-5}$$

均方误差是评价点估计量的最一般的标准,自然,我们希望估计量的均方误差越小越好.

注意到

$$MSE(\hat{\theta}) = E\{[(\hat{\theta} - E(\hat{\theta})) + (E(\hat{\theta}) - \theta)]^2\}$$

$$= E\{[\hat{\theta} - E(\hat{\theta})]^2\} + [E(\hat{\theta}) - \theta]^2 + 2E\{[\hat{\theta} - E(\hat{\theta})][E(\hat{\theta}) - \theta]\}$$

$$= \text{Var}(\hat{\theta}) + [E(\hat{\theta}) - \theta]^2,$$

均方误差由点估计量的方差与偏差的平方两部分组成,如果 $\hat{\theta}$ 是 θ 的无偏估计量,则 $MSE(\hat{\theta}) = \mathrm{Var}(\hat{\theta})$,此时用均方误差评价点估计量与用方差是完全一样的,这也说明了用方差考察无偏估计量有效性是合理的.当 $\hat{\theta}$ 不是 θ 的无偏估计量时,就看其均方误差 $MSE(\hat{\theta})$,即不仅要看其方差大小,还要看其偏差大小.下面例子说明在均方误差的含义下有偏估计量优于无偏估计量.

例 9 随机变量 $X \sim U[0, \theta]$,由 §7.1 例 9 知 θ 的最大似然估计为 $\max(X_1, X_2, \cdots, X_n)$,令 $\hat{\theta}_\alpha = \alpha \cdot \max(X_1, X_2, \cdots, X_n)$,证明当 $\alpha = \dfrac{n+2}{n+1}$ 时,$\hat{\theta}_\alpha$ 为均方误差最小的 θ 的估计量.

证明 为了证明方便,我们令 $X_{(n)} = \max(X_1, X_2, \cdots, X_n)$,可以证明 $E(X_{(n)}) = \dfrac{n}{n+1}\theta$,则 $X_{(n)} = \max(X_1, X_2, \cdots, X_n)$ 不是 θ 的无偏估计量,$\hat{\theta} = \dfrac{(n+1)}{n} X_{(n)}$ 为 θ 的无偏估计量,其均方误差为

$$MSE(\hat{\theta}) = \mathrm{Var}(\hat{\theta}) = \frac{\theta^2}{n(n+2)}.$$

现我们考虑 θ 的形如 $\hat{\theta}_\alpha = \alpha \cdot \max(X_1, X_2, \cdots, X_n)$ 的估计量,其均方误差为

$$MSE(\hat{\theta}_\alpha) = \mathrm{Var}(\alpha \cdot X_{(n)}) + (\alpha E(X_{(n)}) - \theta)^2$$

$$= \alpha^2 \mathrm{Var}(X_{(n)}) + \left(\alpha \frac{n}{n+1}\theta - \theta\right)^2$$

$$= \alpha^2 \frac{n}{(n+1)^2(n+2)}\theta^2 + \left(\frac{n \cdot \alpha}{n+1} - 1\right)^2 \theta^2.$$

用求导的方法不难求出当 $\alpha = \dfrac{n+2}{n+1}$ 时上述均方误差达到最小,且 $MSE\left(\dfrac{n+2}{n+1} X_{(n)}\right) = \dfrac{\theta^2}{(n+1)^2}$,这表明,$\hat{\theta}_\alpha = \dfrac{n+2}{n+1} X_{(n)}$ 虽是 θ 的有偏估计量,但其均方误差 $MSE(\hat{\theta}_\alpha) = \dfrac{\theta^2}{(n+1)^2} < \dfrac{\theta^2}{n(n+2)} = MSE(\hat{\theta})$.所以在均方误差最小的标准下,有偏估计量 $\hat{\theta}_\alpha$ 优于无偏估计量 $\hat{\theta}$.

§7.3 正态总体参数的区间估计

参数的点估计是用一个统计量 $\hat{\theta}$ 作为未知参数 θ 的估计,一旦给定了样本观察值就能算出 θ 的估计值,但它与 θ 之真值总有偏差,而这个偏差究竟有多大? 这个估计值的可靠性有多大? 点估计没有提供关于 θ 的估计值与 θ 的真值偏差程度的任何信息,这正是点估计的不足之处.为了解估计值的精确度,就需要对 θ 的取值估计出一个范围.为了解其可靠性,就要知道这个范围包含参数 θ 的真值的可靠程度.这样的范围通常以区间的形式给出,而寻找这种估计区间的问题就是所谓**参数的区间估计**.

例 1 设总体 $X \sim N(\mu, \sigma^2)$,其中 $\sigma^2 = 1$,μ 未知.对给定的样本 $X_1, X_2, \cdots, X_n$,由

最大似然估计法知 μ 的点估计为 $\hat{\mu}=\bar{X}$,现求 μ 的区间估计.

解 因为

$$U = \frac{\bar{X}-\mu}{1/\sqrt{n}} \sim N(0,1), \quad u_{0.05/2} = u_{0.025} = 1.96,$$

所以

$$P\left(\frac{|\bar{X}-\mu|}{1/\sqrt{n}} < 1.96\right) = 0.95 = 1-0.05,$$

或

$$P(\bar{X}-1.96/\sqrt{n} < \mu < \bar{X}+1.96/\sqrt{n}) = 0.95,$$

于是,我们有95%的把握说区间 $(\bar{X}-1.96/\sqrt{n},\bar{X}+1.96/\sqrt{n})$ 包含了 μ 的真值.该区间的长度为 $2\times 1.96/\sqrt{n}$,它说明了此估计的精度.

这里区间的左端点 $\underline{\theta} \stackrel{\text{def}}{=} \bar{X}-1.96/\sqrt{n}$ 和区间的右端点 $\bar{\theta} \stackrel{\text{def}}{=} \bar{X}+1.96/\sqrt{n}$ 都是统计量,因此也都是随机变量,故称区间 $(\bar{X}-1.96/\sqrt{n},\bar{X}+1.96/\sqrt{n})$ 为**随机区间**,又称为参数 μ 的**置信区间**.而概率 $0.95 = 1-0.05$ 称为该置信区间的**置信度**(**置信水平**).

现在设根据容量 $n=4$ 的样本观察值算得的 $\bar{x}=13$,将其代入以上随机区间可得 μ 的估计区间的观察结果为 $(12.02,13.98)$,它以置信度 0.95 包含未知参数 μ 的真值.

定义 1 设 θ 是总体 X 的未知参数,$\theta \in \Theta$,Θ 是 θ 的可能取值范围.若有由样本 $X_1,X_2,\cdots,X_n$ 确定的两个统计量 $\underline{\theta}=\underline{\theta}(X_1,X_2,\cdots,X_n)$ 及 $\bar{\theta}=\bar{\theta}(X_1,X_2,\cdots,X_n)$,对给定的 α $(0<\alpha<1)$,满足

$$P(\underline{\theta} < \theta < \bar{\theta}) = 1-\alpha, \tag{7-3-1}$$

则称随机区间 $(\underline{\theta},\bar{\theta})$ 为未知参数 θ 的**置信度**(**置信水平**)为 $1-\alpha$ 的**置信区间**,并分别称 $\underline{\theta}$ 及 $\bar{\theta}$ 是 θ 的**置信下限**及**置信上限**,称 $1-\alpha$ 为**置信度**或**置信水平**.而确定 θ 的置信区间的过程,称为 θ 的**区间估计**.在具体抽样后所求得的置信区间称为相应的**观察区间**.

关于定义作一些说明:

1. 因为 $\underline{\theta}$ 与 $\bar{\theta}$ 是随机变量,所以 $(\underline{\theta},\bar{\theta})$ 是一个随机区间.若在具体抽样后所得的样本观察值为 $x_1,x_2,\cdots,x_n$,则其观察区间便是 $(\underline{\theta}(x_1,x_2,\cdots,x_n),\bar{\theta}(x_1,x_2,\cdots,x_n))$.

2. $P(\underline{\theta}<\theta<\bar{\theta})=1-\alpha$ 不能读作:θ 落入 $(\underline{\theta},\bar{\theta})$ 的概率为 $1-\alpha$.这是因为 θ 虽然未知,但却是一个确定的常数,在数轴上有确定的位置,不存在"落入"的问题,$(\underline{\theta},\bar{\theta})$ 是一个随机区间,随着样本值的不同,其观察区间可能包含未知参数 θ,也可能不包含未知参数 θ,所以"$(\underline{\theta},\bar{\theta})$ 包含有未知参数"便是一个随机事件,而 $\{\underline{\theta}<\theta<\bar{\theta}\}$ 正是这随机事件的表达式.于是,$P(\underline{\theta}<\theta<\bar{\theta})=1-\alpha$ 的正确读法是:随机区间 $(\underline{\theta},\bar{\theta})$ 以概率 $1-\alpha$

包含未知参数 θ.

3. 习惯上我们把置信度或置信水平记作 $1-\alpha$. α 是很小的正数,置信度的大小是按实际需要选定的,通常可取置信度 $1-\alpha=0.95$ 或 0.9,即 $\alpha=0.05$ 或 0.1.

如果取 $\alpha=0.05$,用概率来解释就是,在 100 次区间估计中大约有 95 次这样算出的区间 $(\underline{\theta},\bar{\theta})$ 将包含 θ 的真值. 这样,若取 $(\underline{\theta},\bar{\theta})$ 的一个观察区间作为 θ 的估计区间,则有 95% 的把握断定这个估计区间包含着未知参数 θ. 这一分析说明,置信度体现了区间估计的可靠程度,即可靠性. 但读者应注意,对于具体的一个估计区间,可能包含 θ,也可能不包含 θ (参见示意图 7-1).

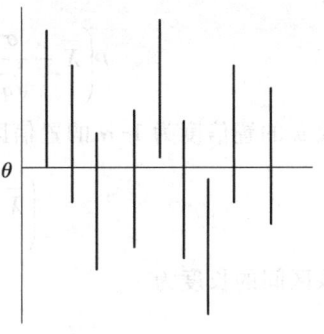

图 7-1

4. 在置信度已经设定的情况下,置信区间的长度 L 就可以用来说明估计的精确程度. 注意到 $L=\bar{\theta}-\underline{\theta}$ 为一随机变量,因此估计的准确程度就应当用 $E(L)=E(\bar{\theta}-\underline{\theta})$ 来描述,亦即 $E(\bar{\theta}-\underline{\theta})$ 愈小,估计的精确度就愈高.

5. 在未知参数的区间估计中,一方面,我们要求估计尽可能可靠,即概率 $P(\underline{\theta}<\theta<\bar{\theta})=1-\alpha$ 要尽可能大. 而另一方面,估计精度要尽可能地高,如要求区间长度尽可能地短或能体现该要求的其他准则. 可靠性和精度是一对矛盾,一般是在保证可靠性的条件下,尽可能提高精度.

通过例 1 说明,对于给定的置信度 $1-\alpha$ 和来自总体 X 的容量为 n 的样本 X_1, $X_2, \cdots, X_n$,可按以下步骤确定未知参数 θ 的置信区间:

1. 明确问题是求什么参数的置信区间?置信度是多少?

2. 取一个未知参数 θ 的良好的点估计量 $\hat{\theta}(X_1,X_2,\cdots,X_n)$,最好是无偏的.

3. 从 $\hat{\theta}(X_1,X_2,\cdots,X_n)$ 出发,寻找一个待估参数和估计量的函数 $G(x_1,x_2,\cdots, x_n,\theta)$,其分布已知,且 G 只含唯一一个未知参数 θ(称满足这种性质的函数 G 为**枢轴量**).

4. 对于给定的置信度 $1-\alpha$,根据 G 的分布确定常数 a 和 b,使 $P(a<G<b)=1-\alpha$.

5. 对 "$a<G<b$" 作等价变形,得出形式 $\underline{\theta}(X_1,X_2,\cdots,X_n)<\theta<\bar{\theta}(X_1,X_2,\cdots,X_n)$. 于是,$(\underline{\theta},\bar{\theta})$ 是 θ 的置信度为 $1-\alpha$ 的置信区间,这时有 $P(\underline{\theta}<\theta<\bar{\theta})=1-\alpha$.

一、单个正态总体参数的区间估计

1. 设总体 $X\sim N(\mu,\sigma^2)$,σ^2 为已知. 又 $X_1,X_2,\cdots,X_n$ 为总体样本,求 μ 的置信度为 $1-\alpha$ 的置信区间.

按照前面所述的步骤,首先因为 $\bar{X}$ 是 μ 的一个无偏估计量,故可取待估参数 μ 与 $\bar{X}$ 的函数(枢轴量)$U=\dfrac{\bar{X}-\mu}{\sigma/\sqrt{n}}$,且

$$U=\dfrac{\bar{X}-\mu}{\sigma/\sqrt{n}} \sim N(0,1), \tag{7-3-2}$$

于是给定置信度 $1-\alpha$,有

$$P\left(\frac{|\overline{X}-\mu|}{\sigma/\sqrt{n}} < u_{\alpha/2}\right) = 1-\alpha,$$

即

$$P\left(\overline{X} - \frac{\sigma}{\sqrt{n}}u_{\alpha/2} < \mu < \overline{X} + \frac{\sigma}{\sqrt{n}}u_{\alpha/2}\right) = 1-\alpha. \qquad (7-3-3)$$

故 μ 的置信度为 $1-\alpha$ 的置信区间为

$$\left(\overline{X} - \frac{\sigma}{\sqrt{n}}u_{\alpha/2},\ \overline{X} + \frac{\sigma}{\sqrt{n}}u_{\alpha/2}\right), \qquad (7-3-4)$$

该区间的长度为

$$L = \left(\overline{X} + \frac{\sigma}{\sqrt{n}}u_{\alpha/2}\right) - \left(\overline{X} - \frac{\sigma}{\sqrt{n}}u_{\alpha/2}\right) = \frac{2\sigma}{\sqrt{n}}u_{\alpha/2}, \qquad (7-3-5)$$

从而

$$E(L) = \frac{2\sigma}{\sqrt{n}}u_{\alpha/2}. \qquad (7-3-6)$$

式(7-3-6)表达了样本容量 n、估计精度(即平均区间长度 $E(L)$)和估计的可靠性 $(1-\alpha)$ 这三者的关系:在样本的容量固定时,要提高估计的可靠性(减小 α),就必然降低估计精度(增加 $E(L)$),反之亦然.若要使可靠性和精度两者同时都提高,就必须加大样本的容量.

应注意的是,当置信度 $1-\alpha$ 设定之后,μ 的置信区间并不是唯一的.例如,有

$$P\left(-u_{\alpha/5} < \frac{\overline{X}-\mu}{\sigma/\sqrt{n}} < u_{4\alpha/5}\right) = 1-\alpha,$$

从而

$$P\left(\overline{X} - \frac{\sigma}{\sqrt{n}}u_{4\alpha/5} < \mu < \overline{X} + \frac{\sigma}{\sqrt{n}}u_{\alpha/5}\right) = 1-\alpha,$$

即

$$\left(\overline{X} - \frac{\sigma}{\sqrt{n}}u_{4\alpha/5},\ \overline{X} + \frac{\sigma}{\sqrt{n}}u_{\alpha/5}\right)$$

也是 μ 的置信度为 $1-\alpha$ 的置信区间.但该区间的长度为

$$L' = \left(\overline{X} + \frac{\sigma}{\sqrt{n}}u_{\alpha/5}\right) - \left(\overline{X} - \frac{\sigma}{\sqrt{n}}u_{4\alpha/5}\right) = \frac{\sigma}{\sqrt{n}}(u_{\alpha/5} + u_{4\alpha/5}).$$

若取 $\alpha = 0.05$,则 $L' = \frac{\sigma}{\sqrt{n}}(u_{0.01} + u_{0.04}) = 4.08\frac{\sigma}{\sqrt{n}}$.显然,它比按式(7-3-6)计算的区间长度

$$E(L) = \frac{2\sigma}{\sqrt{n}} u_{0.05/2} = 3.92 \frac{\sigma}{\sqrt{n}}$$

更长,即估计精度较低.可以证明,对于像标准正态分布和 t 分布那样,其概率密度函数的图形是单峰且对称的情况,当样本的容量 n 和置信度 $1-\alpha$ 固定时,取对称的双侧 α 分位点来计算的估计区间(如式(7-3-4))长度最短、估计精度最高.今后凡遇到类似情况,我们都将照此处理.即使应用服从像 χ^2 分布和 F 分布那样其概率密度函数的图形是非对称的分布的统计量进行参数的区间估计时,习惯上也总分别取上侧 $\alpha/2$ 分位点和上侧 $1-\alpha/2$ 分位点,使得随机变量落在横坐标轴上分布中心两外侧区间的概率相等,且都是 $\alpha/2$(见图7-2).不过应当注意,这时所求得的估计区间长度不再是最短的.

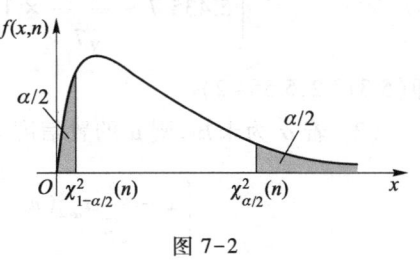

图 7-2

2. 设总体 $X \sim N(\mu, \sigma^2)$, σ^2 未知.又 $X_1, X_2, \cdots, X_n$ 为总体样本,求 μ 的置信度为 $1-\alpha$ 的置信区间.

为求置信区间,当方差 σ^2 已知时,用的枢轴量为

$$U = \frac{\overline{X} - \mu}{\sigma/\sqrt{n}}.$$

现方差 σ^2 未知,所以 U 的未知参数不止一个,故 U 不再是枢轴量.为此,考虑 σ^2 的无偏估计量 S^2,引入枢轴量

$$t = \frac{\overline{X} - \mu}{S/\sqrt{n}}.$$

因为 $t \sim t(n-1)$,所以

$$P(-t_{\alpha/2}(n-1) < t < t_{\alpha/2}(n-1)) = 1-\alpha,$$

于是有

$$P\left(\overline{X} - \frac{S}{\sqrt{n}} t_{\alpha/2}(n-1) < \mu < \overline{X} + \frac{S}{\sqrt{n}} t_{\alpha/2}(n-1)\right) = 1-\alpha.$$

因此,所求的 μ 的置信度为 $1-\alpha$ 的置信区间为

$$\left(\overline{X} - \frac{S}{\sqrt{n}} t_{\alpha/2}(n-1), \overline{X} + \frac{S}{\sqrt{n}} t_{\alpha/2}(n-1)\right). \tag{7-3-7}$$

例 2 从刚生产出来的一大堆钢珠中随机抽出 7 个,测量它们的直径(单位:mm)为

5.52, 5.41, 5.18, 5.32, 5.64, 5.22, 5.76.

钢珠直径 $X \sim N(\mu, \sigma^2)$,(1) 若已知 $\sigma = 0.16$;(2) 若 σ 未知,试求总体均值 μ 的置信度为 0.95 的置信区间.

解 (1) 已知 $\sigma = 0.16$,μ 的置信度为 $1-\alpha$ 的置信区间的观察区间为

$$\left(\bar{x} - \frac{\sigma}{\sqrt{n}}u_{\alpha/2}, \bar{x} + \frac{\sigma}{\sqrt{n}}u_{\alpha/2}\right).$$

根据样本值计算得 $\bar{x} = 5.4357$,又因为 $\alpha = 0.05, u_{\alpha/2} = u_{0.025} = 1.96, n = 7, \sigma = 0.16$,于是由上式得总体均值 μ 的置信度为 0.95 的置信区间的观察区间为

$$\left(5.4357 - \frac{0.16}{\sqrt{7}} \times 1.96, 5.4357 + \frac{0.16}{\sqrt{7}} \times 1.96\right),$$

即 $(5.3172, 5.5542)$.

(2) 若 σ 为未知,则 μ 的置信度为 $1-\alpha$ 的置信区间的观察区间为

$$\left(\bar{x} - \frac{s}{\sqrt{n}}t_{\alpha/2}(n-1), \bar{x} + \frac{s}{\sqrt{n}}t_{\alpha/2}(n-1)\right).$$

根据样本值计算得 $s = 0.2160$,而 $\alpha = 0.05, t_{\alpha/2}(n-1) = t_{0.025}(6) = 2.4469$,于是由上式得总体均值 μ 的置信度为 0.95 的置信区间的观察区间

$$\left(5.4357 - \frac{0.2160}{\sqrt{7}} \times 2.4469, \quad 5.4357 + \frac{0.2160}{\sqrt{7}} \times 2.4469\right),$$

即 $(5.2359, 5.6355)$.

例 3 设 $X_1, X_2, \cdots, X_8$ 是来自正态总体 $N(\mu, \sigma^2)$ 的样本,其中参数 μ 和 $\sigma > 0$ 未知.设 L 是 μ 的置信度为 $1-\alpha = 0.95$ 的置信区间的长度,试求 $E(L^2)$.

解 因为总体 $X \sim N(\mu, \sigma^2)$, σ 未知,μ 的置信度为 $1-\alpha$ 的置信区间为

$$\left(\bar{X} - \frac{S}{\sqrt{n}}t_{\alpha/2}(n-1), \bar{X} + \frac{S}{\sqrt{n}}t_{\alpha/2}(n-1)\right),$$

可得置信区间的长度为 $L = \frac{2S}{\sqrt{n}}t_{\alpha/2}(n-1)$,又因为 $\alpha = 1 - 0.95 = 0.05$,所以

$$E(L^2) = \frac{4t_{\alpha/2}^2(n-1)}{n}E(S^2) = \frac{4t_{\alpha/2}^2(n-1)}{n}\sigma^2$$

$$= \frac{4 \times t_{0.025}^2(7)}{8}\sigma^2 = \frac{4 \times (2.3646)^2}{8}\sigma^2$$

$$= 2.7957\sigma^2.$$

3. 设总体 $X \sim N(\mu, \sigma^2)$, μ 已知.又 $X_1, X_2, \cdots, X_n$ 为总体样本,求 σ^2 的置信度为 $1-\alpha$ 的置信区间.

选取枢轴量 $\chi^2 = \frac{1}{\sigma^2}\sum_{i=1}^{n}(X_i - \mu)^2 \sim \chi^2(n)$,这是非对称分布,我们分别选取上侧 $\alpha/2$ 分位点和上侧 $1-\alpha/2$ 分位点,如图 7-2 所示,得

$$P\left(\chi_{1-\alpha/2}^2(n) < \frac{1}{\sigma^2}\sum_{i=1}^{n}(X_i - \mu)^2 < \chi_{\alpha/2}^2(n)\right) = 1 - \alpha,$$

从而有

$$P\left(\frac{\sum_{i=1}^{n}(X_i-\mu)^2}{\chi^2_{\alpha/2}(n)} < \sigma^2 < \frac{\sum_{i=1}^{n}(X_i-\mu)^2}{\chi^2_{1-\alpha/2}(n)}\right) = 1-\alpha.$$

由此求得 σ^2 的置信度为 $1-\alpha$ 的置信区间为

$$\left(\frac{\sum_{i=1}^{n}(X_i-\mu)^2}{\chi^2_{\alpha/2}(n)},\ \frac{\sum_{i=1}^{n}(X_i-\mu)^2}{\chi^2_{1-\alpha/2}(n)}\right). \tag{7-3-8}$$

4. 设总体 $X \sim N(\mu,\sigma^2)$，μ 未知. 又 $X_1,X_2,\cdots,X_n$ 为总体样本，求 σ^2 及 σ 的置信度为 $1-\alpha$ 的置信区间.

显然 σ^2 的无偏估计量是 S^2，选取枢轴量

$$\frac{(n-1)S^2}{\sigma^2} \sim \chi^2(n-1).$$

所以给定置信水平 $1-\alpha$，我们有

$$P\left(\chi^2_{1-\alpha/2}(n-1) < \frac{(n-1)S^2}{\sigma^2} < \chi^2_{\alpha/2}(n-1)\right) = 1-\alpha,$$

从而有

$$P\left(\frac{(n-1)S^2}{\chi^2_{\alpha/2}(n-1)} < \sigma^2 < \frac{(n-1)S^2}{\chi^2_{1-\alpha/2}(n-1)}\right) = 1-\alpha,$$

$$P\left(\sqrt{\frac{(n-1)S^2}{\chi^2_{\alpha/2}(n-1)}} < \sigma < \sqrt{\frac{(n-1)S^2}{\chi^2_{1-\alpha/2}(n-1)}}\right) = 1-\alpha.$$

由此得到 σ^2 及 σ 的置信度为 $1-\alpha$ 的置信区间分别是

$$\left(\frac{(n-1)S^2}{\chi^2_{\alpha/2}(n-1)},\ \frac{(n-1)S^2}{\chi^2_{1-\alpha/2}(n-1)}\right) \tag{7-3-9}$$

及

$$\left(\sqrt{\frac{(n-1)S^2}{\chi^2_{\alpha/2}(n-1)}},\ \sqrt{\frac{(n-1)S^2}{\chi^2_{1-\alpha/2}(n-1)}}\right). \tag{7-3-10}$$

例 4 设某自动车床加工的一种零件的长度（单位：mm）$X \sim N(\mu,\sigma^2)$. 现从产品中随机抽取 16 件，测得它们的长度为

12.15, 12.12, 12.01, 12.28, 12.08, 12.16, 12.03, 12.06,

12.01, 12.13, 12.07, 12.11, 12.08, 12.01, 12.03, 12.06.

试求长度 X 的标准差 σ 的置信度为 0.95 的置信区间.

解 因为

$$n=16,\ \alpha=0.05, \chi^2_{\alpha/2}(n-1)=\chi^2_{0.025}(15)=27.4884,$$

$$\chi^2_{1-\alpha/2}(n-1)=\chi^2_{0.975}(15)=6.2621,$$

又由样本观察值计算得 $\bar{x}=12.087$，$s^2=0.005\,076$，所以长度 X 的标准差 σ 的置信度

为 0.95 的置信区间的观察区间为

$$\left(\sqrt{\frac{15 \times 0.005\,076}{27.488\,4}},\ \sqrt{\frac{15 \times 0.005\,076}{6.262\,1}}\right),$$

即 $(0.053, 0.110)$.

二、两个正态总体参数的区间估计

1. 设总体 $X \sim N(\mu_1, \sigma_1^2)$，总体 $Y \sim N(\mu_2, \sigma_2^2)$，$X_1, X_2, \cdots, X_{n_1}$ 和 $Y_1, Y_2, \cdots, Y_{n_2}$ 是分别来自总体 X 与 Y 的相互独立的样本，且方差 σ_1^2 和 σ_2^2 均为已知，求 $\mu_1 - \mu_2$ 的置信度为 $1-\alpha$ 的置信区间.

μ_1 和 μ_2 的无偏估计量分别为 $\bar{X}$ 和 $\bar{Y}$，选取枢轴量

$$\frac{(\bar{X} - \bar{Y}) - (\mu_1 - \mu_2)}{\sqrt{\sigma_1^2/n_1 + \sigma_2^2/n_2}} \sim N(0,1),$$

给定置信度 $1-\alpha$，因为

$$P\left(\frac{|(\bar{X} - \bar{Y}) - (\mu_1 - \mu_2)|}{\sqrt{\dfrac{\sigma_1^2}{n_1} + \dfrac{\sigma_2^2}{n_2}}} < u_{\alpha/2}\right) = 1 - \alpha,$$

于是有

$$P\left(\bar{X} - \bar{Y} - u_{\alpha/2}\sqrt{\frac{\sigma_1^2}{n_1} + \frac{\sigma_2^2}{n_2}} < \mu_1 - \mu_2 < \bar{X} - \bar{Y} + u_{\alpha/2}\sqrt{\frac{\sigma_1^2}{n_1} + \frac{\sigma_2^2}{n_2}}\right) = 1 - \alpha,$$

所以 $\mu_1 - \mu_2$ 的置信度为 $1-\alpha$ 的置信区间为

$$\left(\bar{X} - \bar{Y} - u_{\alpha/2}\sqrt{\frac{\sigma_1^2}{n_1} + \frac{\sigma_2^2}{n_2}},\ \bar{X} - \bar{Y} + u_{\alpha/2}\sqrt{\frac{\sigma_1^2}{n_1} + \frac{\sigma_2^2}{n_2}}\right). \tag{7-3-11}$$

2. 设总体 $X \sim N(\mu_1, \sigma_1^2)$，总体 $Y \sim N(\mu_2, \sigma_2^2)$，$X_1, X_2, \cdots, X_{n_1}$ 和 $Y_1, Y_2, \cdots, Y_{n_2}$ 是分别来自总体 X 与 Y 的相互独立的样本，且方差 $\sigma_1^2 = \sigma_2^2 = \sigma^2$ 但 σ^2 未知，求 $\mu_1 - \mu_2$ 的置信度为 $1-\alpha$ 的置信区间.

此时，利用 §6.4 定理 6，选取枢轴量为

$$t = \frac{(\bar{X} - \bar{Y}) - (\mu_1 - \mu_2)}{S_W\sqrt{\dfrac{1}{n_1} + \dfrac{1}{n_2}}} \sim t(n_1 + n_2 - 2),$$

其中

$$S_W^2 = \frac{(n_1 - 1)S_1^2 + (n_2 - 1)S_2^2}{n_1 + n_2 - 2},\quad S_W = \sqrt{S_W^2},$$

S_1^2 及 S_2^2 分别为 X 及 Y 的样本方差.

对于给定置信度 $1-\alpha$，于是有

$$P\left(\frac{|(\overline{X}-\overline{Y})-(\mu_1-\mu_2)|}{S_W\sqrt{\frac{1}{n_1}+\frac{1}{n_2}}}<t_{\alpha/2}(n_1+n_2-2)\right)=1-\alpha,$$

不难由此求得 $\mu_1-\mu_2$ 的置信度为 $1-\alpha$ 的置信区间为

$$\left(\overline{X}-\overline{Y}-t_{\alpha/2}(n_1+n_2-2)S_W\sqrt{\frac{1}{n_1}+\frac{1}{n_2}},\right.$$

$$\left.\overline{X}-\overline{Y}+t_{\alpha/2}(n_1+n_2-2)S_W\sqrt{\frac{1}{n_1}+\frac{1}{n_2}}\right). \tag{7-3-12}$$

例 5 从甲、乙两个生产蓄电池的工厂的产品中,分别独立抽取一些样品,测得蓄电池的电容量(单位:$A\cdot h$)如下:

甲厂	144	141	138	142	141	143	138	137		
乙厂	142	143	139	140	138	141	140	138	142	136

设两个工厂生产的蓄电池电容量分别服从正态分布 $N(\mu_1,\sigma_1^2)$ 和 $N(\mu_2,\sigma_2^2)$,且 $\sigma_1^2=\sigma_2^2=\sigma^2$,但 σ^2 未知,求总体均值差 $\mu_1-\mu_2$ 的置信度为 0.95 的置信区间.

解 由题设有 $n_1=8, n_2=10, \alpha=0.05, t_{\alpha/2}(n_1+n_2-2)=t_{0.025}(16)=2.1199$,又经计算得

$$\overline{x}_1=140.5, s_1^2=6.57, \overline{x}_2=139.9, s_2^2=4.77,$$

从而

$$s_W^2=\frac{(n_1-1)s_1^2+(n_2-1)s_2^2}{n_1+n_2-2}=5.5575, \quad s_W=\sqrt{s_W^2}=2.36.$$

故所求置信度为 0.95 的置信区间的观察区间为

$$\left(140.5-139.9-2.1199\times2.36\times\sqrt{\frac{1}{8}+\frac{1}{10}},\right.$$

$$\left.140.5-139.9+2.1199\times2.36\times\sqrt{\frac{1}{8}+\frac{1}{10}}\right),$$

即 $(-1.77, 2.97)$.

3. 设总体 $X\sim N(\mu_1,\sigma_1^2)$,总体 $Y\sim N(\mu_2,\sigma_2^2)$,$X_1,X_2,\cdots,X_{n_1}$ 和 $Y_1,Y_2,\cdots,Y_{n_2}$ 是分别来自总体 X 与 Y 的相互独立的样本,$\overline{X},\overline{Y}$ 分别为样本均值,S_1^2,S_2^2 分别为样本方差. $\mu_1,\mu_2,\sigma_1^2,\sigma_2^2$ 均为未知,求 σ_1^2/σ_2^2 的置信度为 $1-\alpha$ 的置信区间.

依条件有

$$(n_1-1)S_1^2/\sigma_1^2\sim\chi^2(n_1-1), \quad (n_2-1)S_2^2/\sigma_2^2\sim\chi^2(n_2-1),$$

且相互独立,故由 F 分布定义有

$$F=\frac{S_1^2}{S_2^2}\frac{\sigma_2^2}{\sigma_1^2}=\frac{(n_1-1)S_1^2/[\sigma_1^2(n_1-1)]}{(n_2-1)S_2^2/[\sigma_2^2(n_2-1)]}\sim F(n_1-1,n_2-1),$$

上述 F 中不含除 σ_1^2/σ_2^2 之外的其他未知参数,故可选为枢轴量.对于给定置信度 $1-\alpha$,可得

$$P\left(F_{1-\alpha/2}(n_1-1,n_2-1) < \frac{S_1^2 \sigma_2^2}{S_2^2 \sigma_1^2} < F_{\alpha/2}(n_1-1,n_2-1)\right) = 1-\alpha,$$

即有

$$P\left(\frac{S_1^2}{S_2^2 F_{\alpha/2}(n_1-1,n_2-1)} < \frac{\sigma_1^2}{\sigma_2^2} < \frac{S_1^2}{S_2^2 F_{1-\alpha/2}(n_1-1,n_2-1)}\right) = 1-\alpha.$$

从而求得 σ_1^2/σ_2^2 的置信度为 $1-\alpha$ 的置信区间为

$$\left(\frac{S_1^2}{S_2^2}\frac{1}{F_{\alpha/2}(n_1-1,n_2-1)},\ \frac{S_1^2}{S_2^2}\frac{1}{F_{1-\alpha/2}(n_1-1,n_2-1)}\right). \qquad (7-3-13)$$

例 6 在例 5 中,若不知 $\sigma_1^2 = \sigma_2^2$,求两总体方差比 σ_1^2/σ_2^2 的置信度为 0.95 的置信区间.

解 因为 $n_1=8, n_2=10, \alpha=0.05$,查表(见附录 6)得

$$F_{\alpha/2}(n_1-1,n_2-1) = F_{0.025}(7,9) = 4.20,$$

$$F_{1-\alpha/2}(n_1-1,n_2-1) = F_{0.975}(7,9) = \frac{1}{F_{0.025}(9,7)} = \frac{1}{4.82} = 0.21,$$

于是

$$\frac{s_1^2}{s_2^2 F_{0.025}(7,9)} = \frac{6.57}{4.77 \times 4.20} = 0.33,$$

$$\frac{s_1^2}{s_2^2 F_{0.975}(7,9)} = \frac{6.57}{4.77 \times 0.21} = 6.56,$$

于是得 σ_1^2/σ_2^2 的置信度为 0.95 的置信区间的观察区间为 $(0.33, 6.56)$.

三、单侧置信区间

上述区间估计是双侧的,即同时估计置信下限 $\underline{\theta}$ 和置信上限 $\overline{\theta}$,得到未知参数 θ 的双侧置信区间 $(\underline{\theta}, \overline{\theta})$.但是对许多实际问题,如设备、元件等的平均寿命,区间范围当然是越长越好.对于这种情况,我们可将置信上限取为 $+\infty$,而只着眼于置信下限,从而建立它的单侧置信区间 $(\underline{\theta}, +\infty)$,$\underline{\theta}$ 称为**单侧置信下限**.对另一类实际问题,如产品的次品率,区间范围当然是越低越好,则着眼于它的置信上限,并建立它的单侧置信区间 $(0, \overline{\theta})$(由于次品率不能为负数),$\overline{\theta}$ 称为**单侧置信上限**.以上两类区间估计统称为**单侧置信区间估计**.

定义 2 设 θ 是总体 X 的未知参数,而 $X_1, X_2, \cdots, X_n$ 是来自总体 X 的一个样本.对于给定置信度 $1-\alpha$,若存在一个统计量 $\underline{\theta} = \underline{\theta}(X_1, X_2, \cdots, X_n)$,对于任意 $\theta \in \Theta$(Θ 是 θ 的取值范围)使得

$$P(\underline{\theta} < \theta) = 1 - \alpha, \qquad (7-3-14)$$

则称随机区间 $(\underline{\theta}, +\infty)$ 为未知参数 θ 的**置信度为 $1-\alpha$ 的单侧置信区间**,称 $\underline{\theta}$ 是参数 θ 的置信度为 $1-\alpha$ 的**单侧置信下限**. 又若存在一个统计量 $\overline{\theta}=\overline{\theta}(X_1,X_2,\cdots,X_n)$,对于任意 $\theta \in \Theta$,使得

$$P(\theta < \overline{\theta}) = 1 - \alpha, \qquad (7\text{-}3\text{-}15)$$

则称随机区间 $(-\infty, \overline{\theta})$ 为未知参数 θ 的**置信度为 $1-\alpha$ 的单侧置信区间**,称 $\overline{\theta}$ 是参数 θ 的置信度为 $1-\alpha$ 的**单侧置信上限**.

求单侧置信区间与求双侧置信区间步骤相似,但也有些区别,下面通过举例说明.

例7 为估计制造某种产品所需的单件平均工时(单位:h),现制造产品 5 件,记录每件所需工时如下:

$$10.5, 11.0, 11.2, 12.5, 12.8.$$

设制造单件产品所需工时 $X \sim N(\mu, \sigma^2)$,试求均值 μ 置信度为 0.95 的单侧置信下限和方差 σ^2 置信度为 0.95 的单侧置信上限.

解 依题意总体 X 服从正态分布 $N(\mu, \sigma^2)$,其中总体的均值 μ 与方差 σ^2 均未知,欲求 $\underline{\mu}$ 使

$$P(\underline{\mu} < \mu < +\infty) = 0.95.$$

对给定的样本 $X_1, X_2, \cdots, X_n$,μ 的一个无偏估计量是 $\overline{X}$,考虑枢轴量

$$t = \frac{\overline{X} - \mu}{S/\sqrt{n}} \sim t(n-1),$$

该枢轴量是待估参数和估计量的函数,且只有唯一的未知参数. 对于给定的置信度 $1-\alpha$,取 t 分布的上侧 α 分位点 $t_\alpha(n-1)$,参见图 7-3,就有

$$P(t < t_\alpha(n-1)) = P\left(\frac{\overline{X} - \mu}{S/\sqrt{n}} < t_\alpha(n-1)\right)$$
$$= 1 - \alpha,$$

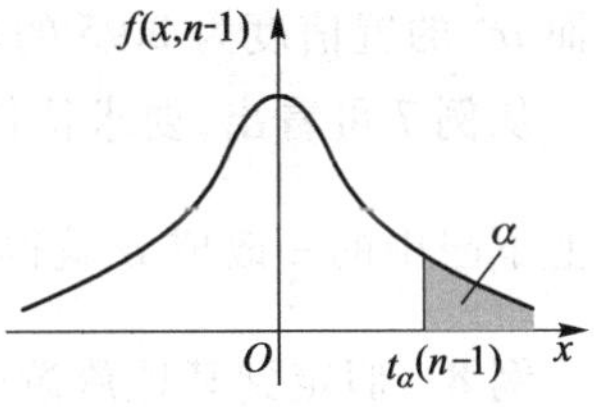

图 7-3

即

$$P\left(\overline{X} - t_\alpha(n-1)\frac{S}{\sqrt{n}} < \mu\right) = 1 - \alpha.$$

所以,μ 的置信度为 $1-\alpha$ 的单侧置信区间为

$$\left(\overline{X} - t_\alpha(n-1)\frac{S}{\sqrt{n}}, +\infty\right),$$

μ 的置信度为 $1-\alpha$ 的单侧置信下限为

$$\underline{\mu} = \overline{X} - t_\alpha(n-1)\frac{S}{\sqrt{n}}.$$

根据所给的样本观察值算得

$n=5$, $\bar{x}=11.6$, $s^2=0.995$, $1-\alpha=0.95$, $t_{0.05}(4)=2.131\,8$,

因此,置信下限

$$\underline{\mu} = 11.6 - 2.131\,8 \times \frac{\sqrt{0.995}}{\sqrt{5}} = 10.65,$$

相应的置信度为 0.95 的单侧置信区间的观察区间为 $(10.65,+\infty)$.

为求方差 σ^2 的置信区间,此时选取枢轴量为

$$\chi^2 = \frac{(n-1)S^2}{\sigma^2} \sim \chi^2(n-1),$$

从而

$$P\left(\frac{(n-1)S^2}{\sigma^2} > \chi^2_{1-\alpha}(n-1)\right) = 1-\alpha,$$

即

$$P\left(\sigma^2 < \frac{(n-1)S^2}{\chi^2_{1-\alpha}(n-1)}\right) = 1-\alpha,$$

于是 σ^2 的置信度为 $1-\alpha$ 的单侧置信上限为 $\frac{(n-1)S^2}{\chi^2_{1-\alpha}(n-1)}$.

本例中 $s^2=0.995$, $\alpha=0.05$, $\chi^2_{1-\alpha}(n-1)=\chi^2_{0.95}(4)=0.710\,7$,于是

$$\frac{(n-1)s^2}{\chi^2_{1-\alpha}(n-1)} = \frac{4 \times 0.995}{0.710\,7} = 5.6,$$

从而 σ^2 的置信度为 0.95 的单侧置信区间的观察区间为 $(0,5.6)$.

从例 7 可看出,要求待估参数的单侧置信区间,在形式上,只需将双侧置信区间的上下限中的 $\frac{\alpha}{2}$ 改成 α 就得到相应的单侧置信区间.

典型例题 7-4

例 8 假定到某地旅游的一个游客的消费额(单位:元) X 服从正态分布 $N(\mu,\sigma^2)$,且 $\sigma=500$ 元, μ 未知.要对平均消费额 μ 进行估计,使这个估计的绝对误差小于 50 元,且为使置信度不小于 0.95,问至少需要随机调查多少个游客?

解 设 $X_1,X_2,\cdots,X_n$ 是来自总体 X 的样本, n 是至少需要随机调查的游客人数,由题意可知,要使 $P(|\bar{X}-\mu|<50) \geq 0.95$,即 $P\left(\frac{|\bar{X}-\mu|}{\sigma/\sqrt{n}} < \frac{50}{\sigma/\sqrt{n}}\right) \geq 0.95$.

因为

$$\frac{\bar{X}-\mu}{\sigma/\sqrt{n}} \sim N(0,1),$$

由

$$P\left(\frac{|\bar{X}-\mu|}{\sigma/\sqrt{n}} < u_{\alpha/2}\right) = 1-\alpha = 0.95,$$

其中 $\alpha = 0.05$,得

$$\frac{50}{\sigma/\sqrt{n}} \geq u_{0.025} = 1.96,$$

解得

$$n \geq \left(\frac{1.96\sigma}{50}\right)^2 = \left(\frac{1.96 \times 500}{50}\right)^2 = 384.16,$$

所以需要随机调查的游客人数不少于 385,才能达到要求.

四、非正态总体中未知参数的置信区间

前面论述的区间估计是对正态总体的参数进行的,而对非正态总体,由于没有相应的抽样分布的结论,很难得到满足 $P(\underline{\theta}<\theta<\overline{\theta})=1-\alpha$ 的置信区间 $(\underline{\theta},\overline{\theta})$. 但当样本容量很大(根据经验样本容量 $n \geq 50$)时,利用中心极限定理,可以得到近似满足 $P(\underline{\theta}<\theta<\overline{\theta})=1-\alpha$ 的置信区间 $(\underline{\theta},\overline{\theta})$,这时称之为**大样本区间估计**.

设总体 X 服从某种分布,其分布函数为 $F(x,\theta)$,其中 θ 是未知参数,则总体均值 $E(X)=\mu(\theta)$ 和总体方差 $D(X)=\sigma^2(\theta)$ 都应该是 θ 的函数.抽取样本 $X_1,X_2,\cdots,X_n$,由于 $X_1,X_2,\cdots,X_n$ 相互独立且与总体 X 同分布,于是 X_i 与 X 有相同的数学期望和方差.由中心极限定理知,当 n 很大时(一般要求 $n \geq 50$),样本函数

$$U = \frac{\sum_{i=1}^{n} X_i - n\mu(\theta)}{\sqrt{n}\,\sigma(\theta)} = \frac{\overline{X} - \mu(\theta)}{\sigma(\theta)/\sqrt{n}}$$

近似地服从标准正态分布 $N(0,1)$. 对于给定的置信度 $1-\alpha$,有

$$P\left(|U| < u_{\frac{\alpha}{2}}\right) = P\left(\left|\frac{\overline{X} - \mu(\theta)}{\sigma(\theta)/\sqrt{n}}\right| < u_{\frac{\alpha}{2}}\right) \approx 1 - \alpha.$$

设已知样本观察值为 $x_1,x_2,\cdots,x_n$,如果能从不等式

$$\left|\frac{\overline{x} - \mu(\theta)}{\sigma(\theta)/\sqrt{n}}\right| < u_{\frac{\alpha}{2}}$$

解出等价的不等式 $\underline{\theta}_1 < \theta < \overline{\theta}_2$,那么 $(\underline{\theta}_1,\overline{\theta}_2)$ 就是 θ 的置信度近似为 $1-\alpha$ 的置信区间.下面以 0-1 分布为例进行说明.

设总体 X 服从 0-1 分布,概率分布律为

$$P(X=x) = p^x(1-p)^{1-x}, \quad x=0,1,$$

其中参数 p ($0<p<1$) 未知.这时 $E(X)=p, D(X)=p(1-p)$,欲求 p 的置信度为 $1-\alpha$ 的置信区间.

现设 $X_1,X_2,\cdots,X_n$ 为总体 X 的大样本,根据中心极限定理,当 n 很大时,下述随机变量

$$U = \frac{\sum_{i=1}^{n} X_i - np}{\sqrt{np(1-p)}} = \frac{n\overline{X} - np}{\sqrt{np(1-p)}} \stackrel{\cdot}{\sim} N(0,1).$$

从标准正态分布表中查得双侧 α 分位点 $u_{\alpha/2}$，使

$$P\left(\left|\frac{n\overline{X} - np}{\sqrt{np(1-p)}}\right| < u_{\alpha/2}\right) \approx 1 - \alpha,$$

括号内的不等式等价于

$$(n\overline{X} - np)^2 < u_{\alpha/2}^2 np(1-p),$$

经整理得

$$(n + u_{\alpha/2}^2)p^2 - (2n\overline{X} + u_{\alpha/2}^2)p + n\overline{X}^2 < 0,$$

改写该二次不等式为

$$ap^2 + bp + c < 0.$$

解得参数 p 的置信度近似为 $1-\alpha$ 的置信区间为

$$(p_1, p_2) = \left(\frac{-b - \sqrt{b^2 - 4ac}}{2a}, \frac{-b + \sqrt{b^2 - 4ac}}{2a}\right),$$

其中 $a = n + u_{\alpha/2}^2$，$b = -(2n\overline{X} + u_{\alpha/2}^2)$，$c = n\overline{X}^2$。

例 9 为估计一批产品的次品率 p，从中随机抽取出 100 件进行检验，发现 6 件次品. 试求 p 的置信度为 0.95 的置信区间.

解 记 $X = \begin{cases} 1, & \text{任取一件产品是次品}, \\ 0, & \text{任取一件产品是正品}, \end{cases}$ 则 $X \sim B(1, p)$，问题归结为求 0-1 分布总体 X 的期望 $E(X) = p$ 的置信区间.

在大样本下，参数 p 的置信度近似为 $1-\alpha$ 的置信区间为

$$(p_1, p_2) = \left(\frac{-b - \sqrt{b^2 - 4ac}}{2a}, \frac{-b + \sqrt{b^2 - 4ac}}{2a}\right),$$

其中 $a = n + u_{\alpha/2}^2$，$b = -(2n\overline{X} + u_{\alpha/2}^2)$，$c = n\overline{X}^2$。

据题意可知

$$n = 100, \overline{x} = 0.06, \alpha = 0.05, u_{0.05/2}^2 = (1.96)^2 = 3.84.$$

所以

$$a = 100 + 3.84 = 103.84,$$
$$b = -(2 \times 100 \times 0.06 + 3.84) = -15.84,$$
$$c = 100 \times 0.06^2 = 0.36.$$

将其代入上面相应公式，得到所求 p 的置信度近似为 $1-\alpha = 0.95$ 的置信区间为

$$(0.028, 0.125).$$

另解 当 n 很大时，$\overline{X}$ 近似服从正态分布，方差未知，用样本标准差 S 代替总体标准差 σ，参数 p 的置信度近似为 $1-\alpha$ 的置信区间为

$$\left(\overline{X} - \frac{S}{\sqrt{n}} u_{\alpha/2}, \overline{X} + \frac{S}{\sqrt{n}} u_{\alpha/2}\right).$$

由题意可知,这组样本值是形如 0,0,1,0,1,…,0 的一串数,其中有 6 个 1,94 个 0.故

$$\bar{x} = \frac{1}{100}(1+1+1+1+1+1) = 0.06,$$

$$s^2 = \frac{1}{100-1}[\underbrace{(1-0.06)^2 + (1-0.06)^2 + \cdots + (1-0.06)^2}_{6\text{个}} + \underbrace{(0-0.06)^2 + (0-0.06)^2 + \cdots + (0-0.06)^2}_{94\text{个}}]$$

$$= 0.056\ 97,$$

$$s = \sqrt{s^2} = 0.238\ 68.$$

又因 $\alpha = 0.05, u_{0.05/2} = 1.96$,代入相应公式,得到所求 p 的置信度近似为 $1-\alpha = 0.95$ 的置信区间为

$$\left(0.06 - \frac{0.238\ 68}{\sqrt{100}} \times 1.96, 0.06 + \frac{0.238\ 68}{\sqrt{100}} \times 1.96\right),$$

即

$$(0.013\ 22, 0.106\ 78).$$

想想看,两种方法结果为什么有这么大的差异?

例 10 某单位要估计每天职工的总医疗费的平均值. 观察了 30 天,其总医疗费的平均值是 170 元,标准差为 30 元. 试决定每天职工总医疗费用平均值的区间估计(置信度为 0.95).

解 设每天职工的总医疗费为 $X, E(X) = \mu, D(X) = \sigma^2$. 由中心极限定理,有

$$\bar{X} \overset{\cdot}{\sim} N\left(\mu, \frac{\sigma^2}{n}\right).$$

σ 未知,用样本标准差 S 近似代替,有

$$U = \frac{\bar{X} - \mu}{S/\sqrt{n}} \overset{\cdot}{\sim} N(0,1).$$

对于给定的置信度 $1-\alpha$,有

$$P\left(\left|\frac{\bar{X} - \mu}{S/\sqrt{n}}\right| < u_{\alpha/2}\right) = 1 - \alpha.$$

得均值 μ 的置信度近似为 $1-\alpha$ 的置信区间为 $\left(\bar{X} - \frac{S}{\sqrt{n}}u_{\alpha/2}, \bar{X} + \frac{S}{\sqrt{n}}u_{\alpha/2}\right)$.

将 $\bar{x} = 170, s = 30, u_{\alpha/2} = 1.96, n = 30$ 代入,得 μ 的置信度近似为 0.95 的置信区间的观察区间为 $(159.3, 180.7)$.

习题七

(一)

1. 某糖厂用自动打包机装糖,现从糖包中随机地取得 4 包,质量(单位: kg)为

$$99.3,\ 98.7,\ 100.5,\ 101.2.$$

试用矩估计法估计这批糖包的平均质量和离散度(即方差).

2. 一批产品中含有废品,从中随机地抽取60件,发现废品4件,试用矩估计法估计这批产品的废品率.

3. 设总体 $X \sim N(\mu,\sigma^2)$, $X_1,X_2,\cdots,X_n$ 是来自总体 X 的一个样本,参数 μ,σ^2 都是未知的,试求 μ 和 σ^2 的矩估计量.

4. 设总体 X 服从参数为 (μ,σ^2) 的对数正态分布,即概率密度函数为

$$f(x,\mu,\sigma^2) = \frac{1}{\sqrt{2\pi}\sigma x}\exp\left\{-\frac{(\ln x - \mu)^2}{2\sigma^2}\right\}\ (x>0).$$

试求参数 μ 和 σ^2 的矩估计量.

5. 设总体 X 的概率密度函数为 $f(x;\theta) = \begin{cases} e^{-(x-\theta)}, & x \geq \theta, \\ 0, & x < \theta. \end{cases}$ 而 $X_1,X_2,\cdots,X_n$ 是来自总体 X 的简单随机样本,求未知参数 θ 的矩估计量.

6. 假设总体 X 的方差 $D(X)$ 存在, $X_1,X_2,\cdots,X_n$ 是取自总体 X 的简单随机样本,其均值和方差分别为 $\overline{X}, S^2$, 求 $E(X^2)$ 的矩估计量.

7. 设某种元件的使用寿命 X 的概率密度函数为

$$f(x) = \begin{cases} 2e^{-(x-\theta)}, & x \geq \theta, \\ 0, & x < \theta. \end{cases}$$

其中 $\theta > 0$ 为未知参数,而 $x_1,x_2,\cdots,x_n$ 是 X 的一组样本观察值,求参数 θ 的最大似然估计值.

8. 设 $X_1,X_2,\cdots,X_n$ 为总体的一个样本, $x_1,x_2,\cdots,x_n$ 为相应的样本值,求下列各总体的概率密度函数或概率分布律中的未知参数的矩估计量和最大似然估计量.

(1) $f(x) = \begin{cases} \theta C^\theta x^{-(\theta+1)}, & x > C, \\ 0, & 其他, \end{cases}$ 其中 $C>0$ 为已知, $\theta > 1$, θ 为未知参数;

(2) $f(x) = \begin{cases} \sqrt{\theta} x^{\sqrt{\theta}-1}, & 0 \leq x \leq 1, \\ 0, & 其他, \end{cases}$ 其中 $\theta > 0$, θ 为未知参数;

(3) $P(X=x) = C_m^x p^x (1-p)^{m-x}$, $x = 0,1,2,\cdots,m$, 其中 $0<p<1$, p 为未知参数.

9. 设总体 X 的概率密度函数为

$$f(x;\theta) = \frac{\theta^x e^{-\theta}}{x!},\quad x=1,2,\cdots,\quad 0<\theta<+\infty.$$

用矩估计量法及最大似然估计法求 θ 的估计量 $\hat{\theta}$ (设样本容量为 n).

10. 设 $X_1,X_2,\cdots,X_n$ 为来自总体 $X \sim N(\mu,\sigma^2)$ 的样本, μ,σ^2 是未知参数,试求 $P(\overline{X}<t)$ 的最大似然估计量.

11. 设有 k 台仪器,当用 i 台仪器测量时,测定值总体的标准差为 σ_i ($i=1,2,\cdots,k$). 用这些仪器独立地对某一物理量 θ 各观察一次,分别得到 $X_1,X_2,\cdots,X_k$. 设仪器都没有系统误差,即 $E(X_i) = \theta$ ($i=1,2,\cdots,k$). 问 $a_1,a_2,\cdots,a_k$ 应取何值时,方能使以 $\hat{\theta} = \sum_{i=1}^{k} a_i X_i$ 估计 θ 时是无偏的,并且 $D(\hat{\theta})$ 最小.

12. 设总体 X 服从 $[0,\theta]$ 上的均匀分布，$\theta>0$ 为未知参数，$X_1,X_2,\cdots,X_n$ 为来自总体 X 的样本，试证 $\hat{\theta}=(n+1)\min(X_1,X_2,\cdots,X_n)$ 是 θ 的无偏估计．

13. 设总体 X 的概率函数密度为 $f(x)=\dfrac{1}{2}\mathrm{e}^{-|x|}$（$-\infty<x<+\infty$），$X_1,X_2,\cdots,X_n$ 为总体 X 的简单随机样本，其样本方差为 S^2，求 $E(S^2)$．

14. 已知总体 X 服从瑞利分布，其概率密度函数为

$$f(x;\theta)=\begin{cases}\dfrac{x}{\theta}\mathrm{e}^{-\frac{x^2}{2\theta}}, & x>0,\\ 0, & x\leq 0,\end{cases}\quad \theta>0.$$

$X_1,X_2,\cdots,X_n$ 为取自总体 X 的简单随机样本，求 θ 的矩估计，并问这个估计是否为无偏估计量？

15. 设总体 $X\sim N(0,\sigma^2)$，参数 $\sigma>0$ 未知，$X_1,X_2,\cdots,X_n$ 是取自总体 X 的简单随机样本 $(n>1)$，令估计量

$$\widehat{\sigma_1^2}=S^2=\frac{1}{n-1}\sum_{i=1}^{n}(X_i-\bar{X})^2,\quad \widehat{\sigma_2^2}=\frac{1}{n}\sum_{i=1}^{n}X_i^2.$$

(1) 验证 $\widehat{\sigma_1^2}$ 与 $\widehat{\sigma_2^2}$ 的无偏性；

(2) 求方差 $D(\widehat{\sigma_1^2})$ 和 $D(\widehat{\sigma_2^2})$，并比较两估计量的有效性．

16. 设总体 X 在区间 $[0,\theta]$ 上服从均匀分布，$X_1,X_2,\cdots,X_n$ 为取自总体 X 的简单随机样本，$\bar{X}=\dfrac{1}{n}\sum_{i=1}^{n}X_i$，$X_{(n)}=\max(X_1,X_2,\cdots,X_n)$．

(1) 求 θ 的矩估计量和最大似然估计量；

(2) 求常数 a,b，使 $\hat{\theta}_1=a\bar{X}$，$\hat{\theta}_2=bX_{(n)}$ 均为 θ 的无偏估计，并比较其有效性；

(3) 应用切比雪夫不等式证明 $\hat{\theta}_1,\hat{\theta}_2$ 均为 θ 的一致性（相合）估计．

17. 某车间生产滚珠，从长期实践中可以认为滚珠直径 X 服从正态分布．从某天的产品里提取样品的直径（单位：mm）为

$$14.6,\ 15.1,\ 14.9,\ 14.8,\ 15.2,\ 15.1.$$

若已知方差为 0.06，试分别求当 $\alpha=0.05$ 和 $\alpha=0.01$ 时平均直径的置信区间？

18. 设某车间生产的螺杆直径服从正态分布 $X\sim N(\mu,\sigma^2)$，今随机从中抽取 5 只测的直径（单位：mm）为

$$22.3,\ 21.5,\ 22.0,\ 21.8,\ 21.4.$$

求直径的均值 μ 的 0.95 的置信区间，其中总体标准差 $\sigma=0.3$．如果 σ 未知，则置信区间如何？

19. 设冷抽铜丝的折断力（单位：N）服从正态分布，从一批铜丝中抽取 10 根试验其折断力，得到数据为

$$578,\ 572,\ 570,\ 568,\ 572,\ 570,\ 570,\ 572,\ 596,\ 584.$$

求方差 σ^2 的置信度为 0.95 的置信区间．

20. 设总体为 $X\sim N(\mu,\sigma^2)$，$\sigma=3$．如果要求 μ 的置信度为 $1-\alpha$ 的置信区间的长度不超过 2，取 $\alpha=0.1$ 或 $\alpha=0.01$，那么需要抽取的样本容量 n 应该是多少？

21. 某厂用自动包装机包装葡萄糖,每袋净重(单位:g)$X \sim N(\mu, \sigma^2)$,现随机抽取 10 袋,测得各袋净重 $x_i, i=1,2,\cdots,10$,计算得 $\sum_{i=1}^{10} x_i = 5\,020$, $\sum_{i=1}^{10} x_i^2 = 2\,520\,420$.

(1) 已知 $\sigma = 5$,求 μ 的置信度为 0.95 的置信区间;

(2) 若 σ 未知,求 μ 的置信度为 0.95 的置信区间;

(3) 已知 $\mu = 500$,求 σ^2 的置信度为 0.95 的置信区间;

(4) 若 μ 未知,求 σ^2 的置信度为 0.95 的置信区间.

22. 为研究正常成年男、女血液中红细胞的平均数(单位:$10^4/m^3$)的差别,检查某地正常成年男子 156 名,正常成年女子 74 名.计算得男性血液中红细胞平均数为 456.13,样本标准差为 54.80;女性血液中红细胞平均数为 422.16,样本标准差为 49.20.试求男、女性血液中红细胞平均之差的置信区间($\alpha = 0.01$).

23. 随机地从 A 组导线中抽取 4 根,从 B 组导线中抽取 5 根,测得其电阻(单位:Ω)为

A 组导线	0.143	0.142	0.143	0.137	
B 组导线	0.140	0.142	0.136	0.138	0.140

设测试数据分别服从正态分布 $X \sim N(\mu_1, \sigma^2), Y \sim N(\mu_2, \sigma^2)$,且它们相互独立,又 μ_1, μ_2, σ^2 未知,试求 $\mu_1 - \mu_2$ 的置信度为 0.95 的置信区间.

24. 设有两个相互独立的服从正态分布 $N(\mu_1, \sigma_1^2), N(\mu_2, \sigma_2^2)$ 的总体,其中参数均未知,现从中分别取容量为 25 和 15 的两个样本,由样本观察值算得样本方差分别为 $s_1^2 = 6.38$ 与 $s_2^2 = 5.15$,试求方差比 σ_1^2/σ_2^2 的置信度为 0.9 的置信区间.

(二)

1. 设总体 X 服从指数分布,其概率密度函数为

$$f(x) = \begin{cases} \dfrac{1}{\theta} e^{-\frac{x}{\theta}}, & x > 0, \\ 0, & \text{其他,} \end{cases}$$

其中 $\theta > 0$ 未知,从总体中抽取一容量为 n 的样本 $X_1, X_2, \cdots, X_n$,$\overline{X}$ 为样本均值.

(1) 证明 $\dfrac{2n\overline{X}}{\theta} \sim \chi^2(2n)$;

(2) 求 θ 的置信度为 $1-\alpha$ 的单侧置信下限.

2. 假设 $0.5, 1.25, 0.80, 2.00$ 是来自总体 X 的简单随机样本值,已知 $Y = \ln X$ 服从正态分布 $N(\mu, 1)$.

(1) 求 X 的数学期望 $E(X)$ (记 $E(X)$ 为 b);

(2) 求 μ 的置信度为 0.95 的置信区间;

(3) 利用上述结果求 b 的置信度为 0.95 的置信区间.

3. 科学上的重大发现往往是由年轻人做出的.下面列出了自 16 世纪初期至 20 世纪早期的十二项重大发现的发现者和他们发现时的年龄.

	发现内容	发现者	发现时间	年龄
1	地球绕太阳运转	哥白尼（Copernicus）	1513	40
2	望远镜、天文学的基本定律	伽利略（Galileo）	1600	36
3	运动原理、重力、微积分	牛顿（Newton）	1665	23
4	电的本质	富兰克林（Franklin）	1746	40
5	燃烧是与氧气联系着的	拉瓦锡（Lavoisier）	1774	31
6	地球是渐进过程演化成的	莱尔（Lyell）	1830	33
7	自然选择控制演化的证据	达尔文（Darwin）	1858	49
8	光的场方程	麦克斯韦（Maxwell）	1864	33
9	放射性	居里（Marie Curie）	1902	34
10	量子论	普朗克（Planck）	1900	43
11	狭义相对论，$E=mc^2$	爱因斯坦（Einstein）	1905	26
12	量子论的数学基础	薛定谔（Schrödinger）	1926	39

设样本来自正态总体，试求发现者的平均年龄 μ 的置信水平为 0.95 的单侧置信上限．

4. 设总体 X 的概率分布律为

X	0	1	2	3
P	θ^2	$2\theta(1-\theta)$	θ^2	$1-2\theta$

其中 $\theta\left(0<\theta<\dfrac{1}{2}\right)$ 是未知参数，利用总体 X 的如下样本值

$$3,1,3,0,3,1,2,3,$$

求 θ 的矩估计值和最大似然估计值．

5. 设总体 X 的概率密度函数为

$$f(x;\theta)=\begin{cases}2\mathrm{e}^{-2(x-\theta)}, & x>\theta,\\ 0, & x\leqslant\theta,\end{cases}$$

其中 $\theta>0$ 是未知参数，从总体 X 中抽取简单随机样本 $X_1,X_2,\cdots,X_n$，记 $\hat{\theta}=\min(X_1,X_2,\cdots,X_n)$．

（1）求总体 X 的分布函数 $F(x)$；

（2）求统计量 $\hat{\theta}$ 的分布函数 $F_{\hat{\theta}}(x)$；

（3）如果用 $\hat{\theta}$ 作为 θ 的估计量，讨论它是否具有无偏性．

6. 设随机变量 X 的分布函数为

$$F(x;\alpha,\beta)=\begin{cases}1-\left(\dfrac{\alpha}{x}\right)^{\beta}, & x>\alpha,\\ 0, & x\leqslant\alpha,\end{cases}$$

其中参数 $\alpha>0,\beta>1$，设 $X_1,X_2,\cdots,X_n$ 为来自总体 X 的简单随机样本．

（1）当 $\alpha=1$ 时，求未知参数 β 的矩估计量；

(2) 当 $\alpha=1$ 时,求未知参数 β 的最大似然估计量;

(3) 当 $\beta=2$ 时,求未知参数 α 的最大似然估计量.

7. 设 $X_1,X_2,\cdots,X_n(n>2)$ 为来自总体 $N(0,\sigma^2)$ 的简单随机样本,其样本均值为 $\overline{X}$.记 $Y_i=X_i-\overline{X},i=1,2,\cdots,n$.

(1) 求 Y_i 的方差 $D(Y_i)$ $(i=1,2,\cdots,n)$;

(2) 求 Y_1 和 Y_n 的协方差 $\text{Cov}(Y_1,Y_n)$;

(3) 若 $c(Y_1+Y_n)^2$ 是 σ^2 的无偏估计量,求常数 c.

8. 设总体 X 的概率密度函数为

$$f(x;\theta)=\begin{cases}\theta, & 0<x<1,\\ 1-\theta, & 1\leq x<2,\\ 0, & \text{其他},\end{cases}$$

其中 θ $(0<\theta<1)$ 是未知参数,$X_1,X_2,\cdots,X_n$ 为来自总体 X 简单随机样本,记 N 为样本值 $X_1,X_2,\cdots,X_n$ 中小于1的个数,求参数 θ 的矩估计量和最大似然估计量.

9. 设总体 X 的概率密度函数为

$$f(x;\theta)=\begin{cases}\dfrac{1}{2\theta}, & 0<x<\theta,\\ \dfrac{1}{2\theta(1-\theta)}, & \theta\leq x<1,\\ 0, & \text{其他},\end{cases}$$

其中 θ $(0<\theta<1)$ 是未知参数,$X_1,X_2,\cdots,X_n$ 为来自总体 X 简单随机样本,$\overline{X}$ 是样本均值.

(1) 求参数 θ 的矩估计量 $\hat{\theta}$;

第七章重要术语及主题

(2) 判断 $4\overline{X}^2$ 是否为 θ^2 的无偏估计量,并说明理由.

10. 设 $X_1,X_2,\cdots,X_n$ 为取自总体 X 的简单随机样本,X 的概率密度函数为

$$f(x)=\begin{cases}-\theta^x\ln\theta, & x\geq 0,\\ 0, & x<0,\end{cases}\quad 0<\theta<1.$$

(1) 求未知参数 θ 的矩估计量;

习题七参考答案

(2) 若样本容量 $n=400$,求 θ 的置信度为 0.95 的置信区间.

11. 设 $X_1,X_2,\cdots,X_n$ 为来自二项分布总体 $B(n,p)$ 的简单随机样本,$\overline{X}$ 和 S^2 分别为样本均值和样本方差,若 $\overline{X}+kS^2$ 为 np^2 的无偏估计量,则 k 为多少?

第八章 假设检验

假设检验又称为显著性检验,是统计推断的另一重要问题.在实际问题中经常需要对总体是否具备某些尚未明确的性质作出判断,这时我们只能先对总体作出某些可能的假设,然后根据样本观察值对原来的假设作出接受或是拒绝的选择,这就是所谓的**假设检验**.

本章先介绍假设检验的基本概念,然后再介绍各种常用的**参数假设检验**和**总体分布假设检验**的方法.参数假设检验是在总体分布已知的情况下,检验关于未知参数的某种假设.总体分布假设检验是在总体分布未知的情况下的假设检验问题.

§8.1 假设检验的基本概念

本节通过一个具体实例介绍假设检验的基本思想和方法.

一、假设检验的基本思想和方法[①]

例1 某加工厂用自动包装机包装食盐,每袋标准质量 500 g.在正常情况下,各袋食盐的质量(单位:g) $x \sim N(500,10^2)$,为了检查包装机工作是否正常,现随机抽检了 16 袋食盐,算得其样本均值是 510 g,试问包装机当前的工作是否正常?

对于正常工作的包装机,也不可能使每袋食盐的实际质量 $x \equiv 500$,而是

$$x \sim N(500,10^2),$$

且有 $E(x)=500$.此时每袋食盐质量的误差是随机因素造成的,称为**随机误差**.如果 $E(x) \neq 500$,那么我们就说包装机存在**系统偏差**,即工作不正常.

现以 μ,σ^2 分别表示自动包装机当前所包装的每袋食盐的质量 x 的均值和方差.由于长期实践表明标准差 σ 比较稳定,所以仍取 $\sigma=10$,于是 $x \sim N(\mu,10^2)$.因此,要判断包装机工作是否正常,就要检验假设"$\mu=500$"是否正确.

设自动包装机当前所包装的每袋食盐的质量 $x \sim N(\mu,\sigma^2)$,其中 $\sigma=\sigma_0=10,\mu$ 未知.如果包装机工作正常,则总体 x 的均值 $\mu=500$,因此我们首先提出假设:

---

① 从本章开始,将不分随机变量或其观察值,一般都用小写字母表示.

$$H_0:\mu=\mu_0=500, \quad H_1:\mu\neq\mu_0=500.$$

这是两个对立的假设. H_0 称为**原假设**或**零假设**, H_1 称为**备择假设**. 备择假设 H_1 是当原假设 H_0 被拒绝时准备接受的假设.

因为这是有关总体均值的假设检验,所以很自然地想到能否借助样本均值 $\bar{x}$. 我们知道,样本均值 $\bar{x}$ 是总体均值 μ 的无偏估计量,如果原假设 H_0 正确,那么 $\bar{x}$ 与 μ_0 的偏差 $|\bar{x}-\mu_0|$ 不应太大. 若 $|\bar{x}-\mu_0|$ 过大,我们就有理由怀疑 H_0 的正确性而拒绝 H_0,认为包装机工作不正常. 反之,如果 $|\bar{x}-\mu_0|$ 不是很大,就没有充分的理由拒绝 H_0,故可以接受 H_0.

如何判定 $|\bar{x}-\mu_0|$ 过大或不是很大呢? 即如何确定 $|\bar{x}-\mu_0|$ 的临界值呢? 我们知道,当 H_0 为真时, $\dfrac{\bar{x}-\mu_0}{\sigma/\sqrt{n}}\sim N(0,1)$, 而衡量 $|\bar{x}-\mu_0|$ 的大小可归结为衡量 $\dfrac{\bar{x}-\mu_0}{\sigma/\sqrt{n}}$ 的大小. 因此,我们可以适当选定一正数 k, 使当观察值 $\bar{x}$ 满足 $\left|\dfrac{\bar{x}-\mu_0}{\sigma/\sqrt{n}}\right|\geq k$ 时,就拒绝 H_0, 反之,若 $\left|\dfrac{\bar{x}-\mu_0}{\sigma/\sqrt{n}}\right|<k$ 时,就接受假设 H_0. 为了确定正数 k, 我们先给定一个小正数 α $(0<\alpha<1)$, 当 H_0 为真时,我们有

$$P\left(\dfrac{|\bar{x}-\mu_0|}{\sigma/\sqrt{n}}\geq u_{\alpha/2}\right)=\alpha,$$

故可取 $k=u_{\alpha/2}$. 于是,若观察值 $\bar{x}$ 满足 $\dfrac{|\bar{x}-\mu_0|}{\sigma/\sqrt{n}}\geq k=u_{\alpha/2}$, 则拒绝 H_0; 若 $\dfrac{|\bar{x}-\mu_0|}{\sigma/\sqrt{n}}<k=u_{\alpha/2}$, 则接受 H_0(如图 8-1 所示).

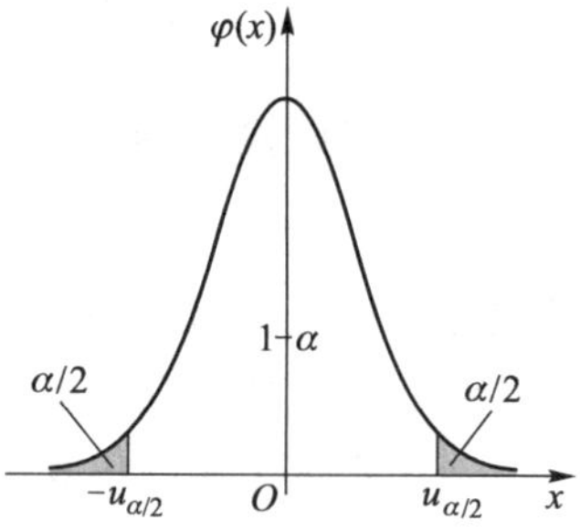

选取 $k=u_{\alpha/2}$ 的根据是**小概率事件的实际推断原理**: **小概率事件在一次试验中是基本上不会发生的**. α 通常取很小的值,如 $\alpha=0.1,0.05$ 或 0.01 等,由 $P\left(\dfrac{|\bar{x}-\mu_0|}{\sigma/\sqrt{n}}\geq u_{\alpha/2}\right)=\alpha$ 知, $\left\{\dfrac{|\bar{x}-\mu_0|}{\sigma/\sqrt{n}}\geq u_{\alpha/2}\right\}$ 是一个小概率事件,若 H_0 正确,则在一次试验中,该事件**基本上**是不会发生的,若小概率事件发生了,那么就拒绝 H_0, 反之,若 $\dfrac{|\bar{x}-\mu_0|}{\sigma/\sqrt{n}}<u_{\alpha/2}$, 就接受假设 H_0. 在本例中,若取 $\alpha=0.05$, 则有 $k=u_{\alpha/2}=u_{0.025}=1.96$, 而 $\dfrac{|\bar{x}-\mu_0|}{\sigma/\sqrt{n}}=\dfrac{|510-500|}{10/\sqrt{16}}=4>1.96$, 小概率事件 $\left\{\dfrac{|\bar{x}-\mu_0|}{\sigma/\sqrt{n}}\geq 1.96\right\}$ 在一次试验中竟然发生了,故拒绝 H_0, 即认为自动包装机工作不正常.

图 8-1

在作假设检验时,概率 α 应该取多大,相应的随机事件才是小概率事件呢? 这要看实际的情况,当要做判断的时候,首先要根据实际情况决定一个标准 α $(0<\alpha<1)$, 若随机事件 A 满足 $P(A)\leq\alpha$ 便认为 A 是小概率事件,并根据小概率事件是否发生对原假设 H_0 作出取舍. 因此, α 是我们作出接受或者拒绝原假设 H_0 的标

准.统计中称此标准 α 为假设检验的**显著性水平**,相应地,$1-\alpha$ 称为**置信水平**(或置信度).显著性水平 α 的大小关系到说服力,α 愈小,拒绝 H_0 的说服力愈强.如果在 α 很小的情况下 H_0 仍被拒绝了,则说明实际情况很可能与之有显著差异.基于这个理由,人们常把 $\alpha=0.05$ 时拒绝 H_0 称为是显著的,而把在 $\alpha=0.01$ 时拒绝 H_0 称为是极显著的.

在本例中,根据观察值,小概率事件在一次试验中居然发生了,故拒绝 H_0,即认为自动包装机工作不正常.另一方面,若根据样本观察值有 $\bar{x}=501$,即 $\dfrac{|\bar{x}-\mu_0|}{\sigma/\sqrt{n}} = \dfrac{|501-500|}{10/\sqrt{16}} = 0.4 < 1.96$,则我们不能拒绝 H_0,只好接受 H_0,即认为自动包装机工作正常.**注意**:不拒绝 H_0 并不是肯定 H_0 一定是对,假设检验中所用的推断方法类似数学中的反证法,拒绝 H_0 是有说服力的(符合实际推断原理),接受 H_0 却缺乏说服力(因暂无依据拒绝 H_0),而只是小概率事件在一次试验中不发生,还不够显著,还没有达到拒绝 H_0 的程度,所以假设检验又叫"**显著性检验**".

上例中的统计量 $u=\dfrac{\bar{x}-\mu_0}{\sigma/\sqrt{n}}$ 称为**检验统计量**.

前面的检验问题通常叙述成:在显著性水平 α 下,检验假设

$$H_0:\mu=\mu_0, \quad H_1:\mu\neq\mu_0$$

也常说成"在显著性水平 α 下,针对 H_1 检验 H_0".

我们要进行的工作是:根据样本,按照上述检验方法作出在 H_0 与 H_1 之间接受其一的决定.

从上述检验的过程来看,在给定的显著性水平 α 下,我们根据检验统计量 u 的分布将检验统计量 u 的可能取值划分成两个不相交的区域,一个区域是超出了一定的界限,当原假设为真时,u 的观察值落入这一区域只有很小的出现概率,因而当统计量 u 的观察值落入这一区域便应拒绝原假设,这一区域便称为**拒绝域**,通常记为 W;另一区域是当原假设为真时,u 取值允许的变动范围,当 u 的取值落入该范围,应该接受原假设,因此这一区域称为**接受域**,记为 $\overline{W}$;接受域和拒绝域之间的分割点通常称作**临界点**.如本节例 1 中拒绝域 $W:|u|\geq u_{0.05/2}=1.96$,而 $u=-u_{0.05/2}=-1.96$ 和 $u=u_{0.05/2}=1.96$ 为临界点.临界点也称为临界值.

在上面例子的叙述中,我们已经初步介绍了假设检验的基本思想和方法.下面,我们对例 1 做出总结,进一步说明假设检验的一般步骤.

对于假设检验问题,首先要明确问题的性质,明确基本前提是什么?包括分布类型是否已知,如果分布类型已知,分布中哪些参数是已知的等.

已知每袋食盐重量 x 服从正态分布 $N(\mu,\sigma^2)$,σ^2 已知.

1. 根据实际问题的要求,提出原假设 H_0 和备择假设 H_1.

$$H_0:\mu=500, \quad H_1:\mu\neq 500.$$

2. 假设在 H_0 成立的条件下,确定检验统计量,能衡量差异大小且分布是已知的.

$$u = \frac{\bar{x} - 500}{10/\sqrt{16}} \sim N(0,1).$$

3. 给定显著性水平 $\alpha(0<\alpha<1)$，确定假设检验的拒绝域.

对给定的显著性水平 $\alpha = 0.05$，查表（附录3）确定临界值 $u_{\alpha/2} = u_{0.025} = 1.96$，使 $P(|u| \geq u_{\alpha/2}) = \alpha$，即 $\{|u| \geq u_{\alpha/2}\}$ 是小概率事件，从而确定拒绝域 $W: |u| \geq 1.96$.

4. 将样本值代入算出统计量的观察值.

$|u| = 4 > 1.96$，落入拒绝域，故拒绝 H_0.

以上是进行假设检验的四个步骤.

二、两类错误

以上依据小概率事件的实际推断原理进行假设检验，是有可能作出错误判断的. 小概率事件在一次试验中**基本上**不会发生，但并非绝对不发生. 譬如在本节例 1 中，若 H_0 为真时，即确实有 $x \sim N(500, 10^2)$，则因

$$P\left(\frac{|\bar{x} - 500|}{10/\sqrt{n}} \geq u_{\alpha/2}\right) = \alpha > 0,$$

所以小概率事件 $\left\{\frac{|\bar{x}-500|}{10/\sqrt{n}} \geq u_{\alpha/2}\right\}$ 还是有可能发生的. 如果原假设 H_0 是真的，则样本实际上来自 H_0 所说的总体，但由于抽样的随机性，使得根据样本观察值所计算的检验统计量的观察值落入拒绝域，并据此拒绝了原假设 H_0，我们便犯了"**弃真**"的错误，或者说犯了**第 I 类错误**. 犯这一类错误的概率比较小，它满足：

$$P(拒绝 H_0 | H_0 为真) \leq \alpha. \qquad (8-1-1)$$

在作出假设检验的统计决策时还有可能犯另一类错误，即当 H_0 实际不真时，但由于在一次抽样中"小概率事件"没有发生，故无充分的理由拒绝 H_0，从而作出接受 H_0 的错误判断，这便犯了"**取伪**"的错误，或者说犯了**第 II 类错误**. 犯"取伪"错误的概率常记为 β，即

$$P(接受 H_0 | H_0 为假) = \beta. \qquad (8-1-2)$$

在作假设检验时，不论接受 H_0 还是拒绝 H_0 都有可能犯错误，归纳如表 8-1.

表 8-1 假设检验的可能结果及相应的概率

	真实情况	H_0 为真	H_0 为假
决策	接受 H_0	正确 $(1-\alpha)$	取伪 β
	接受 H_1	弃真 α	正确 $(1-\beta)$

我们自然希望使犯两类错误的概率都尽可能较小. 但进一步讨论可知，在样本容量固定时，一般来说，若减小犯一类错误的概率，则犯另一类错误的概率就相应增大. 若要使犯两类错误的概率都减少，除非增加样本容量，以下一个简单的例子说明了这

一点.

例 2 某厂生产的螺钉的标准强度为 68 g/mm^2,而实际生产的螺钉强度(单位: g/mm^2) x 服从 $N(\mu, 3.6^2)$,若 $E(x) = \mu = 68$,则认为这批螺钉符合要求,否则认为不符合要求.现从该厂生产的螺钉中抽取容量为 36 的样本,其样本均值为 $\bar{x} = 68.5$,问这批螺钉是否符合要求?

解 依题意,提出如下假设
$$H_0 : \mu = 68, \quad H_1 : \mu \neq 68.$$
假设在 H_0 成立的条件下,
$$u = \frac{\bar{x} - 68}{3.6/\sqrt{36}} \sim N(0,1), \text{ 即 } \bar{x} \sim N\left(68, \frac{3.6^2}{36}\right),$$

取 $\alpha = 0.05, u_{\alpha/2} = u_{0.025} = 1.96$,故拒绝域 $W : |u| \geq 1.96$,即 $\frac{|\bar{x}-68|}{3.6/\sqrt{36}} \geq 1.96$,即当 $\bar{x} \in (0, 66.82] \cup [69.18, +\infty)$ 时(螺钉的强度必须是非负的),拒绝 H_0(注意:有时也称此时 $\bar{x}$ 的取值范围 $(0, 66.82] \cup [69.18, +\infty)$ 为拒绝域).

现 $\bar{x} = 68.5$,故有 $u = \frac{68.5 - 68}{3.6/\sqrt{36}} = 0.83 < 1.96$,故接受 H_0,即 $\mu = 68$.

在本例中,犯第 I 类错误的概率 $= P(拒绝 H_0 | H_0 为真) \leq \alpha = 0.05$,下面计算犯第 II 类错误的概率 β, H_0 不真,即 $\mu \neq 68, \mu$ 可能小于 68,也可能大于 68,β 的大小取决于 μ 的真值的大小.

设 $\mu = 66, n = 36, x \sim N(66, 3.6^2)$,则有 $\frac{\bar{x} - 66}{3.6/\sqrt{36}} \sim N(0,1)$,所以

$$\beta_{\mu=66} = P(66.82 < \bar{x} < 69.18 | \mu = 66)$$
$$= \Phi\left(\frac{69.18 - 66}{0.6}\right) - \Phi\left(\frac{66.82 - 66}{0.6}\right) = 0.085\ 3.$$

设 $\mu = 69, n = 36, x \sim N(69, 3.6^2)$,则有 $\frac{\bar{x} - 69}{3.6/\sqrt{36}} \sim N(0,1)$,所以

$$\beta_{\mu=69} = P(66.82 < \bar{x} < 69.18 | \mu = 69)$$
$$= \Phi\left(\frac{69.18 - 69}{0.6}\right) - \Phi\left(\frac{66.82 - 69}{0.6}\right) = 0.617\ 9,$$

由此看出取伪的概率较大.

现增大样本容量,取 $n = 64, \mu = 68$,则假设在 H_0 成立的条件下,$u = \frac{\bar{x} - 68}{3.6/\sqrt{64}} \sim N(0,1)$,即 $\bar{x} \sim N\left(68, \frac{3.6^2}{64}\right)$,取 $\alpha = 0.05, u_{\alpha/2} = u_{0.025} = 1.96$,故拒绝域 $W : |u| \geq 1.96$,即 $\frac{|\bar{x}-68|}{3.6/\sqrt{64}} \geq 1.96$,即当 $\bar{x} \in (0, 67.118] \cup [68.882, +\infty)$,拒绝 H_0.

设 $\mu = 66, n = 64, x \sim N(66, 3.6^2)$,则有 $\dfrac{\bar{x}-66}{3.6/\sqrt{64}} \sim N(0,1)$,所以

$$\beta_{\mu=66} = P(67.118 < \bar{x} < 68.882 \mid \mu = 66)$$

$$= \Phi\left(\dfrac{68.882-66}{0.45}\right) - \Phi\left(\dfrac{67.118-66}{0.45}\right)$$

$$= \Phi(6.4) - \Phi(2.48) = 0.0066 < 0.0853.$$

设 $\mu = 69, n = 64, x \sim N(69, 3.6^2)$,则有 $\dfrac{\bar{x}-69}{3.6/\sqrt{64}} \sim N(0,1)$,所以

$$\beta_{\mu=69} = P(67.118 < \bar{x} < 68.882 \mid \mu = 69)$$

$$= \Phi\left(\dfrac{68.882-69}{0.45}\right) - \Phi\left(\dfrac{67.118-69}{0.45}\right)$$

$$= \Phi(-0.26) - \Phi(-4.18) = 0.3974 < 0.6179.$$

从以上看出,当样本容量增大时,明显地第 Ⅱ 类错误的概率降低了.其犯两类错误的直观情况如图 8-2 所示,图中阴影面积分别表示犯第 Ⅰ 类错误和第 Ⅱ 类错误的概率 α 与 β,显然当 α 减小,即图中直线 $\bar{x} = \mu_0 + u_{\alpha/2}\sigma/\sqrt{n}$(检验临界值)向右侧移动时,表示 β 的阴影面积相应增大;反之,当 α 增大时,β 随之减小.

为此,在确定检验法则时,在给定样本容量的情况下,一般来说,我们总是控制犯第Ⅰ类错误的概率,使它不超过 α.一个好的检验法则应当是在控制 α 为某定值的情况下,能使犯第Ⅱ类错误的概率 β 尽可能达到最小.此外,当实际问题不但需要控制 α,而且还要控制 β 时,就应当通过选择适当的样本容量来解决.

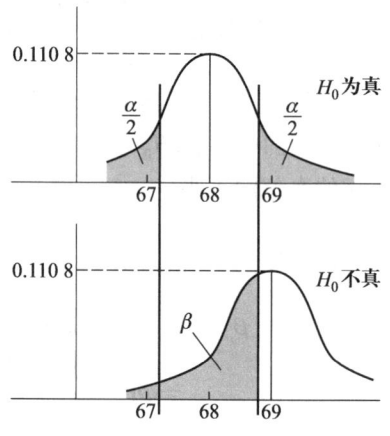

图 8-2 $H_0: \mu = \mu_0$ 时两类错误示意图

三、双侧检验和单侧检验

假设检验根据实际的需要可以分为双侧检验和单侧检验,单侧检验又进一步分为左侧检验和右侧检验.双侧检验所针对的问题是一些总体的指标过大或过小都不符合要求,因此就需要加以检验,这时检验的拒绝域就位于图形的两侧(见图 8-1).当显著性水平为 α 时,落在概率密度函数两侧的拒绝域的概率各为 $\alpha/2$.但是在实际问题中有些现象的指标则要求愈低愈好,但不能超过某一标准,例如生产成本和次品率等,当超过这一标准就要拒绝原假设,其拒绝域在图形的右侧,称右侧检验.另外一些现象的指标则是愈高愈好而不能低于某值,如灯管的使用寿命、药物的有效成分等.当低于某一临界值就要拒绝原假设,这时拒绝域在图形左侧,称左侧检验.右侧检验和左侧检验统称为单侧假设检验.

例 2 中的备择假设是双侧的,如果根据以往的生产情况则有 $\mu = 68$.现采用了新工艺,关心的是新工艺能否提高螺钉强度,μ 越大越好.此时,可作如下的假

设检验：
$$H_0: \mu = 68, \quad H_1: \mu > 68.$$

当原假设 $H_0: \mu = \mu_0 = 68$ 为真时，$\bar{x} - \mu_0$ 取较大值的概率较小，当备择假设 $H_1: \mu > 68$ 为真时，$\bar{x} - \mu_0$ 取较大值的概率较大，给定显著性水平 α，根据 $P\left(\dfrac{\bar{x} - \mu_0}{\sigma/\sqrt{n}} \geq u_\alpha\right) = \alpha$，可确定拒绝域 $W: \bar{x} \in \left[\mu_0 + u_\alpha \dfrac{\sigma}{\sqrt{n}}, +\infty\right)$，因而，接受域 $\overline{W}: \bar{x} \in \left(0, \mu_0 + u_\alpha \dfrac{\sigma}{\sqrt{n}}\right)$，称这种检验为右侧检验.

另外，若本例的假设改为 $H_0: \mu \leq 68, H_1: \mu > 68$，则
$$\bar{x} \sim N\left(\mu, \dfrac{\sigma^2}{n}\right), \quad E(\bar{x}) = \mu,$$

若原假设正确，则 $P\left(\dfrac{\bar{x} - \mu}{\sigma/\sqrt{n}} > u_\alpha\right) = \alpha$，但现不知 μ 的真值，只知 $\mu \leq \mu_0 = 68$，$\left\{\dfrac{\bar{x} - \mu_0}{\sigma/\sqrt{n}} > u_\alpha\right\} \subset \left\{\dfrac{\bar{x} - \mu}{\sigma/\sqrt{n}} > u_\alpha\right\}$，即 $P\left(\dfrac{\bar{x} - \mu_0}{\sigma/\sqrt{n}} > u_\alpha\right) \leq \alpha$，则说明 $\left\{\dfrac{\bar{x} - \mu_0}{\sigma/\sqrt{n}} > u_\alpha\right\}$ 为小概率事件，故取拒绝域 $W: \bar{x} \in \left[\mu_0 + u_\alpha \dfrac{\sigma}{\sqrt{n}}, +\infty\right)$，显著性水平不超过 α.

可见对于假设检验 $H_0: \mu = 68, H_1: \mu > 68$ 与假设检验 $H_0: \mu \leq 68, H_1: \mu > 68$，尽管两者原假设 H_0 的形式不同，实际意义也不一样，但对于相同的显著性水平 α，它们的拒绝域是相同的. 即将双侧检验的拒绝域的 $\alpha/2$ 改成 α 即可，检验是双侧检验还是单侧检验主要决定于备择假设.

四、假设检验的一般步骤

综上所述，我们再一次总结假设检验的一般步骤. 对于给定的假设检验问题，首先要明确问题的性质，明确基本前提是什么？包括分布类型是否已知，如果分布类型已知，分布中哪些参数是已知的等.

1. 根据实际问题的要求，提出原假设 H_0 和备择假设 H_1.

以有关均值的假设为例，不外乎三种情况：（1）$H_0: \mu = \mu_0, H_1: \mu \neq \mu_0$；（2）$H_0: \mu \geq \mu_0, H_1: \mu < \mu_0$；（3）$H_0: \mu \leq \mu_0, H_1: \mu > \mu_0$，其中（1）为双侧检验，（2）为左侧检验，（3）为右侧检验. 关于原假设与备择假设的选取，原假设 H_0 与备择假设 H_1 地位应平等，但必须注意以下几点：

（1）采用哪一种检验要视研究的目的而定，尤其是左侧检验和右侧检验，放在 H_0 或 H_1 的不同位置往往会得出相反的结论（见 §8.2 例 1）.

（2）正如前面所述，假设检验中所用的推断方法类似数学中的反证法，拒绝 H_0 是有说服力的（符合实际推断原理），接受 H_0 却缺乏说服力（因暂无依据拒绝 H_0），接受 H_0 时，并不意味着 H_0 一定正确，而确切地说应该是根据样本数据在显著性水平 α 下尚不能推翻原假设. 因此，为了得到有说服力的结果，往往把所希望说明的结论作为备择假设，记为 H_1，这样当拒绝 H_0 而接受 H_1 时就比较有说服力.

(3)把所希望说明的结论放在 H_0 或放在 H_1,在接受时可能犯错误的概率是不同的.放在 H_0 接受时可能犯的错误是"取伪"错误 β,通常不容易得知.而放在 H_1 接受时,可能犯错误的概率就是"弃真"错误的概率 α,是可以明确知道的.在控制犯第 I 类错误的概率 α 的原则下,使得采取拒绝 H_0 的决策变得较慎重,即 H_0 得到特别的保护.因而,通常把有把握的、有经验的结论作为原假设,或者尽可能使后果严重的错误成为第 I 类错误.

2. 在原假设 H_0 为真时,确定检验统计量 V,选取显著性水平 α,由 H_1 确定拒绝域的形式.

在假设 H_0 为真时,检验统计量的确定是完成假设检验的关键环节.我们要构造一个与原假设 H_0 有直接关联的统计量.例如,在参数假设检验中,检验统计量必须包含 H_0 中待检验的参数,不包含其他未知参数,并且在 H_0 为真时,该检验统计量的统计分布(或渐近分布)是易于确定的.大多数情况下,可以考虑对该参数进行参数区间估计时所选取的枢轴量.拒绝域的形式可以根据备择假设 H_1 的设置情况来确定,具体参照后面的实例.一般地,给定显著性水平 α,检验统计量为 v,其对应的拒绝域见表 8-2(以总体均值检验为例).

表 8-2 参数假设检验的拒绝域

检验类型	形式	拒绝域 W	说明
双侧检验	$H_0:\mu=\mu_0$, $H_1:\mu\neq\mu_0$	$v\leq v_{1-\alpha/2}$ 或 $v\geq v_{\alpha/2}$	$P(v\geq v_\alpha)=\alpha$
左侧检验	$H_0:\mu\geq\mu_0$, $H_1:\mu<\mu_0$	$v\leq v_{1-\alpha}$	
右侧检验	$H_0:\mu\leq\mu_0$, $H_1:\mu>\mu_0$	$v\geq v_\alpha$	

显著性水平 α 的大小应根据研究问题所需的精确度而定,通常取 0.1,0.05,0.01 等值.前面已说明,$\alpha=0.05$ 时拒绝 H_0 称为是显著的,$\alpha=0.01$ 时拒绝 H_0 称为是极显著的.应当注意,显著性水平的大小有时会影响假设检验的结果.例如对同一个问题,当显著性水平 $\alpha=0.1$ 时拒绝了原假设,当 $\alpha=0.01$ 时就可能接受原假设,这一点可以很容易地从图 8-3 中看出来.

3. 根据样本观察值计算检验统计量的观察值,并根据其是否落入拒绝域,而对拒绝还是接受 H_0 作出判断.

例 3 设总体 $x \sim N(\mu,\sigma^2)$,σ^2 已知,均值 μ 只可能取 μ_0 或 $\mu_1(>\mu_0)$ 二值之一,$\bar{x}$ 是总体的容量为 n 的样本的均值,在给定显著性水平 α 下,检验假设

$$H_0:\mu=\mu_0, \quad H_1:\mu=\mu_1>\mu_0$$

时,犯第 II 类错误的概率 $\beta=P(\bar{x}-\mu_0<k|\mu=\mu_1)$.

(1)试验证:$\beta=\Phi\left(u_\alpha-\dfrac{\mu_1-\mu_0}{\sigma/\sqrt{n}}\right)$,并由此导出关系式:

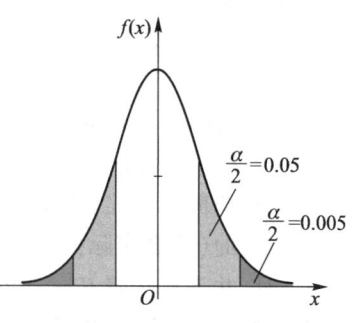

图 8-3 显著性水平的大小影响假设检验的结果

$$u_\alpha + u_\beta = \frac{\mu_1 - \mu_0}{\sigma/\sqrt{n}}$$

及

$$n = (u_\alpha + u_\beta)^2 \frac{\sigma^2}{(\mu_1 - \mu_0)^2}.$$

(2) 若样本容量 n 固定，α 与 β 能否同时减少？

(3) 当 $\sigma = 0.12$, $\mu_1 - \mu_0 = 0.02$, $\alpha = 0.05$, $\beta = 0.025$ 时，样本容量 n 至少取多少？

解 (1) 由题意知，待检假设为

$$H_0: \mu = \mu_0, H_1: \mu = \mu_1 > \mu_0.$$

由于总体 $x \sim N(\mu, \sigma^2)$，所以在 H_1 成立的条件下有 $\dfrac{\bar{x} - \mu_1}{\sigma/\sqrt{n}} \sim N(0,1)$，犯第 II 类错误的概率为

$$\begin{aligned}
\beta &= P(\bar{x} - \mu_0 < k \mid \mu = \mu_1) \\
&= P\left(\frac{\bar{x} - \mu_1}{\sigma/\sqrt{n}} < \frac{k - \mu_1 + \mu_0}{\sigma/\sqrt{n}} \;\middle|\; \mu = \mu_1 \right) \\
&= \Phi\left(\frac{k - \mu_1 + \mu_0}{\sigma/\sqrt{n}}\right) \\
&= \Phi\left(\frac{k}{\sigma/\sqrt{n}} - \frac{\mu_1 - \mu_0}{\sigma/\sqrt{n}}\right) \\
&= \Phi\left(u_\alpha - \frac{\mu_1 - \mu_0}{\sigma/\sqrt{n}}\right),
\end{aligned}$$

这是因为在 H_0 为真时，$\dfrac{\bar{x} - \mu_0}{\sigma/\sqrt{n}} \sim N(0,1)$，由

$$\begin{aligned}
\alpha &= P(\bar{x} - \mu_0 > k \mid \mu = \mu_0) \\
&= P\left(\frac{\bar{x} - \mu_0}{\sigma/\sqrt{n}} > \frac{k}{\sigma/\sqrt{n}} \;\middle|\; \mu = \mu_0\right) \\
&= 1 - \Phi\left(\frac{k}{\sigma/\sqrt{n}}\right),
\end{aligned}$$

得 $\Phi\left(\dfrac{k}{\sigma/\sqrt{n}}\right) = 1 - \alpha$，所以 $\dfrac{k}{\sigma/\sqrt{n}} = u_\alpha$.

由 $\beta = \Phi(-u_\beta)$ 以及 $\Phi(x)$ 的单调性得 $u_\alpha - \dfrac{\mu_1 - \mu_0}{\sigma/\sqrt{n}} = -u_\beta$，于是有

$$u_\alpha + u_\beta = \frac{\mu_1 - \mu_0}{\sigma/\sqrt{n}},$$

从而
$$n = (u_\alpha + u_\beta)^2 \frac{\sigma^2}{(\mu_1 - \mu_0)^2}. \quad (8\text{-}1\text{-}3)$$

（2）由 $\Phi(u_\alpha) = 1-\alpha$ 及 $\Phi(x)$ 的单调递增性知，u_α 是 α 的单调递减函数. 从而当 n 固定时由式(8-1-3)知，当 α 减少时，u_β 减少，因而 β 随之增大. 简而言之，当 α 减少时，β 随之增大，反之亦然. 又从式(8-1-3)知，若要同时减少 α 和 β，则只有增加样本容量 n.

（3）当 $\alpha = 0.05, \beta = 0.025$ 时，查表得
$$u_\alpha = u_{0.05} = 1.64, \quad u_\beta = u_{0.025} = 1.96.$$
又已知 $\sigma = 0.12, \mu_1 - \mu_0 = 0.02$，故式(8-1-3)的右端为
$$(1.64 + 1.96)^2 \times \frac{0.12^2}{0.02^2} = 466.56,$$
因此样本容量 n 至少取 467.

五、假设检验与区间估计的联系

从 §7.3 的参数区间估计与本节的参数假设检验得知，参数区间估计与假设检验之间有明显的联系，参数区间估计是在给出置信度 $1-\alpha$ 情况下，从未知参数 θ 较优的点估计量 $\hat\theta(X_1, X_2, \cdots, X_n)$ 出发，选取**枢轴量** $G = G(X_1, X_2, \cdots, X_n; \theta)$，确定置信区间. 参数假设检验是在给出显著性水平 α 情况下，选取**检验统计量** V，从而确定拒绝域. 显然可以看出参数区间估计的**枢轴量**与参数假设检验的**检验统计量**是同一函数，参数区间估计的置信区间与参数假设检验的拒绝域是对偶关系，两者之间的关系如图 8-4 所示.

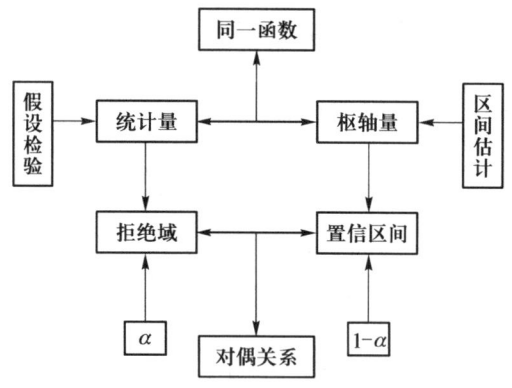

图 8-4 参数区间估计与参数假设检验的关系

§8.2 参数的假设检验

关于总体分布中的未知参数的假设检验，称为**参数检验**，这是最常见的一类假设检验问题. 由于在实际问题中，正态总体很普遍，所以关于正态总体的假设检验问题就显得特别重要.

一、单个正态总体参数的假设检验

设总体 $x \sim N(\mu, \sigma^2)$，$x_1, x_2, \cdots, x_n$ 为其样本，$\bar{x}$ 与 s^2 分别表示样本均值和样本方差，显著性水平取为 α.

（一）总体均值 μ 的检验

1. σ^2 已知，关于 μ 的检验（u 检验）

我们先来讨论双侧检验问题

$$H_0: \mu = \mu_0, \quad H_1: \mu \neq \mu_0. \tag{8-2-1}$$

取检验统计量 $u = \dfrac{\bar{x} - \mu_0}{\sigma/\sqrt{n}}$，由于样本均值 $\bar{x}$ 是总体均值 μ 的无偏估计量，所以当 H_0 为真时，观察值 u 的绝对值 $|u|$ 不应太大. 又因 H_0 为真时，$u = \dfrac{\bar{x} - \mu_0}{\sigma/\sqrt{n}} \sim N(0,1)$，从而有

$$P\left(\frac{|\bar{x} - \mu_0|}{\sigma/\sqrt{n}} \geqslant u_{\alpha/2} \right) = \alpha,$$

故拒绝域为

$$|u| = \left| \frac{\bar{x} - \mu_0}{\sigma/\sqrt{n}} \right| \geqslant u_{\alpha/2}. \tag{8-2-2}$$

也就是说，当统计量的观察值 $\dfrac{\bar{x} - \mu_0}{\sigma/\sqrt{n}}$ 落入 $(-\infty, -u_{\alpha/2}]$ 或 $[u_{\alpha/2}, +\infty)$ 时便拒绝 H_0，否则接受 H_0.

对于右侧检验问题：

$$H_0: \mu = \mu_0, \quad H_1: \mu > \mu_0$$

和

$$H_0: \mu \leqslant \mu_0, \quad H_1: \mu > \mu_0, \tag{8-2-3}$$

可得拒绝域为

$$u = \frac{\bar{x} - \mu_0}{\sigma/\sqrt{n}} \geqslant u_{\alpha}. \tag{8-2-4}$$

对于左侧检验问题：

$$H_0: \mu = \mu_0, \quad H_1: \mu < \mu_0$$

和

$$H_0: \mu \geqslant \mu_0, \quad H_1: \mu < \mu_0,$$

可得拒绝域为

$$u = \frac{\bar{x} - \mu_0}{\sigma/\sqrt{n}} \leqslant -u_{\alpha}.$$

上述利用当 H_0 为真时,服从 $N(0,1)$ 分布的统计量 $u=\dfrac{\bar{x}-\mu_0}{\sigma/\sqrt{n}}$,求得拒绝域的检验法称为 **$u$ 检验法**.

2. σ^2 未知,关于 μ 的检验(t 检验)

我们来求检验问题

$$H_0:\mu=\mu_0,\quad H_1:\mu\neq\mu_0$$

的拒绝域.

由于 σ^2 未知,现在不能利用 $\dfrac{\bar{x}-\mu_0}{\sigma/\sqrt{n}}$ 来确定拒绝域.注意到 s^2 是 σ^2 的无偏估计量,我们用 s 来代替 σ,采用

$$t=\frac{\bar{x}-\mu_0}{s/\sqrt{n}}$$

作为检验统计量.由于 H_0 为真时,$t=\dfrac{\bar{x}-\mu_0}{s/\sqrt{n}}\sim t(n-1)$,且

$$P\left(\frac{|\bar{x}-\mu_0|}{s/\sqrt{n}}\geqslant t_{\alpha/2}(n-1)\right)=\alpha,$$

而当 H_1 为真时,$|t|$ 将有偏大的趋势,故取拒绝域为

$$|t|=\left|\frac{\bar{x}-\mu_0}{s/\sqrt{n}}\right|\geqslant t_{\alpha/2}(n-1). \tag{8-2-5}$$

对于正态总体 $N(\mu,\sigma^2)$,当 σ^2 未知时,关于 μ 的单侧检验问题可仿照 σ^2 已知时的相应办法得到拒绝域,如表 8-3 中第二栏所示,利用服从 t 分布的统计量得出的检验法称为 **t 检验法**.

表 8-3 正态总体均值与方差的检验(显著性水平为 α)

	原假设 H_0	检验统计量	H_0 为真时统计量的分布	备择假设 H_1	拒绝域
1	$\mu=\mu_0$ (σ^2 已知)	$u=\dfrac{\bar{x}-\mu_0}{\sigma/\sqrt{n}}$	$N(0,1)$	$\mu>\mu_0$ $\mu<\mu_0$ $\mu\neq\mu_0$	$u\geqslant u_\alpha$ $u\leqslant -u_\alpha$ $|u|\geqslant u_{\alpha/2}$
2	$\mu=\mu_0$ (σ^2 未知)	$t=\dfrac{\bar{x}-\mu_0}{s/\sqrt{n}}$	$t(n-1)$	$\mu>\mu_0$ $\mu<\mu_0$ $\mu\neq\mu_0$	$t\geqslant t_\alpha(n-1)$ $t\leqslant -t_\alpha(n-1)$ $|t|\geqslant t_{\alpha/2}(n-1)$

续表

	原假设 H_0	检验统计量	H_0 为真时统计量的分布	备择假设 H_1	拒绝域
3	$\sigma^2 = \sigma_0^2$ (μ 未知)	$\chi^2 = \dfrac{(n-1)s^2}{\sigma_0^2}$	$\chi^2(n-1)$	$\sigma^2 > \sigma_0^2$ $\sigma^2 < \sigma_0^2$ $\sigma^2 \neq \sigma_0^2$	$\chi^2 \geq \chi_\alpha^2(n-1)$ $\chi^2 \leq \chi_{1-\alpha}^2(n-1)$ $\chi^2 \geq \chi_{\alpha/2}^2(n-1)$ 或 $\chi^2 \leq \chi_{1-\alpha/2}^2(n-1)$
4	$\sigma^2 = \sigma_0^2$ (μ 已知)	$\chi^2 = \dfrac{1}{\sigma_0^2} \sum\limits_{i=1}^{n} (x_i - \mu)^2$	$\chi^2(n)$	$\sigma^2 > \sigma_0^2$ $\sigma^2 < \sigma_0^2$ $\sigma^2 \neq \sigma_0^2$	$\chi^2 \geq \chi_\alpha^2(n)$ $\chi^2 \leq \chi_{1-\alpha}^2(n)$ $\chi^2 \geq \chi_{\alpha/2}^2(n)$ 或 $\chi^2 \leq \chi_{1-\alpha/2}^2(n)$
5	$\mu_1 - \mu_2 = \delta$ (σ_1^2, σ_2^2 已知)	$u = \dfrac{\bar{x} - \bar{y} - \delta}{\sqrt{\dfrac{\sigma_1^2}{n_1} + \dfrac{\sigma_2^2}{n_2}}}$	$N(0,1)$	$\mu_1 - \mu_2 > \delta$ $\mu_1 - \mu_2 < \delta$ $\mu_1 - \mu_2 \neq \delta$	$u \geq u_\alpha$ $u \leq -u_\alpha$ $\|u\| \geq u_{\alpha/2}$
6	$\mu_1 - \mu_2 = \delta$ ($\sigma_1^2 = \sigma_2^2 = \sigma^2$ 未知)	$t = \dfrac{\bar{x} - \bar{y} - \delta}{s_W \sqrt{\dfrac{1}{n_1} + \dfrac{1}{n_2}}}$ $s_W^2 = \dfrac{(n_1-1)s_1^2 + (n_2-1)s_2^2}{n_1 + n_2 - 2}$	$t(n_1 + n_2 - 2)$	$\mu_1 - \mu_2 > \delta$ $\mu_1 - \mu_2 < \delta$ $\mu_1 - \mu_2 \neq \delta$	$t \geq t_\alpha(n_1 + n_2 - 2)$ $t \leq -t_\alpha(n_1 + n_2 - 2)$ $\|t\| \geq t_{\alpha/2}(n_1 + n_2 - 2)$
7	$\mu_d = 0$ (σ_1^2, σ_2^2 未知, $n_1 = n_2 = n$)	$t = \dfrac{\bar{d}}{s/\sqrt{n}}$ $d_i = x_i - y_i \ (i=1,2,\cdots,n)$ $\bar{d} = \dfrac{1}{n} \sum\limits_{i=1}^{n} d_i$ $s^2 = \dfrac{1}{n-1} \sum\limits_{i=1}^{n} (d_i - \bar{d})^2$	$t(n-1)$	$\mu_d > 0$ $\mu_d < 0$ $\mu_d \neq 0$	$t \geq t_\alpha(n-1)$ $t \leq -t_\alpha(n-1)$ $\|t\| \geq t_{\alpha/2}(n-1)$
8	$\mu_d = 0$ (σ_1^2, σ_2^2 未知, $n_1 < n_2$)	$t = \dfrac{\bar{d}}{s/\sqrt{n_1}}$ $d_i = x_i - \sqrt{\dfrac{n_1}{n_2}} y_i + \dfrac{1}{\sqrt{n_1 \cdot n_2}} \cdot$ $\left(\sum\limits_{k=1}^{n_1} y_k - \dfrac{1}{n_2} \sum\limits_{k=1}^{n_2} y_k \right)$ $(i=1,2,\cdots,n_1)$ $\bar{d} = \dfrac{1}{n_1} \sum\limits_{i=1}^{n_1} d_i$ $s^2 = \dfrac{1}{n_1 - 1} \sum\limits_{i=1}^{n_1} (d_i - \bar{d})^2$	$t(n_1 - 1)$	$\mu_d > 0$ $\mu_d < 0$ $\mu_d \neq 0$	$t \geq t_\alpha(n_1 - 1)$ $t \leq -t_\alpha(n_1 - 1)$ $\|t\| \geq t_{\alpha/2}(n_1 - 1)$

续表

	原假设 H_0	检验统计量	H_0 为真时统计量的分布	备择假设 H_1	拒绝域
9	$\sigma_1^2 = \sigma_2^2$ (μ_1,μ_2 未知)	$F = \dfrac{s_1^2}{s_2^2}$	$F(n_1-1, n_2-2)$	$\sigma_1^2 > \sigma_2^2$ $\sigma_1^2 < \sigma_2^2$ $\sigma_1^2 \neq \sigma_2^2$	$F \geq F_\alpha(n_1-1, n_2-1)$ $F \leq F_{1-\alpha}(n_1-1, n_2-1)$ $F \geq F_{\alpha/2}(n_1-1, n_2-1)$ 或 $F \leq F_{1-\alpha/2}(n_1-1, n_2-1)$

例 1 某厂生产小型马达,其说明书上写着:这种小型马达在正常负载下平均消耗电流强度不会超过 0.8 A. 现随机抽取 16 台马达试验,求得平均消耗电流强度为 0.92 A,消耗电流强度的标准差为 0.32 A. 假设马达所消耗的电流强度服从正态分布,取显著性水平为 $\alpha = 0.05$,问根据这个样本,能否否定厂方的断言?

解 解法一 设马达所消耗的电流强度为 $x \sim N(\mu, \sigma^2)$,根据题意待检假设可设为

假设 1 $\qquad H_0: \mu \leq 0.8, \quad H_1: \mu > 0.8.$

σ 未知,故选检验统计量

$$t = \frac{\bar{x} - \mu}{s/\sqrt{n}} \sim t(15).$$

拒绝域为 $\dfrac{\bar{x} - \mu_0}{s/\sqrt{n}} \geq t_\alpha(n-1)$. $n = 16, \alpha = 0.05, \mu_0 = 0.8$,查表得 $t_{0.05}(15) = 1.7531$,故拒绝域为 $[1.7531, +\infty)$,即 $\dfrac{\bar{x} - \mu_0}{s/\sqrt{n}} > 1.7531, \bar{x} > 0.94$,现 $\bar{x} = 0.92 < 0.94$,故接受原假设 H_0,即不能否定厂方断言.

解 解法二 根据题意待检假设可设为

假设 2 $\qquad H_0: \mu \geq 0.8, \quad H_1: \mu < 0.8.$

σ 未知,故选检验统计量

$$t = \frac{\bar{x} - \mu}{s/\sqrt{n}} \sim t(15).$$

拒绝域为 $\dfrac{\bar{x} - \mu_0}{s/\sqrt{n}} \leq -t_\alpha(n-1)$,查表得 $t_{0.05}(15) = 1.7531$,故拒绝域为 $(-\infty, -1.7531]$,即 $\bar{x} < 0.66$,现 $\bar{x} = 0.92 > 0.66$,故接受原假设 H_0,即否定厂方断言.

由例 1 可见,对问题的提法不同(把哪个假设作为原假设),统计检验的结果也会不同. 由于假设检验是控制犯第 I 类错误的概率,使得拒绝原假设 H_0 的决策变得比较慎重,也就是 H_0 得到特别的保护. 因而,通常把有把握、有经验、或有结论的作为原假设,或者尽量使后果严重的错误成为第 I 类错误.

上述两种解法的立场不同,因此得到不同的结论. 第一种假设是不轻易否定厂方的结论,第二种假设是不轻易相信厂方的结论. 对于厂家来说会选择假设 1,因为他们希望符合要求的马达能够销售出去,而对于销售商来说会选择假设 2,因为他们担心

不符合要求的马达进入市场.

（二）总体方差 σ^2 的检验

1. μ 未知，关于 σ^2 的检验（χ^2 检验）

现在讨论检验问题

$$H_0: \sigma^2 = \sigma_0^2, \quad H_1: \sigma^2 \neq \sigma_0^2 \tag{8-2-6}$$

的拒绝域.

典型例题 8-1

由于 s^2 是 σ^2 的无偏估计量，当 H_0 为真时，比值 $\dfrac{s^2}{\sigma_0^2}$ 一般来说应在 1 附近摆动，而不应过分大于 1 或小于 1. 于是我们取

$$\chi^2 = \frac{(n-1)s^2}{\sigma_0^2}$$

作为检验统计量. 由于 H_0 为真时 $\chi^2 = \dfrac{(n-1)s^2}{\sigma_0^2} \sim \chi^2(n-1)$，所以我们有

$$P\left(\left\{\frac{(n-1)s^2}{\sigma_0^2} \leqslant \chi_{1-\alpha/2}^2(n-1)\right\} \cup \left\{\frac{(n-1)s^2}{\sigma_0^2} \geqslant \chi_{\alpha/2}^2(n-1)\right\}\right)$$

$$= P\left(\frac{(n-1)s^2}{\sigma_0^2} \leqslant \chi_{1-\alpha/2}^2(n-1)\right) + P\left(\frac{(n-1)s^2}{\sigma_0^2} \geqslant \chi_{\alpha/2}^2(n-1)\right)$$

$$= \frac{\alpha}{2} + \frac{\alpha}{2} = \alpha,$$

故拒绝域为

$$\chi^2 = \frac{(n-1)s^2}{\sigma_0^2} \leqslant \chi_{1-\alpha/2}^2(n-1) \quad 或 \quad \chi^2 = \frac{(n-1)s^2}{\sigma_0^2} \geqslant \chi_{\alpha/2}^2(n-1).$$

$$\tag{8-2-7}$$

上述检验法称为 χ^2 **检验法**. 关于方差 σ^2 单侧检验的拒绝域在表 8-3 中第三栏给出.

例 2 已知在正常条件下，纤维纤度（单位：tex）$x \sim N(\mu, \sigma^2)$，$\sigma^2 = 0.044^2$. 某日随机抽取 6 根纤维，测得其纤度为

$$1.33, \quad 1.50, \quad 1.56, \quad 1.48, \quad 1.44, \quad 1.53,$$

问该日纤度的总体方差是否正常（$\alpha = 0.05$）？

解 本题要检验的是 $H_0: \sigma^2 = 0.044^2, H_1: \sigma^2 \neq 0.044^2$.

由题设数据有

$$\bar{x} = \frac{1}{6}\sum_{i=1}^{6} x_i = 1.4733, \quad (n-1)s^2 = \sum_{i=1}^{6}(x_i - \bar{x})^2 = 0.03313,$$

即有

$$\chi^2 = \frac{(n-1)s^2}{\sigma_0^2} = \frac{0.03313}{0.044^2} = 17.1126,$$

而
$$\chi^2_{1-\alpha/2}(n-1)=\chi^2_{0.975}(5)=0.8312, \chi^2_{\alpha/2}(n-1)=\chi^2_{0.025}(5)=12.8325.$$

由于 17.1126>12.8325,故应当拒绝 H_0,即认为该日纤度的总体方差有显著变化,不正常.

例3 已知某厂所产的一种人造板的厚度(单位:mm) $x \sim N(\mu, \sigma^2)$,按标准要求 $\sigma^2 \leqslant 0.025$,今从其产品中抽取 9 张,经测试后算得样本方差 $s^2=0.036$,问该厂的产品是否符合标准($\alpha=0.10$)?

解 本题要检验的是 $H_0: \sigma^2 \leqslant 0.025, H_1: \sigma^2 > 0.025$.

拒绝域为 $\dfrac{(n-1)s^2}{\sigma_0^2} > \chi^2_\alpha(n-1)$,按题设数据有 $\dfrac{(n-1)s^2}{\sigma_0^2} = \dfrac{8 \times 0.036}{0.025} = 11.52$,又 $\chi^2_\alpha(n-1)=\chi^2_{0.10}(8)=13.3616$.由于 11.52<13.3616,故接受 H_0,即认为这厂产品厚度的方差合格.

2. μ 已知,关于 σ^2 的检验(χ^2 检验)

此时由于当 $H_0: \sigma^2 = \sigma_0^2$ 为真时,$\chi^2 = \dfrac{1}{\sigma_0} \sum\limits_{i=1}^{n}(x_i-\mu)^2 \sim \chi^2(n)$.所以,我们取

$$\chi^2 = \dfrac{1}{\sigma_0} \sum_{i=1}^{n}(x_i-\mu)^2$$

作为检验统计量,然后仿照相应 μ 未知情形的讨论可得各种检验的拒绝域,如表 8-3 中第四栏所示.

二、两个正态总体参数的假设检验

设第一个总体 $x \sim N(\mu_1, \sigma_1^2)$,$x_1, x_2, \cdots, x_{n_1}$ 为其样本,第二个总体 $y \sim N(\mu_2, \sigma_2^2)$,$y_1, y_2, \cdots, y_{n_2}$ 为其样本,且两样本相互独立,又分别记它们的样本均值为 $\bar{x}, \bar{y}$,样本方差为 s_1^2, s_2^2.

(一) 两总体均值差的检验

1. σ_1^2, σ_2^2 已知,关于两总体均值差的检验(u 检验)

先求检验问题

$$H_0: \mu_1 - \mu_2 = \delta, \quad H_1: \mu_1 - \mu_2 \neq \delta \ (\delta \text{ 为常数}) \tag{8-2-8}$$

的拒绝域.

取检验统计量

$$u = \dfrac{(\bar{x}-\bar{y})-\delta}{\sqrt{\dfrac{\sigma_1^2}{n_1}+\dfrac{\sigma_2^2}{n_2}}},$$

由于当 H_0 为真时,有 $u = \dfrac{\bar{x}-\bar{y}-\delta}{\sqrt{\dfrac{\sigma_1^2}{n_1}+\dfrac{\sigma_2^2}{n_2}}} \sim N(0,1)$,所以

$$P\left(\left|\bar{x}-\bar{y}-\delta\right|\bigg/\sqrt{\frac{\sigma_1^2}{n_1}+\frac{\sigma_2^2}{n_2}}\geqslant u_{\alpha/2}\right)=\alpha,$$

故该双侧检验问题的拒绝域为

$$|u|=\frac{|\bar{x}-\bar{y}-\delta|}{\sqrt{\dfrac{\sigma_1^2}{n_1}+\dfrac{\sigma_2^2}{n_2}}}\geqslant u_{\frac{\alpha}{2}}. \qquad (8\text{-}2\text{-}9)$$

关于均值差的其他两个检验问题的拒绝域在表 8-3 中第五栏给出,常用的是 $\delta=0$ 的情况.

2. $\sigma_1^2=\sigma_2^2=\sigma^2$ 未知,关于两总体均值差的检验(t 检验)

以下述右侧检验问题为例:

$$H_0:\mu_1-\mu_2=\delta,\quad H_1:\mu_1-\mu_2>\delta\ (\delta\text{ 为常数}). \qquad (8\text{-}2\text{-}10)$$

为求其拒绝域,令

$$s_W^2=\frac{(n_1-1)s_1^2+(n_2-1)s_2^2}{n_1+n_2-2},$$

并取检验统计量

$$t=\frac{\bar{x}-\bar{y}-\delta}{s_W\sqrt{\dfrac{1}{n_1}+\dfrac{1}{n_2}}},$$

则当 H_0 为真时,便有

$$t=\frac{\bar{x}-\bar{y}-\delta}{s_W\sqrt{\dfrac{1}{n_1}+\dfrac{1}{n_2}}}\sim t(n_1+n_2-2),$$

所以

$$P\left((\bar{x}-\bar{y}-\delta)\bigg/\left(s_W\sqrt{\dfrac{1}{n_1}+\dfrac{1}{n_2}}\right)\geqslant t_\alpha(n_1+n_2-2)\right)=\alpha,$$

故拒绝域为

$$t=\frac{\bar{x}-\bar{y}-\delta}{s_W\sqrt{\dfrac{1}{n_1}+\dfrac{1}{n_2}}}\geqslant t_\alpha(n_1+n_2-2). \qquad (8\text{-}2\text{-}11)$$

关于均值差的其他检验问题的拒绝域在表 8-3 第六栏中给出,常用的也是 $\delta=0$ 的情况.

例 4 工厂管理人员对组装新产品的两种方法所需的组装时间进行测试.他们认为组装新产品的顺序合理与否是一个关键,顺序合理就能节省时间提高效率.随机抽选采用方法 A 的 6 个工人和采用方法 B 的 8 个工人,测试他们组装时间(单位:h)的结果如下

方法 A	8.2	5.3	6.5	5.1	9.7	10.8		
方法 B	9.5	8.3	7.5	10.9	11.3	9.3	8.8	8.0

假设组装时间服从正态分布,方差相同,试以显著性水平 $\alpha=0.05$ 比较两种组装方法是否有差别?

解 设方法 A 和方法 B 所需的平均时间分别为 μ_1 和 μ_2,则方法 A 组装时间为正态总体 $x \sim N(\mu_1, \sigma^2)$,方法 B 组装时间为正态总体 $y \sim N(\mu_2, \sigma^2)$,分别记它们的样本均值为 $\bar{x}, \bar{y}$,样本方差为 s_1^2, s_2^2,则依题意要求检验假设

$$H_0: \mu_1 = \mu_2, \quad H_1: \mu_1 \neq \mu_2.$$

这是一个双侧检验问题,令 $\mu_1 - \mu_2 = \delta$,则上述假设等价于

$$H_0: \delta = 0, \quad H_1: \delta \neq 0.$$

采用检验问题(8-2-10)中所应用的 t 统计量,注意到现在 $\delta=0$,容易求得本例的拒绝域

$$|t| = \frac{|\bar{x} - \bar{y}|}{s_W \sqrt{\frac{1}{n_1} + \frac{1}{n_2}}} \geq t_{\alpha/2}(n_1 + n_2 - 2).$$

现在 $n_1 = 6, n_2 = 8, \alpha = 0.05, t_{\alpha/2}(n_1+n_2-2) = t_{0.025}(12) = 2.1788$,又由观察值计算得 $\bar{x} = 7.6, s_1 = 2.36, \bar{y} = 9.2, s_2 = 1.35$,从而得

$$|t| = 1.61 < 2.1788,$$

即 t 值落入接受域,故接受 H_0,即认为方法 A 与方法 B 无显著差别.

(二) 两总体方差差异性的检验(F 检验)

在前面两总体均值差异性检验中,曾要求两总体的未知方差相等.如果不知道两总体的方差是否相等,就要用统计方法进行检验.两总体方差是否相等的检验又称为**方差齐性检验**.

需检验的假设为

$$H_0: \sigma_1^2 = \sigma_2^2, \quad H_1: \sigma_1^2 \neq \sigma_2^2. \quad (8\text{-}2\text{-}12)$$

由于

$$F = \frac{s_1^2/\sigma_1^2}{s_2^2/\sigma_2^2} \sim F(n_1 - 1, n_2 - 1),$$

因此当 H_0 成立时,$\sigma_1^2 = \sigma_2^2, s_1^2/s_2^2$ 比较接近 1,且有

$$F = \frac{s_1^2}{s_2^2} \sim F(n_1 - 1, n_2 - 1),$$

而当 H_1 为真时,s_1^2/s_2^2 可能过分大于 1 或小于 1,故可考虑以下等式

$$P\left(\left\{\frac{s_1^2}{s_2^2} \leq F_{1-\alpha/2}(n_1 - 1, n_2 - 1)\right\} \cup \left\{\frac{s_1^2}{s_2^2} \geq F_{\alpha/2}(n_1 - 1, n_2 - 1)\right\}\right) = \alpha,$$

确定拒绝域为

$$\frac{s_1^2}{s_2^2} \leq F_{1-\alpha/2}(n_1-1, n_2-1) \text{ 或 } \frac{s_1^2}{s_2^2} \geq F_{\alpha/2}(n_1-1, n_2-1). \quad (8\text{-}2\text{-}13)$$

上述检验法称为 F 检验法,关于 σ_1^2, σ_2^2 的另外两个检验问题的拒绝域在表 8-3 中第九栏给出.

例 5 在人造板热压工艺中,必须考虑温度对板的静曲强度的影响.在采用 150℃热压工艺生产的人造板中取 8 个样品,测得它们的静曲强度(单位:MPa)为

$$18.8, 20.5, 19.8, 20.9, 21.5, 21.0, 19.5, 21.2.$$

在采用 180℃热压工艺生产的同类人造板中也取 8 个样品,测得它们的静曲强度(单位:MPa)为

$$20.3, 17.7, 20.0, 18.8, 19.0, 19.1, 20.1, 20.2.$$

已知这两种工艺所产人造板的静曲强度都服从正态分布,试检验这两种工艺所产人造板的平均静曲强度有无差别(显著性水平取为 0.05)?

解 本题有两个总体,采用 150℃热压工艺的人造板静曲强度总体 x 及采用 180℃热压工艺生产的人造板静曲强度总体 y. 按题设有 $x \sim N(\mu_1, \sigma_1^2)$, $y \sim N(\mu_2, \sigma_2^2)$, 本题要检验的是

$$H_0: \mu_1 = \mu_2, \quad H_1: \mu_1 \neq \mu_2.$$

由于两总体的方差均未知,故需先检验 $\sigma_1^2 = \sigma_2^2$,并且在不拒绝两总体方差相等的假设下,方可应用当 σ_1^2, σ_2^2 未知时,关于两总体均值差的检验的方法检验 $\mu_1 = \mu_2$.

按题设数据可以算得

$$\bar{x} = \frac{1}{8}\sum_{i=1}^{8} x_i = 20.4, \quad \bar{y} = \frac{1}{8}\sum_{i=1}^{8} y_i = 19.4,$$

$$\sum_{i=1}^{8}(x_i - \bar{x})^2 = 6.20, \quad \sum_{i=1}^{8}(y_i - \bar{y})^2 = 5.80,$$

于是有

$$\frac{s_1^2}{s_2^2} = \frac{6.20/7}{5.80/7} = 1.07.$$

因为

$$F_{\alpha/2}(n_1-1, n_2-1) = F_{0.025}(7,7) = 4.99,$$

$$F_{1-\alpha/2}(n_1-1, n_2-1) = F_{0.975}(7,7) = \frac{1}{F_{0.025}(7,7)} = \frac{1}{4.99} = 0.2,$$

故有

$$F_{1-\alpha/2}(n_1-1, n_2-1) < \frac{s_1^2}{s_2^2} < F_{\alpha/2}(n_1-1, n_2-1),$$

从而接受 $\sigma_1^2 = \sigma_2^2$.

既然已有 $\sigma_1^2 = \sigma_2^2$,我们便可根据本节例 4 所提供的方案检验 $H_0: \mu_1 = \mu_2$.

按题设数据,可算得

$$\frac{|\bar{x}-\bar{y}|}{\sqrt{\frac{1}{n_1}+\frac{1}{n_2}}\sqrt{\frac{(n_1-1)s_1^2+(n_2-1)s_2^2}{n_1+n_2-2}}} = \frac{20.4-19.4}{\sqrt{\frac{1}{8}+\frac{1}{8}}\sqrt{\frac{6.20+5.80}{8+8-2}}} = 2.160,$$

由于 $t_{\alpha/2}(n_1+n_2-2)=t_{0.025}(14)=2.1448$,而且 $2.160>2.1448$,故按表 8-3 第六栏提供的方案,应拒绝 H_0,即认为两种工艺所产的人造板的平均静曲强度不同.由于 $\bar{x}>\bar{y}$,故可认为采用 150 ℃ 热压工艺生产的人造板的平均静曲强度较高.

例 6 有两台车床生产同一种型号的滚球,根据以往经验可以认为这两台车床生产的滚珠的直径均服从正态分布.现从这两台车床的产品中分别抽出 8 个和 9 个,测得滚珠的直径(单位:mm)如下:

甲车床	15.0	14.5	15.2	15.5	14.8	15.1	15.2	14.8	
乙车床	15.2	15.0	15.1	15.2	15.0	15.0	14.8	15.1	14.8

问在显著性水平 $\alpha=0.05$ 下能认为乙车床产品直径的方差比甲车床的小吗?

解 本题有两个总体,分别为采用甲车床生产的滚珠测得的直径总体 x 及采用乙车床生产的滚珠测得的直径总体 y.按题设有 $x\sim N(\mu_1,\sigma_1^2)$, $y\sim N(\mu_2,\sigma_2^2)$,本题所要检验的是

$$H_0: \sigma_1^2 \leqslant \sigma_2^2, \quad H_1: \sigma_1^2 > \sigma_2^2.$$

取检验统计量

$$F = \frac{s_1^2}{s_2^2},$$

拒绝域为

$$\frac{s_1^2}{s_2^2} > F_\alpha(n_1-1, n_2-1).$$

现在 $n_1=8, n_2=9, \alpha=0.05$,

$$F_\alpha(n_1-1, n_2-1) = F_{0.05}(7,8) = 3.50.$$

又由样本观察值算得

$$s_1^2 = 0.096, \quad s_2^2 = 0.022,$$

于是

$$\frac{s_1^2}{s_2^2} = \frac{0.096}{0.022} = 4.36 > 3.50.$$

即 s_1^2/s_2^2 落在拒绝域中,故应拒绝 H_0,即认为乙车床产品的直径的方差比甲车床的小.

(三) 对比检验

对于两个总体均值对比检验,当方差不相同时,我们也可采用如下的对比检验,假设与前面相同,第一个总体 $x\sim N(\mu_1,\sigma_1^2)$, $x_1,x_2,\cdots,x_{n_1}$ 为其样本,第二个总体 $y\sim N(\mu_2,\sigma_2^2)$, $y_1,y_2,\cdots,y_{n_2}$ 为其样本,且两样本相互独立,又分别记它们的样本均值为 $\bar{x},\bar{y}$,样本方差为 s_1^2,s_2^2.

1. $n_1 = n_2 = n$

我们可采用配对试验的 t 检验法,定义 $d_i = x_i - y_i$ $(i=1,2,\cdots,n)$,记
$$E(d_i) = E(x_i - y_i) = \mu_1 - \mu_2 = \mu,$$
$$D(d_i) = D(x_i - y_i) = D(x_i) + D(y_i) = \sigma_1^2 + \sigma_2^2 = \sigma^2,$$

则 $d_1, d_2, \cdots, d_n$ 为服从正态分布 $N(\mu, \sigma^2)$ 的总体 d 的样本,此时,μ_1 与 μ_2 是否相等的检验,就等价于下述假设检验:
$$H_0: \mu = 0, \quad H_1: \mu \neq 0.$$

因 σ_1^2 及 σ_2^2 都未知,则 σ^2 也未知,这时用 t 检验法,记
$$\bar{d} = \frac{1}{n} \sum_{i=1}^{n} d_i, \quad s^2 = \frac{1}{n-1} \sum_{i=1}^{n} (d_i - \bar{d})^2,$$

当 H_0 成立时,统计量
$$t = \sqrt{n} \frac{\bar{d}}{s} \sim t(n-1), \tag{8-2-14}$$

作为对 H_0 的检验统计量,式(8-2-14)也可写为
$$\sqrt{n} \frac{\bar{x} - \bar{y}}{\sqrt{s_1^2 + s_2^2 - 2s_{12}}} \sim t(n-1),$$

其中 $s_{12} = \frac{1}{n-1} \sum_{i=1}^{n} (x_i - \bar{x})(y_i - \bar{y})$.

2. $n_1 \neq n_2$

下面是谢费(Scheffé)的解法. 不妨假定 $n_1 < n_2$,定义
$$d_i = x_i - \sqrt{\frac{n_1}{n_2}} y_i + \frac{1}{\sqrt{n_1 \cdot n_2}} \sum_{k=1}^{n_1} y_k - \frac{1}{n_2} \sum_{k=1}^{n_2} y_k \quad (i=1,2,\cdots,n_1),$$

则有
$$E(d_i) = \mu_1 - \sqrt{\frac{n_1}{n_2}} \mu_2 + \sqrt{\frac{n_1}{n_2}} \mu_2 - \mu_2 = \mu_1 - \mu_2 = \mu,$$
$$D(d_i) = E\left\{ \left[x_i - \mu_1 - \sqrt{\frac{n_1}{n_2}}(y_i - \mu_2) + \frac{1}{\sqrt{n_1 \cdot n_2}} \sum_{k=1}^{n_1} (y_k - \mu_2) - \frac{1}{n_2} \sum_{k=1}^{n_2} (y_k - \mu_2) \right]^2 \right\}$$
$$= \sigma_1^2 + \frac{n_1}{n_2} \sigma_2^2 + \sigma_2^2 \left(\frac{n_1}{n_1 \cdot n_2} + \frac{n_2}{n_2^2} - \frac{2}{n_2} + \frac{2\sqrt{n_1}}{n_2 \sqrt{n_2}} - \frac{2n_1}{n_2 \sqrt{n_1 n_2}} \right)$$
$$= \sigma_1^2 + \frac{n_1}{n_2} \sigma_2^2,$$
$$\mathrm{Cov}(d_i, d_j) = 0 \quad (i \neq j, \quad i, j = 1, 2, \cdots, n_1),$$

于是 $d_1, d_2, \cdots, d_{n_1}$ 为来自服从正态分布 $N\left(\mu, \sqrt{\sigma_1^2 + \frac{n_1}{n_2} \sigma_2^2}\right)$ 的总体 d 的样本. 此时,关

于 μ_1 与 μ_2 是否相等的假设检验,就等价于考虑下述检验问题:
$$H_0: \mu = 0, \quad H_1: \mu \neq 0.$$

记 $\sigma = \sqrt{\sigma_1^2 + \dfrac{n_1}{n_2}\sigma_2^2}$,$\sigma$ 未知,这时可用 t 检验法. 记

$$\bar{d} = \frac{1}{n_1}\sum_{i=1}^{n_1} d_i, \quad s^2 = \frac{1}{n_1-1}\sum_{i=1}^{n_1}(d_i - \bar{d})^2,$$

则当 H_0 成立时,可用统计量

$$t = \sqrt{n_1}\,\frac{\bar{d}}{s} \sim t(n_1 - 1) \tag{8-2-15}$$

作为对 H_0 的检验统计量.

例 7 现要比较甲、乙两种由不同橡胶制成的轮胎的耐磨性,今从甲、乙两种轮胎中各随机抽取 8 个,各取一个组成一对,再随机选取 8 架飞机,将 8 对轮胎随机地搭配给 8 架飞机,做耐磨性试验.经过了一定时间的起落后,测得轮胎耐磨损量(单位:mg)数据如表 8-4.

表 8-4 甲、乙两种橡胶制成的轮胎耐磨损量数据及差值   单位:mg

甲	4 900	5 220	5 500	6 020	6 340	7 660	8 650	4 870
乙	4 930	4 900	5 140	5 700	6 110	6 880	7 930	5 010
d	−30	320	360	320	230	780	720	−140

试问这两种轮胎的耐磨性有无显著性的差异,取 $\alpha = 0.05$.

解 用 x, y 分别表示甲、乙两种轮胎的磨损量,假定 x, y 分别服从正态分布 $N(\mu_1, \sigma_1^2)$ 及 $N(\mu_2, \sigma_2^2)$,假定方差相同,提出假设检验问题:

$$H_0: \mu_1 = \mu_2, \quad H_1: \mu_1 \neq \mu_2.$$

下面分两种情形讨论 H_0 的显著性检验.

(1) 试验数据配对分析的结论

记 $d = x - y$,用式 (8-2-14) 建立的统计量 t 作 H_0 的检验统计量,将表 8-4 中的数据对应地相减,d 的数值列在表 8-4 的第三栏.

假设检验问题化为

$$H_0: \mu = 0, \quad H_1: \mu \neq 0.$$

实际计算结果如下:$\bar{d} = 320, s^2 = 102\,200, t = \sqrt{8}\,\dfrac{\bar{d}}{s} \approx 2.83.$

给定显著性水平 $\alpha = 0.05$,对于自由度 $8 - 1 = 7$,查表得 $t_{0.025}(n-1) = t_{0.025}(7) = 2.364\,6$,由于 $2.65 > 2.364\,6$,因而拒绝 H_0,即认为这两种轮胎的耐磨性有显著差异,事实上从表 8-4 看到乙轮胎明显地较耐磨.

(2) 试验数据不配对分析的结论

所谓不配对分析,是指将两种轮胎的数据看作是来自两个总体的样本,因而用式 (8-2-15) 建立的统计量 t 作 H_0 的检验统计量.

实际计算结果如下:$\bar{x} = 6\,145, \bar{y} = 5\,825, s_1^2 = 1\,867\,314, s_2^2 = 1\,204\,429, t =$
$$\frac{6\,145-5\,825}{\sqrt{\frac{7\times 1\,867\,314+7\times 1\,204\,429}{8+8-2}}\cdot\sqrt{\frac{1}{8}+\frac{1}{8}}} = \frac{320}{619.7} \approx 0.516.$$ 给定显著性水平 $\alpha = 0.05$,对于自由度为 14,在 t 分布表中查得 $t_{0.025}(14) = 2.144\,8$,由于 $0.516 < 2.144\,8$,因而不拒绝 H_0,即认为这两种轮胎的耐磨性差异不显著.

典型例题 8-2

上述两种情形在同一显著性水平 $\alpha = 0.05$ 下所得的结论不一致,当数据配成对做分析时,自由度减少了,临界值提高了,增加了拒绝 H_0 的可能性,这是因为在每架飞机上突出了两种轮胎的耐磨性的差异,就有可能拒绝 H_0. 而当数据不配成对做分析时,自由度增加,临界值降低,减少了拒绝 H_0 的可能性,这是因为当数据不配对时,飞机之间与轮胎之间对数据的影响交织在一起,不易分辨轮胎之间耐磨性的差异. 若两个样本之间的平均值差异不大,但数据配对后,每对内的两个数据差异很大,则用配对的检验法就有可能做出拒绝 H_0 的结论. 若两个样本之间的平均差异值较大,经配对后每对内的两个数据差异仍较大,但若用不配对的检验法,也有可能做出不拒绝 H_0 的结论. 总之,什么情况下用配对的检验法,什么情况下用不配对的检验法,要根据处理问题的具体要求而定.

例 8 一个以减肥为主要目标的健美俱乐部声称,参加他们的训练计划至少可以使减肥者平均减肥 8.5 kg 以上. 为了验证该宣称是否可信,调查人员随机抽取了 10 名参加者,得到他们的体重(单位:kg)记录如表 8-5:

表 8-5 训练前后的体重记录   单位:kg

训练前	94.5	101	110	103.5	97	88.5	96.5	101	104	116.5
训练后	72.5	95	97.5	90	87.5	77.5	92.5	95	95	97.5

在 $\alpha = 0.05$ 的显著性水平下,调查结果是否支持该俱乐部的声称?

解 依题意,与训练前、后的体重相比,调查人员更关心它们之间的差值,故该题适合用配对 t 检验法. 依题意建立假设

$$H_0: \mu = \mu_1 - \mu_2 \leq \mu_0 = 8.5, \quad H_1: \mu = \mu_1 - \mu_2 > \mu_0 = 8.5.$$

根据上述资料,可以构造出一个差值样本,如表 8-6.

表 8-6 差值样本构造表

训练前	训练后	差值 x
94.5	72.5	22
101	95	6
110	97.5	12.5
103.5	90	13.5
97	87.5	9.5

续表

训练前	训练后	差值 x
88.5	77.5	11
96.5	92.5	4
101	95	6
104	95	9
116.5	97.5	19
		$\sum = 112.5$

根据表 8-6,可求得差值样本的均值和标准差为

$$\overline{x} = \frac{1}{10}\sum_{i=1}^{10} x_i = 11.25, \quad s = \sqrt{s^2} = \sqrt{\frac{1}{10-1}\sum_{i=1}^{10}(x_i - \overline{x})^2} = 5.755.$$

又由于 $\alpha = 0.05$, $t_\alpha(n-1) = t_{0.05}(9) = 1.8331$,因此

$$t = \frac{\overline{x} - \mu_0}{s/\sqrt{n}} = \frac{11.25 - 8.5}{5.755/\sqrt{10}} = 1.511 < 1.8331.$$

所以接受 H_0,即该俱乐部的宣传是不可信的.

关于对比 t 检验法单边检验的拒绝域见表 8-3 中第七栏与第八栏.

§8.3 非参数的假设检验

前面讨论的假设检验问题总是假定总体服从正态分布,然后对其数字特征(数学期望、方差等)进行检验,即参数的假设检验. 现在我们来讨论非参数的假设检验,主要有两方面的问题,一方面是总体 x 的分布函数 $F(x)$ 的拟合检验,另一方面是随机变量之间的独立性的检验.

一、分布函数的拟合检验

在实际问题中,随机变量是否服从某种特定的分布是需要进行检验的. 首先根据以往的经验,或者按照实际观察值的分布情况,推断总体可能服从某种分布,其分布函数为 $F(x)$,然后利用样本观察值对这种推测进行检验,推断总体分布函数 $F(x)$ 是否为真.

拟合优度检验是检验观察到的样本数据是否与某种理论分布符合的一种方法,本节将讨论总体分布的假设检验问题,具体介绍 χ^2 拟合优度检验法.

在讨论 χ^2 拟合优度检验法之前先考察以下简单问题.

例 1 某人将一枚骰子抛掷 6 000 次,得到如下数据

抛掷点数	1	2	3	4	5	6
观察次数(频数)	910	1 110	1 030	1 050	960	940

试问,他可否据此判断这枚骰子均匀对称? 取 $\alpha=0.05$.

我们现在来分析,从理论上讲,如果骰子是绝对均匀的,那么每抛掷一次骰子,出现 1~6 点的概率应完全一样. 设 $A_i(i=1,2,\cdots,6)$ 表示"出现的点数为 i"这一事件,则依题意要求检验假设

$$H_0: p_i = P(A_i) = \frac{1}{6} \ (i=1,2,\cdots,6), \ H_1: H_0 \text{ 不成立}.$$

一般地,如果按某些迹象,猜测总体 x 的分布函数为 $F(x)$($F(x)$ 为不含未知参数的已知函数),于是就应该根据样本值对这一猜测作出检验. 假设

$$H_0: x \text{ 的分布函数为 } F(x)^{①}.$$

χ^2 拟合优度检验法的原理与步骤如下:

1. 将 x 可能取值的全体 Ω 分成互不相交的子集 $D_1, D_2, \cdots, D_k$.

2. 设 $x_1, x_2, \cdots, x_n$ 为总体样本,把样本值落入 D_i 的频数记为 F_i,F_i 当然是随机变量. 具体抽样后,可通过唱票等方法得到 F_i 的观察值 f_i.

3. 在 H_0 成立的情况下,根据分布函数 $F(x)$ 算出总体落入 D_i 的概率:

$$p_i = P(x \text{ 的值落在子集 } D_i \text{ 内}) \ (i=1,2,\cdots,k).$$

4. 当 H_0 为真且样本容量 n 很大时,根据伯努利大数定律,$(F_i - np_i)^2$ 的观察值 $(f_i - np_i)^2$ 一般说来应该较小. 这样,我们就会想到用 $(f_i - np_i)^2$ 来评价在 D_i 上 $F(x)$ 是否适合作 x 的分布函数;若 $(f_i - np_i)^2$ 小,则适合度就高;若 $(f_i - np_i)^2$ 大,则适合度就低. 但也有不足之处,如对于子集 D_i,经计算得 $np_i = 16$,样本值落入 D_i 的个数 $f_i = 14$;如对于子集 D_j,经计算得 $np_j = 4$,样本值落入 D_j 的个数 $f_j = 2$. 若作直观的比较,当然会认为在 D_i 上,$F(x)$ 适合作 x 的分布函数的程度比在 D_j 上高,但是 $(f_i - np_i)^2$ 与 $(f_j - np_j)^2$ 的值却都是 4. 这说明用 $(f_i - np_i)^2$ 来评价 D_i 上 $F(x)$ 是否适合作 x 的分布函数是欠妥当的,而用 $\dfrac{(f_i - np_i)^2}{np_i}$ 来做这种评价,就可克服上述缺点. 令

$$\chi^2 = \sum_{i=1}^{k} \frac{(f_i - np_i)^2}{np_i}, \tag{8-3-1}$$

明显地,若 χ^2 的观察值小,则在 Ω 上,$F(x)$ 适合作 x 的分布函数,从而接受 H_0;若 χ^2 的观察值大,则在 Ω 上,$F(x)$ 不适合作 x 的分布函数,从而拒绝 H_0.

5. χ^2 的观察值的临界值是多少,才使当 χ^2 的观察值 $\geq$ 临界值时,便可认为 χ^2 的观察值太大,从而拒绝 H_0;当 χ^2 的观察值 $<$ 临界值时,便可认为 χ^2 的观察值不大,从而接受 H_0,为此应知道 χ^2 服从的分布. 英国著名统计学家 K. 皮尔逊 (K. Pearson) 于 1900 年证明了如下定理.

定理 当 $p_1, p_2, \cdots, p_k$ 为原假设 H_0 成立的情况下随机变量 x 落入每个子集的概率时,由式(8-3-1)定义的统计量 χ^2 渐近服从自由度为 $k-1$ 的 χ^2 分布,即当 n 充分大时,

---

① 在这里备择假设 H_1 可以不必写出.

$$\chi^2 = \sum_{i=1}^{k} \frac{(f_i - np_i)^2}{np_i} \dot{\sim} \chi^2(k-1). \qquad (8\text{-}3\text{-}2)$$

于是对显著性水平 α,有 $P(\chi^2 \geqslant \chi_\alpha^2(k-1)) = \alpha$,这说明 $\{\chi^2 \geqslant \chi_\alpha^2(k-1)\}$ 是 H_0 为真时的小概率事件,这样,$\chi_\alpha^2(k-1)$ 便是所要找的临界值,而 H_0 的检验方案便是:

如果 $\sum_{i=1}^{k} \frac{(f_i - np_i)^2}{np_i} \geqslant \chi_\alpha^2(k-1)$,那么拒绝 H_0;如果 $\sum_{i=1}^{k} \frac{(f_i - np_i)^2}{np_i} < \chi_\alpha^2(k-1)$,那么接受 H_0.

式(8-3-2)可化为如下等价形式:

$$\begin{aligned}\chi^2 &= \sum_{i=1}^{k} \left(\frac{f_i^2 - 2nf_ip_i + n^2p_i^2}{np_i} \right) \\ &= \sum_{i=1}^{k} \frac{f_i^2}{np_i} - 2\sum_{i=1}^{k} f_i + \sum_{i=1}^{k} np_i \\ &= \sum_{i=1}^{k} \frac{f_i^2}{np_i} - n. \end{aligned} \qquad (8\text{-}3\text{-}3)$$

现讨论本节一开始提出的骰子是否均匀问题,就是要检验下述假设:

H_0:抛掷所出现的点数 x 的概率分布律为

x	1	2	3	4	5	6
P	$\frac{1}{6}$	$\frac{1}{6}$	$\frac{1}{6}$	$\frac{1}{6}$	$\frac{1}{6}$	$\frac{1}{6}$

1. x 所有的可能取值为 $\Omega = \{1, 2, \cdots, 6\}$,将 Ω 分成如表 8-7 所示的两两不相交的子集 $D_1, D_2, \cdots, D_6$.

表 8-7 例 1 的 χ^2 拟合优度检验计算表

D_i	f_i	p_i	np_i
$D_1:\{x=1\}$	910	1/6	1 000
$D_2:\{x=2\}$	1 110	1/6	1 000
$D_3:\{x=3\}$	1 030	1/6	1 000
$D_4:\{x=4\}$	1 050	1/6	1 000
$D_5:\{x=5\}$	960	1/6	1 000
$D_6:\{x=6\}$	940	1/6	1 000

2. 按题设数据,样本值落入各子集的频数顺次为 $f_1 = 910, f_2 = 1\ 110, f_3 = 1\ 030, f_4 = 1\ 050, f_5 = 960, f_6 = 940$.

3. 若 H_0 为真,则 x 落入各子集的概率 $p_i = \frac{1}{6}$,从而各 $np_i = 6\ 000 \times \frac{1}{6} = 1\ 000$

$(i = 1, 2, \cdots, 6)$.

4. 计算 χ^2 的观察值

$$\sum_{i=1}^{6} \frac{(f_i - np_i)^2}{np_i} = \frac{1}{1\,000} \sum_{i=1}^{6} (f_i - 1\,000)^2$$

$$= \frac{1}{1\,000} [(910 - 1\,000)^2 + (1\,110 - 1\,000)^2 + (1\,030 - 1\,000)^2 +$$

$$(1\,050 - 1\,000)^2 + (960 - 1\,000)^2 + (940 - 1\,000)^2]$$

$$= 28.8.$$

5. 查表得 $\chi_\alpha^2(k-1) = \chi_{0.05}^2(5) = 11.070\,5$,由于 $28.8 > 11.070\,5$,故拒绝 H_0,即应当认为这枚骰子是不均匀的.

值得注意是:

1. 为了使统计量 χ^2 的分布接近 $\chi^2(k-1)$ 分布,要求样本容量 $n \geq 50$.

2. 把随机变量 x 可能取值的全体 Ω 分成子集有相当大的任意性,每个子集中个体的数目不能太多也不能太少,太多时表明这个局部范围太大,不利于鉴别差异程度,太少时,相应的 np_i 也很小,从而权数 $1/np_i$ 就很大,造成突出该局部的影响.这类问题可以通过细分或合并来解决,调整子集,使得每个子集相对"均匀".在分子集时,通常要求每个子集内期望的观察值数目应符合下述两项准则:(1) 如果只分成两个子集,每个子集的期望观察值数目必须 ≥ 5;(2) 要是分成两个以上的子集时,其中期望观察值数目<5 的子集不应超过子集总数的 20%.至于分成几个子集,则要看样本容量的大小,样本容量较小就分得少些,较大就分得多些,一般分成 7~14 个子集.

例 2 在研究牛的毛色与牛角的有无这样两对性状分离现象时,用黑色无角牛与红色有角牛杂交.子二代出现黑色无角牛 192 头,黑色有角牛 78 头,红色无角牛 72 头,红色有角牛 18 头,共 360 头.问这两对性状是否符合孟德尔(Mendel)遗传规律中 9∶3∶3∶1 的遗传比例?

解 现将题中的数据列表如下:

序号	1	2	3	4
种类	黑色无角	黑色有角	红色无角	红色有角
数量	192	78	72	18
D_i	D_1	D_2	D_3	D_4

以 x 记各种牛的序号,按题意需检验各种牛的头数符合比例 9∶3∶3∶1,即 $(9/16)∶(3/16)∶(3/16)∶(1/16)$.需检验假设:$H_0:x$ 的概率分布律为

x	1	2	3	4
p_k	$\dfrac{9}{16}$	$\dfrac{3}{16}$	$\dfrac{3}{16}$	$\dfrac{1}{16}$

取显著性水平为 0.1,所需计算列在表 8-8($n=360$).

表 8-8 例 2 的 χ^2 拟合优度检验计算表

D_i	f_i	p_i	np_i	$f_i^2/(np_i)$
D_1	192	9/16	360×9/16=202.5	$192^2/202.5=182.04$
D_2	78	3/16	360×3/16=67.5	$78^2/67.5=90.13$
D_3	72	3/16	360×3/16=67.5	$72^2/67.5=76.8$
D_4	18	1/16	360×1/16=22.5	$18^2/22.5=14.4$
				$\sum=363.37$

现在 $\chi^2=363.37-360=3.37$,$k=4$,$\chi^2_{0.1}(4-1)=6.2514>3.37$,故接受 H_0,认为这两对性状符合孟德尔遗传规律中 9:3:3:1 的遗传比例.

在上面讨论中,我们假定 $F(x)$ 为不含未知参数的已知函数,若 $F(x)$ 含有 r 个未知参数,这 r 个未知参数需要用样本估计,则这时皮尔逊定理不再成立.1929 年,费希尔(Fisher)证明了在一定条件下,可以先用最大似然估计法估计这 r 个参数,然后再算出 $p_1,p_2,\cdots,p_k$ 的估计值 $\hat{p}_1,\hat{p}_2,\cdots,\hat{p}_k$,这时统计量

$$\chi^2=\sum_{i=1}^{k}\frac{(f_i-n\hat{p}_i)^2}{n\hat{p}_i} \qquad (8-3-4)$$

当 $n\to+\infty$ 时还是渐近服从 χ^2 分布,不过自由度为 $k-r-1$. 此时,检验步骤为

1. 将 x 可能取值的全体 Ω 分成互不相交的子集 $D_1,D_2,\cdots,D_k$;
2. 求出样本值落入各个区间的频数 $f_1,f_2,\cdots,f_k$;
3. 用最大似然估计法估计各未知参数的估计值;
4. 把这些估计值当作未知参数的真值,便可在 H_0 成立的情况下计算总体 x 落入 D_i 的概率 $\hat{p}_i$,从而得到各 $n\hat{p}_i(i=1,2,\cdots,k)$;
5. 求出 χ^2 的观察值 $\sum_{i=1}^{k}\frac{(f_i-n\hat{p}_i)^2}{n\hat{p}_i}$;
6. 按显著性水平 α 查出 $\chi^2_\alpha(k-r-1)$ 的值,这里 r 是未知参数的个数. 若 $\sum_{i=1}^{k}\frac{(f_i-n\hat{p}_i)^2}{n\hat{p}_i}\geq\chi^2_\alpha(k-r-1)$,便拒绝 H_0,否则接受 H_0.

例 3 在一实验中,每隔一定时间观察一次由某种铀所放射的到达计数器上的 α 粒子数 x,共观察了 100 次,得结果如表 8-9:

表 8-9 铀放射的到达计数器上的 α 粒子数的实验记录

i	0	1	2	3	4	5	6	7	8	9	10	11	≥ 12
f_i	1	5	16	17	26	11	9	9	2	1	2	1	0
D_i	D_0	D_1	D_2	D_3	D_4	D_5	D_6	D_7	D_8	D_9	D_{10}	D_{11}	D_{12}

其中 f_i 是观察到有 i 个 α 粒子的次数,从理论上考虑知 x 应服从泊松分布

$$P(x=i)=\frac{\lambda^i e^{-\lambda}}{i!}, \quad i=0,1,2,\cdots. \qquad (8\text{-}3\text{-}5)$$

问式(8-3-5)是否符合实际(取 $\alpha=0.05$)? 即在显著性水平 0.05 下检验假设

$$H_0: \text{总体 } x \text{ 服从泊松分布 } P(x=i)=\frac{\lambda^i e^{-\lambda}}{i!}, i=0,1,2,\cdots.$$

解 因在 H_0 中参数 λ 未具体给出,所以先估计 λ.由最大似然估计法得 $\hat{\lambda}=\bar{x}=4.2$.在 H_0 假设下,即 x 服从泊松分布,x 所有可能取值为 $\Omega=\{0,1,2,\cdots\}$,将 Ω 分成如表 8-9 所示的两两不相交的子集 $D_0,D_1,D_2,\cdots,D_{12}$.则 $P(x=i)$ 有估计

$$\hat{p}_i=\hat{P}(x=i)=\frac{4.2^i e^{-4.2}}{i!}, \quad i=0,1,\cdots,12.$$

譬如 $\hat{p}_0=\hat{P}(x=0)=e^{-4.2}=0.015$,$\hat{p}_3=\hat{P}(x=3)=\frac{4.2^3 e^{-4.2}}{3!}=0.185,\cdots,\hat{p}_{12}=$
$\hat{P}(x\geqslant 12)=1-\sum_{i=0}^{11}\hat{p}_i=0.002,$ 等等.

计算结果如表 8-10 所示,其中有些 $n\hat{p}_i<5$ 的组予以适当的合并,使得每组均有 $n\hat{p}_i\geqslant 5$,如表中第四列花括号所示.此处,并组后 $k=8$,但因在计算概率时,估计了一个参数 λ,故 $r=1$,χ^2 的自由度为 $8-1-1=6$,$\chi^2_{0.05}(k-r-1)=\chi^2_{0.05}(6)=12.591\,6$,现在 $\chi^2=106.281-100=6.281<12.591\,6$,故在显著性水平 0.05 下接受 H_0,即认为样本来自泊松分布总体,也就是说认为理论上的结论是符合实际的.

表 8-10 例 3 的 χ^2 拟合检验计算表

D_i	f_i	$\hat{p}_i$	$n\hat{p}_i$	$f_i^2/n\hat{p}_i$
D_0	1 ⎫ 6	0.015 ⎫ 0.078	1.5 ⎫ 7.8	4.615
D_1	5 ⎭	0.063 ⎭	6.3 ⎭	
D_2	16	0.132	13.2	19.394
D_3	17	0.185	18.5	15.622
D_4	26	0.194	19.4	34.845
D_5	11	0.163	16.3	7.423
D_6	9	0.114	11.4	7.105
D_7	9	0.069	6.9	11.739

续表

D_i	f_i	$\hat{p}_i$	$n\hat{p}_i$	$f_i^2/n\hat{p}_i$
D_8				
D_9	2 ⎫	0.036 ⎫	3.6 ⎫	
D_{10}	1 ⎪ 6	0.017 ⎪ 0.065	1.7 ⎪ 6.5	5.538
D_{11}	2 ⎬	0.007 ⎬	0.7 ⎬	
D_{12}	1 ⎪	0.003 ⎪	0.3 ⎪	
	0 ⎭	0.002 ⎭	0.2 ⎭	
				$\sum = 106.281$

典型例题 8-3

注意 本题答案是"接受 H_0,认为总体 x 的分布属于泊松分布,即认为 $x \sim P(\lambda)$",亦即"认为必有某一个参数 $\lambda_0, x \sim P(\lambda_0)$",而不能将答案误写成"$x$ 服从以 $\lambda = 4.2$ 为参数的泊松分布".

例4 自 1965 年 1 月 1 日至 1971 年 2 月 9 日的 2 231 天中,全世界记录到里氏震级 4 级和 4 级以上地震 162 次,统计如下:

相继两次地震间隔天数 x	0~4	5~9	10~14	15~19	20~24	25~29	30~34	35~39	≥40
出现的频数	50	31	26	17	10	8	6	6	8①

试检验相继两次地震间隔天数 x 服从指数分布,取 $\alpha = 0.05$.

解 按题意需检验假设

$$H_0: x \text{ 的概率密度函数为 } f(x) = \begin{cases} \lambda e^{-\lambda x}, & x \geq 0, \\ 0, & x < 0. \end{cases}$$

在这里,H_0 中的参数 λ 未给出,先由最大似然估计法求得 λ 的估计为 $\hat{\lambda} = \dfrac{1}{\bar{x}} = \dfrac{1}{13.77}$.

在 H_0 下,x 可能取值的全体 Ω 为区间 $[0, +\infty)$,将区间 $[0, +\infty)$ 分为 $k = 9$ 个互不重叠的小区间(子集):

$$D_1 = [0, 4.5], \quad D_2 = (4.5, 9.5], \quad \cdots, \quad D_9 = (39.5, +\infty),$$

如表 8-11 第一列所示.若 H_0 为真,则 x 的分布函数的估计为

$$\hat{F}(x) = \begin{cases} 1 - e^{-\frac{x}{13.77}}, & x \geq 0, \\ 0, & x < 0. \end{cases}$$

由上式可得概率 $p_i = P(D_i)$ 的估计

---

① 这里 8 个数值是 40,43,44,49,58,60,81,109.

$$\hat{p}_i = \hat{P}(D_i) = \hat{P}(a_i < x \leqslant a_{i+1}) = \hat{F}(a_{i+1}) - \hat{F}(a_i) \quad (i = 1, 2, \cdots, 9).$$

譬如

$$\hat{p}_2 = \hat{P}(D_2) = \hat{P}(4.5 < x \leqslant 9.5) = \hat{F}(9.5) - \hat{F}(4.5) = 0.2196,$$

而

$$\hat{p}_9 = \hat{P}(D_9) = 1 - \sum_{i=1}^{8} \hat{P}(D_i) = 0.0568.$$

将计算结果列表如下(见表 8-11).

表 8-11 例 4 的 χ^2 拟合优度检验计算表

D_i	f_i	$\hat{p}_i$	$n\hat{p}_i$	$f_i^2/(n\hat{p}_i)$
$D_1: 0 \leqslant x \leqslant 4.5$	50	0.2788	45.1656	55.3519
$D_2: 4.5 < x \leqslant 9.5$	31	0.2196	35.5752	27.0132
$D_3: 9.5 < x \leqslant 14.5$	26	0.1527	24.7374	27.3270
$D_4: 14.5 < x \leqslant 19.5$	17	0.1062	17.2044	16.7980
$D_5: 19.5 < x \leqslant 24.5$	10	0.0739	11.9718	8.3530
$D_6: 24.5 < x \leqslant 29.5$	8	0.0514	8.3268	7.6860
$D_7: 29.5 < x \leqslant 34.5$	6	0.0358	5.7996	6.2073
$D_8: 34.5 < x \leqslant 39.5$	6 ⎫ 14	0.0248 ⎫ 0.0816	4.0176 ⎫ 13.2192	14.8269
$D_9: x > 39.5$	8 ⎭	0.0568 ⎭	9.2016 ⎭	
				$\sum = 163.5633$

现在 $\chi^2 = 163.5633 - 162 = 1.5633$,因为

$$\chi^2_{0.05}(k - r - 1) = \chi^2_{0.05}(8 - 1 - 1) = \chi^2_{0.05}(6) = 12.5916 > 1.5633,$$

故在显著性水平 0.05 下接受 H_0,认为 x 服从指数分布.

典型例题 8-4

二、独立性的检验

我们知道,对于任何两个随机变量 x 与 y,x 与 y 相互独立是指 (x,y) 的分布函数 $F(x,y)$ 等于关于 x 的边缘分布函数与关于 y 的边缘分布函数的乘积.

在实际工作中,如果总体的特征是由指标 x 及 y 联合来反映的,则就要考虑二维随机变量 (x,y) 了. 从这个总体中,随机抽取容量为 n 的二维样本 (x_1, y_1), $(x_2, y_2), \cdots, (x_n, y_n)$,将 x 及 y 的可能取值的范围分别分成 r 个及 s 个互不相交的小区间,用 n_{ij} 表示这 n 个样本中"x 属于第 i 个小区间、y 属于第 j 个小区间"的个数 $(i = 1, 2, \cdots, r; j = 1, 2, \cdots, s)$. 记:$n_i. = \sum_{j=1}^{s} n_{ij}, n_{\cdot j} = \sum_{i=1}^{r} n_{ij}, n = \sum_{i=1}^{r} \sum_{j=1}^{s} n_{ij}$,表 8-12 称为列联表.

表 8-12 数据列联表

i	j				$n_{i\bullet}$
	1	2	$\cdots$	s	
1	n_{11}	n_{12}	$\cdots$	n_{1s}	$n_{1\bullet}$
2	n_{21}	n_{22}	$\cdots$	n_{2s}	$n_{2\bullet}$
$\vdots$	$\vdots$	$\vdots$		$\vdots$	$\vdots$
r	n_{r1}	n_{r2}	$\cdots$	n_{rs}	$n_{r\bullet}$
$n_{\bullet j}$	$n_{\bullet 1}$	$n_{\bullet 2}$	$\cdots$	$n_{\bullet s}$	n

从总体 (x,y) 中任意抽取一个元素(即一个个体),它的"第一个坐标 x 属于第 i 个小区间,第二个坐标 y 属于第 j 个小区间"这一事件的概率记为 $p(i,j)$,以 $p(i,\bullet)$ 及 $p(\bullet,j)$ 分别记相应的边缘概率,则有

$$p(i,\bullet) = \sum_{j=1}^{s} p(i,j), p(\bullet,j) = \sum_{i=1}^{r} p(i,j).$$

$$\sum_{i=1}^{r}\sum_{j=1}^{s} p(i,j) = \sum_{i=1}^{r} p(i,\bullet) = \sum_{j=1}^{s} p(\bullet,j) = 1.$$

此时,独立性的检验就简化为检验下述原假设:

$$H_0: p(i,j) = p(i,\bullet)p(\bullet,j), \quad i=1,2,\cdots,r; \quad j=1,2,\cdots,s.$$

现在,要建立 H_0 的检验统计量.首先,我们按最大似然估计法确定未知参数 $p(i,\bullet)$ 及 $p(\bullet,j)$ 的估计量.由于 $p(r,\bullet) = 1 - \sum_{i=1}^{r-1} p(i,\bullet), p(\bullet,s) = 1 - \sum_{j=1}^{s-1} p(\bullet,j)$,所以实际上要求 $r+s-2$ 个未知参数的估计量.当 H_0 成立时,未知参数的似然函数为

$$L = \prod_{i=1}^{r}\prod_{j=1}^{s} [p(i,j)]^{n_{ij}} = \prod_{i=1}^{r}\prod_{j=1}^{s} [p(i,\bullet)]^{n_{ij}} [p(\bullet,j)]^{n_{ij}}$$

$$= \left[\prod_{i=1}^{r} p(i,\bullet)^{n_{i\bullet}}\right] \left[\prod_{j=1}^{s} p(\bullet,j)^{n_{\bullet j}}\right]$$

$$= \left[1 - \sum_{i=1}^{r-1} p(i,\bullet)\right]^{n_{r\bullet}} \left[1 - \sum_{j=1}^{s-1} p(\bullet,j)\right]^{n_{\bullet s}} \times \left[\prod_{i=1}^{r-1} p(i,\bullet)^{n_{i\bullet}}\right] \left[\prod_{j=1}^{s-1} p(\bullet,j)^{n_{\bullet j}}\right].$$

由似然方程

$$\begin{cases} \dfrac{\partial \ln L}{\partial p(i,\bullet)} = 0, & i=1,2,\cdots,r-1, \\ \dfrac{\partial \ln L}{\partial p(\bullet,j)} = 0, & j=1,2,\cdots,s-1. \end{cases}$$

解得

$$\hat{p}(i,\bullet) = \frac{n_{i\bullet}}{n}, \hat{p}(\bullet,j) = \frac{n_{\bullet j}}{n}, i=1,2,\cdots,r-1, \quad j=1,2,\cdots,s-1,$$

则 $\hat{p}(i,\bullet)$ 及 $\hat{p}(\bullet,j)$ 分别为 $p(i,\bullet)$ 及 $p(\bullet,j)$ 的最大似然估计量. 利用 $\chi^2 = \sum_{i=1}^{k} \frac{(f_i - np_i)^2}{np_i} = \sum_{i=1}^{k} \frac{f_i^2}{np_i} - n$,导出 H_0 的检验统计量

$$\chi^2 = \sum_{i=1}^{r} \sum_{j=1}^{s} \left(n_{ij} - \frac{n_{i\bullet} n_{\bullet j}}{n}\right)^2 \bigg/ \frac{n_{i\bullet} n_{\bullet j}}{n} = n \sum_{i=1}^{r} \sum_{j=1}^{s} \left(n_{ij} - \frac{n_{i\bullet} n_{\bullet j}}{n}\right)^2 \bigg/ n_{i\bullet} n_{\bullet j},$$

(8-3-6)

其中 $n\hat{p}(i,j) = n\hat{p}(i,\bullet)\hat{p}(\bullet,j) = n_{i\bullet} n_{\bullet j}/n$,自由度为 $rs-1-(r+s-2)=(r-1)(s-1)$. 可见,当 H_0 为真时,式(8-3-6)所建立的统计量 χ^2 渐近服从分布 $\chi^2((r-1)(s-1))$. 给定显著性水平 α,在 χ^2 分布的临界值表中查自由度 $(r-1)(s-1)$ 所对应的临界值 $\chi_\alpha^2((r-1)(s-1))$,当由式(8-3-6)计算得 χ^2 的数值大于这个临界值时,则在显著性水平 α 下拒绝 H_0,这种检验法又称**列联表检验法**.

特别地,当 $r=s=2$ 时,统计量为 $\chi^2 = \frac{n[n_{11}n_{22} - n_{12}n_{21}]^2}{n_{1\bullet} n_{2\bullet} n_{\bullet 1} n_{\bullet 2}}$,$\chi^2$ 的极限分布是自由度为 1 的 χ^2 分布.

例 5 为了探讨吸烟与患慢性支气管炎有无关系,调查了 339 人,情况见下表:

	人数		合计
	患慢性支气管炎	未患慢性支气管炎	
吸烟	43	162	205
不吸烟	13	121	134
合计	56	283	339

取 $\alpha = 0.01$,进行独立性检验.

解 我们可以设想有两个随机变量 x,y. 任何一个人,若他吸烟,则令 $x=1$,若不吸烟,则令 $x=2$;若他患慢性支气管炎,则令 $y=1$,若未患慢性支气管炎,则令 $y=2$. 记

$$p_{ij} = P(x=i, y=j), \quad p_i = P(x=i), \quad q_j = P(y=j) \quad (i,j=1,2),$$

我们来检验 $H_0: p_{ij} = p_i q_j (i,j=1,2)$,根据 χ^2 检验法,首先计算统计量 χ^2,利用式(8-3-6)知,

$$\chi^2 = 339 \times \frac{(43 \times 121 - 13 \times 162)^2}{56 \times 283 \times 205 \times 134} = 7.47,$$

对于 $\alpha = 0.01$,查 χ^2 分布表(自由度为 1)知临界值为 6.634 9,现在 $\chi^2 = 7.47 > 6.634\ 9$,故应拒绝 H_0,即吸烟与患慢性支气管炎有关.

习题八

(一)

1. 某产品以往废品率不高于 5%,今抽取一样本检验这批产品废品率是高于 5% 的(显著性水平为 α). 求:

(1) 此问题的原假设;

(2) 犯第 I 类错误的概率.

2. 某糖厂用自动包装机装糖,每包的标准质量规定为 100 kg,某日开工后测得其中 9 包的质量(单位: kg)为

99.3, 98.7, 100.5, 101.2, 98.6, 99.7, 99.5, 102.1, 100.5.

已知包装质量服从正态分布,则这一天包装机的工作是否正常(即是否可以认为每包平均质量为 100 kg)? 取 $\alpha = 0.05$.

3. 已知某炼铁厂铁水含碳量(单位: %)服从正态分布 $N(4.55, 0.108^2)$. 现测定了 9 炉铁水,其平均含碳量为 4.484,如果估计方差没有变化,那么是否认为现在生产的铁水平均含碳量仍为 4.55? 取 $\alpha = 0.05$.

4. 某工厂生产的某种钢索的断裂强度(单位: MPa)服从正态分布 $N(\mu, \sigma^2)$, 其中 $\sigma = 4$ MPa, 现从一批这种钢索的容量为 9 的一组样本中测得断裂强度平均值为 $\bar{x}$, 与以往正常生产时的 μ 相比, $\bar{x}$ 比 μ 大 2 MPa, 设总体方差不变,问在显著性水平 $\alpha = 0.01$ 下能否认为这批钢索质量有显著提高?

5. 一自动车床加工零件的长度服从正态分布 $N(\mu, \sigma^2)$, 原来加工零件的精度 $\sigma_0^2 = 0.18$, 经过一段时间生产后,要检验这一车床是否保持原来的加工精度,为此抽取该车床加工的 $n = 31$ 个零件,测得数据如下:

零件长度 x_i	10.1	10.3	10.6	11.2	11.5	11.8	12.0
频数 n_i	1	3	7	10	6	3	1

现问加工的零件精度是否变差了? 取 $\alpha = 0.05$.

6. 设甲乙两厂生产同样的灯泡,其寿命分别服从正态分布 $N(\mu_1, 84^2)$ 和 $N(\mu_2, 96^2)$. 现从两厂生产的灯泡中各取 60 只,测得甲厂生产灯泡的平均寿命为 1 295 h, 乙厂生产灯泡的平均寿命为 1 230 h, 问在显著性水平 $\alpha = 0.05$ 下能否认为两厂生产的灯泡寿命无显著差异?

7. 设总体 $x \sim N(\mu, \sigma^2)$, $E(x) = 1$. 今取容量为 12 的样本,测得样本值为

0.4, 0.8, 2.0, 2.5, 0.5, 1.0, 0.0, −0.9, 5.1, −1.5, 0.8, 1.1,

问可否认为 x 的均方差为 4? 取 $\alpha = 0.10$.

8. 假设某厂生产的缆绳的抗拉强度 x 服从正态分布 $N(10\,600, 82^2)$. 现在从改进工艺后生产的一批缆绳中随机抽取 10 根,测量其抗拉强度,算得样本均值 $\bar{x} = 10\,653$, 方差 $s^2 = 6\,992$. 当显著性水平 $\alpha = 0.05$ 时,能否据此样本认为:

(1) 新工艺生产的缆绳抗拉强度比过去生产的缆绳抗拉强度有显著提高;

(2) 新工艺生产的缆绳抗拉强度的方差有显著变化.

9. 某种导线,要求其电阻的标准差不得超过 0.005 Ω. 今在生产的一批导线中取样品 9 根,测得 $s = 0.007$ Ω. 设总体为正态分布,问在显著性水平 $\alpha = 0.05$ 下,能认为这批导线的标准差显著地偏大吗?

10. 测得两批电子器材的电阻值(单位: Ω)分别为

| A 批 | 0.140 | 0.138 | 0.134 | 0.142 | 0.144 | 0.137 |
| B 批 | 0.135 | 0.140 | 0.142 | 0.136 | 0.138 | 0.140 |

设两批器材的电阻分别服从正态分布 $x \sim N(\mu_1, \sigma_1^2)$ 和 $y \sim N(\mu_2, \sigma_2^2)$，而且 x 与 y 相互独立，则对于显著性水平 $\alpha = 0.05$，可否认为两批器材的电阻均值相等？

11. 某卷烟厂生产两种香烟，现分别对两种烟的尼古丁质量分数(%)作出 6 次试验，结果是

| 甲 | 25 | 28 | 23 | 26 | 29 | 22 |
| 乙 | 28 | 23 | 30 | 35 | 21 | 27 |

若香烟中的尼古丁质量分数服从正态分布，且方差相等，试问这两种香烟的尼古丁质量分数有无显著差异？取 $\alpha = 0.05$.

12. 某工厂有一批产品须经检验后方可出厂，按规定二级品率不得超过 10%. 今在其中随机抽取 100 件产品进行检验，发现有二级品 14 件，问这些产品能否出厂？取 $\alpha = 0.05$.

13. 某冶金工作者对锰的熔点(单位：℃)做了 4 次试验，结果分别为

$$1\ 269, 1\ 271, 1\ 263, 1\ 265.$$

假定数据服从正态分布，在 $\alpha = 0.05$ 条件下，试检验：

(1) 这些结果符合于公布的数字 1 260 ℃；

(2) 测定值的均方差不大于 2 ℃.

14. 某药品广告上声称一种药对某种疾病的治愈率为 90%，一家医院对该种药品临床使用 120 例，治愈 85 人，问该药品广告是否真实？

15. 比较不同季节出生的女婴体重的方差，从某年 12 月和 6 月出生的女婴中分别随机抽取 6 名和 10 名，测其体重(单位：g)如下：

| 12 月 | 3 520 | 2 960 | 2 560 | 2 960 | 3 260 | 3 960 | | | | |
| 6 月 | 3 220 | 3 220 | 3 760 | 3 000 | 2 920 | 3 740 | 3 060 | 3 080 | 2 940 | 3 060 |

假定新生女婴体重服从正态分布，问新生女婴体重的方差是否冬季的比夏季的小？取 $\alpha = 0.05$.

16. 某一橡胶配方中，原用氧化锌 5 g，现减为 1 g，若分别用两种配方各做一批实验. 5 g 配方测 9 个值，得橡胶伸长率的样本方差是 $s_1^2 = 63.86$；1 g 配方测 10 个值，得橡胶伸长率的样本方差 $s_2^2 = 236.8$. 设橡胶伸长率服从正态分布，问两种配方伸长率的总体标准差有无显著差异？取 $\alpha = 0.10$.

17. 为了检验一枚骰子是否均匀，将它掷 1 000 次，得出 1,2,3,4,5,6 点的次数依次为

$$158, 172, 164, 181, 160, 165.$$

问这枚骰子是否均匀？取 $\alpha = 0.10$.

18. 将一枚硬币掷 100 次，结果正面向上的有 60 次. 试问可否认为硬币是均匀的？取 $\alpha = 0.05$.

19. 设一工厂的两个化学实验室每天同时从工厂的冷却水中取样,测量水中的含氯量一次,下面是七天的记录:

日期	1	2	3	4	5	6	7
化验室 A(x_i)	1.15	1.86	0.75	1.82	1.14	1.65	1.90
化验室 B(y_i)	1.00	1.90	0.90	1.80	1.20	1.70	1.95

设各对数据的差 $d_i = x_i - y_i$ ($i = 1, 2, \cdots, 7$) 来自正态总体,问两化验室测定的结果之间有无显著差异?取 $\alpha = 0.01$.

20. 10个失眠者服用甲乙两种安眠药,延长睡眠时间(单位:h)如下:

甲	1.9	0.8	1.1	0.1	-0.1	4.4	5.5	1.6	4.6	3.4
乙	0.7	-1.6	-0.2	-1.2	-0.1	3.4	3.7	0.8	0	2

分别用以下两种方法讨论这两种药的疗效有无显著差异?

(1) 用配对分析讨论;

(2) 用不配对分析讨论.

21. 为了了解色盲与性别的联系,调查了 1 000 个人.按性别及是否色盲分类如下:

	男	女
正常	442	514
色盲	38	6

在显著性水平 $\alpha = 0.05$ 下,试问色盲与性别是否有关(色盲与性别是否相互独立)?

22. 20面体的20个面上,分别标以数字 $0, 1, 2, \cdots, 9$,每个数据在两个相对面上标出,为检验其均匀对称性,共做 800 次投掷试验,数字 $0, 1, 2, \cdots, 9$ 朝正上方的次数如下:

数字	0	1	2	3	4	5	6	7	8	9
频数	74	92	83	79	80	73	77	75	76	91

则该正20面体是否均匀对称?取 $\alpha = 0.05$.

23. 某电话交换台在一小时(60 min)内每分钟接到电话用户的呼唤次数有如下记录:

呼唤次数 k	0	1	2	3	4	5	6	≥ 7
实际频数 v_k	8	16	17	10	6	2	1	0

问统计资料是否可以说明,每分钟电话呼唤次数服从泊松分布?取 $\alpha = 0.05$.

24. 从某工厂生产的一批节能灯管中抽取 100 个进行使用寿命 x(单位:h)试验,得到数据如下:

使用寿命子区间	频数 n_i	使用寿命子区间	频数 n_i
[0,50]	18	[300,350]	8
[50,100]	14	[350,400]	7
[100,150]	12	[400,450]	6
[150,200]	11	[450,500]	6
[200,250]	10	[500,+∞]	0
[250,300]	8		

利用 χ^2 拟合检验法检验这批节能灯管的使用寿命 x 是否服从指数分布?取 $\alpha=0.05$.

25. 检验产品质量时每次抽取 10 件产品来检查,共取了 100 次,得到每 10 件产品中次品数 x 的分布如下:

$x=x_i$	0	2	3	4	5	6	7	8	9	10
频数 n_i	35	40	18	5	1	1	0	0	0	0

利用检验法检验生产过程中出现次品的概率是否服从二项分布?取 $\alpha=0.05$.

(二)

1. 某厂生产的电子元件的寿命(单位:h)原来服从正态分布 $N(5\,000,90\,000)$. 今进行技术革新以提高寿命,为检验此项革新是否确实提高了寿命,从革新后的产品中任取 36 只,测得电子元件寿命 $x_1,x_2,\cdots,x_{36}$ 的平均值 $\bar{x}$.规定若 $\bar{x}<5\,098$,则认为寿命未显著提高;若 $\bar{x}\geqslant 5\,098$,则认为寿命有显著提高.试给出该检验问题的:

(1) 原假设与备择假设;

(2) 拒绝域与接受域;

(3) 检验的显著性水平及犯第Ⅰ类错误的概率.

2. 设总体 x 与 y 分别服从正态分布 $N(\mu_1,\sigma_1^2)$ 和 $N(\mu_2,\sigma_2^2)$,其中 $\mu_1,\mu_2,\sigma_1^2,\sigma_2^2$ 均为未知参数,并且 x 与 y 相互独立.试给出下列检验问题:

$$H_0:\sigma_1^2=4\sigma_2^2,\quad H_1:\sigma_1^2>4\sigma_2^2$$

的拒绝域(取显著性水平为 α).

3. 设对某正态分布总体 $x\sim N(\mu,\sigma^2)$ 均值 μ 进行假设检验,$H_0:\mu=\mu_0$,$H_1:\mu>\mu_0$,已知 $\sigma=300$,取样本容量 $n=25$,取 H_0 的接受域为 $(-\infty,995]$.

(1) 若 $\mu_0=900$,求犯第Ⅰ类错误的概率 α;

(2) 若 H_0 不正确,$\mu=\mu_1=1\,070$ 正确,问此时犯第Ⅱ类错误的概率 β 是多少?

(3) 若要使犯第Ⅰ类错误的概率减少到(1)中 α 的一半,问样本容量应增大到多少?

4. 某地八月份气温 $X\sim N(\mu,\sigma^2)$,观察九天,得 $\bar{x}=30$ ℃,$s=0.9$ ℃,求

(1) 此地八月份平均气温的置信区间(置信度 $1-\alpha=0.95$);

(2) 能否据此样本认为该地区八月份平均气温为 31.5 ℃ ($\alpha=0.05$);

(3) 从(1)和(2)可以得出什么结论?

5. 假设随机变量 X 与 Y 相互独立,它们分别服从正态分布 $N(\mu_1,\sigma_1^2)$,$N(\mu_2,\sigma_2^2)$,μ_i,σ_i^2 均未知($i=1,2$),现有 16 个 X 的观察值 $x_1,x_2,\cdots,x_{16}$ 与 10 个 Y 的观察值 $y_1,y_2,\cdots,y_{10}$,已有

$$\sum_{i=1}^{16} x_i = 84, \quad \sum_{i=1}^{16} x_i^2 = 563,$$

$$\sum_{i=1}^{10} y_i = 18, \quad \sum_{i=1}^{10} y_i^2 = 72.$$

(1) 分别求 μ_1,μ_2 的矩估计值 $\hat\mu_1,\hat\mu_2$;

(2) 分别求 σ_1^2,σ_2^2 的最大似然估计值;

(3) 在显著性水平 $\alpha=0.05$ 下,检验 $H_0:\sigma_1^2\leqslant\sigma_2^2$,$H_1:\sigma_1^2>\sigma_2^2$.

第九章 方差分析与一元线性回归

在前两章,我们介绍了数理统计中的两类统计推断,即参数估计和假设检验.而数理统计的两类重要问题——方差分析和回归分析在经济领域和工农业生产实践中应用相当广泛,本章只对方差分析和回归分析中最基本的部分作简单地介绍.

§9.1 单因素试验的方差分析

上一章介绍了用 t 检验法对两个方差相同的正态总体的均值进行比较.本章将考虑更加一般的问题,即我们要判别两个以上正态总体的样本均值之间的差异是来自于抽样的随机性,还是源于被抽样的总体均值之间的差异.例如,我们欲分析用三种不同教授方法讲授英语,对学生的英语学习成绩是否存在显著的影响;在四块土地上收获的小麦单位产量之间的差异是随机的,还是由于小麦品种或者施用的肥料质量的不同而产生的等.数理统计中,用来解决上述问题的方法称为**方差分析法**.方差分析法是由英国的统计学家费希尔最早提出的,可用较少的试验有效地获得大量的信息.这种方法最早应用于生物和农业试验方面,之后在很多方面都得到应用.

一、问题的提出

在生产实践和科学实验中,影响一件事物的因素常常有很多.例如,水稻单位产量受到品种、肥料、土壤、水分等因素的影响,有的因素影响大些,有的因素影响小些,究竟哪些因素对水稻单位产量影响显著,哪些因素对水稻单位产量影响不显著呢?这就要利用方差分析法找出那些对水稻单位产量影响显著的因素,并对它们加以控制,下面先介绍几个基本概念.

我们把要考察的对象的某种特征称为**指标**,如上面所说的水稻单位产量,试验条件分为可控制的与不可控制的两类.譬如,品种是对水稻单位产量这一指标产生影响的一个因素,它是可控制的,气象条件是对水稻单位产量这一指标产生影响的不可控的随机因素.我们称可控制的试验条件为**因素**.因素所处的状态称为该因素的**水平**,如上面所说的水稻若有 4 种不同的品种,称为有 4 种不同的水平.如果在试验中,只有一个因素取几个不同的水平,其他可控因素都保持固定不变,那么这种试验称为**单因素试验**.如果有两个或两个以上的因素取不同的水平,则称为**多因素试验**.本节仅考虑单因素试验.

以灯泡的寿命为例,为了分析工艺因素对它的影响是否显著,我们在四种不同的工艺方案,即在四种不同的水平 A_1, A_2, A_3 和 A_4 之下各生产一批灯泡,然后从中抽取样本并测其寿命(单位:h),得到如表 9-1 所示的单因素试验的观察值.试问:我们应如何由表中所列的数据来分析、判断工艺方案的不同对灯泡寿命的影响是否显著.

表 9-1 灯泡寿命观察值   单位:h

工艺	水 平			
	A_1	A_2	A_3	A_4
寿命观察值	1 620	1 580	1 460	1 500
	1 670	1 600	1 540	1 550
	1 700	1 640	1 620	1 610
	1 750	1 720		1 680
	1 800			
$\bar{x}$	1 708	1 635	1 540	1 585

现我们从两方面来分析表 9-1.

(1) 从每一种水平 $A_j(j=1,2,3,4)$ 的数据来看,在水平 A_j 之下,生产的灯泡寿命之间存在着差异,其原因是对于每个水平 A_j,如果不存在各种不可控制的随机因素,那么一般会认为水平 A_j 下的灯泡寿命是一个常数 μ_j.由于各种不可控制的随机因素是客观存在的,故当工艺水平确定为 A_j 时,灯泡的寿命会在 μ_j 上下摆动而成随机变量,即认为每一水平 A_j 对应一个总体 x_j,这样便有

$$x_j = \mu_j + \varepsilon_j,$$

其中 ε_j 是各种随机因素的综合效应,据前面的中心极限定理,便可认为 $\varepsilon_j \sim N(0,\sigma_j^2)$,于是便有

$$x_j \sim N(\mu_j, \sigma_j^2), \quad j=1,2,3,4.$$

而每一种工艺水平 A_j 下的数据是从该总体 x_j 抽取的样本观察值.

(2) 从不同水平 $A_j(j=1,2,3,4)$ 之间的均值 $\bar{x}$ 来看,灯泡寿命的样本均值 $\bar{x}$ 之间也有差异,而样本均值是总体均值的无偏估计,因此,样本均值间存在差异这一事实说明了把四个水平之下的正态总体 x_j 看成是四个不同的正态总体更为合理.

于是,判断工艺方案对灯泡寿命是否存在显著影响,即判断灯泡寿命观察值之间的差异主要源于抽样的随机性还是主要源于工艺方案的不同,便可以归结为判断这四个正态总体是否相同.一般地,在安排单因素试验时,除所要考虑的因素之外,其余条件都尽可能地做到一致,我们便有理由认为不同水平下所对应的正态总体的方差是相等的($\sigma_j^2 = \sigma^2, j=1,2,3,4$).于是判断几个正态总体是否相同的问题,就进一步归结为判断几个具有相同方差的正态总体的均值是否相等的问题.

总结上面的分析,便可得出这一单因素试验方差分析问题的**数学模型**:若该灯泡寿命总体为 x,对应于水平 A_j 的总体记为 x_j,则

$$x_j \sim N(\mu_j, \sigma^2), \quad j=1,2,3,4,$$

其中 σ^2 未知,是由各种随机因素所决定的,一般认为与 j 无关,要判别工艺方案水平对灯泡寿命的影响是否显著,只要检验:

$$H_0: \mu_1 = \mu_2 = \mu_3 = \mu_4, \quad H_1: \mu_1, \mu_2, \mu_3, \mu_4 \text{ 不全相等}.$$

若接受 H_0,便认为不同的工艺水平对灯泡寿命无显著影响,数据表中灯泡寿命的差别是随机因素造成的;若拒绝 H_0,则认为不同工艺水平对灯泡寿命的影响显著.

检验 H_0 的依据当然是各个总体的样本,当水平确定为 A_j 时,所得的灯泡寿命 x_{ij} 显然就是总体 x_j 的样本.各 x_{ij} 当然与总体 x_j 服从同分布,即有 $x_{ij} \sim N(\mu_j, \sigma^2)$,若令 $\varepsilon_{ij} = x_{ij} - \mu_j$,便有 $\varepsilon_{ij} \sim N(0, \sigma^2)$,显然,$\varepsilon_{ij}$ 所反映的便是各种不可控随机因素的综合效应,由此上述数学模型也可写为如下线性模型:

$$\begin{cases} x_{ij} = \mu_j + \varepsilon_{ij}, & j=1,2,3,4, \\ \varepsilon_{ij} \sim N(0, \sigma^2), & \mu_j, \sigma^2 \text{ 未知,且各 } \varepsilon_{ij} \text{ 相互独立}. \end{cases}$$

对于上述数学模型检验:

$$H_0: \mu_1 = \mu_2 = \mu_3 = \mu_4, \quad H_1: \mu_1, \mu_2, \mu_3, \mu_4 \text{ 不全相等}.$$

一般地,我们假设因素 A 有 s 个水平 $A_1, A_2, \cdots, A_s$,在水平 A_j 下总体 $x_j \sim N(\mu_j, \sigma^2)$,$j=1,2,\cdots,s$,$\sigma^2$ 与 j 无关,它们相互独立.要研究因素 A 的 s 个水平所对应的试验指标有无明显的差异,就要对各总体抽取样本在水平 A_j 下进行 n_j ($j=1,2,\cdots,s$) 次重复试验,试验相互独立,其观察值列表如下(表 9-2):

表 9-2 观 察 值 表

因素水平	A_1	A_2	$\cdots$	A_s
总体	x_1	x_2	$\cdots$	x_s
观察值	x_{11}	x_{12}	$\cdots$	x_{1s}
	x_{21}	x_{22}	$\cdots$	x_{2s}
	$\vdots$	$\vdots$		$\vdots$
	$x_{n_1 1}$	$x_{n_2 2}$	$\cdots$	$x_{n_s s}$

设 $n = \sum_{j=1}^{s} n_j$. 那么在水平 A_j 下进行 n_j ($j=1,2,\cdots,s$) 次试验,试验指标 $x_{1j}, x_{2j}, \cdots, x_{n_j j}$ 便构成总体 x_j 的容量为 n_j 的样本.显然,各 x_{ij} ($i=1,2,\cdots,n_j$) 与 x_j 服从同分布,即 $x_{ij} \sim N(\mu_j, \sigma^2)$ ($i=1,2,\cdots,n_j$).若令 $\varepsilon_{ij} = x_{ij} - \mu_j$,则有 $\varepsilon_{ij} \sim N(0, \sigma^2)$,$\varepsilon_{ij}$ 所反映的便是不可控随机因素对试验指标的综合效应.由此便可引入如下线性模型:

$$\begin{cases} x_{ij} = \mu_j + \varepsilon_{ij}, & i=1,2,\cdots,n_j, \quad j=1,2,\cdots,s, \\ \varepsilon_{ij} \sim N(0, \sigma^2), & \mu_j, \sigma^2 \text{ 未知,且各 } \varepsilon_{ij} \text{ 相互独立}. \end{cases} \quad (9-1-1)$$

对于上述数学模型检验:

$$H_0: \mu_1 = \mu_2 = \cdots = \mu_s, \quad H_1: \mu_1, \mu_2, \cdots, \mu_s \text{ 不全相等}.$$

当 $s=2$ 时,即为检验 $H_0:\mu_1=\mu_2$,$H_1:\mu_1\neq\mu_2$,可应用 t 检验法;当 $s>2$ 时,应采用方差分析法.

为了能更好地描述数据,常在方差分析中引入总均值与效应的概念.记

$$\begin{cases} \mu = \dfrac{1}{n}\sum_{j=1}^{s} n_j\mu_j, \\ \delta_j = \mu_j - \mu, j = 1,2,\cdots,s. \end{cases}$$

称 μ 为**总均值**,称 δ_j 为**水平 A_j 的效应**,δ_j 表示水平 A_j 下的总体均值 μ_j 与总均值 μ 的差异,显然,δ_j 满足 $n_1\delta_1 + n_2\delta_2 + \cdots + n_s\delta_s = \sum_{j=1}^{s} n_j(\mu_j - \mu) = 0$.

利用效应 δ_j 可以将模型(9-1-1)再改写成

$$\begin{cases} x_{ij} = \mu + \delta_j + \varepsilon_{ij}, & i = 1,2,\cdots,n_j, \quad j = 1,2,\cdots,s, \\ \varepsilon_{ij} \sim N(0,\sigma^2), & \text{各 } \varepsilon_{ij} \text{ 独立}, \\ \sum_{j=1}^{s} n_j\delta_j = 0. \end{cases} \quad (9-1-2)$$

相应的统计检验假设可写成:

$$H_0: \delta_1 = \delta_2 = \cdots = \delta_s = 0, \quad H_1: \delta_1, \delta_2, \cdots, \delta_s \text{ 不全为零}.$$

二、基本原理

如果 H_0 成立,那么 s 个总体间无显著差异,即说明因素 A 对试验结果的影响不显著,所有 x_{ij} 可视为来自同一个总体 $N(\mu,\sigma^2)$,各 x_{ij} 间的差异只是由随机因素引起的(称为**随机误差**).若 H_0 不成立,则在所有 x_{ij} 的总变差中,除随机波动引起的变差外,还应包括由于因素 A 的不同水平作用产生的差异(称为**系统误差**).如果不同水平作用产生的差异比随机因素引起的差异大得多,则认为因素 A 对试验结果有显著影响,否则,就认为因素 A 对试验结果无显著影响.为此,我们下一步的任务是在总差异中将这两种差异分开,然后进行比较.

记 $\bar{x} = \dfrac{1}{n}\sum_{j=1}^{s}\sum_{i=1}^{n_j} x_{ij}$ 是全体观察值的总平均,称为**样本总均值**,记 $\bar{x}_{\bullet j} = \dfrac{1}{n_j}\sum_{i=1}^{n_j} x_{ij}$ $(j=1,2,\cdots,s)$,称 $\bar{x}_{\bullet j}$ 为第 j 个水平的样本均值.由 $E(\bar{x})=\mu$,$E(\bar{x}_{\bullet j})=\mu_j$,故 $\bar{x}$ 是 μ 的无偏估计量,$\bar{x}_{\bullet j}$ 是 μ_j 的无偏估计量.

再记

$$S_T = \sum_{j=1}^{s}\sum_{i=1}^{n_j} (x_{ij} - \bar{x})^2, \quad (9-1-3)$$

称 S_T 为全体观察值 x_{ij} $(i=1,2,\cdots,n_j,\ j=1,2,\cdots,s)$ 对总平均 $\bar{x}$ 的**总离差平方和**,S_T 描述了观察值之间的总离散或总差异程度,前面已经知道,总差异程度包含随机误差与系统误差,故需要对 S_T 进一步分解.将 S_T 改写为

$$S_T = \sum_{j=1}^{s}\sum_{i=1}^{n_j} (x_{ij} - \bar{x})^2 = \sum_{j=1}^{s}\sum_{i=1}^{n_j} [(x_{ij} - \bar{x}_{\bullet j}) + (\bar{x}_{\bullet j} - \bar{x})]^2$$

$$= \sum_{j=1}^{s} \sum_{i=1}^{n_j} (x_{ij} - \bar{x}_{\bullet j})^2 + 2 \sum_{j=1}^{s} \sum_{i=1}^{n_j} (x_{ij} - \bar{x}_{\bullet j})(\bar{x}_{\bullet j} - \bar{x}) + \sum_{j=1}^{s} \sum_{i=1}^{n_j} (\bar{x}_{\bullet j} - \bar{x})^2$$

$$= \sum_{j=1}^{s} \sum_{i=1}^{n_j} (x_{ij} - \bar{x}_{\bullet j})^2 + \sum_{j=1}^{s} n_j (\bar{x}_{\bullet j} - \bar{x})^2,$$

其中交叉乘积项

$$\sum_{j=1}^{s} \sum_{i=1}^{n_j} (x_{ij} - \bar{x}_{\bullet j})(\bar{x}_{\bullet j} - \bar{x}) = \sum_{j=1}^{s} (\bar{x}_{\bullet j} - \bar{x}) \sum_{i=1}^{n_j} (x_{ij} - \bar{x}_{\bullet j})$$

$$= \sum_{j=1}^{s} (\bar{x}_{\bullet j} - \bar{x})(n_j \bar{x}_{\bullet j} - n_j \bar{x}_{\bullet j}) = 0.$$

于是总离差平方和 S_T 可以分解为

$$S_T = S_E + S_A, \tag{9-1-4}$$

其中

$$S_E = \sum_{j=1}^{s} \sum_{i=1}^{n_j} (x_{ij} - \bar{x}_{\bullet j})^2, \tag{9-1-5}$$

$$S_A = \sum_{j=1}^{s} n_j (\bar{x}_{\bullet j} - \bar{x})^2. \tag{9-1-6}$$

S_E 为因素 A 在各个水平 A_j 下的观察值 x_{ij} 对本组样本均值 $\bar{x}_{\bullet j}$ 的离差平方和的总和,它显然反映了各水平 $A_j(j=1,2,\cdots,s)$ 之下重复试验的随机误差,我们称之为**组内平方和**或**误差平方和**.

S_A 为各水平的样本均值 $\bar{x}_{\bullet j}$ 对样本总均值 $\bar{x}$ 的离差平方和,反映了各总体 x_j 的样本均值 $\bar{x}_{\bullet j}$ 之间的差异.而 $\bar{x}_{\bullet j}$ 是总体均值 μ_j 的无偏估计量,$\bar{x}_{\bullet j}$ 之间的差异在一定程度上反映了 μ_j 之间的差异.因此,S_A 主要反映了因素 A 的不同水平所引起的系统误差的总大小,我们称 S_A 为**组间平方和**.

利用效应分解模型(9-1-2)可以更深刻地揭示 S_E 和 S_A 对总离差平方和 S_T 的贡献情况.令

$$\bar{\varepsilon} = \frac{1}{n} \sum_{j=1}^{s} \sum_{i=1}^{n_j} \varepsilon_{ij},$$

$$\bar{\varepsilon}_{\bullet j} = \frac{1}{n_j} \sum_{i=1}^{n_j} \varepsilon_{ij}, \quad j = 1, 2, \cdots, s,$$

则

$$\bar{x} = \frac{1}{n} \sum_{j=1}^{s} \sum_{i=1}^{n_j} x_{ij} = \frac{1}{n} \sum_{j=1}^{s} \sum_{i=1}^{n_j} (\mu_j + \varepsilon_{ij}) = \mu + \bar{\varepsilon},$$

$$\bar{x}_{\bullet j} = \frac{1}{n_j} \sum_{i=1}^{n_j} x_{ij} = \frac{1}{n_j} \sum_{i=1}^{n_j} (\mu_j + \varepsilon_{ij}) = \mu_j + \bar{\varepsilon}_{\bullet j} = \mu + \delta_j + \bar{\varepsilon}_{\bullet j},$$

于是

$$S_E = \sum_{j=1}^{s} \sum_{i=1}^{n_j} (x_{ij} - \bar{x}_{\bullet j})^2 = \sum_{j=1}^{s} \sum_{i=1}^{n_j} [(\mu_j + \varepsilon_{ij}) - (\mu_j + \bar{\varepsilon}_{\bullet j})]^2$$

$$= \sum_{j=1}^{s} \sum_{i=1}^{n_j} (\varepsilon_{ij} - \bar{\varepsilon}_{\bullet j})^2,$$

$$S_A = \sum_{j=1}^{s} n_j (\bar{x}_{\bullet j} - \bar{x})^2 = \sum_{j=1}^{s} n_j [(\mu + \delta_j + \bar{\varepsilon}_{\bullet j}) - (\mu + \bar{\varepsilon})]^2$$

$$= \sum_{j=1}^{s} n_j (\delta_j + \bar{\varepsilon}_{\bullet j} - \bar{\varepsilon})^2.$$

以上说明 S_E 仅与表达随机波动、服从正态分布 $N(0, \sigma^2)$ 的随机变量 ε_{ij} 有关,即 S_E 仅与试验的随机误差有关.而 S_A 除与试验的随机误差 ε_{ij} 有关之外,还依赖于因素各水平 A_j 的效应 δ_j,即还依赖于试验的系统误差.若 S_A 显著地大于 S_E,这就说明因素 A 各水平之下总体的样本观察值间的差异即组间差异显著地大于重复试验之间随机误差的总大小,那么原假设 H_0 不成立.这种通过比较方差的大小来推断统计假设 H_0 可否接受的方法就称为**方差分析法**.

三、假设检验的拒绝域

在具体给出一个比较方差大小的统计量,并依此建立假设检验的拒绝域之前,需要先分析以上几个平方和的统计特性.

1. 当 H_0 为真时, $\dfrac{S_T}{\sigma^2} \sim \chi^2(n-1)$.

事实上,当 H_0 为真,全部数据 x_{ij} ($i=1,2,\cdots,n_j, j=1,2,\cdots,s$) 可视为来自同一个正态总体 $N(\mu, \sigma^2)$ 的容量为 n 的样本,其样本方差为

$$S^2 = \frac{1}{n-1} \sum_{j=1}^{s} \sum_{i=1}^{n_j} (x_{ij} - \bar{x})^2 = \frac{S_T}{n-1}.$$

依 §6.4 定理 3 知

$$\frac{(n-1)S^2}{\sigma^2} \sim \chi^2(n-1),$$

于是

$$\frac{S_T}{\sigma^2} = \frac{n-1}{\sigma^2} \cdot \frac{S_T}{n-1} = \frac{(n-1)S^2}{\sigma^2} \sim \chi^2(n-1), \qquad (9\text{-}1\text{-}7)$$

并且由式(9-1-3)可知 S_T 的自由度为 $n-1$,这里 $n = \sum_{j=1}^{s} n_j$.

2. 不论 H_0 是否为真, $\dfrac{S_E}{\sigma^2} \sim \chi^2(n-s)$.

对固定的 j 而言, x_{ij} ($i=1,2,\cdots,n_j$) 是水平 A_j 下正态总体 $N(\mu_j, \sigma^2)$ 的容量为 n_j 的样本,若记该样本之方差为 $S_j^2 = \dfrac{1}{n_j - 1} \sum_{i=1}^{n_j} (x_{ij} - \bar{x}_{\bullet j})^2$,就有

$$\frac{(n_j - 1) S_j^2}{\sigma^2} = \frac{1}{\sigma^2} \sum_{i=1}^{n_j} (x_{ij} - \bar{x}_{\bullet j})^2 \sim \chi^2(n_j - 1),$$

故

$$\frac{S_E}{\sigma^2} = \sum_{j=1}^{s} \left[\frac{1}{\sigma^2} \sum_{i=1}^{n_j} (x_{ij} - \bar{x}_{\bullet j})^2 \right] \sim \chi^2(n-s), \qquad (9-1-8)$$

并且 S_E 的自由度为 $n-s$,有

$$E\left(\frac{S_E}{n-s}\right) = \sigma^2. \qquad (9-1-9)$$

3. 当 H_0 为真时,$\dfrac{S_A}{\sigma^2} \sim \chi^2(s-1)$,并且 $\dfrac{S_A}{\sigma^2}$ 与 $\dfrac{S_E}{\sigma^2}$ 相互独立.

该结论的证明从略. 这里仅指出在平方和 $S_A = \sum_{j=1}^{s} n_j (\bar{x}_{\bullet j} - \bar{x})^2$ 中,s 个变量 $\sqrt{n_j}(\bar{x}_{\bullet j} - \bar{x})$ $(j = 1, 2, \cdots, s)$ 有且仅有一个线性约束

$$\sum_{j=1}^{s} \sqrt{n_j} \cdot \sqrt{n_j}(\bar{x}_{\bullet j} - \bar{x}) = \sum_{j=1}^{s} n_j \bar{x}_{\bullet j} - \bar{x} \sum_{j=1}^{s} n_j = n\bar{x} - n\bar{x} = 0,$$

所以 S_A 的自由度为 $s-1 = (n-1) - (n-s)$,它恰是 S_T 与 S_E 两个平方和自由度的差,即三个平方和的自由度满足 $n-1 = (n-s) + (s-1)$.

由于 $\bar{x} = \dfrac{1}{n} \sum_{j=1}^{s} \sum_{i=1}^{n_j} x_{ij}, \mu = \dfrac{1}{n} \sum_{j=1}^{s} n_j \mu_j$ 及 x_{ij} 的特性,知 $\bar{x} \sim N\left(\mu, \dfrac{\sigma^2}{n}\right)$,即得

$$E(S_A) = E\left(\sum_{j=1}^{s} n_j \bar{x}_{\bullet j}^2 - n\bar{x}^2\right) = \sum_{j=1}^{s} n_j E(\bar{x}_{\bullet j}^2) - nE(\bar{x}^2)$$

$$= \sum_{j=1}^{s} n_j \left[\frac{\sigma^2}{n_j} + (\mu + \delta_j)^2\right] - n\left(\frac{\sigma^2}{n} + \mu^2\right)$$

$$= (s-1)\sigma^2 + 2\mu \sum_{j=1}^{s} n_j \delta_j + n\mu^2 + \sum_{j=1}^{s} n_j \delta_j^2 - n\mu^2.$$

由 $\sum_{j=1}^{s} n_j \delta_j = 0$,故有 $E(S_A) = (s-1)\sigma^2 + \sum_{j=1}^{s} n_j \delta_j^2$. 显然当 H_0 成立时,$\dfrac{S_A}{s-1}$ 是 σ^2 的无偏估计量. 当 H_1 为真时,$\sum_{j=1}^{s} n_j \delta_j^2 > 0$,此时

$$E\left(\frac{S_A}{s-1}\right) = \sigma^2 + \frac{1}{s-1} \sum_{j=1}^{s} n_j \delta_j^2 > \sigma^2.$$

又不论 H_0 是否成立都有 $E\left(\dfrac{S_E}{n-s}\right) = \sigma^2$,故不论 H_0 是否成立,$\dfrac{S_E}{n-s}$ 是 σ^2 的无偏估计量.

综上所述,分式 $F = \dfrac{S_A/(s-1)}{S_E/(n-s)}$ 的分子和分母独立,当 H_0 不真时,分子的取值有偏大的趋势,故知检验问题的拒绝域具有形式 $F = \dfrac{S_A/(s-1)}{S_E/(n-s)} \geq k$,$k$ 由预先给定的显

著性水平 α 确定.

现在定义:**组间平均平方和** $\bar{S}_A = \dfrac{S_A}{s-1}$,**组内平均平方和(误差均方)** $\bar{S}_E = \dfrac{S_E}{n-s}$,由上述平方和的三个统计特性,便有如下定理.

定理 若 H_0 为真,则 $F = \dfrac{\bar{S}_A}{\bar{S}_E} = \dfrac{S_A/(s-1)}{S_E/(n-s)} \sim F(s-1, n-s)$.

根据这一定理便知,若 H_0 为真,便有

$$P\left(\frac{S_A/(s-1)}{S_E/(n-s)} \geq F_\alpha(s-1, n-s)\right) = \alpha,$$

其中 α 为显著性水平,即 $\dfrac{S_A/(s-1)}{S_E/(n-s)} \geq F_\alpha(s-1, n-s)$ 是 H_0 成立时的小概率事件.

这样,便得到检验问题(9-1-1)的拒绝域为

$$F \geq F_\alpha(s-1, n-s) = F_\alpha. \tag{9-1-10}$$

检验的显著性水平 α 一般取为 0.05 或 0.01.

当 $F < F_{0.05}$ 时,认为因素 A 的影响不显著;

当 $F_{0.05} \leq F < F_{0.01}$ 时,认为因素 A 的影响显著,并用"*"号标识;

当 $F_{0.01} \leq F$ 时,认为因素 A 的影响极显著,并用"**"标识.

方差分析的结果通常制成表 9-3 的形式,称为**方差分析表**.

表 9-3 单因素试验方差分析表

方差来源	平方和	自由度	均方	F 值	临界值	显著性
因素 A	S_A	$s-1$	$\bar{S}_A = S_A/(s-1)$	$F = \bar{S}_A/\bar{S}_E$	F_α	
误差	S_E	$n-s$	$\bar{S}_E = S_E/(n-s)$			
总和	S_T	$n-1$				

在实际中,我们可以按以下较简便的公式来计算各平方和.

先计算 $T_{\bullet j} = \sum\limits_{i=1}^{n_j} x_{ij}, j = 1, 2, \cdots, s$,$T_{\bullet\bullet} = \sum\limits_{j=1}^{s} \sum\limits_{i=1}^{n_j} x_{ij} = \sum\limits_{j=1}^{s} T_{\bullet j}$.再求

$$\begin{cases} S_T = \sum\limits_{j=1}^{s} \sum\limits_{i=1}^{n_j} x_{ij}^2 - n\bar{x}^2 = \sum\limits_{j=1}^{s} \sum\limits_{i=1}^{n_j} x_{ij}^2 - \dfrac{T_{\bullet\bullet}^2}{n}, \\ S_A = \sum\limits_{j=1}^{s} n_j \bar{x}_{\bullet j}^2 - n\bar{x}^2 = \sum\limits_{j=1}^{s} \dfrac{T_{\bullet j}^2}{n_j} - \dfrac{T_{\bullet\bullet}^2}{n}, \\ S_E = S_T - S_A. \end{cases} \tag{9-1-11}$$

例 1 就表 9-1 的数据在显著性水平 $\alpha = 0.05$ 下,讨论工艺因素对灯泡寿命的影响是否显著.

解 依题意即是检验假设

$$H_0: \mu_1 = \mu_2 = \mu_3 = \mu_4, \quad H_1: \mu_1, \mu_2, \mu_3, \mu_4 \text{不全相等}.$$

并且

$$s = 4, n_1 = 5, n_2 = 4, n_3 = 3, n_4 = 4, n = 16,$$

$$S_T = \sum_{j=1}^{s} \sum_{i=1}^{n_j} x_{ij}^2 - \frac{T_{\cdot\cdot}^2}{n} = (1\,620^2 + 1\,670^2 + \cdots + 1\,680^2) - \frac{26\,040^2}{16} = 124\,700,$$

$$S_A = \sum_{j=1}^{s} \frac{T_{\cdot j}^2}{n_j} - \frac{T_{\cdot\cdot}^2}{n} = \left(\frac{8\,540^2}{5} + \frac{6\,540^2}{4} + \frac{4\,620^2}{3} + \frac{6\,340^2}{4}\right) - \frac{26\,040^2}{16} = 62\,820,$$

$$S_E = S_T - S_A = 61\,880.$$

S_T, S_A, S_E 的自由度分别为 $n-1=15, s-1=3, n-s=12$. 故得方差分析表9-4. 因 $F_{0.05}(3,12) = 3.49 < 4.06$,所以在水平 0.05 下拒绝 H_0,认为工艺方案对灯泡寿命有显著影响.

表 9-4 例 1 的方差分析表

方差来源	平方和	自由度	均方	F 值	临界值	显著性
因素 A	62 820	3	$\bar{S}_A = 20\,940$	4.06	$F_{0.05}(3,12) = 3.49$	*
误差	61 880	12	$\bar{S}_E = 5\,156.67$			
总和	124 700	15				

四、未知参数的估计

首先,由式 (9-1-9) 有 $E\left(\dfrac{S_E}{n-s}\right) = \sigma^2$,故

$$\hat{\sigma}^2 = \frac{S_E}{n-s} \tag{9-1-12}$$

是 σ^2 的无偏估计量,这一结论与 H_0 是否为真无关.

其次,由 $\bar{x}$ 与 $\bar{x}_{\cdot j}$ 的定义容易知道

$$E(\bar{x}) = \mu, E(\bar{x}_{\cdot j}) = \mu_j \quad (j = 1, 2, \cdots, s), \tag{9-1-13}$$

所以

$$\hat{\mu} = \bar{x} \text{ 与 } \hat{\mu}_j = \bar{x}_{\cdot j} \tag{9-1-14}$$

分别是 μ 与 μ_j 的无偏估计量.

当 H_0 被拒绝时,这意味效应 $\delta_1, \delta_2, \cdots, \delta_s$ 不全为零,由于 $\delta_j = \mu_j - \mu \ (j = 1, 2, \cdots, s)$,知 $\hat{\delta}_j = \bar{x}_{\cdot j} - \bar{x}$ 是 δ_j 的无偏估计量,此时还有关系式 $\sum_{j=1}^{s} n_j \hat{\delta}_j = \sum_{j=1}^{s} n_j \bar{x}_{\cdot j} - n\bar{x} = 0$.

最后,当 H_0 被拒绝时,常需要对水平 A_j 与 A_k 之下两个总体 $x_j \sim N(\mu_j, \sigma^2)$ 与 $x_k \sim$

$N(\mu_k, \sigma^2)$ 的均值差 $\mu_j - \mu_k = \delta_j - \delta_k$ 作出区间估计. 为此考虑 $\mu_j - \mu_k$ 的点估计量 $\bar{x}_{\bullet j} - \bar{x}_{\bullet k}$.

因为

$$E(\bar{x}_{\bullet j} - \bar{x}_{\bullet k}) = \mu_j - \mu_k, \quad D(\bar{x}_{\bullet j} - \bar{x}_{\bullet k}) = \sigma^2 \left(\frac{1}{n_j} + \frac{1}{n_k} \right),$$

所以

$$\bar{x}_{\bullet j} - \bar{x}_{\bullet k} \sim N\left(\mu_j - \mu_k, \sigma^2 \left(\frac{1}{n_j} + \frac{1}{n_k}\right)\right), \quad \text{即} \quad \frac{\bar{x}_{\bullet j} - \bar{x}_{\bullet k} - (\mu_j - \mu_k)}{\sigma \sqrt{\frac{1}{n_j} + \frac{1}{n_k}}} \sim N(0,1),$$

其中 σ^2 未知. 再利用 $\dfrac{S_E}{\sigma^2} \sim \chi^2(n-s)$ 以及 $\bar{x}_{\bullet j} - \bar{x}_{\bullet k}$ 与 S_E/σ^2 相互独立得,

$$\left. \frac{\bar{x}_{\bullet j} - \bar{x}_{\bullet k} - (\mu_j - \mu_k)}{\sigma \sqrt{\frac{1}{n_j} + \frac{1}{n_k}}} \middle/ \sqrt{\frac{S_E/\sigma^2}{n-s}} \right. = \frac{\bar{x}_{\bullet j} - \bar{x}_{\bullet k} - (\mu_j - \mu_k)}{\sqrt{S_E \left(\frac{1}{n_j} + \frac{1}{n_k}\right)}} \sim t(n-s).$$

由此可导出 $\mu_j - \mu_k = \delta_j - \delta_k$ 的置信度为 $1-\alpha$ 的置信区间

$$\left(\bar{x}_{\bullet j} - \bar{x}_{\bullet k} - t_{\alpha/2}(n-s) \sqrt{S_E\left(\frac{1}{n_j} + \frac{1}{n_k}\right)}, \bar{x}_{\bullet j} - \bar{x}_{\bullet k} + t_{\alpha/2}(n-s) \sqrt{S_E\left(\frac{1}{n_j} + \frac{1}{n_k}\right)} \right).$$

$$(9\text{-}1\text{-}15)$$

例 2 对四种小麦进行产量对比试验, 假定各试验小区的田地面积和地力相同. 在同样的管理条件下种植小麦得到表 9-5 所列的试验数据, 试问不同小麦品种的小区产量有无显著差异?并估计各参数.

表 9-5 四种小麦的小区产量   单位: 500 g

品种	A_1	A_2	A_3	A_4	
产量的观察值	32.3	33.3	30.8	29.3	
	34.0	33.0	34.3	26.0	
	34.3	36.3	32.3	29.8	$n = 15$
	35.0	36.9			
	36.5				
$T_{\bullet j}$	172.1	139.5	97.4	85.1	$T_{\bullet\bullet} = 494.1$

解 由表 9-5 算得各平方和如下:

$$S_T = \sum_{j=1}^{s} \sum_{i=1}^{n_j} x_{ij}^2 - \frac{T_{\bullet\bullet}^2}{n} = 125.5,$$

$$S_A = \sum_{j=1}^{s} \frac{T_{\bullet j}^2}{n_j} - \frac{T_{\bullet\bullet}^2}{n} = 89.3,$$

$$S_E = S_T - S_A = 125.5 - 89.3 = 36.2.$$

其方差分析表见表 9-6.

表 9-6　例 2 的方差分析表

方差来源	平方和	自由度	均方	F 值	临界值	显著性
品种间	89.3	3	29.77	9.05	$F_{0.01}(3,11) = 6.22$	**
误差	36.2	11	3.29			
总和	125.5	14				

方差分析结果,四种小麦小区产量的差异极显著,算得各品种小麦的小区产量平均值的估计为

$$\hat{\mu}_1 = \bar{x}_{\bullet 1} = 34.4, \quad \hat{\mu}_2 = \bar{x}_{\bullet 2} = 34.88,$$
$$\hat{\mu}_3 = \bar{x}_{\bullet 3} = 32.47, \quad \hat{\mu}_4 = \bar{x}_{\bullet 4} = 28.37,$$

由 $\hat{\mu} = \bar{x} = 32.94$ 有

$$\hat{\delta}_1 = \bar{x}_{\bullet 1} - \bar{x} = 34.4 - 32.94 = 1.46, \hat{\delta}_2 = \bar{x}_{\bullet 2} - \bar{x} = 34.88 - 32.94 = 1.94,$$
$$\hat{\delta}_3 = \bar{x}_{\bullet 3} - \bar{x} = 32.47 - 32.94 = -0.47, \hat{\delta}_4 = \bar{x}_{\bullet 4} - \bar{x} = 28.37 - 32.94 = -4.57.$$

方差的估计为

$$\widehat{\sigma^2} = \bar{S}_E = \frac{S_E}{n-s} = \frac{36.2}{15-4} = 3.29.$$

产量较高的品种 A_2 和产量较低的品种 A_4,其产量均值差 $\mu_2 - \mu_4$ 置信度为 0.95 的置信区间为

$$\left(\bar{x}_{\bullet 2} - \bar{x}_{\bullet 4} - t_{\alpha/2}(n-s) \sqrt{\bar{S}_E \left(\frac{1}{n_2} + \frac{1}{n_4} \right)}, \bar{x}_{\bullet 2} - \bar{x}_{\bullet 4} + t_{\alpha/2}(n-s) \sqrt{\bar{S}_E \left(\frac{1}{n_2} + \frac{1}{n_4} \right)} \right),$$

即为

$$(3.461, 9.559).$$

在实际应用中,有时要同时考虑多个因素的影响.例如,若要同时考察小麦品种和肥料对小麦单位产量的影响,就需要进行双因素试验的方差分析等,具体可参看其他参考书.

典型例题 9-1

§9.2　一元线性回归分析

现实世界中的变量普遍存在相互依赖、相互依存的现象,即存在一定的关系.一般地说,变量间的关系大致可以分为两类:

(1) **确定性关系**,它可以用我们熟知的函数关系来表示.例如做匀速直线运动的物体,其位移 s 与运动速度 v 以及时间 t 之间的关系可以用函数关系表达为 $s(v,t) = vt$,当 v 与 t 的值已知时,变量 s 的值便随之完全确定.

(2) **非确定关系**,例如农作物产量与施肥量有密切关系,在一定范围内,施肥量愈高,产量愈高.但在多次的重复实验中,即便每次的施肥量都一样,农作物的收获量也不可能完全相同;人的体重与身高之间存在一定的关系,一般地说,人高一些,体重要重一些,但同样高度的人,体重往往不相同;城市家庭的消费支出与收入之间关系紧密,一般地说,收入高,消费支出也高,但收入相同的家庭其消费支出却不相同,等等.

以上一些例子中,自变量如施肥量、身高和收入等,都是可以精确观察的,或是可以在某个范围中随意地取指定值的变量,即它们是可控变量,因此通常就把它们当作是普通变量.但当自变量取指定值时,因变量如农作物产量、人的体重和家庭消费支出等的取值却是不确定的,是随机的,具有一定概率分布,称为不可控变量.变量间这种非确定性关系称为**相关关系**,它不能直接用函数关系表达.尽管如此,人们通过大量的实验或观察数据,还是可以发现隐含在具有相关关系的变量之间的某种统计规律性.**回归分析**就是研究当自变量可控制时的变量间相关关系的一种有效方法,它帮助人们揭示其统计规律性,进而从一些变量的取值去估计另一些变量的取值,这是本章将要讲述的主要内容.当自变量也是随机变量或不可控变量时,变量之间相关关系的分析主要属于数理统计中相关分析的内容.但一些应用工作者,对自变量常不严格区分,通常都按可控变量处理.

回归分析的基本思想十分直观.以农作物产量与施肥量的关系为例,尽管在多次重复实验中,因为产量 y 是随机变量,故与相同施肥量 x 对应的每一次产量是不确定的,但产量的平均值却相对稳定,因此很自然我们设想用平均产量与施肥量相对应,从而建立一个相对确定的数量关系.进一步,因为样本平均值是总体数学期望的无偏估计,而对应于 x 的每一个取值 y 相应地服从确定的概率分布,所以若 y 关于 x 的条件数学期望 $E(y|x)$ 存在,则它是完全确定的,于是为了描述因变量 y 与自变量 x 之间某种确定性的数量关系,我们就用 y 的条件数学期望 $E(y|x)$ 作为 y 的代表值与 x 相对应.显然,当 x 变化时,$E(y|x)$ 是 x 的函数,记作 $\mu_{y|x}$ 或 $\mu(x)$,即

$$\mu_{y|x} = \mu(x) = E(y|x).$$

于是我们得到一个确定的函数关系 $y=\mu(x)$,它大致描述了 y 关于 x 的变化规律,称函数 $\mu(x)$ 为 y 关于 x 的**回归函数**,方程 $y=\mu(x)$ 为 y 关于 x 的**回归方程**,相应的曲线就叫做 y 关于 x 的**回归曲线**(图 9-1).可见,**回归分析**的基本思想就是把 y 关于 x 的条件数学期望 $E(y|x)$ 作为随机变量 y 的代表值加以研究,从而从某个侧面来反映 y 与 x 之间联系的规律性.

并且若 y 是随机变量,则 $E[(y-c)^2]$ 作为 c 的函数,在 $c=E(y)$ 时,$E[(y-c)^2]$ 达到最小(参见第四章习题(一)第 19 题).这表明在一切 x 的函数中以回归函数 $\mu(x)$ 作为 y 的近似,其均方误差 $E[(y-\mu(x))^2]$ 为最小.因此,作为一种近似,为了研究 y 与 x 的关系转而去研究 $\mu(x)$ 与 x 的关系是合适的.

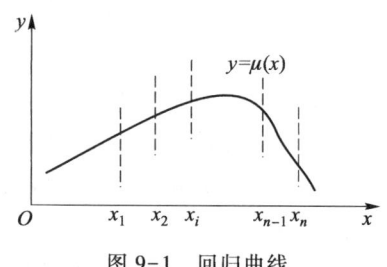

图 9-1 回归曲线

例 1 设随机变量 x 与 y 的联合概率密度函数为

$$f(x,y) = \begin{cases} xe^{-x(1+y)}, & x>0, y>0, \\ 0, & 其他. \end{cases}$$

试求 y 关于 x 的回归方程.

解 随机变量 x 的边缘概率密度如下

$$f_x(x) = \int_0^{+\infty} f(x,y)\,dy = \begin{cases} e^{-x}, & x>0, \\ 0, & 其他, \end{cases}$$

当 $x>0$ 时,y 关于 x 的条件概率密度为

$$f_{y|x}(y|x) = \frac{f(x,y)}{f_x(x)} = \frac{x \cdot e^{-x(1+y)}}{e^{-x}} = xe^{-xy}, y>0,$$

故

$$f_{y|x}(y|x) = \begin{cases} xe^{-xy}, & y>0, \\ 0, & 其他 \end{cases} (x>0).$$

于是 y 关于 x 的回归函数为

$$\mu_{y|x} = E(y|x) = \int_0^{+\infty} y \cdot xe^{-xy}\,dy = \frac{1}{x} \ (x>0),$$

相应的回归方程为

$$y = \frac{1}{x} \ (x>0),$$

其回归曲线如图 9-2 所示.

函数 $y=\dfrac{1}{x}$ 描述了随机变量 y 与 x 的相关关系.

实际应用中,对具有相关关系的变量在具体建立回归的函数形式之前,需要首先对回归函数 $\mu(x)$ 的形式提出一个假设.这可以根据与被研究对象有关的物理假定、生物假定或其他假定提出.比如,我们认为汽车轮胎磨损的程度(单位:mm)与汽车行驶的里程数(单位:km)呈线性相关关系等.若没有任何先验的理由可以假定回归的函数类型,则就要利用试验的结

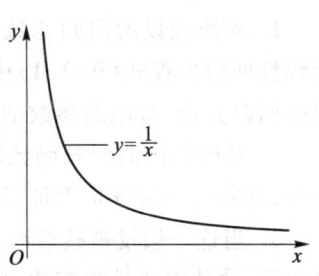

图 9-2 例 1 的回归曲线

果,把试验的每对观察值 (x_i, y_i) 在直角坐标系上标出,所得到的点状图形称为**散点图**.散点图可以帮助我们粗略了解用什么形式的函数估计随机变量 y 的条件数学期望更好些.

例 2 在动物学研究中,有时需要找出某种动物的体积与质量的关系.因为动物的质量相对而言容易测量,而测量体积比较困难,因此,人们希望用动物的质量预测其体积.下面是 18 只某种动物的体积与质量数据.在这里,动物质量被看作自变量,用 x 表示,单位为 kg,动物体积则作为因变量,用 y 表示,单位为 dm³,18 组数据列于表 9-7,试据此提出动物体积关于动物质量的回归函数形式.

表 9-7　18 只某种动物的质量 x 与体积 y 数据

x	y	x	y	x	y
10.4	10.2	15.1	14.8	16.5	15.9
10.5	10.4	15.1	15.1	16.7	16.6
11.9	11.6	15.1	14.5	17.1	16.7
12.1	11.9	15.7	15.7	17.1	16.7
13.8	13.5	15.8	15.2	17.8	17.6
15.0	14.5	16.0	15.8	18.4	18.3

解　作出散点图如图 9-3,可以看出,本例中在 $10 \leqslant x \leqslant 19$ 范围内,y 与 x 大致呈线性关系.因此提出用 $a+bx$ 来估计 y 的条件数学期望,即建立如下的线性回归方程

$$y = a + bx \qquad (9\text{-}2\text{-}1)$$

是适宜的.

当 y 关于 x 的回归方程用线性函数表示时,称 x 和 y 之间存在**线性相关**关系.而用一元线性函数来估计 y 的条件数学期望的问题,称为**一元线性回归**问题.一元线性回归分析用于研究两个变量之间的线性相关关系."一元"是指自变量只有一个的情况,这是回归分析中最简单、最常见的.

本节的任务是:

1. 对所假设的回归函数中的未知参数,例如一元线性回归方程式(9-2-1)中的 a 与 b 进行估计.对线性回归分析,常用的参数估计方法是最小二乘法.

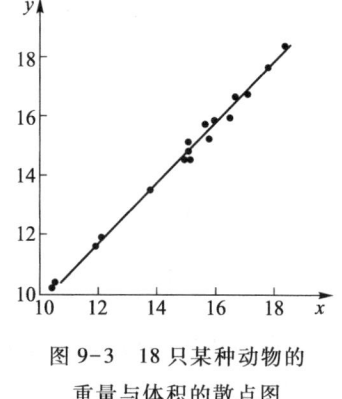

图 9-3　18 只某种动物的重量与体积的散点图

2. 对所提出的回归函数形式的假设进行显著性检验,判断这一假设是否可以接受.

3. 当这一假设被接受时,我们就可以应用回归函数的估计结果,对给定的自变量取值,估计因变量相应的取值范围,即解决对因变量的预测问题,或者反过来,研究所谓自变量的控制问题.

回归分析在社会、经济、工农业生产以及科学实验中有着相当广泛的应用.

一、基本概念

假设变量 x 与 y 存在某种线性相关关系,其中 x 是可控制或可精确观察的普通变量,y 是随机变量.对于 x 的一组不全相同的值 $x_1, x_2, \cdots, x_n$ 进行独立试验,得到随机变量 y 的相应观察值 $y_1, y_2, \cdots, y_n$,如此构成 n 对数据

$$(x_1, y_1), \quad (x_2, y_2), \quad \cdots, \quad (x_n, y_n),$$

称之为一组容量为 n 的样本,作出相应的散点图,若从图上可以看出点 (x_i, y_i) $(i=1,2,\cdots,n)$ 大致分布在一条直线附近,则可假设 x 与 y 之间大致存在线性相关关系.

而具有线性相关关系的变量,可以用 y 关于 x 的条件数学期望 $E(y|x)$ 作为 y 的代表值与 x 建立确定性关系,因此我们设想 y 关于 x 的条件数学期望是 x 的线性函数,即

$$E(y|x) = \mu(x) = a + bx.$$

进一步假设,对 x 的每一指定值,y 服从正态分布,从而

$$y \sim N(a + bx, \sigma^2), \qquad (9\text{-}2\text{-}2)$$

其中参数 a,b 和方差 σ^2 都是未知的,且不依赖于 x.

以上假设相当于我们假设因变量 y 和自变量 x 服从如下的线性关系

$$\begin{cases} y = a + bx + \varepsilon, \\ \varepsilon \sim N(0,\sigma^2), \sigma^2 \text{ 与 } x \text{ 无关}. \end{cases} \qquad (9\text{-}2\text{-}3)$$

于是 n 对数据 (x_i, y_i) 也相应于满足下述线性关系

$$\begin{cases} y_i = a + bx_i + \varepsilon_i, \\ \varepsilon_i \sim N(0,\sigma^2), \varepsilon_i \text{ 互相独立}, i = 1,2,\cdots,n. \end{cases} \qquad (9\text{-}2\text{-}4)$$

通常就称数据 $y_1, y_2, \cdots, y_n$ 满足线性模型.

下一步的任务就是,通过 n 对观察值,对参数 a,b 作估计.如果 a,b 的估计分别为 $\hat{a}$ 与 $\hat{b}$($\hat{a}$ 与 $\hat{b}$ 皆为随机变量,它们的取值随样本而变),则可得到**理论回归函数** $a+bx$ 的估计 $\hat{a}+\hat{b}x$,称之为**经验回归函数**.于是,对于给定的 x,就用 $\hat{a}+\hat{b}x$ 作为 y 的估计 $\hat{y}$(实际上是 y 的条件数学期望 $E(y|x)$ 的一个估计),记作

$$\hat{y} = \hat{a} + \hat{b}x,$$

称之为**经验回归方程**,它是**理论回归方程**

$$y = a + bx$$

的估计.经验回归方程所对应的直线就称为经验回归直线,系数 $\hat{b}$ 是经验回归直线的斜率.

二、参数 a,b 的最小二乘法估计

在散点图上可以画出直线,使直线两边的散点分布比较均衡,这样就得到一条回归直线,究竟哪一条最好,这要给出一个标准,以下将要陈述的最小二乘法的原则就是标准之一.

假设要选配的回归直线为 $y = a + bx$,则对每一个观察值 x_i,在回归直线上可以得到一个对应值 $a + bx_i$,它与实际观察值 y_i,沿着平行 y 轴的方向有一偏差 $|y_i - (a + bx_i)|$(参见图 9-4).所谓最小二乘法的原则就是要选取参数 a 和 b,使偏差 $|y_i - (a + bx_i)|$ 的平方和

$$Q(a,b) = \sum_{i=1}^{n}(y_i - a - bx_i)^2 \qquad (9\text{-}2\text{-}5)$$

达到最小,并认为这样配置的直线为最好.

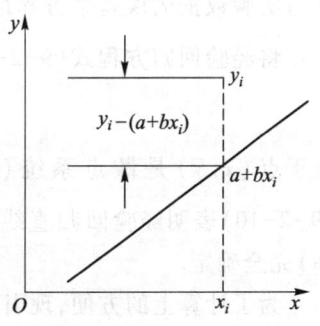

图 9-4

注意到在 $Q(a,b)$ 表达式中 x_i, y_i $(i=1,2,\cdots,n)$ 为已知值,因此 $Q(a,b)$ 为参数 a,b 的二元二次函数.欲求 $Q(a,b)$ 的最小值,只要求其偏导数 $\dfrac{\partial Q}{\partial a}, \dfrac{\partial Q}{\partial b}$,并令它们等于零,

$$\begin{cases} \dfrac{\partial Q}{\partial a} = -2\sum_{i=1}^{n}(y_i - a - bx_i) = 0, \\ \dfrac{\partial Q}{\partial b} = -2\sum_{i=1}^{n}x_i(y_i - a - bx_i) = 0. \end{cases} \quad (9\text{-}2\text{-}6)$$

整理得方程组

$$\begin{cases} na + b\sum x_i = \sum y_i, \\ a\sum x_i + b\sum x_i^2 = \sum x_i y_i \end{cases} \quad (9\text{-}2\text{-}7)$$

$\left(\text{以下} \sum_{i=1}^{n} \text{皆省略求和限,简记为} \sum \right)$.

方程组(9-2-6)和(9-2-7)都称为**正规方程组**.由于 x_i 不全相等,正规方程组的系数行列式

$$\begin{vmatrix} n & \sum x_i \\ \sum x_i & \sum x_i^2 \end{vmatrix} = n(\sum x_i^2 - n\bar{x}^2) = n\sum(x_i - \bar{x})^2$$

不等于零,故正规方程组(9-2-7)有唯一的一组解

$$\begin{cases} \hat{b} = \dfrac{\sum x_i y_i - n\bar{x}\bar{y}}{\sum x_i^2 - n\bar{x}^2} = \dfrac{\sum(x_i - \bar{x})(y_i - \bar{y})}{\sum(x_i - \bar{x})^2}, \\ \hat{a} = \bar{y} - \hat{b}\bar{x}, \end{cases} \quad (9\text{-}2\text{-}8)$$

其中 $\bar{x} = \dfrac{1}{n}\sum x_i, \bar{y} = \dfrac{1}{n}\sum y_i$,于是求得经验回归方程

$$\hat{y} = \hat{a} + \hat{b}x. \quad (9\text{-}2\text{-}9)$$

以上使偏差平方和 $Q(a,b)$ 达到最小的 $\hat{a}, \hat{b}$ 称为参数 a,b 的**最小二乘估计**,所用的方法就是**最小二乘法**,它是求经验方程的常用方法,可用于一般的曲线拟合问题.其实质是,当我们用曲线去拟合实验数据时,应做到所拟合的曲线上的对应点的纵坐标与实验数据的误差平方和最小.

将经验回归方程式(9-2-9)中的 $\hat{a}$ 用 $\bar{y} - \hat{b}\bar{x}$ 代入可改写成

$$\hat{y} - \bar{y} = \hat{b}(x - \bar{x}). \quad (9\text{-}2\text{-}10)$$

由于点 $(\bar{x}, \bar{y})$ 是散点系统 $(x_1, y_1), (x_2, y_2), \cdots, (x_n, y_n)$ 的几何中心,所以式(9-2-10)表明经验回归直线通过散点系统的中心,且它由回归系数 $\hat{b}$(直线的斜率)完全确定.

为了计算上的方便,现引入下列记号:

$$\begin{cases} l_{xx} = \sum(x_i-\bar{x})^2 = \sum x_i^2 - \dfrac{1}{n}(\sum x_i)^2, \\ l_{yy} = \sum(y_i-\bar{y})^2 = \sum y_i^2 - \dfrac{1}{n}(\sum y_i)^2, \\ l_{xy} = \sum(x_i-\bar{x})(y_i-\bar{y}) = \sum x_i y_i - \dfrac{1}{n}(\sum x_i)(\sum y_i), \end{cases} \quad (9\text{-}2\text{-}11)$$

分别称 l_{xx}, l_{yy} 为 x, y 的**离差平方和**,l_{xy} 为 x, y 的**离差乘积和**.利用这些记号,a, b 的估计量可写成

$$\begin{cases} \hat{b} = \dfrac{l_{xy}}{l_{xx}}, \\ \hat{a} = \dfrac{1}{n}\sum y_i - \left(\dfrac{1}{n}\sum x_i\right)\hat{b}. \end{cases} \quad (9\text{-}2\text{-}12)$$

上述计算主要涉及 $\sum x_i, \sum y_i, \sum x_i^2, \sum y_i^2$ 和 $\sum x_i y_i$ 的计算,它们一般可列表进行,如下面例子所示.

例 3(续例 2) 假设例 2 的数据符合 (9-2-4) 所述的条件,求 y 关于 x 的线性回归方程.

解 现在 $n=18$,为求线性回归方程,计算过程列于表 9-8.

表 9-8 例 2 的计算表

$\sum x_i = 270.1$	$n = 18$	$\sum y_i = 265.0$
$\bar{x} = 15.005\ 6$		$\bar{y} = 14.722\ 2$
$\sum x_i^2 = 4\ 149.39$	$\sum x_i y_i = 4\ 071.71$	$\sum y_i^2 = 3\ 996.14$
$n\bar{x}^2 = 4\ 053.000\ 6$	$n\bar{x}\bar{y} = 3\ 976.472\ 2$	$n\bar{y}^2 = 3\ 901.388\ 9$
$l_{xx} = 96.389\ 4$	$l_{xy} = 95.237\ 8$	$l_{yy} = 94.751\ 1$
	$\hat{b} = l_{xy}/l_{xx} = 0.988\ 1$	
	$\hat{a} = \bar{y} - \bar{x}\hat{b} = -0.104\ 8$	

于是得经验回归方程

$$\hat{y} = -0.104\ 8 + 0.988\ 1x,$$

或写成

$$\hat{y} - 14.722\ 2 = 0.988\ 1(x - 15.005\ 6),$$

其中点 $(15.005\ 6, 14.722\ 2)$ 为散点的几何中心,其横坐标与纵坐标分别为动物的质量与动物的体积的平均值.

三、线性假设的显著性检验

以上介绍了利用试验数据对来配置最佳经验回归直线的方法.但事实上,对两个变量,不论它们是否存在线性相关关系,只要它们有一组观察数据对 (x_i, y_i) $(i = 1, 2, \cdots, n)$,一般都可以按照上述方法求得一个线性方程.显然,这样求

得的线性方程只有当 x,y 之间确有线性相关关系时才有实际意义.为此,在实际应用该方程之前,必须首先按假设检验方法判断变量 x,y 之间是否存在线性相关关系.

线性假设显著性检验的常用方法有方差分析(F 检验)法、t 检验法和相关系数检验法.三者检验的结果是一致的,实际工作中可以从中任选一种.

(一) 方差分析(F 检验)法

1. 基本原理

前面讨论中我们假设变量 x,y 符合式(9-2-3),即

$$\begin{cases} y = a + bx + \varepsilon, \\ \varepsilon \sim N(0,\sigma^2), \sigma^2 \text{ 与 } x \text{ 无关}, \end{cases}$$

观察数据对 (x_i,y_i) $(i=1,2,\cdots,n)$ 符合式(9-2-4)所说的线性模型.如果这些假设的确符合实际,则 b 不应为零,因为若 $b=0$,则 y 就不依赖于 x 了.因此我们检验 x 与 y 是否线性相关就是要检验以下假设

$$H_0: b = 0, \quad H_1: b \neq 0.$$

为此可以从分析数据 $y_1, y_2, \cdots, y_n$ 的波动,即**总离差平方和**

$$S_T = \sum (y_i - \bar{y})^2 \tag{9-2-13}$$

入手.将 S_T 中的每一项改写为

$$y_i - \bar{y} = (y_i - \hat{y}_i) + (\hat{y}_i - \bar{y}),$$

其中 $\hat{y}_i$ 是当 $x = x_i$ 时经验回归直线 $\hat{y} = \hat{a} + \hat{b}x$ 上的对应值.上式说明总离差 $y_i - \bar{y}$ 来源于 $(y_i - \hat{y}_i)$ 和 $(\hat{y}_i - \bar{y})$ 两个方面.图 9-5 显示,离差 $\hat{y}_i - \bar{y}$ 反映了当 x 变动时,y 按线性规律变动对总离差所产生的影响;而 $y_i - \hat{y}_i$ 则表示扣除 x 对 y 的线性影响之后,其他因素(包括随机因素)对 y 的影响.

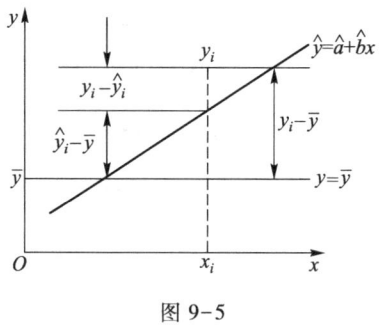

图 9-5

因此 S_T 应按这两项进行分解

$$\begin{aligned} S_T &= \sum [(y_i - \hat{y}_i) + (\hat{y}_i - \bar{y})]^2 \\ &= \sum (y_i - \hat{y}_i)^2 + 2\sum (y_i - \hat{y}_i)(\hat{y}_i - \bar{y}) + \sum (\hat{y}_i - \bar{y})^2 \\ &= \sum (y_i - \hat{y}_i)^2 + \sum (\hat{y}_i - \bar{y})^2, \end{aligned}$$

其中 $\sum (y_i - \hat{y}_i)(\hat{y}_i - \bar{y}) = 0$,这是因为 $\hat{y}_i$ 满足

$$\hat{y}_i = \hat{a} + \hat{b} x_i,$$

且 $\hat{a}, \hat{b}$ 是正规方程组(9-2-6)的解,即 $\hat{a}, \hat{b}$ 满足

$$\begin{cases} \sum(y_i-\hat{a}-\hat{b}x_i)=0, \\ \sum x_i(y_i-\hat{a}-\hat{b}x_i)=0. \end{cases}$$

于是

$$\sum(y_i-\hat{y}_i)(\hat{y}_i-\bar{y})=\sum(y_i-\hat{a}-\hat{b}x_i)(\hat{a}+\hat{b}x_i-\bar{y})=0.$$

记

$$S_e=\sum(y_i-\hat{y}_i)^2, \tag{9-2-14}$$

$$S_R=\sum(\hat{y}_i-\bar{y})^2, \tag{9-2-15}$$

分别称为**剩余平方和**和**回归平方和**. 于是

$$S_T=S_e+S_R, \tag{9-2-16}$$

式中右端两项平方和的统计意义如下.

根据式(9-2-8)有 $\bar{y}=\hat{a}+\hat{b}\bar{x}$,于是

$$\begin{aligned}S_R &= \sum(\hat{y}_i-\bar{y})^2 = \sum[(\hat{a}+\hat{b}x_i)-(\hat{a}+\hat{b}\bar{x})]^2 \\ &= \hat{b}^2\sum(x_i-\bar{x})^2 = \hat{b}^2 l_{xx}.\end{aligned} \tag{9-2-17}$$

又容易证明

$$\frac{1}{n}\sum\hat{y}_i=\frac{1}{n}\sum y_i=\bar{y},$$

这说明回归平方和 S_R 是经验回归直线上对应于 x_i 的纵坐标 $\hat{y}_i(i=1,2,\cdots,n)$ 对其自身平均值 $\bar{y}$ 的离差平方和,它反映了 $\hat{y}_i$ 的离散程度,该离散来源于 x_i 的分散 (l_{xx}),并且通过 x 对 y 的线性影响 $(\hat{b}^2)$ 反映出来,故称之为**回归平方和**.

另一方面,剩余平方和

$$S_e=\sum(y_i-\hat{y}_i)^2=\sum(y_i-\hat{a}-\hat{b}x_i)^2,$$

正是选配经验回归直线时误差平方和

$$Q(a,b)=\sum(y_i-a-bx_i)^2$$

的最小值,它来源于未加控制的因素以及试验误差. S_e 的大小反映了扣除 x 对 y 的线性影响之后,其余因素及试验误差的影响,故称之为**剩余平方和**.

因此,若 x,y 之间的线性相关性显著,则 S_T 中来自线性相关方面的方差要比来自其他方面的方差更大,也即 S_R 与 S_e 相比较应有偏大的趋势,否则 S_e 较 S_R 会有偏大的趋势,故可以通过比较方差 S_R 与 S_e 的大小来检验假设 $H_0:b=0$.

2. 参数估计量与平方和的统计性质

定理1 若随机变量 y 与变量 x 符合线性假设,即 $y\sim N(a+bx,\sigma^2)$,则

(1) b 的估计量 $\hat{b}$ 服从正态分布,即 $\hat{b}\sim N(b,\sigma^2/l_{xx})$,且该估计量是无偏估计量;

(2) a 的估计量 $\hat{a}$ 服从正态分布,即 $\hat{a}\sim N\left(a,\left(\dfrac{1}{n}+\dfrac{\bar{x}^2}{l_{xx}}\right)\sigma^2\right)$,且该估计量是无偏估计量;

(3) $\operatorname{Cov}(\hat{a},\hat{b})=-\dfrac{\bar{x}}{l_{xx}}\sigma^2$;

(4) 对于给定的 x_0, $\hat{y}_0 = \hat{a} + \hat{b}x_0 \sim N\left(a+bx_0, \left[\dfrac{1}{n} + \dfrac{(x_0-\bar{x})^2}{l_{xx}}\right]\sigma^2\right)$;

(5) σ^2 的估计量 $\widehat{\sigma^2} = \dfrac{S_e}{n-2}$ 是无偏估计量.

证明 (1) 利用 $\sum(x_i-\bar{x}) = 0$, 将 $\hat{b}$ 改写成

$$\hat{b} = \frac{l_{xy}}{l_{xx}} = \sum \frac{x_i - \bar{x}}{\sum(x_i-\bar{x})^2}(y_i - \bar{y}) = \sum \frac{x_i - \bar{x}}{l_{xx}} y_i,$$

其中 $x_i, \bar{x}$ 为确定值, y_i 相互独立, 且 $y_i \sim N(a+bx_i, \sigma^2)$ $(i=1,2,\cdots,n)$, 所以 $\hat{b}$ 是正态随机变量的线性组合, 故 $\hat{b}$ 服从正态分布. 又

$$E(\hat{b}) = \sum \frac{x_i - \bar{x}}{l_{xx}} E(y_i) = \sum \frac{x_i - \bar{x}}{l_{xx}}(a+bx_i) = b,$$

$$D(\hat{b}) = \sum \left(\frac{x_i - \bar{x}}{l_{xx}}\right)^2 D(y_i) = \sum \left(\frac{x_i - \bar{x}}{l_{xx}}\right)^2 \sigma^2 = \frac{\sigma^2}{l_{xx}},$$

于是, $\hat{b} \sim N(b, \sigma^2/l_{xx})$, 并且 $\hat{b}$ 是 b 的无偏估计量.

(2) 利用 $\sum(x_i-\bar{x}) = 0$, 则 $\hat{a} = \bar{y} - \hat{b}\bar{x} = \sum \left[\dfrac{1}{n} - \dfrac{(x_i-\bar{x})\bar{x}}{l_{xx}}\right] y_i$, 而其中 $x_i, \bar{x}$ 为确定值, y_i 相互独立, $y_i \sim N(a+bx_i, \sigma^2)$ $(i=1,2,\cdots,n)$, $\bar{y} \sim N(a+b\bar{x}, \sigma^2/n)$. 所以 $\hat{a}$ 是正态随机变量的线性组合, 故 $\hat{a}$ 服从正态分布. 又

$$E(\hat{a}) = E(\bar{y}) - E(\hat{b})\bar{x} = a + b\bar{x} - b\bar{x} = a,$$

$$D(\hat{a}) = \sum \left[\frac{1}{n} - \frac{(x_i-\bar{x})\bar{x}}{l_{xx}}\right]^2 D(y_i) = \left(\frac{1}{n} + \frac{\bar{x}^2}{l_{xx}}\right)\sigma^2,$$

于是, $\hat{a} \sim N\left(a, \left(\dfrac{1}{n} + \dfrac{\bar{x}^2}{l_{xx}}\right)\sigma^2\right)$, 且该估计量是无偏估计量.

(3) 由于 y_i $(i=1,2,\cdots,n)$ 之间相互独立, 可得

$$\text{Cov}(\hat{a},\hat{b}) = \text{Cov}\left(\sum \left[\frac{1}{n} - \frac{(x_i-\bar{x})\bar{x}}{l_{xx}}\right] y_i, \sum \frac{x_i-\bar{x}}{l_{xx}} y_i\right)$$

$$= \sum \left[\frac{1}{n} - \frac{(x_i-\bar{x})\bar{x}}{l_{xx}}\right] \frac{x_i-\bar{x}}{l_{xx}} \sigma^2 = -\frac{\bar{x}}{l_{xx}} \sigma^2.$$

(4) 由于 $\hat{b} = \dfrac{l_{xy}}{l_{xx}} = \sum \dfrac{x_i-\bar{x}}{\sum(x_i-\bar{x})^2}(y_i-\bar{y}) = \sum \dfrac{x_i-\bar{x}}{l_{xx}} y_i$, 故 $\hat{b}$ 是 $y_1, y_2, \cdots, y_n$ 的线性组合, 再由 $\hat{a} = \dfrac{1}{n}\sum y_i - \bar{x}\hat{b}$ 知 $\hat{y}_0 = \hat{a} + \hat{b}x_0$ 是 y_i $(i=1,2,\cdots,n)$ 的线性组合, 从而 $\hat{y}_0$ 服从

正态分布,且
$$E(\hat{y}_0) = E(\hat{a}) + E(\hat{b})x_0 = a + bx_0,$$

$$\begin{aligned}D(\hat{y}_0) &= D(\hat{a}) + D(\hat{b})x_0^2 + 2\operatorname{Cov}(\hat{a},\hat{b})x_0 \\ &= \left[\left(\frac{1}{n}+\frac{\bar{x}^2}{l_{xx}}\right) + \frac{x_0^2}{l_{xx}} - 2\frac{x_0\bar{x}}{l_{xx}}\right]\sigma^2 = \left[\frac{1}{n}+\frac{(x_0-\bar{x})^2}{l_{xx}}\right]\sigma^2.\end{aligned}$$

所以
$$\hat{y}_0 \sim N\left(a+bx_0, \left[\frac{1}{n}+\frac{(x_0-\bar{x})^2}{l_{xx}}\right]\sigma^2\right).$$

(5) $\begin{aligned}E(S_T) &= E(\sum(y_i-\bar{y})^2) \\ &= E(\sum[b(x_i-\bar{x})+(\varepsilon_i-\bar{\varepsilon})]^2) \\ &= E(b^2\sum(x_i-\bar{x})^2 + 2b\sum(x_i-\bar{x})(\varepsilon_i-\bar{\varepsilon}) + \sum(\varepsilon_i-\bar{\varepsilon})^2) \\ &= b^2 l_{xx} + (n-1)\sigma^2,\end{aligned}$ \hfill (9-2-18)

其中 $\bar{\varepsilon}=\frac{1}{n}\sum\varepsilon_i, \bar{\varepsilon}\sim N(0,\sigma^2/n)$,且

$$\begin{aligned}E(\sum(\varepsilon_i-\bar{\varepsilon})^2) &= E(\sum\varepsilon_i^2 - n\bar{\varepsilon}^2) \\ &= \sum\{D(\varepsilon_i)+[E(\varepsilon_i)]^2\} - n\{D(\bar{\varepsilon})+[E(\bar{\varepsilon})]^2\} \\ &= n\sigma^2 - n\frac{\sigma^2}{n} = (n-1)\sigma^2,\end{aligned}$$

$$\begin{aligned}E(S_R) &= E(\sum(\hat{y}_i-\bar{y})^2) = E(\hat{b}^2 l_{xx}) = l_{xx} E(\hat{b}^2) \\ &= l_{xx}\{D(\hat{b})+[E(\hat{b})]^2\} = l_{xx}\left(\frac{\sigma^2}{l_{xx}}+b^2\right) \\ &= b^2 l_{xx} + \sigma^2,\end{aligned}$$ \hfill (9-2-19)

$$E(S_e) = E(S_T - S_R) = (n-2)\sigma^2.$$

所以
$$E\left(\frac{S_e}{n-2}\right) = \sigma^2, \tag{9-2-20}$$

记方差 σ^2 的估计量为 $\hat{\sigma}^2$,且令

$$\hat{\sigma}^2 = \frac{S_e}{n-2}, \tag{9-2-21}$$

则 $\hat{\sigma}^2$ 是 σ^2 的无偏估计量.

由定理 1 说明:

1. $\hat{a},\hat{b}$ 分别是 a,b 的无偏估计量;
2. $\hat{y}_0$ 是 $E(y_0|x_0) = a+bx_0$ 的无偏估计量;
3. 除 $\bar{x}=0$ 外,$\hat{a},\hat{b}$ 是相关的;

4. 要提高 $\hat{a}, \hat{b}$ 的估计精度(即降低它们的方差)就要求 n 大,l_{xx} 大(即要求 $x_1, x_2, \cdots, x_n$ 较分散);

5. $\widehat{\sigma^2} = \dfrac{S_e}{n-2}$ 是 σ^2 的无偏估计量.

且从上述证明(5)的过程中得知,不论假设"$H_0: b=0$"是否成立,$\dfrac{S_e}{n-2}$ 总是 σ^2 的无偏估计量.而仅当 $b=0$ 时 S_R 才是 σ^2 的无偏估计量,否则 S_R 的数学期望将大于 σ^2,即比值

$$F = \frac{S_R}{S_e/(n-2)}$$

当 H_0 不成立时将有偏大的趋势.因此若 F 值显著偏大,则假设 H_0 可能不成立,x 对 y 的线性影响显著.

定理 2 若数据对 (x_i, y_i) $(i=1,2,\cdots,n)$ 符合式(9-2-4),则

(1) 当 $H_0: b=0$ 成立时,$\dfrac{S_T}{\sigma^2} \sim \chi^2(n-1)$,$\dfrac{S_R}{\sigma^2} \sim \chi^2(1)$;

(2) $\dfrac{S_e}{\sigma^2} \sim \chi^2(n-2)$ 且与 $\dfrac{S_R}{\sigma^2}$ 以及 $\hat{b}$ 相互独立;

(3) 当 $H_0: b=0$ 为真时,

$$F = \frac{S_R}{S_e/(n-2)} \sim F(1, n-2). \tag{9-2-22}$$

证明从略.

从式(9-2-22),对给定的显著性水平 α,检验拒绝域为 $F \geq F_\alpha(1, n-2)$,称此检验法为**方差分析法**或 **F 检验法**.

当假设 $H_0: b=0$ 被拒绝时,认为回归效果是显著的,反之,就认为回归效果不显著.回归效果不显著的可能原因有如下几种:

1. 影响 y 取值的,除 x 之外,还有其他不可忽略的因素;
2. y 与 x 关系不是线性的,可能存在其他形式的关系;
3. y 与 x 不存在关系.

实际计算时可以使用下列公式:

$$S_T = \sum(y_i - \bar{y})^2 = l_{yy}, \tag{9-2-23}$$

$$S_R = \sum(\hat{y}_i - \bar{y})^2 = \hat{b}^2 l_{xx} = \frac{l_{xy}^2}{l_{xx}}, \tag{9-2-24}$$

$$S_e = S_T - S_R = l_{yy} - \frac{l_{xy}^2}{l_{xx}}. \tag{9-2-25}$$

并将检验结果列成以下方差分析表 9-9.

表 9-9 线性假设显著性检验的方差分析表

方差来源	平方和	自由度	F 值	临界值	显著性
回归	$S_R = l_{xy}^2/l_{xx}$	1	$F = \dfrac{S_R}{S_e/(n-2)}$	$F_{0.05}$	
剩余	$S_e = l_{yy} - l_{xy}^2/l_{xx}$	$n-2$		$F_{0.01}$	
总和	$S_T = l_{yy}$	$n-1$			

例 4(续例 3) 试检验例 3 中回归效果是否显著.

解 已知 $n = 18$,并已算得

$$l_{xx} = 96.389\ 4,\ l_{xy} = 95.237\ 8,\ l_{yy} = 94.751\ 1,$$

于是

$$S_T = 94.751\ 1,$$

$$S_R = \frac{(95.237\ 8)^2}{96.389\ 4} = 94.099\ 96,$$

$$S_e = 94.751\ 1 - 94.099\ 96 = 0.651\ 14,$$

$$F = \frac{94.099\ 96}{0.651\ 14/(18-2)} = 2\ 312.251\ 4.$$

将结果列于方差分析表 9-10.

表 9-10 例 4 的方差分析表

方差来源	平方和	自由度	F 值	临界值	显著性
回归	$S_R = 94.099\ 96$	1	2 312.251 4	8.53	**
剩余	$S_e = 0.651\ 14$	16			
总和	$S_T = 94.751\ 1$	17			

因为 $F = 2\ 312.251\ 4 > F_{0.01}(1, 16) = 8.53$,所以拒绝 H_0,认为动物的体积与动物的质量之间有极显著的线性相关关系,即回归效果极显著.

(二) t 检验法

根据本节定理 1 和定理 2 得知

$$\frac{\hat{b} - b}{\sqrt{\sigma^2/l_{xx}}} \sim N(0, 1),\quad \frac{S_e}{\sigma^2} \sim \chi^2(n-2),$$

且两者相互独立,故有

$$\frac{\hat{b} - b}{\sqrt{\sigma^2/l_{xx}}} \bigg/ \sqrt{\frac{S_e}{\sigma^2}/(n-2)} \sim t(n-2),$$

即

$$\frac{\hat{b}-b}{\hat{\sigma}}\sqrt{l_{xx}} \sim t(n-2), \qquad (9\text{-}2\text{-}26)$$

这里 $\hat{\sigma}=\sqrt{\hat{\sigma}^2}=\sqrt{S_e/(n-2)}$，也称为**剩余标准差**.

当 H_0 为真时，$b=0$，此时

$$t=\frac{\hat{b}}{\hat{\sigma}}\sqrt{l_{xx}} \sim t(n-2), \qquad (9\text{-}2\text{-}27)$$

且 $E(\hat{b})=b=0$，即得 H_0 的拒绝域为

$$|t|=\frac{|\hat{b}|}{\hat{\sigma}}\sqrt{l_{xx}} \geq t_{\alpha/2}(n-2), \qquad (9\text{-}2\text{-}28)$$

此处 α 为显著性水平.

例 5（续例 3） 取 $\alpha=0.01$，用 t 检验法检验例 3 中回归效果的显著性。

解 已知 $n=18$，算得 $\hat{b}=0.988\,1$，$S_e=0.651\,14$，$l_{xx}=96.389\,4$.

再算得 $\hat{\sigma}=\sqrt{\dfrac{0.651\,14}{18-2}}=0.201\,7$，故 $|t|=\dfrac{|0.988\,1|}{0.201\,7}\sqrt{96.389\,4}=48.096$.

因为 $48.096>t_{0.01/2}(16)=2.920\,8$，所以回归效果极显著，这一检验结果与本节例 4 用 F 检验法的结果是一致的. 事实上，注意到本节定理 2 式(9-2-22)和式(9-2-27)，可知检验统计量 t 与 F 满足 $t^2=\dfrac{\hat{b}^2 l_{xx}}{\hat{\sigma}^2}=F$，且当 H_0 为真时，$t\sim t(n-2)$，从而 $t^2=F\sim F(1,n-2)$，故从理论上看，两种检验法也是一致的.

（三）相关系数检验法

我们已知二维随机变量 (x,y) 的相关系数

$$r_{xy}=\frac{\mathrm{Cov}(x,y)}{\sigma_x\sigma_y}=\frac{E([x-E(x)][y-E(y)])}{\sqrt{D(x)}\sqrt{D(y)}} \text{①}$$

是描述 x,y 之间线性相关性的一个数学特征，因此自然想到利用 $|r_{xy}|$ 的大小来检验 x 与 y 之间线性相关的显著性. 若 $|r_{xy}|$ 很小，甚至为 0，则 x,y 的线性相关性不显著，或根本不存在线性相关性；若 $|r_{xy}|$ 接近 1，则 x,y 线性相关显著.

当 x 为普通变量，y 为随机变量，我们定义它们的样本相关系数如下

$$r=\frac{\dfrac{1}{n-1}\sum(x_i-\bar{x})(y_i-\bar{y})}{\sqrt{\dfrac{1}{n-1}\sum(x_i-\bar{x})^2}\sqrt{\dfrac{1}{n-1}\sum(y_i-\bar{y})^2}}$$

$$=\frac{\sum(x_i-\bar{x})(y_i-\bar{y})}{\sqrt{\sum(x_i-\bar{x})^2}\sqrt{\sum(y_i-\bar{y})^2}}$$

---

① 为了一致起见，我们现将相关系数 ρ_{xy} 记成 r_{xy}.

$$= \frac{l_{xy}}{\sqrt{l_{xx} \cdot l_{yy}}}. \tag{9-2-29}$$

现在用散点图说明样本相关系数 r 的几何意义.

1. $r=0$, 此时 $l_{xy}=0$, 故 $\hat{b}=0$, 则由最小二乘法估计的经验回归直线 $\hat{y}=\hat{a}$ 平行于 x 轴, y 不依赖于 x, 这时 y 与 x 不存在线性相关关系, 或线性相关不显著. 可能的情况有两种: x, y 不相关(图 9-6(a)); x, y 存在非线性相关关系(图9-6(b)).

2. $0<|r|<1$, x, y 存在一定程度的线性相关关系, 这是绝大多数情况. 若 $|r|$ 愈接近 1, x, y 线性相关愈显著. 当 $r>0$ 时 $\hat{b}>0$, 散点的纵坐标 y 有随 x 增加而增加的趋势, 称 x 与 y **正相关**, 如图 9-6(c). 当 $r<0$ 时 $\hat{b}<0$, 散点的纵坐标 y 有随 x 增加而减少的趋势, 称 x 与 y **负相关**, 如图 9-6(d). 当 $|r|$ 较小时, 散点离回归直线较远、较分散; 反之, 当 $|r|$ 较接近 1 时, 散点贴近回归直线.

3. $|r|=1$, 此时

$$S_e = \sum (y_i - \hat{y})^2 = l_{yy} - \frac{l_{xy}^2}{l_{xx}} = l_{yy}\left(1 - \frac{l_{xy}^2}{l_{xx} \cdot l_{yy}}\right) = l_{yy}(1-|r|^2) = 0,$$

从而 $y_i = \hat{y}_i$ ($i=1, 2, \cdots, n$), 即所有散点都分布在经验回归直线上, 称这种情况为 x 与 y **完全线性相关**. 当 $r=1$ 时, 称为**完全正相关**, 如图 9-6(e); 当 $r=-1$ 时, 称为**完全负相关**, 如图 9-6(f). 当 $|r|=1$ 时, x 与 y 以概率 1 存在确定的线性关系.

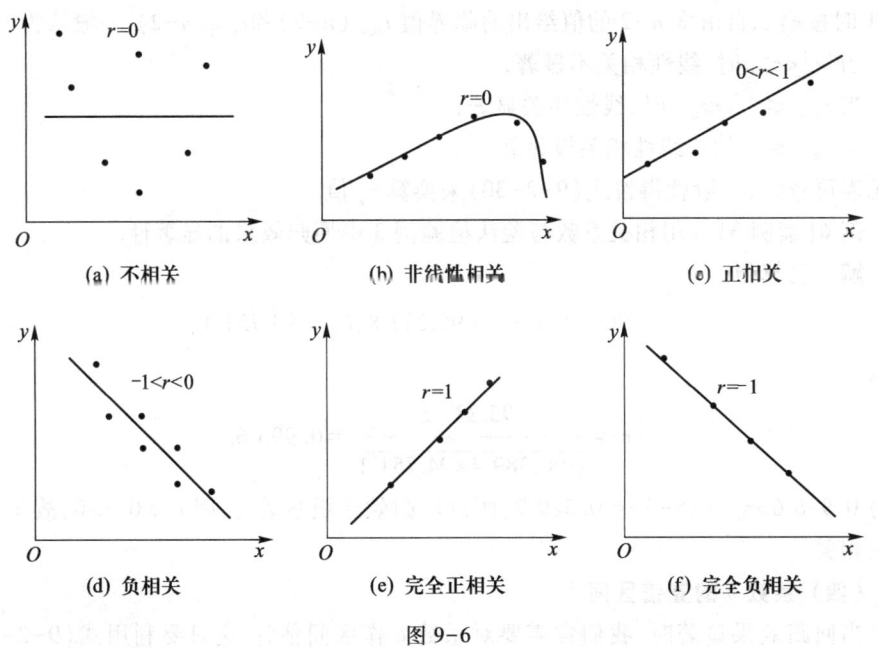

图 9-6

事实上, 从统计意义上说, 因为

$$r^2 = \frac{l_{xy}^2}{l_{xx} \cdot l_{yy}} = \frac{l_{xy}^2/l_{xx}}{l_{yy}} = \frac{S_R}{S_T},$$

所以 r^2 是回归平方和(主要来源于 x 对 y 的线性影响)占总离差平方和的比例, 当 r^2

愈接近于 1,这一比例愈大,x 对 y 的线性影响愈显著. 反之,则 x 与 y 线性相关不显著.

相关系数检验法中检验拒绝域临界值的确定,必须使得按相关系数检验法的检验结果与按方差分析检验法的检验结果相一致,为此先要建立 r 值与 F 值之间的关系. 因为

$$F = \frac{(n-2)S_R}{S_e} = (n-2)\frac{l_{xy}^2/l_{xx}}{l_{yy} - l_{xy}^2/l_{xx}} = (n-2)\frac{l_{xy}^2/(l_{xx}l_{yy})}{1 - l_{xy}^2/(l_{xx}l_{yy})}$$

$$= (n-2)\frac{r^2}{1-r^2},$$

即

$$F = \frac{(n-2)r^2}{1-r^2},$$

解上式得

$$|r| = \sqrt{\frac{F}{F+n-2}}. \tag{9-2-30}$$

于是,对给定的显著性水平 α,由 F 的临界值 F_α 可以按 (9-2-30) 式算出 $|r|$ 的对应的临界值 r_α. 在一元线性回归分析中,F 统计量服从 $F(1, n-2)$ 分布,其第一自由度恒为 1,故 F_α 完全由第二自由度 $n-2$ 确定. 本书附录 7 列出了当 $\alpha = 0.05$ 和 $\alpha = 0.01$ 时按第二自由度 $n-2$ 的值给出的临界值 $r_{0.05}(n-2)$ 和 $r_{0.01}(n-2)$. 一般认为

当 $|r| < r_{0.05}$ 时, 线性相关不显著;

当 $r_{0.05} \leq |r| < r_{0.01}$ 时, 线性相关显著;

当 $r_{0.01} \leq |r|$ 时, 线性相关极显著.

在无表可查时,一般就得按式 (9-2-30) 来换算 r_α 值.

例 6(续例 3) 用相关系数检验法检验例 3 中回归效果的显著性.

解 已算得

$$l_{xx} = 96.3894, \quad l_{xy} = 95.2378, \quad l_{yy} = 94.7511,$$

所以

$$|r| = \frac{95.2378}{\sqrt{96.3894 \times 94.7511}} = 0.9966.$$

因为 $0.9966 > r_{0.01}(18-2) = 0.5897$,所以回归效果极显著. 又因 $l_{xy} > 0, r > 0$,故 x 与 y 为正相关.

(四) 系数 b 的置信区间

当回归效果显著时,我们常需要对系数 b 作区间估计. 这只要利用式 (9-2-26) 即可得到 b 的置信度为 $1-\alpha$ 的置信区间为

$$\left(\hat{b} - t_{\alpha/2}(n-2)\frac{\hat{\sigma}}{\sqrt{l_{xx}}}, \hat{b} + t_{\alpha/2}(n-2)\frac{\hat{\sigma}}{\sqrt{l_{xx}}}\right). \tag{9-2-31}$$

如例 3 中 b 的置信度为 0.95 的置信区间为

$$(0.9445, 1.0317).$$

四、估计、预测与控制

当回归方程经过检验显著后,可用来作估计、预测和控制.估计与预测这是两个不同的问题:

(1) 当 $x=x_0$ 时,寻求均值 $E(y_0|x_0)=a+bx_0$ 的点估计与区间估计(注意这里 $E(y_0|x_0)$ 是常量),这是估计问题.

(2) 当 $x=x_0$ 时,y_0 的观察值在什么范围内?由于 y_0 是随机变量,为此只能求一个区间,使这一区间包含 y_0 的概率为 $1-\alpha$,即要求 δ,使 $P(|y_0-\hat{y}_0|<\delta)=1-\alpha$,称区间 $(\hat{y}_0-\delta,\hat{y}_0+\delta)$ 为 y_0 的概率或置信度为 $1-\alpha$ 的预测区间,这是预测问题.

1. $E(y_0|x_0)$ 的估计

在 $x=x_0$ 时,其对应的因变量 y_0 是一个随机变量,有一个分布,我们经常需要对该分布的均值给出估计.我们知道,该分布的均值 $E(y_0|x_0)=a+bx_0$.因此,一个直观的估计量应为 $\hat{E}(y_0|x_0)=\hat{a}+\hat{b}x_0$,简单起见,我们习惯将上述估计量记为 $\hat{y}_0$(注意这里 $\hat{y}_0$ 表示的是 $E(y_0|x_0)$ 的估计,而不是表示 y_0 的估计,因为 y_0 是随机变量,它是没有估计的).由于 $\hat{a},\hat{b}$ 分别是 a,b 的无偏估计量,因此 $\hat{y}_0$ 是 $E(y_0|x_0)$ 的无偏估计量.

为了得到 $E(y_0|x_0)$ 的区间估计,由本节定理 1 知 $\hat{y}_0 \sim N\left(a+bx_0, \left[\dfrac{1}{n}+\dfrac{(x_0-\bar{x})^2}{l_{xx}}\right]\sigma^2\right)$,又由本节定理 2 知 $\dfrac{S_e}{\sigma^2}=\dfrac{(n-2)\hat{\sigma}^2}{\sigma^2} \sim \chi^2(n-2)$,且与 $\hat{y}_0=\bar{y}+\hat{b}(x_0-\bar{x})$ 相互独立,故

$$\dfrac{(\hat{y}_0-E(y_0|x_0))/\sqrt{\dfrac{1}{n}+\dfrac{(x_0-\bar{x})^2}{l_{xx}}}\sigma}{\sqrt{S_e/\sigma^2/(n-2)}}=\dfrac{\hat{y}_0-E(y_0|x_0)}{\hat{\sigma}\sqrt{\dfrac{1}{n}+\dfrac{(x_0-\bar{x})^2}{l_{xx}}}} \sim t(n-2),$$

此处 $\hat{\sigma}=\sqrt{\hat{\sigma}^2}$,于是对给定的置信度 $1-\alpha$,有

$$P\left(\dfrac{|\hat{y}_0-E(y_0|x_0)|}{\hat{\sigma}\sqrt{\dfrac{1}{n}+\dfrac{(x_0-\bar{x})^2}{l_{xx}}}}<t_{\alpha/2}(n-2)\right)=1-\alpha,$$

于是 $E(y_0|x_0)$ 的置信度为 $1-\alpha$ 的置信区间是 $(\hat{y}_0-\delta_0,\hat{y}_0+\delta_0)$,其中

$$\delta_0=t_{\alpha/2}(n-2)\hat{\sigma}\sqrt{\dfrac{1}{n}+\dfrac{(x_0-\bar{x})^2}{l_{xx}}}.$$

2. y_0 的预测区间

上面给出了当 $x=x_0$ 时对应的因变量 y_0 的均值 $E(y_0|x_0)$ 的估计,实际中我们更关心的是 $x=x_0$ 时对应的因变量 y_0 的取值范围.

事实上，$y_0 = E(y_0 \mid x_0) + \varepsilon$，由于通常假定 $\varepsilon \sim N(0, \sigma^2)$，因此 y_0 的最可能取值仍为 $\hat{y}_0$，于是，我们可以使用以 $\hat{y}_0$ 为中心的一个区间 $(\hat{y}_0 - \delta, \hat{y}_0 + \delta)$ 作为 y_0 的取值范围，为了确定 δ 的值，我们进行如下讨论：

因为 (x_0, y_0) 是将要做的一次独立试验的结果，故 $y_0, y_1, \cdots, y_n$ 相互独立，从而 y_0，$\hat{y}_0$ 相互独立. 于是由 $y_0 \sim N(a + bx_0, \sigma^2)$ 和 $\hat{y}_0 = \hat{a} + \hat{b} x_0 \sim N\left(a + bx_0, \left[\dfrac{1}{n} + \dfrac{(x_0 - \bar{x})^2}{l_{xx}}\right]\sigma^2\right)$ 得

$$y_0 - \hat{y}_0 \sim N\left(0, \left[1 + \dfrac{1}{n} + \dfrac{(x_0 - \bar{x})^2}{l_{xx}}\right]\sigma^2\right)$$

或

$$\dfrac{y_0 - \hat{y}_0}{\sigma \sqrt{1 + \dfrac{1}{n} + \dfrac{(x_0 - \bar{x})^2}{l_{xx}}}} \sim N(0, 1),$$

现在利用定理 2 的结果 $\dfrac{S_e}{\sigma^2} = \dfrac{(n-2)\widehat{\sigma^2}}{\sigma^2} \sim \chi^2(n-2)$，且 $y_0 - \hat{y}_0$ 与 $\widehat{\sigma^2}$ 相互独立，就有

$$\dfrac{y_0 - \hat{y}_0}{\hat{\sigma}\sqrt{1 + \dfrac{1}{n} + \dfrac{(x_0 - \bar{x})^2}{l_{xx}}}}$$

$$= \dfrac{y_0 - \hat{y}_0}{\sigma\sqrt{1 + \dfrac{1}{n} + \dfrac{(x_0 - \bar{x})^2}{l_{xx}}}} \bigg/ \sqrt{\dfrac{(n-2)\widehat{\sigma^2}}{\sigma^2(n-2)}} \sim t(n-2),$$

此处 $\hat{\sigma} = \sqrt{\widehat{\sigma^2}}$，于是对给定的置信度 $1 - \alpha$，有

$$P\left(\dfrac{|y_0 - \hat{y}_0|}{\hat{\sigma}\sqrt{1 + \dfrac{1}{n} + \dfrac{(x_0 - \bar{x})^2}{l_{xx}}}} < t_{\alpha/2}(n-2)\right) = 1 - \alpha,$$

从而 y_0 的置信度为 $1 - \alpha$ 的预测区间为

$$\left(\hat{y}_0 - t_{\alpha/2}(n-2)\hat{\sigma}\sqrt{1 + \dfrac{1}{n} + \dfrac{(x_0 - \bar{x})^2}{l_{xx}}}, \hat{y}_0 + t_{\alpha/2}(n-2)\hat{\sigma}\sqrt{1 + \dfrac{1}{n} + \dfrac{(x_0 - \bar{x})^2}{l_{xx}}}\right).$$

$$(9\text{-}2\text{-}32)$$

记 $\delta(x_0) = t_{\alpha/2}(n-2)\hat{\sigma}\sqrt{1 + \dfrac{1}{n} + \dfrac{(x_0 - \bar{x})^2}{l_{xx}}}$，则上述预测区间可以写成

$$(\hat{y}_0 - \delta(x_0), \hat{y}_0 + \delta(x_0)) \text{ 或 } (\hat{y}_0(x_0) - \delta(x_0), \hat{y}_0(x_0) + \delta(x_0)).$$

上述预测区间与 $E(y_0 \mid x_0)$ 置信区间的差别就在于根号里多个 1，计算时要注意到这个差别，这个差别导致预测区间要比置信区间宽一些. 对于给定的样本观察值作

出曲线
$$y_1(x) = \hat{y}(x) - \delta(x)$$
和
$$y_2(x) = \hat{y}(x) + \delta(x),$$

这两条曲线形成包含回归直线 $\hat{y} = \hat{a} + \hat{b}x$,并以该回归直线为中心的带状区域(见图9-7).可以预见,在全部的观察点 (x_i, y_i) $(i = 1, 2, \cdots, n)$ 中约有 $100(1-\alpha)\%$ 被含于此区域内.在 $x = x_0$ 处带宽为 $2\delta(x_0)$,它是 y_0 的置信度为 $1-\alpha$ 的预测区间的宽度,即预测精度.可见在 $x_0 = \bar{x}$ 处带宽 $2\delta(x_0)$ 最小,预测精度最高,而 x_0 离 $\bar{x}$ 愈远,带宽 $2\delta(x_0)$ 愈大,预测精度愈差.因此利用回归方程作预测一般只适用于原试验数据范围之内.当 x_0 不在原试验数据范围之内,预测精度可能变得很差,在这种情况下的预测称为**外推**,需要特别小心.另外若 $x_1, x_2, \cdots, x_n$ 较为集中时,l_{xx} 就较小,这也会导致预测精度的降低.因此,在收集数据时要使 $x_1, x_2, \cdots, x_n$ 尽可能分散,这有利提高精度.

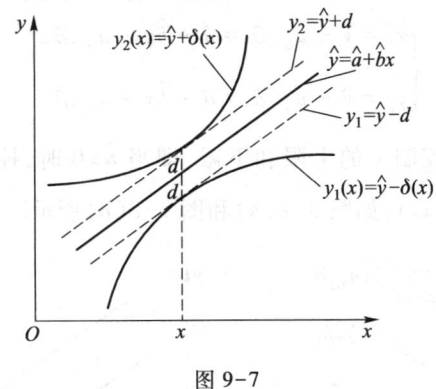

图 9-7

此外,从 $\delta(x_0)$ 的表达式可知,当 n 固定时预测区间的宽度还与 $\hat{\sigma} = \sqrt{\dfrac{S_e}{n-2}}$ 或剩余平方和 S_e 有关,S_e 愈小,预测精度愈高.

例7(续例2) 在例2中若测得某动物的质量为 $x_0 = 17.6$ kg,求该动物体积 y_0 的预测区间,取 $1-\alpha = 0.95$.

解 由例3得到经验回归方程 $\hat{y} = -0.1048 + 0.9881x$,则
$$\hat{y}_0 = (-0.1048 + 0.9881x_0)\big|_{x_0 = 17.6} = -0.1048 + 0.9881 \times 17.6 = 17.2858,$$
若取 $1-\alpha = 0.95$,则 $\alpha = 0.05$,故 $t_{0.025}(16) = 2.1199$,又 $\hat{\sigma} = \sqrt{0.0407} = 0.2017$,得

$$\delta = t_{\alpha/2}(n-2)\hat{\sigma}\sqrt{1 + \frac{1}{n} + \frac{(x_0 - \bar{x})^2}{l_{xx}}}$$

$$= 2.1199 \times 0.2017 \times \sqrt{1 + \frac{1}{18} + \frac{(17.6 - 15.0056)^2}{96.3894}} = 0.4536,$$

从而该动物体积 y_0 的置信度为 0.95 的预测区间为 $(16.8322, 17.7394)$.

在实际的回归问题中,样本容量 n 常是很大的.这时,对于在 $\bar{x}$ 附近的 x,我们不

但能得到较短的预测区间,并且还可以简化式(9-2-32),得到实用的近似预测区间.在 n 很大时可以认为式(9-2-32)中的根式近似地等于 1,而 $t_{\alpha/2}(n-2) \approx u_{\alpha/2}$.于是 y_0 的置信度为 $1-\alpha$ 的预测区间近似地等于

$$(\hat{y}_0 - u_{\alpha/2}\hat{\sigma}, \hat{y}_0 + u_{\alpha/2}\hat{\sigma}). \tag{9-2-33}$$

特别地,取 $1-\alpha = 0.95$,此时 $u_{\alpha/2} = u_{0.05/2} = 1.96$,故得 y_0 的置信度为 0.95 的预测区间近似地等于

$$(\hat{y}_0 - 2\hat{\sigma}, \hat{y}_0 + 2\hat{\sigma}). \tag{9-2-34}$$

取 $1-\alpha = 0.997$,此时 $u_{\alpha/2} = u_{0.003/2} = 2.97$,相应的置信度为 0.997 的预测区间近似地为

$$(\hat{y}_0 - 3\hat{\sigma}, \hat{y}_0 + 3\hat{\sigma}).$$

控制是预测的反问题,即要求观察值 y 在某预先指定的范围,比如在区间 (y_1, y_2)(即 $y_1 < y < y_2$)内取值时,问应控制 x 在什么范围?亦即对于给定的置信度 $1-\alpha$,求出相应的 x_1, x_2,使得当 $x_1 < x < x_2$ 时,x 对应的观察值 y 落在 (y_1, y_2) 之内的概率不小于 $1-\alpha$.我们只讨论 n 很大的情况,利用式(9-2-33),令

$$\begin{cases} y_1 = \hat{y} - u_{\alpha/2}\hat{\sigma} = \hat{a} + \hat{b}x - u_{\alpha/2}\hat{\sigma}, \\ y_2 = \hat{y} + u_{\alpha/2}\hat{\sigma} = \hat{a} + \hat{b}x + u_{\alpha/2}\hat{\sigma}. \end{cases} \tag{9-2-35}$$

分别解出 x_1 与 x_2 作为控制 x 的上限和下限,即当 $\hat{b} > 0$ 时,控制区间为 (x_1, x_2);当 $\hat{b} < 0$ 时,控制区间为 (x_2, x_1),如图 9-8(a) 和图 9-8(b) 所示.

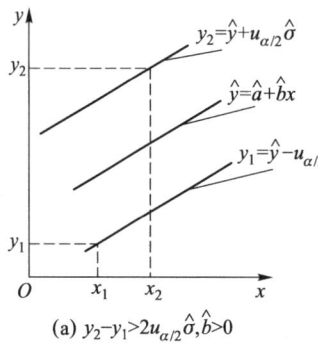
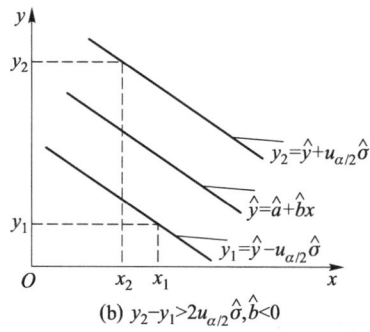

图 9-8

应注意的是,为了实现控制,区间 (y_1, y_2) 的长度必须大于 $2u_{\alpha/2}\hat{\sigma}$,即

$$y_2 - y_1 > 2u_{\alpha/2}\hat{\sigma}. \tag{9-2-36}$$

这是因为与 x 对应的观察结果 y 是随机变量,当置信度为 $1-\alpha$ 时,y 的可预测的变化范围大约为 $(\hat{y} - u_{\alpha/2}\hat{\sigma}, \hat{y} + u_{\alpha/2}\hat{\sigma})$,该区间的长度为 $2u_{\alpha/2}\hat{\sigma}$.从图 9-9 来看,需要满足(9-2-36)式的要求也是明显的.

典型例题 9-2

图 9-9

§9.3 一元曲线回归分析

本章§9.2我们讨论了一元线性回归问题.但在实际问题中,变量间的相关关系并非都是线性的,即 y 关于 x 的回归函数 $\mu(x)$ 不能用线性函数 $a+bx$ 近似代替.当变量间存在非线性相关时,选择适当的非线性函数,进行非线性回归分析会更符合实际些.但有时也可以经适当的变量替换,将变量间的非线性相关关系化为线性的形式,再借助线性回归分析的方法来处理.例如,曲线回归模型

$$y = a + b\cos t + \varepsilon, \quad \varepsilon \sim N(0,\sigma^2), \tag{9-3-1}$$

其中 a,b,σ^2 是与 t 无关的未知参数,只要经变量替换 $x = \cos t$,即可化为形如式(9-3-2)的一元线性模型

$$y = a + bx + \varepsilon, \quad \varepsilon \sim N(0,\sigma^2), \tag{9-3-2}$$

二次回归模型

$$y = a + bt + ct^2 + \varepsilon, \quad \varepsilon \sim N(0,\sigma^2), \tag{9-3-3}$$

其中未知参数 a,b,c,σ^2 均不依赖于 t,只要令 $x_1 = t, x_2 = t^2$,便得

$$y = a + bx_1 + cx_2 + \varepsilon, \quad \varepsilon \sim N(0,\sigma^2),$$

它属于二元线性回归模型.

此外,还常遇见下列模型

$$\varphi(y) = a + bx + \varepsilon, \quad \varepsilon \sim N(0,\sigma^2), \tag{9-3-4}$$

其中 $\varphi(y)$ 是已知函数,且存在单值的反函数,a,b,σ^2 为与 x 无关的未知参数.对此只要令 $z = \varphi(y)$ 也可以化为一元线性模型

$$z = a + bx + \varepsilon, \quad \varepsilon \sim N(0,\sigma^2).$$

在求得 z 的线性回归方程和预测区间后,再经 $z = \varphi(y)$ 的逆变换变回原变量 y,求得 y 的回归方程和预测区间,此时 y 的回归方程的图形是曲线,故这也是一类可线性化的曲线回归问题.

本节将以一个例子具体讨论可化为一元线性回归的一元曲线回归问题,至于类似于模型(9-3-3)的可化为多元线性回归的多项式回归问题,在这里我们不讨论.

例 1 一只红铃虫的产卵数 y 与气温 x 有关,测得一组数据如表9-11,试求 y 关于 x 的回归方程.

表 9-11 红铃虫产卵数与气温的观察表

序号	1	2	3	4	5	6	7
气温 x/℃	21	23	25	27	29	32	35
产卵数 y	7	11	21	24	66	105	325

解 作数据 (x_i, y_i) $(i = 1, 2, \cdots, 7)$ 的散点图如图9-10,从图上看,当气温 x 升高时,产卵数 y 有按指数增长的趋势,即 y 关于 x 的回归函数可能为指数函数类.于是

为了将其线性化,令
$$z = \ln y,$$
记 $z_i = \ln y_i$,并作出 (x_i, z_i) 的散点图,如图 9-11,可见各点基本上分布在某直线两侧,故可设
$$z = a + bx + \varepsilon, \quad \varepsilon \sim N(0, \sigma^2). \tag{9-3-5}$$

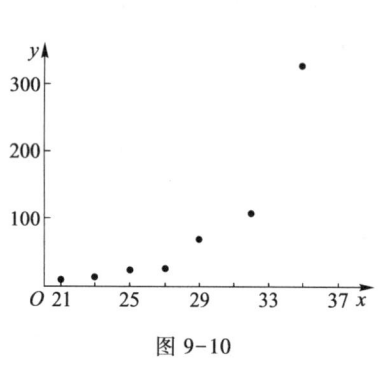

图 9-10

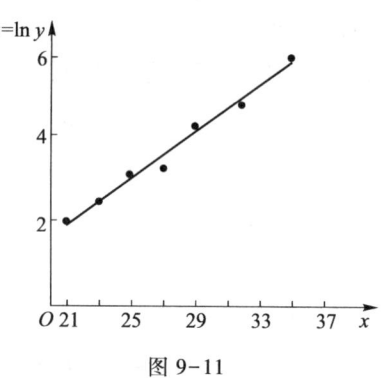

图 9-11

经计算,数据 x_i, z_i 的各项结果如下
$$\bar{x} = 27.43, \quad \bar{z} = 3.60,$$
$$l_{xx} = 147.71, \quad l_{xz} = 39.77, \quad l_{zz} = 10.90.$$
则
$$\hat{b} = \frac{39.77}{147.71} = 0.2692,$$
$$\hat{a} = 3.60 - 0.2692 \times 27.43 = -3.7842,$$
z 关于 x 的线性回归方程为
$$\hat{z} = -3.7842 + 0.2692x.$$
相应的线性相关显著性方差分析表如表 9-12.

表 9-12 例 1 的方差分析表

方差来源	平方和	自由度	F 值	临界值	显著性
回归	10.71	1			
剩余	0.19	5	281.84	$F_{0.01}(1,5) = 16.3$	**
总和	10.90	6			

所以 z 与 x 的线性相关极显著.

换回原变量 y 得
$$\ln \hat{y} = -3.7842 + 0.2692x,$$
即

$$\hat{y} = e^{-3.7842+0.2692x},$$

或

$$\hat{y} = 0.0227 e^{0.2692x},$$

相应的图形就是原数据所配置的回归曲线.

但是要注意,在配置曲线的回归分析中,我们先把问题化为配置直线,然后再还原为曲线.配置直线是一种过渡,有时虽然直线配得不错(相关系数高),但由于曲线上各点弯曲程度(曲率)的差异,直线上的一点偏差,当还原到曲线上时偏差可能就很大.所以在曲线回归时,人们不但要检验配置直线的线性相关性,而且还往往直接将所选配的回归曲线上对应于原观察数据的回报值求出,观察回报的精度、评价曲线回归的效果,具体如下.

假设原观察数据对为 (x_i,y_i),以上述例 1 为例,经变量替换 $z=\varphi(y)$ 后,新的观察数据对为 (x_i,z_i),则按式(9-2-29)变量 x,z 的样本相关系数可以使用式(9-3-6)来计算.

$$r_{xz}^2 = \frac{l_{xz}^2}{l_{xx}l_{zz}} = \frac{S_R}{l_{zz}} = 1 - \frac{S_e}{l_{zz}} = 1 - \frac{\sum(z_i-\hat{z}_i)^2}{\sum(z_i-\bar{z})^2}. \quad (9-3-6)$$

而对于原始数据,则只能仿照上式中最后那个等式给出下列定义,用以描述对原始数据曲线回归的效果.定义

$$S_e^* = \sum(y_i-\hat{y}_i)^2, \quad (9-3-7)$$

$$R_{xy}^2 = 1 - \frac{S_e^*}{l_{yy}} = 1 - \frac{\sum(y_i-\hat{y}_i)^2}{\sum(y_i-\bar{y})^2}, \quad (9-3-8)$$

式中 $l_{yy} = \sum(y_i-\bar{y})^2$ 为原始数据 y_i 的离差平方和,$\hat{y}_i$ 是还原后的曲线回归函数对原始数据 y_i 的回报值,$S_e^* = \sum(y_i-\hat{y}_i)^2$ 是**回报的剩余平方和**,称式(9-3-8)中的 R_{xy}^2 为**相关指数**,R_{xy} 仍称为相关系数,但它与式(9-3-6)用变换后的数据 (x_i,z_i) 算出的 r_{xz} 不是一回事.当然含义相似,R_{xy}^2 越接近于 1,所配的曲线效果越好.

y 的**剩余标准差** S,可用下式估计

$$S = \sqrt{\frac{\sum(y_i-\hat{y}_i)^2}{n-2}} = \sqrt{\frac{S_e^*}{n-2}}. \quad (9-3-9)$$

例 2(续例 1) 求剩余平方和 S_e^*,剩余标准差 S,相关指数 R_{xy}^2,相关系数 R_{xy} 以及线性回归的样本相关系数 r_{xz}.

解 列表计算如下:

x	21	23	25	27	29	32	35
y	7	11	21	24	66	105	325
$\hat{y}=0.0227e^{0.2692x}$	6.47	11.09	19.00	32.56	55.78	125.09	280.51
$y-\hat{y}$	0.53	-0.09	2.00	-8.56	10.22	-20.09	44.49

$$S_e^* = \sum (y_i - \hat{y}_i)^2 = 2\,564.8,$$

$$S = \sqrt{\frac{S_e^*}{n-2}} = \sqrt{\frac{2\,564.8}{5}} = 22.648\,6,$$

$$l_{yy} = \sum (y_i - \bar{y})^2 = \sum y_i^2 - \frac{1}{n}(\sum y_i)^2$$

$$= 122\,193 - \frac{1}{7} \times (559)^2 = 77\,552.857\,1,$$

$$R_{xy}^2 = 1 - \frac{S_e^*}{l_{yy}} = 1 - \frac{2\,564.8}{77\,552.857\,1} = 0.966\,9,$$

$$R_{xy} = 0.983\,3,$$

$$r_{xz}^2 = \frac{l_{xz}^2}{l_{xx}l_{zz}} = \frac{39.77^2}{147.71 \times 10.90} = 0.982\,4,$$

$$r_{xz} = 0.991\,1.$$

实际工作中在建立曲线回归模型时,为了使所配置的曲线能有更好的回归效果,常常用几种不同类型的非线性函数试算,经比较,择其最优者.比较时,可以考虑应用 S_e^*, R^2, S 这三个量中的任意一个(S_e^*, S 以小为好,R^2 以大为好).

例如对表 9-11 的数据考虑幂函数类的回归函数如下

$$y = Ax^B,$$

经对数变换化为

$$\ln y = \ln A + B\ln x,$$

令 $u = \ln x, v = \ln y, a = \ln A, b = B$ 得

$$v = a + bu, \tag{9-3-10}$$

利用变换后的观察数据 $(u_i, v_i) = (\ln x_i, \ln y_i)$ 估计理论回归方程(9-3-10)的参数 a, b 为

$$\hat{a} = -20.406\,7, \quad \hat{b} = 7.279\,8,$$

经验回归方程为

$$\hat{v} = -20.406\,7 + 7.279\,8u,$$

线性回归的相关系数 $r_{uv} = 0.984\,4$,还原成原变量得

$$\hat{y} = 1.372\,4 \times 10^{-9} x^{7.279\,8}.$$

为了求 S_e^*, R_{xy}^2 和 S 等,列表计算如下:

x	21	23	25	27	29	32	35
y	7	11	21	24	66	105	325
$\hat{y} = 1.372\,4 \times 10^{-9} x^{7.279\,8}$	5.79	11.24	20.62	36.10	60.74	124.36	238.77
$y - \hat{y}$	1.21	-0.24	0.38	-12.10	5.26	-19.36	86.23

求得

$$S_e^* = 7\,985.419, \quad S = \sqrt{\frac{7\,985.419}{5}} = 39.963\,5,$$

$$R_{xy}^2 = 1 - \frac{7\,985.419}{77\,552.857\,1} = 0.897\,0, \quad R_{xy} = 0.947\,1.$$

与本节例 2 的结果比较,可见例 1 中指数函数型 $y = Ae^{bx}$ 的回归效果更好些.

在结束本节内容之前给出若干可线性化的曲线类型如下,供读者在进行曲线回归时参考.

(1) 双曲线型:$\dfrac{1}{y} = a + \dfrac{b}{x}$(参见图 9-12),令 $z = \dfrac{1}{y}, t = \dfrac{1}{x}$,得 $z = a + bt$;

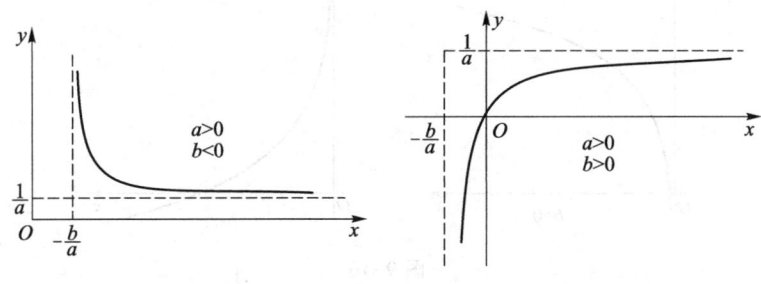

图 9-12

(2) 指数型:$y = ae^{bx}$(参见图 9-13),令 $z = \ln y, t = x$,得 $z = \ln a + bt$;

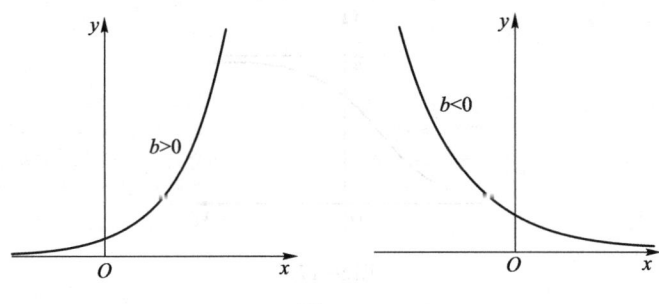

图 9-13

(3) 指数型:$y = ae^{\frac{b}{x}}$(参见图 9-14),令 $z = \ln y, t = \dfrac{1}{x}$,得 $z = \ln a + bt$;

(4) 幂函数型:$y = ax^b$(参见图 9-15),令 $z = \ln y, t = \ln x$,得 $z = \ln a + bt$;

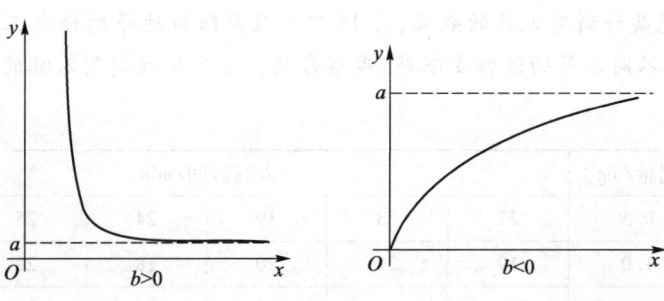

图 9-14

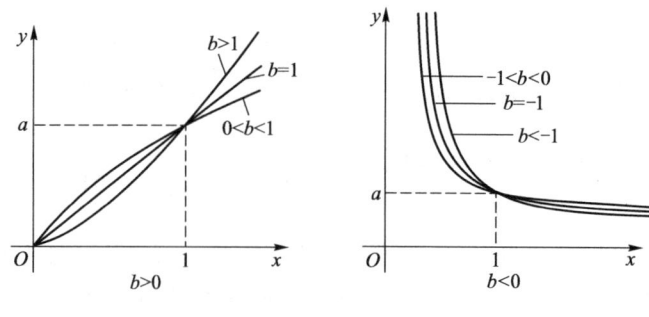

图 9-15

（5）对数型：$y=a+b\ln x$（参见图 9-16），令 $z=y, t=\ln x$，得 $z=a+bt$；

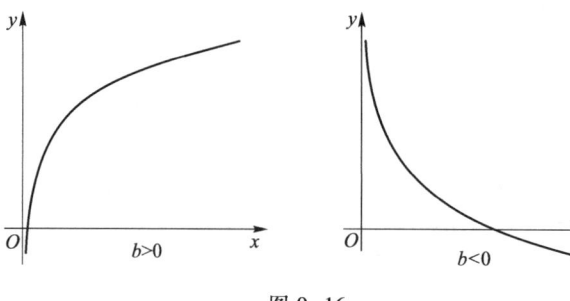

图 9-16

（6）S 曲线型：$y=\dfrac{1}{a+be^{-x}}$（参见图 9-17），令 $z=\dfrac{1}{y}, t=e^{-x}$，得 $z=a+bt$.

典型例题 9-3

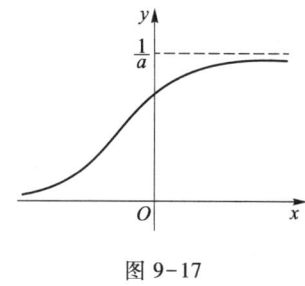

图 9-17

 习题九

（一）

1. 为研究某种新安眠药的效果，将 18 只天竺鼠随机地平均分成三组，对各组天竺鼠分别注射不同剂量的这种安眠药，观察每只天竺鼠从注射到入睡的时间，得数据如下表.

组别	剂量/mg	入睡时间/min					
1	0.5	21	23	19	24	25	23
2	1.0	19	21	20	18	22	20
3	1.5	15	10	13	14	11	15

(1) 试在 $\alpha=0.05$ 下检验安眠药的剂量对催眠效果有无显著的影响；

(2) 估计参数 μ 和 μ_1,μ_2,μ_3.

2. 在四片未开发的湿地开展生态系统研究,考察彼此之间植物的生长是否存在差异.为此定在五月份的某一天,同时观察某种特定植物叶片长度.从这四片湿地分别随机抽选 6 株该种植物,并从每株植物上任意选 10 片叶片,测其长度,算得每株植物叶片的平均长度列于下表.

地点	叶片平均长度/cm					
1	5.7	6.3	6.1	6.0	5.8	6.2
2	6.2	5.3	5.7	6.0	5.2	5.5
3	5.4	5.0	6.0	5.6	4.9	5.2
4	3.7	3.2	3.9	4.0	3.5	3.6

(1) 试在 $\alpha=0.05$ 下检验四片湿地上植物叶片的平均长度是否存在显著差异；

(2) 检验假设 $H_0:\mu_1=\mu_4$，$H_1:\mu_1\neq\mu_4$，并求 $\mu_1-\mu_4$ 置信度为 0.90 的置信区间.

3. 为了寻找飞机控制板上仪器表的最佳布置,试验了三个方案,观察领航员在紧急情况下的反应时间(单位:10^{-1} s),随机地选择 28 名领航员,得到他们对于不同的布置方案的反应时间如下.

方案 I	14	13	9	15	11	13	14	11		
方案 II	10	12	7	11	8	12	9	10	13	9	10	9
方案 III	11	5	9	10	6	8	8	7		

试在显著性水平为 0.05 下检验各个方案的反应时间有无显著差异.若有差异,试求 $\mu_1-\mu_2,\mu_1-\mu_3$ 和 $\mu_2-\mu_3$ 的置信度为 0.95 的置信区间,设各领航员在紧急情况的反应时间服从同方差的正态分布.

4. 已知随机向量 (x,y) 的概率密度函数为 $f(x,y)=\begin{cases}6x, & 0<x<y<1,\\ 0, & 其他,\end{cases}$ 求 $\mu_{y|x}$ 和 $\mu_{x|y}$.

5. 下表数据是退火温度 x(单位:℃)对黄铜延性 y 效应的试验结果,y 是以延长度计算的,且设对于给定的 x, y 为正态变量,其方差与 x 无关.

x/℃	300	400	500	600	700	800
y/%	40	50	55	60	67	70

画出散点图并求 y 对于 x 的线性回归方程,检验回归效果的显著性.

6. 某造纸厂研究纸浆的煮沸时间与纸的均匀度之间的关系,测得一组试验数据如下.

煮沸时间 x/h	1	2	3	4	5	6	7	8	9	10
均匀度 y	14	20	23	28	36	46	55	66	78	86

(1) 求 y 关于 x 的回归直线方程;

(2) 问 y 与 x 的线性相关关系是否显著($\alpha=0.05, \alpha=0.01$);

(3) 若煮沸时间 $x_0=6.5$ h, 求 y_0 的置信度为 0.95 的预测区间.

7. 在钢线碳含量对电阻的效应的研究中, 得到以下数据.

碳含量 x/%	0.10	0.30	0.40	0.55	0.70	0.80	0.95
电阻 y/20℃ 时,$\mu\Omega$	15	18	19	21	22.6	23.8	26

设对于给定的 x,y 为正态变量,且方差与 x 无关.

(1) 画出散点图;

(2) 求线性回归方程 $\hat{y}=\hat{a}+\hat{b}x$;

(3) 检验假设 $H_0: b=0$ vs $H_1: b\neq 0$;

(4) 若回归效果显著, 求 b 的置信度为 0.95 的置信区间;

(5) 求 $x=0.50$ 处 $E(y|x)$ 的置信度为 0.95 的置信区间;

(6) 求 $x=0.50$ 处观察值 y 的置信度为 0.95 的预测区间.

8. 下表是在环境控制条件下, 仙人掌在嫁接后生长情况观察数据. 试求回归方程 $\hat{y}=\hat{a}\hat{b}^x$, 曲线拟合的剩余标准差 S, 相关指数 R_{xy}^2, 相关系数 R_{xy} 以及线性回归 $\hat{z}=\ln\hat{y}=\ln\hat{a}+x\ln\hat{b}$ 的相关系数 r_{xz}.

嫁接后的周数 x	1	2	4	5	6	8
高度 y/cm	2.0	2.4	5.1	7.3	9.4	18.3

(二)

1. 证明: 当 $s=2$ 时, 单因素方差分析的 F 检验与 $H_0: \mu_1-\mu_2=0$ 的 t 检验是等价的.

2. 试用最小二乘法估计回归方程 $y=\beta x$ 中的未知参数 β.

3. 设数据 (x_i,y_i) ($i=1,2,\cdots,n$) 服从线性模型 $y_i=a+bx_i+\varepsilon_i, \varepsilon_i\sim N(0,\sigma^2)$, 求证: $\mathrm{Cov}(\hat{a},\hat{b})=-\dfrac{\bar{x}}{l_{xx}}\sigma^2$.

4. 设 $\begin{cases} y_1=a+\varepsilon_1, \\ y_2=2a-b+\varepsilon_2, \\ y_3=a+2b+\varepsilon_3, \end{cases}$ 其中 ε_i ($i=1,2,3$) 相互独立, 且 $E(\varepsilon_i)=0, D(\varepsilon_i)=\sigma^2$, 试求 a 和 b 的最小二乘估计.

5. 试验 4 种不同的农药, 考察它们的杀虫率有无显著性差异, 试验结果如下表所示:

试验号	农药			
	A_1	A_2	A_3	A_4
1	87.4	56.2	55	75.2
2	85	62.4	48.2	72.3
3	80.2			81.3

试问这 4 种农药的杀虫率有无显著性差异($\alpha=0.01$)?

6. 某种合成纤维的强度与其拉伸倍数有相关关系,实测 24 个纤维样品的强度与相应的拉伸倍数数据如下:

拉伸倍数 x	1.9	2.0	2.1	2.5	2.7	2.7	3.5	3.5	4.0	4.0	4.5	4.6
强度 y	1.4	1.3	1.8	2.5	2.8	2.5	3.0	2.7	4.0	3.5	4.2	3.5
拉伸倍数 x	5.0	5.2	6.0	6.3	6.5	7.1	8.0	8.0	8.9	9.0	9.5	10.0
强度 y	5.5	5.0	5.5	6.4	6.0	5.3	6.5	7.0	8.5	8.0	8.1	8.1

(1) 求强度 y 对拉伸倍数 x 的回归直线方程;

(2) 求样本相关系数,用相关系数进行相关性检验($\alpha=0.01$).

7. 槲寄生是一种寄生在大树上部树枝上的寄生植物,它喜欢寄生在年轻的大树上. 下面给出在一定条件下完成的试验中采集的数据.

(1) 作出 (x_i, y_i) 的散点图;

(2) 令 $z_i = \ln y_i$, 作出 (x_i, z_i) 的散点图;

(3) 以模型 $y = ae^{bx}\varepsilon$, $\ln \varepsilon \sim N(0, \sigma^2)$ 拟合数据,其中 a, b, σ^2 与 x 无关,试求回归曲线方程 $\hat{y} = \hat{a}e^{\hat{b}x}$ 以及曲线拟合的剩余标准差 S 和相关系数 R_{xy}.

大树的年龄 x/年	3	4	9	15	10
每棵树上槲寄生的株数 y	28	10	15	6	1
	33	36	22	14	1
	22	24	10	9	

第九章重要术语及主题

8. 据观察小麦产量 y 与五月下旬降水量 x 的数据如下表,试建立关系式 $y = x/(a+bx)$,并求出曲线拟合的剩余标准差 S,相关指数 R_{xy}^2 和相关系数 R_{xy}.

x	12.9	1.6	50.5	9.1	8.9	27.3	15.4	32.1	6.2	28.1
y	100	73	106	92	110	98	105	119	83	117
x	16.8	17.0	3.7	1.2	4.2	12.3	45.7	16.6	44.0	22.3
y	85	116	83	69	52	111	114	118	117	99

习题九参考答案

附录 1 几种常用的概率分布

分布	参数	分布律或概率密度	数学期望	方差
0–1 分布	$0<p<1$	$P(X=k)=p^k(1-p)^{1-k}$ $k=0,1$	p	$p(1-p)$
二项分布	$n\geq 1, 0<p<1$	$P(X=k)=C_n^k p^k(1-p)^{n-k}$ $k=0,1,\cdots,n$	np	$np(1-p)$
负二项分布	$r\geq 1, 0<p<1$	$P(X=k)=C_{k-1}^{r-1} p^r(1-p)^{k-r}$ $k=r,r+1,\cdots$	$\dfrac{r}{p}$	$\dfrac{r(1-p)}{p^2}$
几何分布	$0<p<1$	$P(X=k)=p(1-p)^{k-1}$ $k=1,2,\cdots$	$\dfrac{1}{p}$	$\dfrac{1-p}{p^2}$

续表

分布	参数	分布律或概率密度	数学期望	方差
超几何分布	N, M, n ($n \leq M$)	$P(X=k) = \dfrac{C_M^k C_{N-M}^{n-k}}{C_N^n}$, $k=0,1,2,\cdots,n$	$\dfrac{nM}{N}$	$\dfrac{nM}{N}\left(1-\dfrac{M}{N}\right)\left(\dfrac{N-n}{N-1}\right)$
泊松分布	$\lambda > 0$	$P(X=k) = \dfrac{\lambda^k e^{-\lambda}}{k!}$, $k=0,1,\cdots$	λ	λ
均匀分布	$a < b$	$f(x) = \begin{cases} \dfrac{1}{b-a}, & a < x < b, \\ 0, & \text{其他} \end{cases}$	$\dfrac{a+b}{2}$	$\dfrac{(b-a)^2}{12}$
正态分布	$\mu, \sigma > 0$	$f(x) = \dfrac{1}{\sqrt{2\pi}\sigma} e^{-\dfrac{(x-\mu)^2}{2\sigma^2}}$, $-\infty < x < +\infty$	μ	σ^2
Γ 分布	$\alpha > 0, \beta > 0$	$f(x) = \begin{cases} \dfrac{\beta}{\Gamma(\alpha)}(\beta x)^{\alpha-1} e^{-\beta x}, & x > 0, \\ 0, & \text{其他} \end{cases}$	$\dfrac{\alpha}{\beta}$	$\dfrac{\alpha}{\beta^2}$
指数分布	$\lambda > 0$	$f(x) = \begin{cases} \lambda e^{-\lambda x}, & x \geq 0, \\ 0, & \text{其他} \end{cases}$	$\dfrac{1}{\lambda}$	$\dfrac{1}{\lambda^2}$

续表

分布	参数	分布律或概率密度	数学期望	方差
χ^2 分布	$n \geq 1$	$f(x) = \begin{cases} \dfrac{1}{2^{\frac{n}{2}}\Gamma\left(\dfrac{n}{2}\right)} x^{\frac{n}{2}-1} e^{-\frac{x}{2}}, & x>0, \\ 0, & \text{其他} \end{cases}$	n	$2n$
韦布尔分布	$\eta>0, \beta>0$	$f(x) = \begin{cases} \dfrac{\beta}{\eta}\left(\dfrac{x}{\eta}\right)^{\beta-1} e^{-\left(\frac{x}{\eta}\right)^{\beta}}, & x>0, \\ 0, & \text{其他} \end{cases}$	$\eta\Gamma\left(\dfrac{1}{\beta}+1\right)$	$\eta^2\left\{\Gamma\left(\dfrac{2}{\beta}+1\right) - \left[\Gamma\left(\dfrac{1}{\beta}+1\right)\right]^2\right\}$
瑞利分布	$\sigma>0$	$f(x) = \begin{cases} \dfrac{x}{\sigma^2} e^{-\frac{x^2}{2\sigma^2}}, & x>0, \\ 0, & \text{其他} \end{cases}$	$\sqrt{\dfrac{\pi}{2}}\sigma$	$\dfrac{4-\pi}{2}\sigma^2$
β 分布	$\alpha>0, \beta>0$	$f(x) = \begin{cases} \dfrac{\Gamma(\alpha+\beta)}{\Gamma(\alpha)\Gamma(\beta)} x^{\alpha-1}(1-x)^{\beta-1}, & 0<x<1, \\ 0, & \text{其他} \end{cases}$	$\dfrac{\alpha}{\alpha+\beta}$	$\dfrac{\alpha\beta}{(\alpha+\beta)^2(\alpha+\beta+1)}$
对数正态分布	$\mu, \sigma>0$	$f(x) = \begin{cases} \dfrac{1}{\sqrt{2\pi}\sigma x} e^{-\frac{(\ln x-\mu)^2}{2\sigma^2}}, & x>0, \\ 0, & \text{其他} \end{cases}$	$e^{\mu+\frac{\sigma^2}{2}}$	$e^{2\mu+\sigma^2}(e^{\sigma^2}-1)$

续表

分布	参数	分布律或概率密度	数学期望	方差
柯西分布	$\alpha, \lambda > 0$	$f(x) = \dfrac{1}{\pi} \dfrac{1}{\lambda^2 + (x-\alpha)^2}, -\infty < x < +\infty$	不存在	不存在
t 分布	$n \geq 1$	$f(x) = \dfrac{\Gamma\left(\dfrac{n+1}{2}\right)}{\sqrt{n\pi}\,\Gamma\left(\dfrac{n}{2}\right)} \left(1 + \dfrac{x^2}{n}\right)^{-\frac{n+1}{2}}, -\infty < x < +\infty$	$0, n > 1$	$\dfrac{n}{n-2}, n > 2$
F 分布	n_1, n_2	$f(x) = \begin{cases} \dfrac{\Gamma\left[\dfrac{(n_1+n_2)}{2}\right]}{\Gamma\left(\dfrac{n_1}{2}\right)\Gamma\left(\dfrac{n_2}{2}\right)} \left(\dfrac{n_1}{n_2}x\right)^{\frac{n_1}{2}-1}\left(1+\dfrac{n_1}{n_2}x\right)^{-\frac{n_1+n_2}{2}}, & x > 0 \\ 0, & \text{其他} \end{cases}$	$\dfrac{n_2}{n_2-2}, n_2 > 2$	$\dfrac{2n_2^2(n_1+n_2-2)}{n_1(n_2-2)^2(n_2-4)}, n_2 > 4$

附录 2 泊松分布表

$$P(X=k)=\frac{\lambda^k}{k!}e^{-\lambda}$$

k	0.1	0.2	0.3	0.4	0.5	0.6	0.7	0.8	0.9	1	1.5	2	2.5	3	3.5	4	4.5	5	6	7	8	9	10
0	0.904 8	0.818 7	0.740 8	0.670 3	0.606 5	0.548 8	0.496 6	0.449 3	0.406 6	0.367 9	0.223 1	0.135 3	0.082 1	0.049 8	0.030 2	0.018 3	0.011 1	0.006 7	0.002 5	0.000 9	0.000 3	0.000 1	0.000 0
1	0.090 5	0.163 7	0.222 2	0.268 1	0.303 3	0.329 3	0.347 6	0.359 5	0.365 9	0.367 9	0.334 7	0.270 7	0.205 2	0.149 4	0.105 7	0.073 3	0.050 0	0.033 7	0.014 9	0.006 4	0.002 7	0.001 1	0.000 5
2	0.004 5	0.016 4	0.033 3	0.053 6	0.075 8	0.098 8	0.121 7	0.143 8	0.164 7	0.183 9	0.251 0	0.270 7	0.256 5	0.224 0	0.185 0	0.146 5	0.112 5	0.084 2	0.044 6	0.022 3	0.010 7	0.005 0	0.002 3
3	0.000 2	0.001 1	0.003 3	0.007 2	0.012 6	0.019 8	0.028 4	0.038 3	0.049 4	0.061 3	0.125 5	0.180 4	0.213 8	0.224 0	0.215 8	0.195 4	0.168 7	0.140 4	0.089 2	0.052 1	0.028 6	0.015 0	0.007 6
4	0.000 0	0.000 1	0.000 3	0.000 7	0.001 6	0.003 0	0.005 0	0.007 7	0.011 1	0.015 3	0.047 1	0.090 2	0.133 6	0.168 0	0.188 8	0.195 4	0.189 8	0.175 5	0.133 5	0.091 2	0.057 3	0.033 7	0.018 9
5		0.000 0	0.000 0	0.000 1	0.000 2	0.000 4	0.000 7	0.001 2	0.002 0	0.003 1	0.014 1	0.036 1	0.066 8	0.100 8	0.132 2	0.156 3	0.170 8	0.175 5	0.160 6	0.127 7	0.091 6	0.060 7	0.037 8
6			0.000 0	0.000 0	0.000 0	0.000 0	0.000 1	0.000 2	0.000 3	0.000 5	0.003 5	0.012 0	0.027 8	0.050 4	0.077 1	0.104 2	0.128 1	0.146 2	0.160 6	0.149 0	0.122 1	0.091 1	0.063 1
7					0.000 0	0.000 0	0.000 0	0.000 0	0.000 0	0.000 1	0.000 8	0.003 4	0.009 9	0.021 6	0.038 5	0.059 5	0.082 4	0.104 4	0.137 7	0.149 0	0.139 6	0.117 1	0.090 1
8							0.000 0	0.000 0	0.000 0	0.000 0	0.000 1	0.000 9	0.003 1	0.008 1	0.016 9	0.029 8	0.046 3	0.065 3	0.103 3	0.130 4	0.139 6	0.131 8	0.112 6
9										0.000 0	0.000 0	0.000 2	0.000 9	0.002 7	0.006 6	0.013 2	0.023 2	0.036 3	0.068 8	0.101 4	0.124 1	0.131 8	0.125 1

附录 2 泊松分布表

续表

k	λ=0.1	0.2	0.3	0.4	0.5	0.6	0.7	0.8	0.9	1	1.5	2	2.5	3	3.5	4	4.5	5	6	7	8	9	10
10											0.0000	0.0000	0.0002	0.0008	0.0023	0.0053	0.0104	0.0181	0.0413	0.0710	0.0993	0.1186	0.1251
11												0.0000	0.0000	0.0002	0.0007	0.0019	0.0043	0.0082	0.0225	0.0452	0.0722	0.0970	0.1137
12												0.0000	0.0000	0.0001	0.0002	0.0006	0.0016	0.0034	0.0113	0.0264	0.0481	0.0728	0.0948
13													0.0000	0.0000	0.0001	0.0002	0.0006	0.0013	0.0052	0.0142	0.0296	0.0504	0.0729
14														0.0000	0.0000	0.0001	0.0002	0.0005	0.0022	0.0071	0.0169	0.0324	0.0521
15														0.0000	0.0000	0.0000	0.0001	0.0002	0.0009	0.0033	0.0090	0.0194	0.0347
16															0.0000	0.0000	0.0000	0.0000	0.0003	0.0014	0.0045	0.0109	0.0217
17																0.0000	0.0000	0.0000	0.0001	0.0006	0.0021	0.0058	0.0128
18																	0.0000	0.0000	0.0000	0.0002	0.0009	0.0029	0.0071
19																		0.0000	0.0000	0.0001	0.0004	0.0014	0.0037
20																			0.0000	0.0000	0.0002	0.0006	0.0019
21																			0.0000	0.0000	0.0001	0.0003	0.0009
22																				0.0000	0.0000	0.0001	0.0004
23																				0.0000	0.0000	0.0000	0.0002
24																					0.0000	0.0000	0.0001
25																					0.0000	0.0000	0.0000
26																						0.0000	0.0000
27																						0.0000	0.0000
28																							0.0000
29																							0.0000

附录 3 标准正态分布表

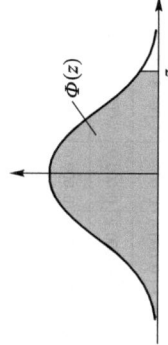

$$\Phi(z) = \int_{-\infty}^{z} \frac{1}{\sqrt{2\pi}} e^{-\frac{t^2}{2}} dt$$

z	0.00	0.01	0.02	0.03	0.04	0.05	0.06	0.07	0.08	0.09
0.0	0.500 0	0.504 0	0.508 0	0.512 0	0.516 0	0.519 9	0.523 9	0.527 9	0.531 9	0.535 9
0.1	0.539 8	0.543 8	0.547 8	0.551 7	0.555 7	0.559 6	0.563 6	0.567 5	0.571 4	0.575 3
0.2	0.579 3	0.583 2	0.587 1	0.591 0	0.594 8	0.598 7	0.602 6	0.606 4	0.610 3	0.614 1
0.3	0.617 9	0.621 7	0.625 5	0.629 3	0.633 1	0.636 8	0.640 6	0.644 3	0.648 0	0.651 7
0.4	0.655 4	0.659 1	0.662 8	0.666 4	0.670 0	0.673 6	0.677 2	0.680 8	0.684 4	0.687 9
0.5	0.691 5	0.695 0	0.698 5	0.701 9	0.705 4	0.708 8	0.712 3	0.715 7	0.719 0	0.722 4
0.6	0.725 7	0.729 1	0.732 4	0.735 7	0.738 9	0.742 2	0.745 4	0.748 6	0.751 7	0.754 9

续表

z	0.00	0.01	0.02	0.03	0.04	0.05	0.06	0.07	0.08	0.09
0.7	0.7580	0.7611	0.7642	0.7673	0.7704	0.7734	0.7764	0.7794	0.7823	0.7852
0.8	0.7881	0.7910	0.7939	0.7967	0.7995	0.8023	0.8051	0.8078	0.8106	0.8133
0.9	0.8159	0.8186	0.8212	0.8238	0.8264	0.8289	0.8315	0.8340	0.8365	0.8389
1.0	0.8413	0.8438	0.8461	0.8485	0.8508	0.8531	0.8554	0.8577	0.8599	0.8621
1.1	0.8643	0.8665	0.8686	0.8708	0.8729	0.8749	0.8770	0.8790	0.8810	0.8830
1.2	0.8849	0.8869	0.8888	0.8907	0.8925	0.8944	0.8962	0.8980	0.8997	0.9015
1.3	0.9032	0.9049	0.9066	0.9082	0.9099	0.9115	0.9131	0.9147	0.9162	0.9177
1.4	0.9192	0.9207	0.9222	0.9236	0.9251	0.9265	0.9278	0.9292	0.9306	0.9319
1.5	0.9332	0.9345	0.9357	0.9370	0.9382	0.9395	0.9406	0.9418	0.9429	0.9441
1.6	0.9452	0.9463	0.9474	0.9484	0.9495	0.9505	0.9515	0.9525	0.9535	0.9545
1.7	0.9554	0.9564	0.9573	0.9582	0.9591	0.9599	0.9608	0.9616	0.9625	0.9633
1.8	0.9641	0.9649	0.9656	0.9664	0.9671	0.9678	0.9686	0.9693	0.9699	0.9706
1.9	0.9713	0.9719	0.9726	0.9732	0.9738	0.9744	0.9750	0.9756	0.9761	0.9767
2.0	0.9772	0.9778	0.9783	0.9788	0.9793	0.9798	0.9803	0.9808	0.9812	0.9817
2.1	0.9821	0.9826	0.9830	0.9834	0.9838	0.9842	0.9846	0.9850	0.9854	0.9857
2.2	0.9861	0.9864	0.9868	0.9871	0.9875	0.9878	0.9881	0.9884	0.9887	0.9890
2.3	0.9893	0.9896	0.9898	0.9901	0.9904	0.9906	0.9909	0.9911	0.9913	0.9916
2.4	0.9918	0.9920	0.9922	0.9925	0.9927	0.9929	0.9931	0.9932	0.9934	0.9936

续表

z	0.00	0.01	0.02	0.03	0.04	0.05	0.06	0.07	0.08	0.09
2.5	0.993 8	0.994 0	0.994 1	0.994 3	0.994 5	0.994 6	0.994 8	0.994 9	0.995 1	0.995 2
2.6	0.995 3	0.995 5	0.995 6	0.995 7	0.995 9	0.996 0	0.996 1	0.996 2	0.996 3	0.996 4
2.7	0.996 5	0.996 6	0.996 7	0.996 8	0.996 9	0.997 0	0.997 1	0.997 2	0.997 3	0.997 4
2.8	0.997 4	0.997 5	0.997 6	0.997 7	0.997 7	0.997 8	0.997 9	0.997 9	0.998 0	0.998 1
2.9	0.998 1	0.998 2	0.998 2	0.998 3	0.998 4	0.998 4	0.998 5	0.998 5	0.998 6	0.998 6
3.0	0.998 7	0.999 0	0.999 3	0.999 5	0.999 7	0.999 8	0.999 8	0.999 9	0.999 9	1.000 0

注：表中末行系函数值 $\Phi(3.0), \Phi(3.1), \cdots, \Phi(3.9)$.

附录 4 χ² 分布表

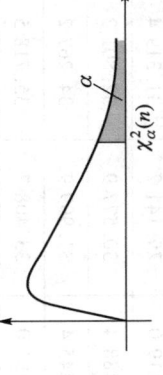

$P(\chi^2(n) \geqslant \chi_\alpha^2(n)) = \alpha$

n	0.995	0.99	0.975	0.95	0.9	0.1	0.05	0.025	0.01	0.005
1	0.000 0	0.000 2	0.001 0	0.003 9	0.015 8	2.705 5	3.841 5	5.023 9	6.634 9	7.879 4
2	0.010 0	0.020 1	0.050 6	0.102 6	0.210 7	4.605 2	5.991 5	7.377 8	9.210 3	10.596 6
3	0.071 7	0.114 8	0.215 8	0.351 8	0.584 4	6.251 4	7.814 7	9.348 4	11.344 9	12.838 2
4	0.207 0	0.297 1	0.484 4	0.710 7	1.063 6	7.779 4	9.487 7	11.143 3	13.276 7	14.860 3
5	0.411 7	0.554 3	0.831 2	1.145 5	1.610 3	9.236 4	11.070 5	12.832 5	15.086 3	16.749 6
6	0.675 7	0.872 1	1.237 3	1.635 4	2.204 1	10.644 6	12.591 6	14.449 4	16.811 9	18.547 6
7	0.989 3	1.239 0	1.689 9	2.167 4	2.833 1	12.017 0	14.067 1	16.012 8	18.475 3	20.277 7

续表

n	α								
	0.995	0.99	0.975	0.95	0.9	0.1	0.05	0.025	0.01	0.005
8	1.344 4	1.646 5	2.179 7	2.732 6	3.489 5	13.361 6	15.507 3	17.534 6	20.090 2	21.955 0
9	1.734 9	2.087 9	2.700 4	3.325 1	4.168 2	14.683 7	16.919 0	19.022 8	21.666 0	23.589 4
10	2.155 9	2.558 2	3.247 0	3.940 3	4.865 2	15.987 2	18.307 0	20.483 2	23.209 3	25.188 2
11	2.603 2	3.053 5	3.815 7	4.574 8	5.577 8	17.275 0	19.675 1	21.920 1	24.725 0	26.756 9
12	3.073 8	3.570 6	4.403 8	5.226 0	6.303 8	18.549 4	21.026 1	23.336 7	26.217 0	28.299 5
13	3.565 0	4.106 9	5.008 8	5.891 9	7.041 5	19.811 9	22.362 0	24.735 6	27.688 3	29.819 5
14	4.074 7	4.660 4	5.628 7	6.570 6	7.789 5	21.064 1	23.684 8	26.119 0	29.141 2	31.319 4
15	4.600 9	5.229 3	6.262 1	7.260 9	8.546 8	22.307 1	24.995 8	27.488 4	30.577 9	32.801 3
16	5.142 2	5.812 2	6.907 7	7.961 6	9.312 2	23.541 8	26.296 2	28.845 4	31.999 9	34.267 2
17	5.697 2	6.407 8	7.564 2	8.671 8	10.085 2	24.769 0	27.587 1	30.191 0	33.408 7	35.718 5
18	6.264 8	7.014 9	8.230 7	9.390 5	10.864 9	25.989 4	28.869 3	31.526 4	34.805 3	37.156 5
19	6.844 0	7.632 7	8.906 5	10.117 0	11.650 9	27.203 6	30.143 5	32.852 3	36.190 9	38.582 3
20	7.433 8	8.260 4	9.590 8	10.850 8	12.442 6	28.412 0	31.410 4	34.169 6	37.566 2	39.996 9
21	8.033 7	8.897 2	10.282 9	11.591 3	13.239 6	29.615 1	32.670 6	35.478 9	38.932 2	41.401 1
22	8.642 7	9.542 5	10.982 3	12.338 0	14.041 5	30.813 3	33.924 4	36.780 7	40.289 4	42.795 7
23	9.260 4	10.195 7	11.688 6	13.090 5	14.848 0	32.006 9	35.172 5	38.075 6	41.638 4	44.181 3
24	9.886 2	10.856 4	12.401 2	13.848 4	15.658 7	33.196 2	36.415 0	39.364 1	42.979 8	45.558 5
25	10.519 7	11.524 0	13.119 7	14.611 4	16.473 4	34.381 6	37.652 5	40.646 5	44.314 1	46.927 9
26	11.160 2	12.198 2	13.843 9	15.379 2	17.291 9	35.563 2	38.885 1	41.923 2	45.641 7	48.289 9

续表

n	\multicolumn{9}{c	}{α}
	0.995	0.99	0.975	0.95	0.9	0.1	0.05	0.025	0.01	0.005
27	11.8076	12.8785	14.5734	16.1514	18.1139	36.7412	40.1133	43.1945	46.9629	49.6449
28	12.4613	13.5647	15.3079	16.9279	18.9392	37.9155	41.3371	44.4608	48.2782	50.9934
29	13.1211	14.2565	16.0471	17.7084	19.7677	39.0875	42.5570	45.7223	49.5879	52.3356
30	13.7867	14.9535	16.7908	18.4927	20.5992	40.2560	43.7730	46.9792	50.8922	53.6720
31	14.4578	15.6555	17.5387	19.2806	21.4336	41.4217	44.9853	48.2319	52.1914	55.0027
32	15.1340	16.3622	18.2908	20.0719	22.2706	42.5848	46.1943	49.4804	53.4858	56.3281
33	15.8153	17.0735	19.0467	20.8665	23.1102	43.7452	47.3999	50.7251	54.7755	57.6485
34	16.5013	17.7892	19.8063	21.6643	23.9523	44.9032	48.6024	51.9660	56.0609	58.9639
35	17.1918	18.5089	20.5694	22.4650	24.7967	46.0588	49.8019	53.2034	57.3421	60.2748
36	17.8867	19.2327	21.3359	23.2686	25.6433	47.2122	50.9985	54.4373	58.6192	61.5812
37	18.5858	19.9602	22.1056	24.0749	26.4921	48.3634	52.1923	55.6680	59.8925	62.8833
38	19.2889	20.6914	22.8785	24.8839	27.3430	49.5126	53.3835	56.8955	61.1621	64.1814
39	19.9959	21.4262	23.6543	25.6954	28.1958	50.6598	54.5722	58.1201	62.4281	65.4756
40	20.7065	22.1643	24.4330	26.5093	29.0505	51.8051	55.7585	59.3417	63.6907	66.7660
41	21.4208	22.9056	25.2145	27.3256	29.9071	52.9485	56.9424	60.5606	64.9501	68.0527
42	22.1385	23.6501	25.9987	28.1441	30.7654	54.0902	58.1240	61.7768	66.2062	69.3360
43	22.8595	24.3976	26.7854	28.9647	31.6255	55.2302	59.3035	62.9904	67.4594	70.6159
44	23.5837	25.1480	27.5746	29.7875	32.4871	56.3685	60.4809	64.2015	68.7095	71.8926
45	24.3110	25.9013	28.3662	30.6123	33.3504	57.5053	61.6562	65.4102	69.9568	73.1661

附录 5 t 分布表

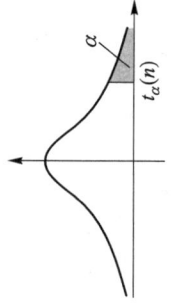

$P(t(n) > t_\alpha(n)) = \alpha$

n	α						
	0.25	0.1	0.05	0.025	0.01	0.005	
1	1.000 0	3.077 7	6.313 8	12.706 2	31.820 7	63.657 4	
2	0.816 5	1.885 6	2.920 0	4.302 7	6.964 6	9.924 8	
3	0.764 9	1.637 7	2.353 4	3.182 4	4.540 7	5.840 9	
4	0.740 7	1.533 2	2.131 8	2.776 4	3.746 9	4.604 1	
5	0.726 7	1.475 9	2.015 0	2.570 6	3.364 9	4.032 2	
6	0.717 6	1.439 8	1.943 2	2.446 9	3.142 7	3.707 4	
7	0.711 1	1.414 9	1.894 6	2.364 6	2.998 0	3.499 5	

续表

n	α					
	0.25	0.1	0.05	0.025	0.01	0.005
8	0.7064	1.3968	1.8595	2.3060	2.8965	3.3554
9	0.7027	1.3830	1.8331	2.2622	2.8214	3.2498
10	0.6998	1.3722	1.8125	2.2281	2.7638	3.1693
11	0.6974	1.3634	1.7959	2.2010	2.7181	3.1058
12	0.6955	1.3562	1.7823	2.1788	2.6810	3.0545
13	0.6938	1.3502	1.7709	2.1604	2.6503	3.0123
14	0.6924	1.3450	1.7613	2.1448	2.6245	2.9768
15	0.6912	1.3406	1.7531	2.1315	2.6025	2.9467
16	0.6901	1.3368	1.7459	2.1199	2.5835	2.9208
17	0.6892	1.3334	1.7396	2.1098	2.5669	2.8982
18	0.6884	1.3304	1.7341	2.1009	2.5524	2.8784
19	0.6876	1.3277	1.7291	2.0930	2.5395	2.8609
20	0.6870	1.3253	1.7247	2.0860	2.5280	2.8453
21	0.6864	1.3232	1.7207	2.0796	2.5177	2.8314
22	0.6858	1.3212	1.7171	2.0739	2.5083	2.8188
23	0.6853	1.3195	1.7139	2.0687	2.4999	2.8073
24	0.6848	1.3178	1.7109	2.0639	2.4922	2.7969
25	0.6844	1.3163	1.7081	2.0595	2.4851	2.7874
26	0.6840	1.3150	1.7056	2.0555	2.4786	2.7787

续表

n	α					
	0.25	0.1	0.05	0.025	0.01	0.005
27	0.6837	1.3137	1.7033	2.0518	2.4727	2.7707
28	0.6834	1.3125	1.7011	2.0484	2.4671	2.7633
29	0.6830	1.3114	1.6991	2.0452	2.4620	2.7564
30	0.6828	1.3104	1.6973	2.0423	2.4573	2.7500
31	0.6825	1.3095	1.6955	2.0395	2.4528	2.7440
32	0.6822	1.3086	1.6939	2.0369	2.4487	2.7385
33	0.6820	1.3077	1.6924	2.0345	2.4448	2.7333
34	0.6818	1.3070	1.6909	2.0322	2.4411	2.7284
35	0.6816	1.3062	1.6896	2.0301	2.4377	2.7238
36	0.6814	1.3055	1.6883	2.0281	2.4345	2.7195
37	0.6812	1.3049	1.6871	2.0262	2.4314	2.7154
38	0.6810	1.3042	1.6860	2.0244	2.4286	2.7116
39	0.6808	1.3036	1.6849	2.0227	2.4258	2.7079
40	0.6807	1.3031	1.6839	2.0211	2.4233	2.7045
41	0.6805	1.3025	1.6829	2.0195	2.4208	2.7012
42	0.6804	1.3020	1.6820	2.0181	2.4185	2.6981
43	0.6802	1.3016	1.6811	2.0167	2.4163	2.6951
44	0.6801	1.3011	1.6802	2.0154	2.4141	2.6923
45	0.6800	1.3006	1.6794	2.0141	2.4121	2.6896

附录6 F 分布表

$P(F(n_1,n_2) > F_\alpha(n_1,n_2)) = \alpha$

$\alpha = 0.01$

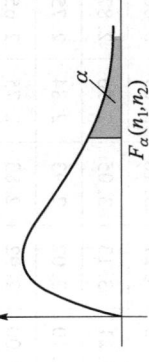

n_2 \ n_1	1	2	3	4	5	6	7	8	9	10	12	15	20	24	30	40	60	120	$+\infty$
1	4 052	5 000	5 403	5 625	5 764	5 859	5 928	5 982	6 022	6 056	6 106	6 157	6 209	6 235	6 261	6 287	6 313	6 339	6 366
2	98.5	99.0	99.2	99.3	99.3	99.3	99.4	99.4	99.4	99.4	99.4	99.4	99.5	99.5	99.5	99.5	99.5	99.5	99.50
3	34.1	30.8	29.5	28.7	28.2	27.9	27.7	27.5	27.4	27.2	27.1	26.9	26.7	26.6	26.5	26.4	26.3	26.2	26.13
4	21.2	18.0	16.7	16.0	15.5	15.2	15.0	14.8	14.7	14.6	14.4	14.2	14.0	13.9	13.8	13.8	13.7	13.6	13.46
5	16.3	13.3	12.1	11.4	11.0	10.7	10.5	10.3	10.2	10.1	9.89	9.72	9.55	9.47	9.38	9.29	9.20	9.11	9.02
6	13.8	10.9	9.78	9.15	8.75	8.47	8.26	8.10	7.98	7.87	7.72	7.56	7.40	7.31	7.23	7.14	7.06	6.97	6.88
7	12.3	9.55	8.45	7.85	7.46	7.19	6.99	6.84	6.72	6.62	6.47	6.31	6.16	6.07	5.99	5.91	5.82	5.74	5.65

续表

n_2	n_1																
	1	2	3	4	5	6	7	8	9	10	12	15	20	24	30	40	60	120	$+\infty$
8	11.3	8.65	7.59	7.01	6.63	6.37	6.18	6.03	5.91	5.81	5.67	5.52	5.36	5.28	5.20	5.12	5.03	4.95	4.46
9	10.6	8.02	6.99	6.42	6.06	5.80	5.61	5.47	5.35	5.26	5.11	4.96	4.81	4.73	4.65	4.57	4.48	4.40	4.31
10	10.0	7.56	6.55	5.99	5.64	5.39	5.20	5.06	4.94	4.85	4.71	4.56	4.41	4.33	4.25	4.17	4.08	4.00	3.91
11	9.65	7.21	6.22	5.67	5.32	5.07	4.89	4.74	4.63	4.54	4.40	4.25	4.10	4.02	3.94	3.86	3.78	3.69	3.60
12	9.33	6.93	5.95	5.41	5.06	4.82	4.64	4.50	4.39	4.30	4.16	4.01	3.86	3.78	3.70	3.62	3.54	3.45	3.36
13	9.07	6.70	5.74	5.21	4.86	4.62	4.44	4.30	4.19	4.10	3.96	3.82	3.66	3.59	3.51	3.43	3.34	3.25	3.17
14	8.86	6.51	5.56	5.04	4.69	4.46	4.28	4.14	4.03	3.94	3.80	3.66	3.51	3.43	3.35	3.27	3.18	3.09	3.00
15	8.68	6.36	5.42	4.89	4.56	4.32	4.14	4.00	3.89	3.80	3.67	3.52	3.37	3.29	3.21	3.13	3.05	2.96	2.87
16	8.53	6.23	5.29	4.77	4.44	4.20	4.03	3.89	3.78	3.69	3.55	3.41	3.26	3.18	3.10	3.02	2.93	2.84	2.75
17	8.40	6.11	5.18	4.67	4.34	4.10	3.93	3.79	3.68	3.59	3.46	3.31	3.16	3.08	3.00	2.92	2.83	2.75	2.65
18	8.29	6.01	5.09	4.58	4.25	4.01	3.84	3.71	3.60	3.51	3.37	3.23	3.08	3.00	2.92	2.84	2.75	2.66	2.57
19	8.18	5.93	5.01	4.50	4.17	3.94	3.77	3.63	3.52	3.43	3.30	3.15	3.00	2.92	2.84	2.76	2.67	2.58	2.49
20	8.10	5.85	4.94	4.43	4.10	3.87	3.70	3.56	3.46	3.37	3.23	3.09	2.94	2.86	2.78	2.69	2.61	2.52	2.42
21	8.02	5.78	4.87	4.37	4.04	3.81	3.64	3.51	3.40	3.31	3.17	3.03	2.88	2.80	2.72	2.64	2.55	2.46	2.36
22	7.95	5.72	4.82	4.31	3.99	3.76	3.59	3.45	3.35	3.26	3.12	2.98	2.83	2.75	2.67	2.58	2.50	2.40	2.31
23	7.88	5.66	4.76	4.26	3.94	3.71	3.54	3.41	3.30	3.21	3.07	2.93	2.78	2.70	2.62	2.54	2.45	2.35	2.26
24	7.82	5.61	4.72	4.22	3.90	3.67	3.50	3.36	3.26	3.17	3.03	2.89	2.74	2.66	2.58	2.49	2.40	2.31	2.21
25	7.77	5.57	4.68	4.18	3.85	3.63	3.46	3.32	3.22	3.13	2.99	2.85	2.70	2.62	2.54	2.45	2.36	2.27	2.17

附录6 F分布表

续表

n_2	\multicolumn{16}{c	}{n_1}
	1	2	3	4	5	6	7	8	9	10	12	15	20	24	30	40	60	120	$+\infty$
26	7.72	5.53	4.64	4.14	3.82	3.59	3.42	3.29	3.18	3.09	2.96	2.81	2.66	2.58	2.50	2.42	2.33	2.23	2.13
27	7.68	5.49	4.60	4.11	3.78	3.56	3.39	3.26	3.15	3.06	2.93	2.78	2.63	2.55	2.47	2.38	2.29	2.20	2.10
28	7.64	5.45	4.57	4.07	3.75	3.53	3.36	3.23	3.12	3.03	2.90	2.75	2.60	2.52	2.44	2.35	2.26	2.17	2.06
29	7.60	5.42	4.54	4.04	3.73	3.50	3.33	3.20	3.09	3.00	2.87	2.73	2.57	2.49	2.41	2.33	2.23	2.14	2.03
30	7.56	5.39	4.51	4.02	3.70	3.47	3.30	3.17	3.07	2.98	2.84	2.70	2.55	2.47	2.39	2.30	2.21	2.11	2.01
40	7.31	5.18	4.31	3.83	3.51	3.29	3.12	2.99	2.89	2.80	2.66	2.52	2.37	2.29	2.20	2.11	2.02	1.92	1.80
60	7.08	4.98	4.13	3.65	3.34	3.12	2.95	2.82	2.72	2.63	2.50	2.35	2.20	2.12	2.03	1.94	1.84	1.73	1.60
120	6.85	4.79	3.95	3.48	3.17	2.96	2.79	2.66	2.56	2.47	2.34	2.19	2.03	1.95	1.86	1.76	1.66	1.53	1.38
$+\infty$	6.63	4.61	3.78	3.32	3.02	2.80	2.64	2.51	2.41	2.32	2.18	2.04	1.88	1.79	1.70	1.59	1.47	1.32	1.00

$\alpha = 0.025$

n_2	\multicolumn{16}{c	}{n_1}
	1	2	3	4	5	6	7	8	9	10	12	15	20	24	30	40	60	120	$+\infty$
1	648	800	864	900	922	937	948	957	963	969	977	985	993	997	1 001	1 006	1 010	1 014	1 018
2	38.51	39.00	39.17	39.25	39.30	39.33	39.36	39.37	39.39	39.40	39.41	39.43	39.45	39.46	39.46	39.47	39.48	39.49	39.50
3	17.44	16.04	15.44	15.10	14.88	14.73	14.62	14.54	14.47	14.42	14.34	14.25	14.17	14.12	14.08	14.04	13.99	13.95	13.90
4	12.22	10.65	9.98	9.60	9.36	9.20	9.07	8.98	8.90	8.84	8.75	8.66	8.56	8.51	8.46	8.41	8.36	8.31	8.26
5	10.01	8.43	7.76	7.39	7.15	6.98	6.85	6.76	6.68	6.62	6.52	6.43	6.33	6.28	6.23	6.18	6.12	6.07	6.02

续表

n_2 \ n_1	1	2	3	4	5	6	7	8	9	10	12	15	20	24	30	40	60	120	$+\infty$
6	8.81	7.26	6.60	6.23	5.99	5.82	5.70	5.60	5.52	5.46	5.37	5.27	5.17	5.12	5.07	5.01	4.96	4.90	4.85
7	8.07	6.54	5.89	5.52	5.29	5.12	4.99	4.90	4.82	4.76	4.67	4.57	4.47	4.42	4.36	4.31	4.25	4.20	4.14
8	7.57	6.06	5.42	5.05	4.82	4.65	4.53	4.43	4.36	4.30	4.20	4.10	4.00	3.95	3.89	3.84	3.78	3.73	3.67
9	7.21	5.71	5.08	4.72	4.48	4.32	4.20	4.10	4.03	3.96	3.87	3.77	3.67	3.61	3.56	3.51	3.45	3.39	3.33
10	6.94	5.46	4.83	4.47	4.24	4.07	3.95	3.85	3.78	3.72	3.62	3.52	3.42	3.37	3.31	3.26	3.20	3.14	3.08
11	6.72	5.26	4.63	4.28	4.04	3.88	3.76	3.66	3.59	3.53	3.43	3.33	3.23	3.17	3.12	3.06	3.00	2.94	2.88
12	6.55	5.10	4.47	4.12	3.89	3.73	3.61	3.51	3.44	3.37	3.28	3.18	3.07	3.02	2.96	2.91	2.85	2.79	2.72
13	6.41	4.97	4.35	4.00	3.77	3.60	3.48	3.39	3.31	3.25	3.15	3.05	2.95	2.89	2.84	2.78	2.72	2.66	2.60
14	6.30	4.86	4.24	3.89	3.66	3.50	3.38	3.29	3.21	3.15	3.05	2.95	2.84	2.79	2.73	2.67	2.61	2.55	2.49
15	6.20	4.77	4.15	3.80	3.58	3.41	3.29	3.20	3.12	3.06	2.96	2.86	2.76	2.70	2.64	2.59	2.52	2.46	2.40
16	6.12	4.69	4.08	3.73	3.50	3.34	3.22	3.12	3.05	2.99	2.89	2.79	2.68	2.63	2.57	2.51	2.45	2.38	2.32
17	6.04	4.62	4.01	3.66	3.44	3.28	3.16	3.06	2.98	2.92	2.82	2.72	2.62	2.56	2.50	2.44	2.38	2.32	2.25
18	5.98	4.56	3.95	3.61	3.38	3.22	3.10	3.01	2.93	2.87	2.77	2.67	2.56	2.50	2.44	2.38	2.32	2.26	2.19
19	5.92	4.51	3.90	3.56	3.33	3.17	3.05	2.96	2.88	2.82	2.72	2.62	2.51	2.45	2.39	2.33	2.27	2.20	2.13
20	5.87	4.46	3.86	3.51	3.29	3.13	3.01	2.91	2.84	2.77	2.68	2.57	2.46	2.41	2.35	2.29	2.22	2.16	2.09
21	5.83	4.42	3.82	3.48	3.25	3.09	2.97	2.87	2.80	2.73	2.64	2.53	2.42	2.37	2.31	2.25	2.18	2.11	2.04
22	5.79	4.38	3.78	3.44	3.22	3.05	2.93	2.84	2.76	2.70	2.60	2.50	2.39	2.33	2.27	2.21	2.14	2.08	2.00
23	5.75	4.35	3.75	3.41	3.18	3.02	2.90	2.81	2.73	2.67	2.57	2.47	2.36	2.30	2.24	2.18	2.11	2.04	1.97

续表

n_2	n_1																		
	1	2	3	4	5	6	7	8	9	10	12	15	20	24	30	40	60	120	$+\infty$
24	5.72	4.32	3.72	3.38	3.15	2.99	2.87	2.78	2.70	2.64	2.54	2.44	2.33	2.27	2.21	2.15	2.08	2.01	1.94
25	5.69	4.29	3.69	3.35	3.13	2.97	2.85	2.75	2.68	2.61	2.51	2.41	2.30	2.24	2.18	2.12	2.05	1.98	1.91
26	5.66	4.27	3.67	3.33	3.10	2.94	2.82	2.73	2.65	2.59	2.49	2.39	2.28	2.22	2.16	2.09	2.03	1.95	1.88
27	5.63	4.24	3.65	3.31	3.08	2.92	2.80	2.71	2.63	2.57	2.47	2.36	2.25	2.19	2.13	2.07	2.00	1.93	1.85
28	5.61	4.22	3.63	3.29	3.06	2.90	2.78	2.69	2.61	2.55	2.45	2.34	2.23	2.17	2.11	2.05	1.98	1.91	1.83
29	5.59	4.20	3.61	3.27	3.04	2.88	2.76	2.67	2.59	2.53	2.43	2.32	2.21	2.15	2.09	2.03	1.96	1.89	1.81
30	5.57	4.18	3.59	3.25	3.03	2.87	2.75	2.65	2.57	2.51	2.41	2.31	2.20	2.14	2.07	2.01	1.94	1.87	1.79
40	5.42	4.05	3.46	3.13	2.90	2.74	2.62	2.53	2.45	2.39	2.29	2.18	2.07	2.01	1.94	1.88	1.80	1.72	1.64
60	5.29	3.93	3.34	3.01	2.79	2.63	2.51	2.41	2.33	2.27	2.17	2.06	1.94	1.88	1.82	1.74	1.67	1.58	1.48
120	5.15	3.80	3.23	2.89	2.67	2.52	2.39	2.30	2.22	2.16	2.05	1.94	1.82	1.76	1.69	1.61	1.53	1.43	1.31
$+\infty$	5.02	3.69	3.12	2.79	2.57	2.41	2.29	2.19	2.11	2.05	1.94	1.83	1.71	1.64	1.57	1.48	1.39	1.27	1.00

$\alpha = 0.05$

n_2	n_1																		
	1	2	3	4	5	6	7	8	9	10	12	15	20	24	30	40	60	120	$+\infty$
1	161	200	216	225	230	234	237	239	241	242	244	246	248	249	250	251	252	253	254.3
2	18.5	19.0	19.2	19.3	19.3	19.3	19.4	19.4	19.4	19.4	19.4	19.4	19.5	19.5	19.5	19.5	19.5	19.5	19.5
3	10.1	9.55	9.28	9.12	9.01	8.94	8.89	8.85	8.81	8.79	8.74	8.70	8.66	8.64	8.62	8.59	8.57	8.55	8.53

续表

n_2	n_1																	
	1	2	3	4	5	6	7	8	9	10	12	15	20	24	30	40	60	120	+∞
4	7.71	6.94	6.59	6.39	6.26	6.16	6.09	6.04	6.00	5.96	5.91	5.86	5.80	5.77	5.75	5.72	5.69	5.66	5.63
5	6.61	5.79	5.41	5.19	5.05	4.95	4.88	4.82	4.77	4.74	4.68	4.62	4.56	4.53	4.50	4.46	4.43	4.40	4.36
6	5.99	5.14	4.76	4.53	4.39	4.28	4.21	4.15	4.10	4.06	4.00	3.94	3.87	3.84	3.81	3.77	3.74	3.70	3.67
7	5.59	4.74	4.35	4.12	3.97	3.87	3.79	3.73	3.68	3.64	3.57	3.51	3.44	3.41	3.38	3.34	3.30	3.27	3.23
8	5.32	4.46	4.07	3.84	3.69	3.58	3.50	3.44	3.39	3.35	3.28	3.22	3.15	3.12	3.08	3.04	3.01	2.97	2.93
9	5.12	4.26	3.86	3.63	3.48	3.37	3.29	3.23	3.18	3.14	3.07	3.01	2.94	2.90	2.86	2.83	2.79	2.75	2.71
10	4.96	4.10	3.71	3.48	3.33	3.22	3.14	3.07	3.02	2.98	2.91	2.85	2.77	2.74	2.70	2.66	2.62	2.58	2.54
11	4.84	3.98	3.59	3.36	3.20	3.09	3.01	2.95	2.90	2.85	2.79	2.72	2.65	2.61	2.57	2.53	2.49	2.45	2.40
12	4.75	3.89	3.49	3.26	3.11	3.00	2.91	2.85	2.80	2.75	2.69	2.62	2.54	2.51	2.47	2.43	2.38	2.34	2.30
13	4.67	3.81	3.41	3.18	3.03	2.92	2.83	2.77	2.71	2.67	2.60	2.53	2.46	2.42	2.38	2.34	2.30	2.25	2.21
14	4.60	3.74	3.34	3.11	2.96	2.85	2.76	2.70	2.65	2.60	2.53	2.46	2.39	2.35	2.31	2.27	2.22	2.18	2.13
15	4.54	3.68	3.29	3.06	2.90	2.79	2.71	2.64	2.59	2.54	2.48	2.40	2.33	2.29	2.25	2.20	2.16	2.11	2.07
16	4.49	3.63	3.24	3.01	2.85	2.74	2.66	2.59	2.54	2.49	2.42	2.35	2.28	2.24	2.19	2.15	2.11	2.06	2.01
17	4.45	3.59	3.20	2.96	2.81	2.70	2.61	2.55	2.49	2.45	2.38	2.31	2.23	2.19	2.15	2.10	2.06	2.01	1.96
18	4.41	3.55	3.16	2.93	2.77	2.66	2.58	2.51	2.46	2.41	2.34	2.27	2.19	2.15	2.11	2.06	2.02	1.97	1.92
19	4.38	3.52	3.13	2.90	2.74	2.63	2.54	2.48	2.42	2.38	2.31	2.23	2.16	2.11	2.07	2.03	1.98	1.93	1.88
20	4.35	3.49	3.10	2.87	2.71	2.60	2.51	2.45	2.39	2.35	2.28	2.20	2.12	2.08	2.04	1.99	1.95	1.90	1.84
21	4.32	3.47	3.07	2.84	2.68	2.57	2.49	2.42	2.37	2.32	2.25	2.18	2.10	2.05	2.01	1.96	1.92	1.87	1.81

续表

n_2	n_1																
	1	2	3	4	5	6	7	8	9	10	12	15	20	24	30	40	60	120	$+\infty$
22	4.30	3.44	3.05	2.82	2.66	2.55	2.46	2.40	2.34	2.30	2.23	2.15	2.07	2.03	1.98	1.94	1.89	1.84	1.78
23	4.28	3.42	3.03	2.80	2.64	2.53	2.44	2.37	2.32	2.27	2.20	2.13	2.05	2.01	1.96	1.91	1.86	1.81	1.76
24	4.26	3.40	3.01	2.78	2.62	2.51	2.42	2.36	2.30	2.25	2.18	2.11	2.03	1.98	1.94	1.89	1.84	1.79	1.73
25	4.24	3.39	2.99	2.76	2.60	2.49	2.40	2.34	2.28	2.24	2.16	2.09	2.01	1.96	1.92	1.87	1.82	1.77	1.71
26	4.23	3.37	2.98	2.74	2.59	2.47	2.39	2.32	2.27	2.22	2.15	2.07	1.99	1.95	1.90	1.85	1.80	1.75	1.69
27	4.21	3.35	2.96	2.73	2.57	2.46	2.37	2.31	2.25	2.20	2.13	2.06	1.97	1.93	1.88	1.84	1.79	1.73	1.67
28	4.20	3.34	2.95	2.71	2.56	2.45	2.36	2.29	2.24	2.19	2.12	2.04	1.96	1.91	1.87	1.82	1.77	1.71	1.65
29	4.18	3.33	2.93	2.70	2.55	2.43	2.35	2.28	2.22	2.18	2.10	2.03	1.94	1.90	1.85	1.81	1.75	1.70	1.64
30	4.17	3.32	2.92	2.69	2.53	2.42	2.33	2.27	2.21	2.16	2.09	2.01	1.93	1.89	1.84	1.79	1.74	1.68	1.62
40	4.08	3.23	2.84	2.61	2.45	2.34	2.25	2.18	2.12	2.08	2.00	1.92	1.84	1.79	1.74	1.69	1.64	1.58	1.51
60	4.00	3.15	2.76	2.53	2.37	2.25	2.17	2.10	2.04	1.99	1.92	1.84	1.75	1.70	1.65	1.59	1.53	1.47	1.39
120	3.92	3.07	2.68	2.45	2.29	2.17	2.09	2.02	1.96	1.91	1.83	1.75	1.66	1.61	1.55	1.55	1.43	1.35	1.25
$+\infty$	3.84	3.00	2.60	2.37	2.21	2.10	2.01	1.94	1.88	1.83	1.75	1.67	1.57	1.52	1.46	1.39	1.32	1.22	1.00

$\alpha = 0.10$

n_2	n_1																
	1	2	3	4	5	6	7	8	9	10	12	15	20	24	30	40	60	120	$+\infty$
1	39.9	49.5	53.6	55.8	57.2	58.2	58.9	59.4	59.9	60.2	60.7	61.2	61.7	62.0	62.3	62.5	62.8	63.1	63.3
2	8.53	9.00	9.16	9.24	9.29	9.33	9.35	9.37	9.38	9.39	9.41	9.42	9.44	9.45	9.46	9.47	9.47	9.48	9.49

续表

n_2	n_1																	
	1	2	3	4	5	6	7	8	9	10	12	15	20	24	30	40	60	120	$+\infty$
3	5.54	5.46	5.39	5.34	5.31	5.28	5.27	5.25	5.24	5.23	5.22	5.20	5.18	5.18	5.17	5.16	5.15	5.14	5.13
4	4.54	4.32	4.19	4.11	4.05	4.01	3.98	3.95	3.94	3.92	3.90	3.87	3.84	3.83	3.82	3.80	3.79	3.78	3.76
5	4.06	3.78	3.62	3.52	3.45	3.40	3.37	3.34	3.32	3.30	3.27	3.24	3.21	3.19	3.17	3.16	3.14	3.12	3.10
6	3.78	3.46	3.29	3.18	3.11	3.05	3.01	2.98	2.96	2.94	2.90	2.87	2.84	2.82	2.80	2.78	2.76	2.74	2.72
7	3.59	3.26	3.07	2.96	2.88	2.83	2.78	2.75	2.72	2.70	2.67	2.63	2.59	2.58	2.56	2.54	2.51	2.49	2.47
8	3.46	3.11	2.92	2.81	2.73	2.67	2.62	2.59	2.56	2.54	2.50	2.46	2.42	2.40	2.38	2.36	2.34	2.32	2.29
9	3.36	3.01	2.81	2.69	2.61	2.55	2.51	2.47	2.44	2.42	2.38	2.34	2.30	2.28	2.25	2.23	2.21	2.18	2.16
10	3.29	2.92	2.73	2.61	2.52	2.46	2.41	2.38	2.35	2.32	2.28	2.24	2.20	2.18	2.16	2.13	2.11	2.08	2.06
11	3.23	2.86	2.66	2.54	2.45	2.39	2.34	2.30	2.27	2.25	2.21	2.17	2.12	2.10	2.08	2.05	2.03	2.00	1.97
12	3.18	2.81	2.61	2.48	2.39	2.33	2.28	2.24	2.21	2.19	2.15	2.10	2.06	2.04	2.01	1.99	1.96	1.93	1.90
13	3.14	2.76	2.56	2.43	2.35	2.28	2.23	2.20	2.16	2.14	2.10	2.05	2.01	1.98	1.96	1.93	1.90	1.88	1.85
14	3.10	2.73	2.52	2.39	2.31	2.24	2.19	2.15	2.12	2.10	2.05	2.01	1.96	1.94	1.91	1.89	1.86	1.83	1.80
15	3.07	2.70	2.49	2.36	2.27	2.21	2.16	2.12	2.09	2.06	2.02	1.97	1.92	1.90	1.87	1.85	1.82	1.79	1.76
16	3.05	2.67	2.46	2.33	2.24	2.18	2.13	2.09	2.06	2.03	1.99	1.94	1.89	1.87	1.84	1.81	1.78	1.75	1.72
17	3.03	2.64	2.44	2.31	2.22	2.15	2.10	2.06	2.03	2.00	1.96	1.91	1.86	1.84	1.81	1.78	1.75	1.72	1.69
18	3.01	2.62	2.42	2.29	2.20	2.13	2.08	2.04	2.00	1.98	1.93	1.89	1.84	1.81	1.78	1.75	1.72	1.69	1.66
19	2.99	2.61	2.40	2.27	2.18	2.11	2.06	2.02	1.98	1.96	1.91	1.86	1.81	1.79	1.76	1.73	1.70	1.67	1.63
20	2.97	2.59	2.38	2.25	2.16	2.09	2.04	2.00	1.96	1.94	1.89	1.84	1.79	1.77	1.74	1.71	1.68	1.64	1.61
21	2.96	2.57	2.36	2.23	2.14	2.08	2.02	1.98	1.95	1.92	1.87	1.83	1.78	1.75	1.72	1.69	1.66	1.62	1.59

续表

n_2	1	2	3	4	5	6	7	8	9	10	12	15	20	24	30	40	60	120	$+\infty$
22	2.95	2.56	2.35	2.22	2.13	2.06	2.01	1.97	1.93	1.90	1.86	1.81	1.76	1.73	1.70	1.67	1.64	1.60	1.57
23	2.94	2.55	2.34	2.21	2.11	2.05	1.99	1.95	1.92	1.89	1.84	1.80	1.74	1.72	1.69	1.66	1.62	1.59	1.55
24	2.93	2.54	2.33	2.19	2.10	2.04	1.98	1.94	1.91	1.88	1.83	1.78	1.73	1.70	1.67	1.64	1.61	1.57	1.53
25	2.92	2.53	2.32	2.18	2.09	2.02	1.97	1.93	1.89	1.87	1.82	1.77	1.72	1.69	1.66	1.63	1.59	1.56	1.52
26	2.91	2.52	2.31	2.17	2.08	2.01	1.96	1.92	1.88	1.86	1.81	1.76	1.71	1.68	1.65	1.61	1.58	1.54	1.50
27	2.90	2.51	2.30	2.17	2.07	2.00	1.95	1.91	1.87	1.85	1.80	1.75	1.70	1.67	1.64	1.60	1.57	1.53	1.49
28	2.89	2.50	2.29	2.16	2.06	2.00	1.94	1.90	1.87	1.84	1.79	1.74	1.69	1.66	1.63	1.59	1.56	1.52	1.48
29	2.89	2.50	2.28	2.15	2.06	1.99	1.93	1.89	1.86	1.83	1.78	1.73	1.68	1.65	1.62	1.58	1.55	1.51	1.47
30	2.88	2.49	2.28	2.14	2.03	1.98	1.93	1.88	1.85	1.82	1.77	1.72	1.67	1.64	1.61	1.57	1.54	1.50	1.46
40	2.84	2.44	2.23	2.09	2.00	1.93	1.87	1.83	1.79	1.76	1.71	1.66	1.61	1.57	1.54	1.51	1.47	1.42	1.38
60	2.79	2.39	2.18	2.04	1.95	1.87	1.82	1.77	1.74	1.71	1.66	1.60	1.54	1.51	1.48	1.44	1.40	1.35	1.29
120	2.75	2.35	2.13	1.99	1.90	1.82	1.77	1.72	1.68	1.65	1.60	1.55	1.48	1.45	1.41	1.37	1.32	1.26	1.19
$+\infty$	2.71	2.30	2.08	1.94	1.85	1.77	1.72	1.67	1.63	1.60	1.55	1.49	1.42	1.38	1.34	1.30	1.24	1.17	1.00

$\alpha = 0.25$

n_2	1	2	3	4	5	6	7	8	9	10	12	15	20	24	30	40	60	120	$+\infty$
1	5.83	7.50	8.20	8.58	8.82	8.98	9.10	9.19	9.26	9.32	9.41	9.49	9.58	9.63	9.67	9.71	9.76	9.80	9.85
2	2.57	3.00	3.15	3.23	3.28	3.31	3.34	3.35	3.37	3.38	3.39	3.41	3.43	3.43	3.44	3.45	3.46	3.47	3.48

续表

n_2	n_1																	
	1	2	3	4	5	6	7	8	9	10	12	15	20	24	30	40	60	120	$+\infty$
3	2.02	2.28	2.36	2.39	2.41	2.42	2.43	2.44	2.44	2.44	2.45	2.46	2.46	2.46	2.47	2.47	2.47	2.47	2.47
4	1.81	2.00	2.05	2.06	2.07	2.08	2.08	2.08	2.08	2.08	2.08	2.08	2.08	2.08	2.08	2.08	2.08	2.08	2.08
5	1.69	1.85	1.88	1.89	1.89	1.89	1.89	1.89	1.89	1.89	1.89	1.89	1.88	1.88	1.88	1.88	1.87	1.87	1.87
6	1.62	1.76	1.78	1.79	1.79	1.78	1.78	1.78	1.77	1.77	1.77	1.76	1.76	1.75	1.75	1.75	1.74	1.74	1.74
7	1.57	1.70	1.72	1.72	1.71	1.71	1.70	1.70	1.70	1.69	1.68	1.68	1.67	1.67	1.66	1.66	1.65	1.65	1.65
8	1.54	1.66	1.67	1.66	1.66	1.65	1.64	1.64	1.63	1.63	1.62	1.62	1.61	1.60	1.60	1.59	1.59	1.58	1.58
9	1.51	1.62	1.63	1.63	1.62	1.61	1.60	1.60	1.59	1.59	1.58	1.57	1.56	1.56	1.55	1.54	1.54	1.53	1.53
10	1.49	1.60	1.60	1.59	1.59	1.58	1.57	1.56	1.56	1.55	1.54	1.53	1.52	1.52	1.51	1.51	1.50	1.49	1.48
11	1.47	1.58	1.58	1.57	1.56	1.55	1.54	1.53	1.53	1.52	1.51	1.50	1.49	1.49	1.48	1.47	1.47	1.46	1.45
12	1.46	1.56	1.56	1.55	1.54	1.53	1.52	1.51	1.51	1.50	1.49	1.48	1.47	1.46	1.45	1.45	1.44	1.43	1.42
13	1.45	1.55	1.55	1.53	1.52	1.51	1.50	1.49	1.49	1.48	1.47	1.46	1.45	1.44	1.43	1.42	1.42	1.41	1.40
14	1.44	1.53	1.53	1.52	1.51	1.50	1.49	1.48	1.47	1.46	1.45	1.44	1.43	1.42	1.41	1.41	1.40	1.39	1.38
15	1.43	1.52	1.52	1.51	1.49	1.48	1.47	1.46	1.46	1.45	1.44	1.43	1.41	1.41	1.40	1.39	1.38	1.37	1.36
16	1.42	1.51	1.51	1.50	1.48	1.47	1.46	1.45	1.44	1.44	1.43	1.41	1.40	1.39	1.38	1.37	1.36	1.35	1.34
17	1.42	1.51	1.50	1.49	1.47	1.46	1.45	1.44	1.43	1.43	1.41	1.40	1.39	1.38	1.37	1.36	1.35	1.34	1.33
18	1.41	1.50	1.49	1.48	1.46	1.45	1.44	1.43	1.42	1.42	1.40	1.39	1.38	1.37	1.36	1.35	1.34	1.33	1.32
19	1.41	1.49	1.49	1.47	1.46	1.44	1.43	1.42	1.41	1.41	1.40	1.38	1.37	1.36	1.35	1.34	1.33	1.32	1.30
20	1.40	1.49	1.48	1.47	1.45	1.44	1.43	1.42	1.41	1.40	1.39	1.37	1.36	1.35	1.34	1.33	1.32	1.31	1.29
21	1.40	1.48	1.48	1.46	1.44	1.43	1.42	1.41	1.40	1.39	1.38	1.37	1.35	1.34	1.33	1.32	1.31	1.30	1.28

续表

n_2 \ n_1	1	2	3	4	5	6	7	8	9	10	12	15	20	24	30	40	60	120	$+\infty$
22	1.40	1.48	1.47	1.45	1.44	1.42	1.41	1.40	1.39	1.39	1.37	1.36	1.34	1.33	1.32	1.31	1.30	1.29	1.28
23	1.39	1.47	1.47	1.45	1.43	1.42	1.41	1.40	1.39	1.38	1.37	1.35	1.34	1.33	1.32	1.31	1.30	1.28	1.27
24	1.39	1.47	1.46	1.44	1.43	1.41	1.40	1.39	1.38	1.38	1.36	1.35	1.33	1.32	1.31	1.30	1.29	1.28	1.26
25	1.39	1.47	1.46	1.44	1.42	1.41	1.40	1.39	1.38	1.37	1.36	1.34	1.33	1.32	1.31	1.29	1.28	1.27	1.25
26	1.38	1.46	1.45	1.44	1.42	1.41	1.39	1.38	1.37	1.37	1.35	1.34	1.32	1.31	1.30	1.29	1.28	1.26	1.25
27	1.38	1.46	1.45	1.43	1.42	1.40	1.39	1.38	1.37	1.36	1.35	1.33	1.32	1.31	1.30	1.28	1.27	1.26	1.24
28	1.38	1.46	1.45	1.43	1.41	1.40	1.39	1.38	1.37	1.36	1.34	1.33	1.31	1.30	1.29	1.28	1.27	1.25	1.24
29	1.38	1.45	1.45	1.43	1.41	1.40	1.38	1.37	1.36	1.35	1.34	1.32	1.31	1.30	1.29	1.27	1.26	1.25	1.23
30	1.38	1.45	1.44	1.42	1.41	1.39	1.38	1.37	1.36	1.35	1.34	1.32	1.30	1.29	1.28	1.27	1.26	1.24	1.23
40	1.36	1.44	1.42	1.40	1.39	1.37	1.36	1.35	1.34	1.33	1.31	1.30	1.28	1.26	1.25	1.24	1.22	1.21	1.19
60	1.35	1.42	1.41	1.38	1.37	1.35	1.33	1.32	1.31	1.30	1.29	1.27	1.25	1.24	1.22	1.21	1.19	1.17	1.15
120	1.34	1.40	1.39	1.37	1.35	1.33	1.31	1.30	1.29	1.28	1.26	1.24	1.22	1.21	1.19	1.18	1.16	1.13	1.10
$+\infty$	1.32	1.39	1.37	1.35	1.33	1.31	1.29	1.28	1.27	1.25	1.24	1.22	1.19	1.18	1.16	1.14	1.12	1.08	1.00

附录7 相关系数检验表

$n-2$	α	
	0.05	0.01
1	0.996 9	0.999 9
2	0.950 0	0.990 0
3	0.878 3	0.958 7
4	0.811 4	0.917 2
5	0.754 5	0.874 5
6	0.706 7	0.834 3
7	0.666 4	0.797 7
8	0.631 9	0.764 6
9	0.602 1	0.734 8
10	0.576 0	0.707 9
11	0.552 9	0.683 5

续表

$n-2$	α	
	0.05	0.01
12	0.532 4	0.661 4
13	0.513 9	0.641 1
14	0.497 3	0.622 6
15	0.482 1	0.605 5
16	0.468 3	0.589 7
17	0.455 5	0.575 1
18	0.443 8	0.561 4
19	0.432 9	0.548 7
20	0.422 7	0.536 8
25	0.380 9	0.486 9
30	0.349 4	0.448 7
35	0.324 6	0.418 2
40	0.304 4	0.393 2
45	0.287 5	0.372 1
50	0.273 2	0.354 1
60	0.250 0	0.324 8
70	0.231 9	0.301 7
80	0.217 2	0.283 0
90	0.205 0	0.267 3
100	0.194 6	0.254 0

参考文献

[1] 茆诗松,程依明,濮晓龙.概率论与数理统计教程.北京:高等教育出版社,2004.

[2] 盛骤,谢式千,潘承毅.概率论与数理统计.4版.北京:高等教育出版社,2008.

[3] 陈家鼎,孙山泽,李东风,等.数理统计学讲义.2版.北京:高等教育出版社,2006.

[4] 何书元.概率论与数理统计.北京:高等教育出版社,2006.

[5] 刘晓石,陈鸿建,何腊梅.概率论与数理统计.2版.北京:科学出版社,2005.

[6] 陈希孺.概率论与数理统计.北京:科学出版社,2000.

[7] 王松桂,张忠占,程维虎,高旅端.概率论与数理统计.2版.北京:科学出版社,2004.

[8] 王明慈,沈恒范.概率论与数理统计.2版.北京:高等教育出版社,2007.

[9] 梁之舜,邓集贤,杨维权,等.概率论与数理统计.3版.北京:高等教育出版社,2005.

[10] 魏宗舒,等.概率论与数理统计教程.北京:高等教育出版社,1983.

[11] 李贤平,沈崇圣,陈子毅.概率论与数理统计.上海:复旦大学出版社,2003.

[12] 吴传生.经济数学——概率论与数理统计.3版.北京:高等教育出版社,2016.

[13] 格涅坚科.概率论教程.丁寿田,译.北京:高等教育出版社,1956.

[14] 克拉美.统计学数学方法.魏宗舒,郑朴,吴锦,译.上海:上海科学技术出版社,1966.

[15] Casella G, Berger R L. Statistical Inference. 2nd ed. Boston:Cengage Learning,2001.

[16] Ross S M.概率论基础教程.郑忠国,詹从赞,译.7版.北京:人民邮电出版社,2008.

[17] Stone C J.A Course in Probability and Statistics.北京:机械工业出版社,2003.

[18] Rice J A.Mathematical Statistics and Data Analysis.影印版.2nd ed.北京:机械工业出版社,2003.

郑重声明

高等教育出版社依法对本书享有专有出版权。任何未经许可的复制、销售行为均违反《中华人民共和国著作权法》，其行为人将承担相应的民事责任和行政责任；构成犯罪的，将被依法追究刑事责任。为了维护市场秩序，保护读者的合法权益，避免读者误用盗版书造成不良后果，我社将配合行政执法部门和司法机关对违法犯罪的单位和个人进行严厉打击。社会各界人士如发现上述侵权行为，希望及时举报，我社将奖励举报有功人员。

反盗版举报电话　　（010）58581999　58582371
反盗版举报邮箱　　dd@hep.com.cn
通信地址　　北京市西城区德外大街4号　高等教育出版社法律事务部
邮政编码　　100120

读者意见反馈

为收集对教材的意见建议，进一步完善教材编写并做好服务工作，读者可将对本教材的意见建议通过如下渠道反馈至我社。

咨询电话　　400-810-0598
反馈邮箱　　hepsci@pub.hep.cn
通信地址　　北京市朝阳区惠新东街4号富盛大厦1座
　　　　　　高等教育出版社理科事业部
邮政编码　　100029

防伪查询说明

用户购书后刮开封底防伪涂层，使用手机微信等软件扫描二维码，会跳转至防伪查询网页，获得所购图书详细信息。

防伪客服电话　　（010）58582300